KB052610

구술사
아카이브 구축 길라잡이 Ⅱ :
관리와 활용

■ 저자소개

정혜경_ 한국학중앙연구원 한국학대학원 한국근대사 전공
일제강제동원&평화연구회 연구위원

김선정_ 한국외국어대학교 역사학 전공
한국외국어대학교 문화콘텐츠전공 겸임교수
한국학중앙연구원 현대한국구술자료관 구축 연구단 자료정보실장

이호신_ 한성대학교 지식정보학부 교수

권미현_ 행정자치부 국가기록원 기록연구사

한동현_ 문화콘텐츠학 박사
한국외국어대학교 문화콘텐츠융합전공 조교수

김지수_ 인천지방검찰청 기록연구사

한국구술사연구회총서 3
구술사 아카이브 구축 길라잡이 Ⅱ : 관리와 활용

초판 1쇄 발행 2017년 9월 7일

편저자 | 한국구술사연구회
발행인 | 윤관백
발행처 | 도서출판 선인

등록 | 제5-77호(1998.11.4)
주소 | 서울시 마포구 마포동 324-1 곶마루 B/D 1층
전화 | 02)718-6252 / 6257 팩스 | 02)718-6253
E-mail | sunin72@chol.com
Homepage | www.suninbook.co.kr

정가 25,000원
ISBN 979-11-6068-117-8 94900
978-89-5933-704-0 (세트)

한국구술사연구회총서 3

구술사
아카이브 구축 길라잡이 Ⅱ :
관리와 활용

한국구술사연구회 편

Oral History

책 만든 이야기 – 세 번째

1. 다시, 첫 번째 책 이야기

11년만이다. 2005년에 『구술사 : 방법과 사례』를 발간할 때 '책 만든 이야기'를 쓰고 두 번째(『구술사 아카이브 구축 길라잡이 1 : 기획과 수집』)에 이어 세 번째 '책 만든 이야기'를 쓰게 되었다. 우여곡절은 있었지만 영광스러운 일임은 분명하다.

구술사에서 구술기록(녹음, 녹화 파일)은 곁가지가 아닌 '몸통'이다. '어떻게 수집하고, 관리해야 하는가?'는 구술사의 핵심이다. 면담자의 머리만이 아니라 몸을 움직여야 하고 구술자의 마음을 열어야 한다. 인터뷰를 한 후 소중한 파일을 정리하고 훼손되지 않게 대비도 해야 한다. 상세목록이나 녹취록도 만들어야 한다. 이렇게 누군가의 수고로움이 있은 후 활용이 가능하다. 상식이다.

그러나 이 같은 상식이 귀했던 시절도 있었다. 구술자와 함께 시행착오를 거듭하며 성장한다고 여겨야 했던 시절이었다. 구술자료수집 관련 매뉴얼북 하나 만들지 못하면서 구술사연구를 들먹이는 것은 상식과 거리가 있다. 그러나 그런 시절이 있었다.

그런 행태에 의문부호를 찍는 사람들이 있었다. 그들도 처음에는 '맨 땅에 구르던' 시행착오의 과정을 거쳤다. 어딘가에 담임선생님이 있으면 좋겠다는 생각을 늘 하던 이들이었다. 2002년부터 3년간 모여 '함께' 헤딩하며 굴렀다. 그러는 과정에서 고민이 쌓였고, 고민을 나누는 과정에서 어느새 스스로 친절한 담임선생님이 되어 있었다.

그래서 만들었다. 2005년, 『구술사 : 방법과 사례』 책이 발간되자, 찾는 이가 적지 않았고 크게 도움이 되었다는 이들도 생겼다. 여기저기에서 각자 '맨땅에 헤딩하던 시절'에 나왔기에 더욱 그랬을 것이다. 특히 지방에서 호응이 컸다. 누구의 조언도 구하기 어려운 상황에서 지역에서 고군분투하던 담당자들은 『구술사 : 방법과 사례』가 꼬깃꼬깃하게 되도록 읽고 프로젝트를 추진하고, 책을 내기도 했단다.

2. 두 번째 책 이야기, '구술 아카이브 구축 길라잡이' 만들기

2005년 가을 『구술사 - 방법과 사례』를 발간하고 출판기념회를 통해 한국구술사연구회(www.oralhistory.org)라는 본격적인 구술사연구의 난장을 펼쳤다.

매달 모여 열심히 읽고 보고 나누었다. 구술사에 관심을 가진 이들을 위해 이틀간의 일정으로 워크숍(2008년)도 개최했다. 그 사이 많은 이들이 들고 났다. 이들의 고민은 깊어졌고 관심 범위도 다양해졌다. 사람들만 들고 난 것이 아니다. 아날로그 시대가 막을 내리고 디지털 시대가 대세가 되었다. 아날로그 녹음기는 MD와 보이스펜을 거쳐 스마트폰으로 대체되었다. 녹화기가 없는 구술 현장은 상상하기 어렵게 되었다. 수집한 기록물이 쌓이니 다음 단계는 당연히 '아카이빙'이다. 이렇게 구술 환경은 달라지고 있었다.

가장 큰 환경 변화는 구술자료디지털아카이브 구축이 현실화되었다는 점이다. 한국학중앙연구원 현대한국구술자료관(mkoha.aks.ac.kr)이 주인공이다. 2009년부터 시작한 자료관 구축사업은 구축을 완료하고 현재 서비스 단계에 접어들어 한국의 대표적인 구술자료디지털아카이브로 자리했다. 한국학중앙연구원 구술자료수집 사업을 통해 많은 자료가 축적되었고, 열람서비스와 시민강좌를 통한 시민공유가 시작되었다. 가장 큰 구술사 환경 변화이다.

2005년에 나온 『구술사 : 방법과 사례』는 여전히 유일한 매뉴얼이다. 찾는 이들이 늘었으나 아쉽게도 이를 능가하는 지침서는 나오지 않았다. '○○○ 연구 방법론'은 더러 발간되었으나 구술사 본연의 목적과도 거리가 있었고, '친절하고, 꼼꼼한' 매뉴얼은 여전히 『구술사 : 방법과 사례』 뿐이었다. 달라진 구술사 환경을 반영한 매뉴얼이 시급했다. 누군가 다른 이들이 새로운 작업을 해주길 바랐지만 그저 바람일 뿐이었다. 구술사 연구 성과는 늘어났고 관련 연구소나 학회도 발족되고 학회지도 발간되었으나 상황은 달라지지 않았다. 게다가 출판사에서는 품절된 『구술사 : 방법과 사례』에 대한 독자들의 요구가 계속되고 있으니 개정판을 내야 한다고 졸라댔다. 개정판이든 전면 개작이든 무엇이든 해야 할 상황이었다.

2011년 초, 한국구술사연구회원들이 다시 기획안을 들고 머리를 맞댔다. 달라진 구술사 환경을 반영하기 위해, 그간 축적된 다양한 정보를 풍부히 넣어 실무 활용이 가능하도록 하기 위해 『구술사 : 방법과 사례』를 해체하여 내용을 전면 수정하기로 하고 두 권의 책으로 기획했다. 『구술사 아카이브 구축 길라잡이 1 : 기획과 수집』(한국구술사연구회 총서 2)과 『구술사 아카이브 구축 길라잡이 2 : 관리와 활용』(한국구술사연구회 총서 3)이 주인공이다.

기획 후 3년 만에 첫 번째 책인 『구술사 아카이브 구축 길라잡이 1 : 기획과 수집』이 세상에 나왔다. 두 권 가운데 첫 번째 책인 『구술사 아카이브 구축 길라잡이 1 : 기획과 수집』은 구술사 프로젝트 기획에서 수집 방안을 체계적으로 보여주는 책이다. 구술기록수집 프로젝트를 구상하는 이라면 누구라도 이 책 한권을 손에 쥐면 어려움이 없도록 챙겼다.

한국구술사연구회의 두 번째 총서 『구술사 아카이브 구축 길라잡이 1 :

기획과 수집』을 발간하며, 가졌던 소망은 '담임선생님'의 역할을 내려놓고 독자들과 함께 어깨를 걸고 걷는 동무였다. 그러나 그러기 위해서는 숙제가 하나 남아 있었다. 『구술사 아카이브 구축 길라잡이 1 : 기획과 수집』은 반푼이기 때문이다. 『구술사 아카이브 구축 길라잡이 2 : 관리와 활용』이 있어야 완전체가 가능하다. 당초 기획은 길라잡이 1과 2를 동시 출간하거나 6개월 이내 출간이었다. 그러나 길라잡이 1을 발간한 후, 해는 두 번이나 넘어갔다. 한국구술사연구회 구성원들의 지나친 책임감이 기꺼운 나눔을 숙제로 만들었기 때문이다.

3. 반푼이에서 벗어나

숙제! 숙제는 어렵다. 놀이일 때와 달리 숙제가 되면, 하기 싫어진다. 자기 검열도 피할 수 없다. 그저 쭉 가도 되는 길인데, 잠시 등짐을 내려놓고 생각하게 한다. 뭐 빠진 것 없나 하며 다시 챙겨보게 한다.

『구술사 아카이브 구축 길라잡이 2 : 관리와 활용』은 기록관리 차원에서 달라진 환경을 충분히 반영하고자 노력했다. 활용에 갈급한 개인 연구자나 기관의 담당자들에게 모두 소용되도록 구성했다. '길라잡이'에 맞도록 구성한 다양한 사례와 예시는 이 책의 가장 큰 장점이다. 부록의 목록만 보아도 배부르도록 알차게 채웠다.

구술자료의 활용 열망과 기대치는 높으나 구체적인 방법에 대해서는 선뜻 나서기 어려운 현실이다. 높은 담장을 허물기 위해 국가기록원, 한국학중앙연구원 현대한국구술자료관, ㈜바이람 등 현장에 몸담은 연구자들이 어렵게 체득한 지혜를 소화해서 풀어놓았다. 그저 받아먹으면 되도록 했다. 개인정보문제를 비롯한 법적 윤리적 문제는 구술자료의 공유 과정에서 가

제1부 구술아카이브 구축 방안	구술사 자료정리와 자료화	김선정
	구술아카이브 구축방안 : 경험과 기억의 블록 쌓기	권미현
	현대한국구술사 조감·망	김선정
제2부 구술아카이브 활용	구술아카이브 구축의 마무리 : 활용	정혜경
	구술자료 수집과 활용의 윤리적 법적 문제	이호신
	구술사 연구를 위한 활용 방안 : 도구서와 자료집 발간	정혜경
	구술자료를 활용한 웹 콘텐츠 개발	한동현
	마을이야기 만들기	김선정
부록	구술사연구기관 단체 목록	김지수
	구술사 관련 저서목록	
	구술사 관련 학위논문 목록	
	개인정보보호 서식 및 예시	
	구술사 : 기록에서 역사로	정혜경

장 크게 고민해야할 주제이다. 독자들의 고민거리를 조금이라도 가볍게 하려 노력했다.

2005년, 한국구술사연구회 첫 번째 총서 '책 만든 이야기' 말미에 다음과 같은 잔소리를 남겼다.

"물론 이 연구 마당이 펼쳐진다 해서 구술사연구의 지형이 획기적으로 달라지지는 못할 것이다. 아마도 당분간 이 연구의 장을 찾는 사람들은 여전히 '구술사가 무엇인가'하는 근원적인 물음에서 자유로울 수 없을지 모른다. 여전히 문헌사적인 독해방식을 구술자료에 적용하면서도 자신은 '새로운 역사 쓰기'를 하고 있다고 주장할지 모른다. 더 많은 자료를 획득하고, 훌륭한 연구 성과를 얻는다는 명목 아래 계속하고 있는 약탈적 수집방법을 포기하지 않으려 할지 모른다. 그러나 그 과정에서 현재 자신이 하는 방법에 대해 잠시라도 되돌아본다면, 조금이라도 함께 고민한다면, 그래서 구술자가 귀하게 여겨지고, 연구 성과보다 인간이 먼저 떠오른다면, 우리는 새로운 역사 쓰기라는 귀중한 열매를 얻게 될 것"이라고.

이 주절거림은 11년이 지난 현재도 유효해 보인다. 오히려 늘어났다. 구술사연구방법론을 내세우면서 문헌사적 연구방법론인 텍스트 분석에 의존하는 모순은 줄어들지 않았다. 우리가 몸담고 있는 한국현대사의 모순도 폭발적으로 늘어났다.

2014년 4월 16일, 세월호 승선자들 중 많은 이들이 수장되어 하늘의 별이 되었다. 2015년 11월 14일, 광화문 광장에서 경찰이 쏜 물대포에 백남기 농민이 쓰러져 별이 되었다. 국가권력에 의해 자행되는 끔찍한 범죄는 전시가 아닌 평시에 대한민국에서 일어났다. 보다 못한 사람들이 일어났다.

2016년 말, 백만 시민이 주말마다 광화문 광장을 메우며 정의와 상식을 외친다. 한국현대사의 소용돌이 속에서 아픈 이들의 기억을 찾는 발걸음도 바쁘다. 제대로 기억해야할 일이다. 구술사에 몸담은 이들이 해야 할 일이 무엇인지 심각하게 고민해야 하는 시점이다.

11년 전 주절거림에 대한 필자들의 과제는, '자기 성찰'이다.

국내에서 나온 대표적인 구술사 관련 자료집과 연구서로서 선인출판사의 손을 빌리지 않은 책은 찾기 어렵다. 구술사가들에게 선인출판사는 보고(寶庫)이자 터전이다. 『구술사 아카이브 구축 길라잡이』의 완성체를 진득하게 기다려 준 선인출판사 식구들에게 필자들을 대신하여 감사의 마음을 전한다.

2017년 9월

함께한 6명(권미현, 김선정, 김지수, 이호신, 정혜경, 한동현)을

대신하여 정혜경이 쓰다.

목 차

제3부 부 록

제 1 부

구술 아카이브 구축 방안

구술사 자료 정리와 자료화[1] _김선정

1. 면담일지/ 면담후기 작성
2. 구술자/ 면담자 신상기록부 작성
3. 녹음, 녹화 자료 정리
4. 상세목록 작성
5. 녹취문 작성
6. 개인정보·민감정보 수집 및 이용동의, 자료활용 및 공개동의서 작성
7. 구술자료개요 작성

구술 자료의 자료화와 정리는 인터뷰를 마침과 동시에 시작된다. 이것은 자료집성과 보관을 위한 작업이다. 정리 절차를 마친 구술자료를 구술자별로 중성지 상자에 보관하여 서고에 배치하고, 기관의 경우 보존과 활용이 용이한 디지털 아카이브에 등록하여 보관 활용한다. 디지털 아카이브가 없는 경우라도 수집한 구술자료를 디지털로 변환하여 데이터베이스를 구축하고 구술자료목록과 자세한 기술 등을 기록관리 방안에 따라 작성하여 관리한다.

---

[1] 이 글은 이 책의 이전 판인『구술사 : 방법과 사례』중 정혜경의「수집(실행)하기」중 면담 후 작업을 인용, 정리한 것임.

예시 1. 면담 후 자료화 과정

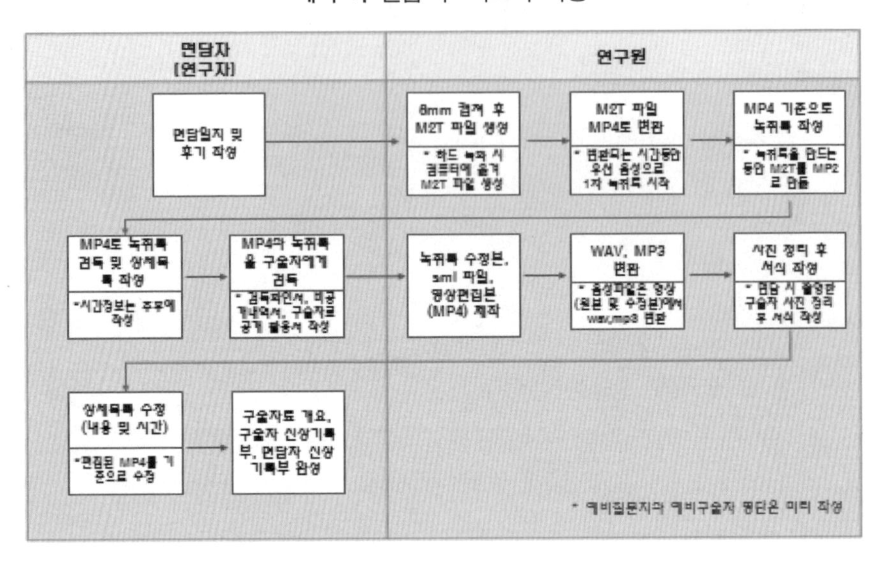

1. 면담일지(면담후기, 연구일지…) 작성

– 면담일지는 면담자 자신의 작업을 반성적으로 돌아볼 수 있게 함으로 매우 중요한 작업이다.

– 면담이 끝난 후 가장 먼저 하는 작업이다. 면담 후 자동차 안이나 면담 장소 근처 조용한 곳(찻집)에 가서 면담 상황에 대해 자세하게 기록하는 것이다.

– 자세할수록 좋다. 구술 증언의 중요한 내용, 느낌, 판단, 평가 등도 적어 놓는다. 시행착오, 어려움도 기록한다.

– 이후 해야 할 추가 작업이나 일정에 대한 간단한 메모나 관련자의 연락처, 지도나 명함 등 조사 과정에서 얻은 기록도 함께 철해 두면 도움이 된다.

– 일정한 형식을 갖출 필요는 없다.

예시 2. 면담일지

<table>
<tr><td colspan="2">과제명</td><td colspan="4">건국 60년: 한국인의 얼굴</td></tr>
<tr><td colspan="2" rowspan="2">구술자</td><td>성명</td><td>강××</td><td>전화번호</td><td>×××-×××-××××</td></tr>
<tr><td>주소</td><td colspan="3">울산시 ×구 ××동 ×××-×</td></tr>
<tr><td colspan="2">면담자</td><td>성명</td><td>양××</td><td>전화번호</td><td>×××-×××-××××</td></tr>
<tr><td rowspan="2">면담 일시/장소</td><td>횟수</td><td colspan="2">일 시</td><td colspan="2">장 소</td></tr>
<tr><td>1</td><td colspan="2">2008년 11월 22일 오후 8시</td><td colspan="2">울산 ×구 ××부동산</td></tr>
<tr><td colspan="2">면담 내용</td><td colspan="4">살아온 이야기, 울산 현대조선소 입사 이전 이야기, 조선소 입사와 초기 노동현장 경험, 87년 노동자대투쟁과 현대중공업, 1994년 LNG 점거파업과 1990년 골리앗파업, 조합원들에게 들려주고 싶은 이야기, 한국정치에 관하여</td></tr>
<tr><td colspan="2">면담 후기</td><td colspan="4">1. 구술자 근무하는 부동산 찾아서
약속 시간에 조금 뒤늦게 도착했다. 구술자는 토요일 밤 늦은 시각인데도 부동산에서 기다리고 있었다. 면접자는 조금 일찍 구술인터뷰를 했으면 하고 바랐지만 구술자가 아마 그 시각까지 일을 했어야만 했던 것 같다. 그래서 구술인터뷰가 늦게까지 이어졌고 결국 구술자의 배우자께서 이따금씩 들르셔서 빨리 끝낼 것을 재촉하기도 하였다. 서둘러 구술인터뷰를 끝낼 수밖에 없었던 이유이기도 하다.
인터뷰 전, 구술자는 사진을 건네주며 그에 대한 설명을 해주었다. 또 지난 세월 틈틈이 해온 신문 스크랩북을 보여줬고 또 아주 오랫동안 해온 '천인천자문'을 보여줬다. 천인천자문이란 구술자가 만나는 한 사람 한 사람마다 천자문의 글자 하나씩을 받아적게 해서 천자문을 완성하는 것이다. 매우 꼼꼼하고 곧은 성격이라는 인상을 받았다.

2. 인터뷰 상황
울산으로 내려오기 전, 구술자는 '나 같은 사람 뭐하러 인터뷰를 한다고…'라며 저어하는 듯했지만 구술인터뷰 전 이런 저런 얘기를 나누다 보니 이미 여러 차례 구술인터뷰를 한 경험이 있었던 분이었다. 하지만 유경험자 치고는 무척 건조하고 딱딱하게 말을 이어갔다. 하지만 '초기 구술'이 끝나고 두 번째 파일 녹취를 시작하면서 면접자가 질문을 던지면서부터는 비교적 분위기나 표정이 점차 밝아져 갔다.
구술자는 구술자 신상카드에 주요 학력으로 '고졸'이라 적었지만 그의 구술인터뷰 내용에서는 '중학교 중퇴'인 듯했다. 면접자는 이전에 중공업 노동자들이 학력에 대한 콤플렉스가 매우 커 자기 학력을 제대로 밝히는 사람이 거의 없다는 얘기를 들은 적이 있다. 이에 이는 이해될 수 있는 성질의 것이었다.

3. 인터뷰 주제</td></tr>
</table>

	사실 연세가 많은 분이라서 1974년도 현대조선소 폭동에 대한 이야기를 들을 수 있을까 해서 내심 기대했으나 구술인터뷰 직전 입사년도에 대해 듣고 나서 오히려 1987년이나 그 이후에 대해서 초점을 맞춰야겠다고 생각했다. 인터뷰를 마치고 생각해보니 구술자가 가장 애정을 가지고 노동조합 활동을 했던 것은 1987년 노동자대투쟁이나 1990년 골리앗 파업보다는 1994년 LNG 선상파업, 1996~1997년 노동법개악 저지 총파업인 듯했다. 혹시라도 나중에 기회가 된다면 그때에 포커스를 맞춰서 더 인터뷰를 받을 수 있지 않을까 기대한다. 4. 문제들 구술자는 사적인 얘기보다는 노동조합 조합활동이나 정치, 경제적인 자기 주장을 많이 얘기하고 싶어하는 듯했다. 이는 정년퇴직자로서 더 이상 활동할 공간이 없는 것으로부터 비롯되는 바가 큰 듯했다. 5. 다음의 과제 구술자는 구술인터뷰 경험이 많음에도 불구하고 구술인터뷰 마친 후 제대로 그 성과나 연구 결과를 전달받지 못한 듯했다. 면접자로서는 구술인터뷰의 결과물을 잘 정리해서 구술자에게 제공해야겠다는 생각을 하지 않을 수 없었다.
면담 주제 (주요어)	노동자, 현대조선소, 1987년 노동자대투쟁, 1994년 LNG 선상파업, 1996년 노동법 개악저지 총파업
수집 자료	aks2008_한국인의얼굴_강××_01
특기 사항	

2. 녹음, 녹화자료 정리

- 녹화테이프나 하드에 녹화된 파일은 PC에 필요한 포맷의 영상자료로 변환하고 복본을 만든다.
- 디지털 녹음기(보이스 레코더나 MP3 등)로 녹음된 파일을 PC의 음성화일로 우선 저장한다.
- 테이프와 CD 케이스 등에는 생산년도, 프로젝트 제목, 구술자의 이름, 면담자의 이름, 인터뷰 날짜 및 테이프 번호 등을 적어서 라벨을 붙인다.

예시 3. 녹음, 녹화자료 라벨

현대한국구술자료관
AKS2010_HF-T0001_HD-N00001_MT-001_01

저장 매체명	현대한국구술자료관 AKS2010_HF-T0001_HD-N00001_MT-001_01		
과제명	고도성장기(1960~70년대) 경제외교사 구술아카이브 구축		
사업년도	2010	생산기관	한국외대
구술자명	강××		
면담자	홍길동		
내용			

3. 구술자/면담자 신상기록부 작성

- 생년월일, 가족관계, 주요 학력 및 약력, 연락처 등 구술자의 인적 사항을 기록한다. 노인의 경우 직접 전화를 받지 못하는 경우도 발생할 수 있으므로, 자식 등 가족의 연락처를 알아두는 것이 필요하다.
- 필요 이상의 정보는 기록하지 않는 것이 좋다. 신상기록 카드의 존재 여부는 구술자에게 알려야 하며, 비공개를 원하는 항목이 있다면 존중해야 한다.
- 면담자 신상기록부는 구술자 신상기록부와 비슷하게 작성하고 전공과 관련분야를 기록해 두면 다른 프로젝트 시 면담자를 찾을 때 용이하다.

예시 4. 구술자 신상기록부

<table>
<tr><td rowspan="2">과제명</td><td colspan="3" rowspan="2">건국 60년: 한국인의 얼굴</td><td colspan="2">면 담 자: ×××</td></tr>
<tr><td colspan="2">면담일시: 2008년 11월 22일</td></tr>
<tr><td>이름</td><td colspan="3">한글) ××× 한자) ××× (남)</td><td>생년월일</td><td>19××. ×. ×.(음력)</td></tr>
<tr><td>현주소</td><td colspan="3">울산시 ×구 ××× 000-0</td><td>출생지(고향)</td><td>충남 서산군 ××면 ××리</td></tr>
<tr><td rowspan="2">연락처</td><td colspan="3" rowspan="2">(자택) 000-000-0000 (직장)
(핸드폰)
(이메일)</td><td>종교</td><td></td></tr>
<tr><td>결혼</td><td>기혼</td></tr>
<tr><td>교육</td><td>최종 학력</td><td>고졸</td><td>기타 교육 경험</td><td colspan="2"></td></tr>
<tr><td>관련분야</td><td colspan="5"></td></tr>
<tr><td>가족상황</td><td>본인 형제자매 상황</td><td>3남 1녀 중 네째</td><td>직계 가족 상황</td><td colspan="2">처: ×××(1952년생), 주부, 00-000-0000
아들: ×××(72년생), 회사원, 00-000-0000
아들: ×××(77년생), 회사원, 00-000-0000</td></tr>
<tr><td rowspan="5">주요 약력 및 활동상황</td><td>시기</td><td colspan="4">활동 내용</td></tr>
<tr><td>1975. ~ 2003. 12. 31.</td><td colspan="4">현대조선소 입사하여 2003년 12월 31일 정년</td></tr>
<tr><td>2004. 1. ~ 2008. 11 현재</td><td colspan="4">자영업</td></tr>
<tr><td></td><td colspan="4"></td></tr>
<tr><td></td><td colspan="4"></td></tr>
<tr><td colspan="6">* 연구에 도움이 될 인물 소개(이름, 연락처 등)</td></tr>
<tr><td colspan="6">* 면담자 기록사항:</td></tr>
</table>

4. 상세목록 작성

–상세목록은 열람자들이 자료에 접근하는 데 도움을 주는 1차적인 안내자이다. 연구기관이나 기록관에서 기록 관리를 하는 데 필수적인 요건이다.

–이 역시 면담자가 작성해야 한다.

–상세목록은 말 그대로 상세목록이나 목차가 아니라 상세목록만으로도 구술내용이 거의 모두 기록될 정도로 상세하게 작성해야 한다.

–구술내용이나 질문에 따라 세그먼트를 나누어 소제목을 작성하고 시간을 기록해 두면 활용도가 매우 높아진다.

예시 5. 상세목록

<table>
<tr><td>과제명</td><td colspan="7">건국 60년: 한국인의 얼굴</td></tr>
<tr><td>구술자명</td><td colspan="3">×××</td><td>성별</td><td>남</td><td>면담자</td><td>×××</td></tr>
<tr><td>면담 일시</td><td>2008. 11. 22</td><td>횟수</td><td>1</td><td>시간</td><td>1:51:58</td><td>검독자</td><td></td></tr>
<tr><td>자료번호</td><td colspan="7">aks2008_한국인의얼굴_×××_구술녹음_mp3_01~06</td></tr>
<tr><td>구술 개요</td><td colspan="7">유년시절 기억과 그 영향, 중학 중퇴와 인천생활
현대조선소의 발전과 노동자의 기여, 구술자의 형제관계
선박 기술 면허 취득과 노동, 현대조선소 입사와 노동조건
1987년 노동자 대투쟁과 이후 노조활동, ×××의 장례 절차 갈등
1990년 골리앗 점거와 1994년 LNG 점거파업, 노조활동 회고 및 후배 노동자에게 전하는 말, 한국 정치 및 세계 경제의 평가</td></tr>
<tr><td>주요 색인어</td><td colspan="7">노동자, 현대조선소, 1987년 노동자대투쟁, 1994년 LNG 선상파업, 1996년 노동법 개악저지 총파업</td></tr>
<tr><td>주요 인물</td><td colspan="7"></td></tr>
<tr><td colspan="5">구술 상세목록 내용</td><td>시간</td><td colspan="2">파일명</td></tr>
<tr><td colspan="5">1. 유년시절 기억과 그 영향
－1945년 출생. 1950년 6·25때 피난 기억이 어렴풋하게 남.
－동네 이웃 간에 대창으로 살해한 기억.
－초등학교시절에 같은 마을 사람들끼리 원수관계로 지냈다는 기억
－아버지는 애국자라고 생각하며 일제시대에 일본으로 징용 갔다 옴.
－아버지가 친일파 후손에게 유산 빼앗겨서 구술자 형제들이 학교 못 다님.
－성장하면 돈 벌어서 일본 가서 도망간 친일파 잡겠다고 생각함.
－요즘에는 고향의 친일파, 6·25때 빨갱이 앞잡이 집에 가보기도 함.
－유년기 기억, 아버지 영향으로 정의를 위해 활동했음.</td><td>01:34
~
10:32</td><td colspan="2">aks2008_한국인의얼굴_×××_구술녹음_mp3_01</td></tr>
<tr><td colspan="5">2. 중학 중퇴와 인천생활
－중학교 1학년 때 4·19 발발. 중학교 졸업 못 하고, 2학년 때 인천으로 이주.
－인천은 제2의 고향. 인천에 살다가 군 입대.
－인천에서 선장, 기관장 면허 취득하여 일하다가 1974년 현대조선소 공채 합격하여 정년퇴직 때까지 근무. ××× 후보 대선 때 인천에서 선거운동 참여.</td><td>10:33
~
13:25</td><td colspan="2">aks2008_한국인의얼굴_×××_구술녹음_mp3_01</td></tr>
</table>

5. 녹취문 작성

- 녹취문은 2차 구술자료이다. 1차 자료는 녹음파일이나 영상을 녹화한 테이프나 파일이다.
- 구술자료가 기록보존소나 도서관 등에 보관되고, 그것을 다수의 다른 연구자들이 열람하고 출판 등으로 활용하려면 녹취문 작성이 필요하다.
- 영상구술자료가 있을 경우 영상을 토대로 녹취문을 작성한다.
- 인터뷰한 음성이나 영상자료의 4~5배 정도의 시간이 소요된다.
- 그저 '들리는 대로 풀어쓰는 단순한 작업'이 아니다. 텍스트화 과정은 소리의 파동이 아닌 녹음된 소리의 의미를 이해하는 것이다.
- 녹취문은 구술성이 배제된 문자로 된 텍스트이므로 원형에 근접하기 위한 최대한의 노력이 필요하다.

■ 녹취문 작성하기

가. 직접 작성하기

- 녹취문은 면담자가 직접 작성하는 것이 원칙이다. 직접 있었던 사람만이 가장 정확한 녹취문을 작성할 수 있기 때문이다.
- 초벌 녹취문을 보조연구자나 제3자가 작성을 하는 경우 인터뷰 시 참가시키도록 한다. 이 경우 면담자가 반드시 검독해야 한다.

나. 신속히 작성하기

- 가급적 빠른 시일 내에 작성하는 것이 좋다. 시간이 경과하면 테이프가 훼손되는 경우도 있고, 정확한 내용이 들리지 않는 경우가 다반사이다.

다. 녹취문 작성의 기본 원칙

- 녹취문 상단에 구술자, 면담자, 차수, 일시, 장소, 주제가 기록되어야 한다.
- 하나도, 빠짐없이, 있는 그대로, 생생하게, 문법적으로 틀린 말이라고 해도 그대로 적어야 하며 사투리도 마찬가지이다. (수집 주제에 따라

기획 시 조정 변경할 수 있다.)
—간투사 —그래, 뭐, 그러니까— 살려야 한다. (수집 주제에 따라 기획 시 조정 변경할 수 있다.)
—한자 등 외래어 원문 표기는 괄호를 통해 표시한다.
—대화체로 표현한다.

라. 검독작업

—검독을 최소 1회 이상 수행한다.
—지문을 통해 구술자의 구술 상황이나 언어화되지 않는 기호들 (몸짓, 표정, 분위기, 침묵 등)을 기록한다.
—구술내용을 파악하는 데 도움이 될 지명, 인명, 사건 등에 대한 부가설명도 각주를 통해 표시한다.
—구술 완료 이후, 검독작업 과정에서 구술자의 교정 요청 및 이의 제기 사항이 발생할 시 원문은 그대로 유지하여 녹취문을 작성하되 각주에서 그 사유, 이의 제기 일시 장소 내용 등을 명기하여 교정한다.
—오해 등의 의미가 모호할 경우 면담자가 각주에서 설명한다.
—사실과 명백히 배치되는 왜곡된 증언이나 구술자의 실수인 경우, 그 근거를 밝혀 각주로 처리한다.
—구술자의 구술이 기존의 인식이나 연구 성과와 크게 다르거나 새로운 사실이 발견되어 상호비교를 통해 그 차이점을 분명히 할 필요가 있을 경우 각주로 처리한다.

마. 녹취문 작성 요령

—전체 내용을 여러 번 들어서 숙지한다.
—녹취 중에 내용을 놓치더라도 앞으로 가지 않고 공백을 남긴 채 진행한다.
—다시 처음부터 누락된 부분을 채워 나간다.

바. 녹취문 작성 기구

—PC와 워드 소프트웨어, 영상 및 음성파일

예시 6. 녹취문

〈녹 취 전 문〉

과제명	건국 60년: 한국인의 얼굴	구술자명	홍길동
면담자	김철수	검독자	김철수
보조 면담자	김영희(면담자1)	면담장소	서울시 00동 구술자 자택
면담일시	2008. 9. 17	회차	1
파일명	AKS2008_AK-C5001_AK-T0001_AK-N00001_FORM-013_AV-002_01.mp4		
	AKS2008_AK-C5001_AK-T0001_AK-N00001_FORM-013_AV-002_02.mp4		
	AKS2008_AK-C5001_AK-T0001_AK-N00001_FORM-013_AV-002_03.mp4		
	AKS2008_AK-C5001_AK-T0001_AK-N00001_FORM-013_AV-002_04.mp4		
	AKS2008_AK-C5001_AK-T0001_AK-N00001_FORM-013_AV-002_05.mp4		
	AKS2008_AK-C5001_AK-T0001_AK-N00001_FORM-013_AV-002_06.mp4		

1. 유년시절 기억과 그 영향

면담자: 본 면담은 「건국 육십(60)년 한국인의 얼굴」 사업과 관련하여 한국학중앙연구원 현대한국연구소에서 수행하는 구술면담입니다. 구술자는 홍길동 선생님입니다. 면담 일시와 장소는 이천팔(2008)년 구(9)월 십칠(17)일 서울 ○○동 구술자 자택입니다. 면담자 김철수입니다. 예, 이게 그냥 살아오신 이야기라서 자연스럽게 말씀해주시면 되고요. 그, 어릴 때 고향하고요. 어릴 때 이렇게, 생활하시면서 기억나는 거나 부모님 이야기, 그런 어린 시절 전반에 대한 이야기를 쭉 해주시면 됩니다.

면담자1: 준비됐습니다. 말씀하셔도 좋습니다.

구술자: 이거 지금 바로 녹음 되는 거야?

면담자: 네.

구술자: 어. 나중에, 뭐라고 그럴까, 뭐라고 그러지? 새로 하는 게?

면담자: 예? 나중에? 새로요?

구술자: 응.

면담자: 아니, 새로 하실 필요는 없고요. 그냥 하시면 돼요. 예.

구술자: 글쎄요. 어려서…

면담자: 고향은 어디세요?

구술자: 어… 아니 그러면 서론 먼저 좀 얘기해도 되는가?

면담자: 네. 말씀하세요.

구술자: 글쎄요. 그게 지금 어려서 기억나는 이야기라고 하더라도 제가 지금 이 나이에 내가 지금까지 사회생활에서 느낀, 내가 나름대로의 접했던 것을 병목(접목)을, 그러니깐 지금 와서 옛날이야기를 한다는 것은 그렇게 생동감 있지 않지 않느냐. 지금의 내 입장에서 얘기한다는 거는. 그러나 이제 굳이 옛날에 이야기를 한다면은. 글쎄요, 그 당시가, 내가 사십오(45)년 해방되던 해에 태어나가지고 육이오(6·25)가, 육이오(6·25)가 여섯 살인가, 일곱 살인가에 육이오(6·25)가 났어요. 나서 이제 육이오(6·25) 적에 약간 내가 인제 어머

니, 아버지들을 하고 피난, 그런 것이 어렴풋이 기억이 나고. 그래요. 그, 그 후로 인제 이야기, 육이오(6 · 25) 적에는 뚜렷이 기억이 없습니다. 없고. 육이오(6 · 25)를 겪고 난 후 내가 성장과정에서 느낀 거로, 지금까지 머릿속에 생생하게 남는 거는, 같은 이웃에 살던 그런 분들이 서로가, 그 당시는 총이 없었고, 이제 대창으로 하더라고, '대창'. 대창으로 서로가 뭐라고 그럴까, 어~ 죽이고 막 이랬다는 것을 어떻게 표현해야 될까? 어려서 이렇게 본 거로는 육이오(6 · 25) 적에 그 후유증이 아주 오랫동안 그, 으, 동네에서 이루어지더라구요. 그리고 인제 그러면서 내가 (××× 06:54) 초등학교, 그 당시에 국민핵교(국민학교) 다니면서 느낀 거고. 내가 국민학교를 지금으로 얘기하면은 한 사쩜 한 오킬로 거리에 걸어 다녔어요. 징게(김제 金堤 : 사금을 채취하던 언덕) 가는 거 보다 힘들진 않지. 그렇게 어린 나이에 걸어 다닌, 나뿐이 아니고 뭐 다 걸어 다녔습니다, 그 당시에는, 차가 없어가지고. 걸어 다니면서 사쩜오(4.5)킬로면 시골길로 굉장히 긴 거리거든요. 그런 길을 하루에 오고 가고 하면서 등교, 이렇게 하면서 보고 느낀 거, 학교에서 배운 것도 배운 거지만은, 보고 느끼고 한 거는, 그런 와중에 그것이 (××× 08:23) 지금 와서 생각해보니까 그렇습니다……

상황: [우체부] 등기 왔습니다. 서명해주세요.

구술자: 흔히 얘기하면 의식이라고 허는데, 하여튼 아버님 피를 받은 것 같습니다. 그렇게 인제 하고요. 그러면은 내가 인제 중학교 일(1)학년 적에 사일구(4 · 19)가 터졌어요. 중학교를 참 어렵게, 그 당시 중학교 가기가 어려웠거든요. 공부도 못 했었는데. 겨우 중학교를 갔었는데, 중학교 일(1)학년 적에 사일구(4 · 19)가 터져가지고. 그래서 학교도 못 다녔어. 솔직히 말해서. 집안 형편도 어렵고 사일구(4 · 19)도 터지고, 그 당시는 중학생들도 시위하러 갔다니까요. 휴우~ 내가 정말 어떻게 하다가 어떻게든 그런 저런 사유로 인해가지고 나는 인제 중학교 삼(3)학년을 못 마치고, 이(2)학년 적에 인천으로 올라왔어요.

상황: [아들 강철순] 아버지, 식사하고 하세요.

면담자: 인천에서요?

구술자: 인천에서. 그러다가 칠십사(74)년도에 현대조선소 공채 응시해서 칠십오(75)년도에 인제 울산, 정식으로 입사를 했습니다. 그 분[정주영]이 말하길, "헝그리 정신으로 '목숨 바쳐' 일합시다!" 그러는 거에요. 그 당시에 참, 잔업, 철야 안 했으면 망했죠. 나도 참 손가락 여기 짤리다시피, 손가락도 짤리고. 만신창이가 됐습니다, 사실은. 또 외국으로, 사실은 현대중공업에, 중공업 해양사업부가 〈caption id=cap_1〉오엔지씨(ONGC)〈/caption〉 석유 시추 공사를, 처음, 내가 개발팀이예요. 처음 갔어요.

각주

cap_1: ONGC는 인도 국영천연가스공사(Oil and Natural Gas Corporation)를 말한다. 현대중공업은 1982년 7월에 ONGC로부터 1, 2차분 수주를 했고, 1983년에는 9월 ONGC 8차분 석유생산설비 턴키 수주, 1984년 10월에는 ONGC 5차분을 수주했다.

6. 개인정보 · 민감정보 수집 및 이용동의, 자료활용 및 공개동의서 작성

–2012년도 법 개정에 따라 개인정보를 수집하는 모든 경우 개인정보 및 민감정보 수집이용동의를 받아야만 한다. 개인 정보라고 함은 1개 이상의 정보를 조합해서 개인을 식별할 수 있는 정보를 말한다. 구술자 성명, 주소, 전화번호 등이 개인 정보의 요소이다. 구술자 신상기록부 뿐 아니라 구술자의 생애가 기록되어 있는 구술자료는 개인정보가 넘쳐나는 자료이다.

–개인의 사상, 신념, 정치적 견해 등 다양한 민감정보를 포함하고 있는 구술자료는 개인정보 이외에 민감정보에 대한 부분까지 구술자의 동의를 얻어야만 한다.

–개인정보 수집 동의에는 다음과 같은 요소가 반드시 포함되어야 한다. ① 개인정보를 제공받는 자 ②개인정보 수집 및 이용 목적 ③ 개인정보 항목 ④ 개인정보 보유 및 이용기간 ⑤ 개인정보의 수집 및 이용에 동의를 거부할 권리가 있으나, 거부할 경우 자료 서비스가 제한될 수 있음

–민감정보 동의에는 법률상 민감정보(사상 · 신념, 노동조합 · 정당의 가입 · 탈퇴, 정치적 견해, 건강 등)에 대한 수집 및 이용에 동의가 표시되어야 한다.

–또한 제 3자에게 제공시 제공할 개인정보 내용과 목적을 명기해야 한다.

–면담자는 최종적인 인터뷰를 마친 후 면담에 대한 마지막 녹취문 및 사진 등을 전달하게 되는데, 그 자리에서 구술자로부터 자료이용공개 허가서를 받는다.

–구술자에게 면담자료가 이후 어디에 소장되고, 어떤 형태로 보관, 공개되고, 활용되는지에 대해 최대한 상세하게 말해주고, 구술자의 동의에 기초하여 자료이용 공개 허가서를 작성하여야 한다.

–공개허가서에 서명을 받지 못하면 자료를 공개할 수 없다. 면담이 이루어지기 이전에 미리 자료공개 취지를 설명한 경우라도, 구술자가 자료공개허가서에 서명하기를 주저하는 경우가 있다. - 재차 설명과 설득

필요, 필요한 경우 제한 조건을 달 수 있다는 점을 알린다. (구술자의 사망, 통일 이후)
–구술자가 구술내용의 공개를 제한할 경우, 면담자는 이를 반드시 지켜야 한다.
–서명을 받지 못하면 자료는 미공개 상태로 보관되는 것이다.
–공개이용 동의서의 내용
  * 면담을 통해 생산된 자료의 내용
  * 기본적으로 자료의 소장`공개(공개 여부 및 범위)1활용
  * 구술자의 제안사항
  * 구술자의 인적사항과 인증(친필서명이나 도장)
–개인정보 · 민감정보 수집 및 이용 동의, 자료 활용 및 공개 동의서는 구술자, 면담자 개별로 작성하고 각각의 동의를 받아야 한다.

가. 자료이용공개 허가서는 행정절차가 아니라 윤리적 문제이다.

–자료이용공개허가서는 이후 활용과 직접적인 관련을 갖게 되므로 구술자료 수집에서 매우 중요한 과정이다.
–구술자료를 수집하는 것은 역사에 대한 새로운 기술, 해석이다. 또한 구술 자료는 한번 쓰고 버리는 것이 아니라, 도서관과 기록 보관소 등에 영구적으로 보관되는 공공의 기록이며, 면담자 개인의 사적 전유물이 아니다.
–동의를 끌어내는 방식은 공정해야 한다. 내용을 정확히 알리지 않고 서명을 받는다거나 주요한 내용을 달리 설명한다거나 하는 것은 동의를 받기에는 손쉬울 수 있지만 공정한 방식은 될 수 없다.

나. 공개여부 검토의견서

–면담자가 녹취문을 작성한 이후에 수집된 사료 내용에 대해 평가를 하고 내용별로 공개여부 검토의견서를 작성하도록 한 것이다.
–구술자가 공개를 허가한 경우에도, 다른 인물에게 피해가 될 수 있는 점을 파악하여 면담자 입장에서 공개 보류를 제기할 수 있도록 되어 있다.

예시 7. 개인정보 · 민감정보 수집 및 이용동의, 구술자료 활용 및 동의서

과제명	건국 60년: 한국인의 얼굴

[개인정보 · 민감정보 수집 및 이용 동의]

1. 개인정보를 제공받는 자 : 한국학중앙연구원 현대한국연구소/ 한국학중앙연구원 현대한국구술자료관 구축 연구단
2. 개인정보 수집 및 이용 목적 : 구술 자료 수집 및 아카이브 구축, 구술 자료 활용을 위한 개인정보 수집
3. 개인정보 항목 : 구술자료 서식에 포함된 성명 · 주소 · 연락처 · 생년월일, 구술영상 · 음성 자료에 포함된 개인정보
4. 개인정보 보유 및 이용기간 : 영구보존
5. 개인정보의 수집 및 이용에 동의를 거부할 권리가 있으나, 거부할 경우 자료 서비스가 제한될 수 있습니다.

• 본인은 구술 자료 수집 사업의 취지를 이해하고 다음과 같이 개인정보 수집 및 이용에 동의합니다.

□ 동의함 □ 동의하지 않음

• 본인의 구술이 포함하고 있는 법률상 민감정보(사상 · 신념, 노동조합 · 정당의 가입 · 탈퇴, 정치적 견해, 건강 등)에 대한 수집 및 이용에 동의합니다.

□ 동의함 □ 동의하지 않음

• 제3자에게 성명, 생년, 구술영상 · 음성 자료에 포함된 개인정보를 위 2항의 목적을 위해 제공하는 데 동의합니다.(현대한국구술자료관 홈페이지-http://mkoha.aks.ac.kr-를 통한 대국민 서비스 제공, 관련 연구자 및 기관에 제공)

□ 동의함 □ 동의하지 않음

[구술 자료 활용 및 공개동의서]

본인은 한국학중앙연구원 현대한국연구소의 구술 자료 수집 사업의 취지를 이해하고 아래의 내용에 동의합니다.

1. 구술 자료를 각종 콘텐츠로 만든다.
   (녹음 · 녹화 테이프 혹은 파일, 녹취록 및 파일, 구술자 사진, 기타 기증 자료 등을 '구술 자료'로 통칭한다)
2. 한국학중앙연구원 현대한국연구소와 한국학중앙연구원 현대한국구술자료관에게 구술 자료의 보존 · 관리, 연구 · 온라인 동영상 서비스 · 출판 · 교육 · 아카이브 구축 등의 목적을 위해 이를 활용 · 공개할 권한을 부여한다.
3. 특기 사항

년 월 일

구술자 성명 : (인)

7. 구술자료개요 작성

–구술자료개요는 수집한 구술자료들에 관한 모든 정보를 한 눈에 파악할 수 있도록 기술한 것이다.

–구술자료개요에는 구술자, 면담자, 주제 혹은 프로젝트명, 기획의도, 수집한 구술자료 종류, 면담장소와 일시, 구술내용, 키워드의 항목이 있어 수집된 구술자료에 대한 전반적인 정보와 내용을 쉽게 알 수 있게 해 준다.

예시 8. 구술자료개요

1. 홍길동 구술 자료 개요

<table>
<tr><td>과제명</td><td colspan="3">건국 60년: 한국인의 얼굴</td></tr>
<tr><td>자료 번호</td><td colspan="3"></td></tr>
<tr><td>파일명</td><td>AKS2008_AK-C5001_AK-T0001_AK-N00001_FORM-001_DOC-002_01.hwp
AKS2008_AK-C5001_AK-T0001_AK-N00001_FORM-002_DOC-002_01.hwp
AKS2008_AK-C5001_AK-T0001_AK-N00001_FORM-003_DOC-002_01.hwp
AKS2008_AK-C5001_AK-T0001_AK-N00001_FORM-004_DOC-002_01.hwp
AKS2008_AK-C5001_AK-T0001_AK-N00001_FORM-005_DOC-002_01.hwp
AKS2008_AK-C5001_AK-T0001_AK-N00001_FORM-006_DOC-002_01.hwp
AKS2008_AK-C5001_AK-T0001_AK-N00001_FORM-007_IMG-001_01.jpg
AKS2008_AK-C5001_AK-T0001_AK-N00001_FORM-008_IMG-001_01.jpg
AKS2008_AK-C5001_AK-T0001_AK-N00001_FORM-009_IMG-001_01.jpg
AKS2008_AK-C5001_AK-T0001_AK-N00001_FORM-010_DOC-002_01.hwp
AKS2008_AK-C5001_AK-T0001_AK-N00001_FORM-011_DOC-002_01.hwp
AKS2008_AK-C5001_AK-T0001_AK-N00001_FORM-012_DOC-002_01.hwp
AKS2008_AK-C5001_AK-T0001_AK-N00001_FORM-015_DOC-002_01.hwp
AKS2008_AK-C5001_AK-T0001_AK-N00001_FORM-016_DOC-002_01.hwp
AKS2008_AK-C5001_AK-T0001_AK-N00001_FORM-017_DOC-002_01.hwp
AKS2008_AK-C5001_AK-T0001_AK-N00001_FORM-001_DOC-001_01.pdf
AKS2008_AK-C5001_AK-T0001_AK-N00001_FORM-002_DOC-001_01.pdf
AKS2008_AK-C5001_AK-T0001_AK-N00001_FORM-003_DOC-001_01.pdf
AKS2008_AK-C5001_AK-T0001_AK-N00001_FORM-004_DOC-001_01.pdf
AKS2008_AK-C5001_AK-T0001_AK-N00001_FORM-005_DOC-001_01.pdf
AKS2008_AK-C5001_AK-T0001_AK-N00001_FORM-006_DOC-001_01.pdf
AKS2008_AK-C5001_AK-T0001_AK-N00001_FORM-007_IMG-001_01.pdf
AKS2008_AK-C5001_AK-T0001_AK-N00001_FORM-008_IMG-001_01.pdf
AKS2008_AK-C5001_AK-T0001_AK-N00001_FORM-009_IMG-001_01.pdf</td><td>자료
생산일</td><td>2008년
9월
~
2009년
11월</td></tr>
</table>

<table>
<tr><td></td><td colspan="4">AKS2008_AK-C5001_AK-T0001_AK-N00001_FORM-010_IMG-001_01.pdf
AKS2008_AK-C5001_AK-T0001_AK-N00001_FORM-011_DOC-001_01.pdf
AKS2008_AK-C5001_AK-T0001_AK-N00001_FORM-012_DOC-001_01.pdf
AKS2008_AK-C5001_AK-T0001_AK-N00001_FORM-015_DOC-001_01.pdf
AKS2008_AK-C5001_AK-T0001_AK-N00001_FORM-016_DOC-001_01.pdf
AKS2008_AK-C5001_AK-T0001_AK-N00001_FORM-017_DOC-001_01.pdf
AKS2008_AK-C5001_AK-T0001_AK-N00001_FORM-013_AV-001_01.mp4
AKS2008_AK-C5001_AK-T0001_AK-N00001_FORM-013_AV-001_02.mp4
AKS2008_AK-C5001_AK-T0001_AK-N00001_FORM-013_AV-002_01.mp4
AKS2008_AK-C5001_AK-T0001_AK-N00001_FORM-013_AV-003_01.mpg
AKS2008_AK-C5001_AK-T0001_AK-N00001_FORM-013_AV-003_02.mpg
AKS2008_AK-C5001_AK-T0001_AK-N00001_FORM-014_AV-006_01.mp3
AKS2008_AK-C5001_AK-T0001_AK-N00001_FORM-014_AV-006_02.mp3
AKS2008_AK-C5001_AK-T0001_AK-N00001_FORM-013_SMI-001_01.smi
AKS2008_AK-C5001_AK-T0001_AK-N00001_FORM-013_SMI-001_02.smi
AKS2008_AK-C5001_AK-T0001_AK-N00001_FORM-015_IMG-001_01.jpg
AKS2008_AK-C5001_AK-T0001_AK-N00001_FORM-015_IMG-001_02.jpg</td><td></td><td></td></tr>
<tr><td>구술자명</td><td>홍길동</td><td>성별</td><td>남</td><td>면담 일시</td><td colspan="2">1회: 2008. 9. 17
2회: 2008. 9. 26</td></tr>
<tr><td rowspan="2">면담자</td><td rowspan="2">김철수</td><td rowspan="2">검독자</td><td rowspan="2">김철수</td><td>총 횟수</td><td colspan="2">2</td></tr>
<tr><td>총 시간</td><td colspan="2">00:00:00</td></tr>
<tr><td>공개여부</td><td colspan="6">□ 전체 공개 □ 전체 비공개 ■ 부분 공개</td></tr>
<tr><td>활용동의</td><td colspan="6">■ 동의함 □ 동의 안함 □ 조건부 동의</td></tr>
<tr><td colspan="4">구술 자료 수집지역</td><td colspan="3">면담 장소</td></tr>
<tr><td colspan="4">서울 ○○○</td><td colspan="3">서울 ○○○ 구술자 자택</td></tr>
<tr><td>구술 사업 개요</td><td colspan="6">건국원년인 1948년에 태어나 대한민국과 함께 올해 환갑을 맞는 '건국둥이'들을 중심으로, 각 분야를 대표하거나 가장 평균적인 삶을 살아온 인물 60명의 생애와 현대사의 경험을 구술면접. 이로써, 1948년 대한민국 건국과 동시에 출생하여 현재 환갑을 맞이하는 여러 건국둥이들의 종(계층, 직업, 성별 등)·단(시대)적 삶의 전체상을 조망.
기대효과: 다양한 개인적 삶을 통해 건국 60년의 의미를 되새기고, 생활사 측면에서 대한민국 현대사 재조명 계기 마련(구술생애사로 보는 한국현대사)
면접 대상은 1948년생 '건국둥이' 60명</td></tr>
<tr><td>구술 녹취 개요</td><td colspan="6">가족 이야기와 성장과정, 직업과 직장, 기능올림픽 은메달 수상 과정 이야기, 단국대학교 학창시절 이야기, 단국대학교 졸업 이후 현재까지, 앞으로의 계획과 목표, 여가활동, 자녀 교육 이야기, 연애와 결혼, 존경하는 인물, 좋아하는 연예인이나 노래, 정부에 바라는 것, 대한민국의 미래상, 건국60주년 감회, 기능올림픽 관련 사진보면서 이야기</td></tr>
<tr><td>특기사항</td><td colspan="6">1. 수집된 문서, 물건이 없음.</td></tr>
</table>

구술 아카이브(oral history archive) 구축 방안 : 경험과 기억의 블록 쌓기 _권미현

1. 구술 아카이브 구축: 필요충분조건

흩어져 있는 개별 정보는 하나의 사실로서만 존재하지만, 동일한 맥락에서 유기적으로 구조화되면 더 풍부한 정보가 되고 다양한 활용이 가능하게 된다. '구슬이 서 말이어도 꿰어야 보배'라는 우리 속담이 있다. 아무리 훌륭하고 좋은 것이라도 다듬고 정리하여 쓸모 있게 만들어 놓아야 그 가치를 발휘할 수 있음을 비유적으로 이르는 말이다. 구술기록 관리 · 활용의 당위성을 이야기할 때 적확한 표현이다. 1990년대 중반 구술사 연구방법론이 국내에 첫 선을 보인 후, 구술기록과 구술사 연구에 대한 관심이 학계를 넘어서 일반인들까지 확산되었다. 역사학, 인류학, 사회학, 기록학, 정치학, 여성학 등 학문분야 뿐만 아니라 예술, 미디어(영화, 다큐멘터리, 만화) 등 다양한 분야에서의 수요도 증가했다. 수요의 증가는 다양한 주제와 방식에 따른 구술기록 수집 프로젝트를 수행하게 만들었고, 그 결과물 또한 내용과 구성자료에서 다양한 수준으로 축적되었다.

구술기록은 수집을 준비할 때부터 활용을 염두에 둔 '기획'수집의 성격을 지닌다. 달리 표현하면 구술기록은 기록물과 같이 어떤 업무나 행위의 결과로 생산되는 것이 아니라, 행위 또는 경험을 그것이 발생한 시간의 간격을 두고 어떠한 활용 목적에 의해 재현(representation)함으로써 생산한다. 이러한 맥락에서 보면 구술기록은 이야기를 통해 인간의 행동과 삶을 재현해 내는 것이고, 이야기를 통한 재현은 곧 해석이라 할 수 있다. 여기에서의 해석은 구술자에 의한 해석, 면담자에 의한 해석, 제3자(이용자)에 의한 해석이 있는데, 이는 언제나 현재적 관점으로 이루어진다. 구술자가 자신의 경험을 이야기하는 것은 이야기를 하는 시점, 즉 현재적 관점에서 재해석되며 이는 면담자와 이용자도 마찬가지이다. 이러한 측면도 구술기록 관리와 활용의 기본 방향을 결정하는 데 고려할 점이다.

구술기록의 수집 · 관리 환경 측면에서는 디지털 환경으로의 변화를 들 수 있다. 빠르게 변화하는 기술의 발전으로 현대인의 삶을 정의하는 데 디지털 환경을 배제하고는 이야기하기 어려울 정도가 되었다. 필자가 처음 기록학에 입문한 시기인 2001년에 TV에서 방송된 국내 한 전자회사의 휴대 전화 광고가 문득 떠오른다. 노량진 수산시장에서 젓갈장사로 번 돈을 장학금으로 내놓아 유명해진 할머니를 모델로 쓴 광고였는데, 그 내용은 이렇다. 전통시장에 간 젊은 남편이 생태를 고르면서 휴대 전화로 사진을 찍어 아내에게 전송하고, 그 사진을 보고 아내는 물 좋은 생태를 고르게 된다. 이 모습에 생선 파는 할머니는 "그게 뭐여?"라고 묻고, 그 남자는 "디지털 세상이 잖아요"라고 대답한다. 이에 할머니는 "뭐~ 돼지털 세상?"이라고 대답하여 웃음을 자아내는데, 할머니의 '돼지털'은 한참이나 우스갯말로 사람들의 대화 속에 등장했던 것 같다. 옛말에 10년이면 강산이 변한다고 하는데, 10년이 훌쩍 지난 지금은 강산보다는 우리 생활 깊숙이 자리 잡은 디지털 환경이 가장 큰 변화이다. 가장 최소 단위의 기록 생산자인 개인의 입장에서 보면 자신의 휴대 전화로 고화질 사진, 동영상 촬영이 가능해졌고, 이 파일을 장소, 시간 등을 불문하고 데이터 전송이 되는 곳이면 어디든지 보내고 공유할 수 있다. 필요한 정보는 휴대 전화와 같은 인터넷 기반 기기만 있으면 언제든지 검색, 이용이 가능하고, 내가 만든 정보 역시 공유할 수 있다. 이제 정보를 만들고, 유통하고, 활용하는 것이 손쉬운 일이 되었다. 그러나 이러한 장점은 오히려 고정적이고 안정화되지 않은 정보의 생산과 유통, 아무런 제한 없는 이용이라는 단점이 되기도 한다. 디지털 정보가 갖는 이러한 특성은 기록관리 영역과 더 나아가 구술기록 관리 영역에까지 영향을 미치게 되었다. 현재는 기록의 생산부터 유통, 관리, 활용까지 디지털 환경을 기반으로 진행되고 있다.

디지털 생산·유통이라는 환경의 변화를 차치하더라도, 지난 10여 년간 구술기록은 다양한 분야에서 수집되었고 각 분야마다 구술기록을 좀 더 과학적이고 체계적인 방법으로 관리해야 할 필요성을 체감하고 있다. 그러나 현재에도 '구술기록'만을 위한 범국가적인 수집·관리·활용조건 등에 대한 규정이나 표준이 없는 실정이다. 공공기관의 경우는 「공공기록물 관리에 관한 법률 및 동법 시행령(이하 기록물관리법)」의 시청각기록물 관리에 준해서 관리하거나, 자체적으로 마련한 규정, 지침을 근거로 관리하고 있다. 이를테면 일반기록물 관리를 위해 구현한 시스템(제도든, 소프트웨어든)에 구술기록을 억지로 끼어 맞추어 관리하는 형편이다. 민간 영역에서는 사정이 더 좋지 않아서, 이러한 제도조차 마련하지 못한 곳도 있다. 물론 국사편찬위원회, 대일항쟁기강제동원피해조사및국외강제동원희생자등지원위원회(이하 대일항쟁기조사지원위원회), 5 · 18민주화운동기록관, 한국문화예술위원회 예술자료원, 한국학중앙연구원 현대한국구술자료관, 민주화운동기념사업회 사료관, 연세대학교 김대중도서관 등 일부 공공 · 민간영역에서 별도의 예산, 규정, 시스템 개발 등을 통해 충실한 관리를 수행하는 기관도 있다. 다만, 디지털 환경에서의 기록 관리는 안전한 보존도 중요하겠지만, 활발한 유통과 중복수집 방지 등을 위한 표준화된 포맷 관리에 대한 고민도 함께 해야 한다. 그런 면에서 다수의 구술 아카이브는 태생부터 이런 고민이 미흡했고, 기관 간 협의도 부족했던 것 같다. 아마도 아직까지 기록관리 영역에서 구술기록은 일반기록물의 보조적인 역할이나, 예산과 인력의 여유가 있는 기관에서 단기간 가시적인 성과를 내기 위해 곁다리로 추진하는 경우가 더 많았기 때문일 것이다.

구술사, 구술기록에 대한 관심 증가로 인한 수집양의 축적, 활용의 목적이 명확한 '기획'수집 결과물, 수집 방법 및 관리 환경의 변화 등은 구술기록 수집기관으로 하여금 구술 아카이브(archive)를 구축할 필요성을 느끼게 했다. 구술 아카이브를 통해 구술기록의 수집에서 관리, 활용에 이르기까지 일관성 있는 체계를 갖추고자 하는 시도가 많아졌다. 여기에 디지털 환경으로의 변화는 구술 아카이브의 구축 방향을 결정짓는데 중요한 전환점이 되었다. 종이로 만들어진 기록물이나 아날로그 매체로 생산된 구술기록의 관리 방법도 디지털 환경에 기반을 두고 이루어진다. 이를테면, 기록물 실물은 서고에서 보존하고 기록물에 대한 정보와 관리 정보는 아카이브 시스템으로 관리하는 것이다. 애초부터 디지털 파일 형태로 생산된 전자기록과 디지털 구술기록은 기록물과 해당 기록물에 대한 정보가 함께 아카이브 시스템에서 관리된다.

§ 아카이브(archive)[1]

❶ 개인이나 조직이 사적으로 또는 공적으로 생산하거나 접수한 기록 중에서 역사적으로 보존할 가치가 있거나 증거로서 보존할 필요가 있다고 평가·선별된 영구보존기록물(영구기록물)

※ 한시기록물(record) - 보존기간 10년 미만의 기록물로 보존기간이 만료되면 평가 절차를 거쳐 보존기간을 재책정(보존기간 상향)하거나 폐기할 수 있음

※ 기록물 보존기간 : 영구, 준영구, 30년, 10년, 5년, 3년, 1년(기록물관리법 시행령 제26조)

❷ 영구 보존기록을 전문적으로 보존하는 조직 혹은 이를 위한 시설 및 장소

본 장에서의 구술 아카이브는 ❷를 의미하며, 관리대상과 방법은 아날로그와 디지털 형태 두 가지를 모두 아우른다. 본 장에서는 이러한 구술 아카이브를 구축하기 위한 절차와 방법에 대해 다루는데, 구술기록 수집기관이 기증, 생산의 방법으로 구술기록을 입수하는 단계부터 관리의 영역으로 본다. 구술기록의 수집 기획과 방법에 대한 자세한 내용은 한국구술사연구회 총서 2 『구술사 아카이브 구축 길라잡이 1 : 기획과 수집』을 참고하기 바란다. 본서에서 제안하는 구술 아카이브 구축 방안이 구술기록 수집 결과물이 어느 정도 축적된 기관 또는 신규 사업으로 구술기록 수집을 기획하고자 하는 기관에게 유용한 정보가 되길 기대한다. 구술 아카이브 구축을 시작하기에 앞서, 먼저 디지털 환경에서 구술기록의 특성, 구술 아카이브 구축 기반이 되는 디지털 아카이브와 아카이빙에 대해 개괄적으로 살펴본다. 구술 아카이브 구축은 준비 단계(인프라 구성, 입수, 등록), 조직화 단계(정리, 기술), 보존과 활용 단계를 거치게 된다. 구술아카이브 구축 각 단계별로 수행해야할 세부 사항과 각 단계별 국내외 사례를 간단히 살펴본다. 이 글에서

---

1) 한국기록학회, 『기록학 용어 사전』, 역사비평사, 2008, 120·276쪽 참고. 본장에서 용어 정의는 별도의 각주를 제시하지 않으면 『기록학 용어 사전』에서 인용한 것임을 밝혀 둔다.

제안하는 구술 아카이브 구축 방법은 기록관리 영역에서 가장 상위 단계에서 취할 수 있는 기준을 제시하였다. 그렇다고 해서 모든 구술기록 수집·관리 기관이 이 글에서 제시한 방법을 그대로 따를 필요는 없다. 각 기관의 여건에 따라 구축 방안 각각을 선택하여 기관의 성격에 맞게 적용하면 된다.

1) 디지털 환경과 구술기록

디지털 환경은 구술기록 수집 시 디지털화된 장비를 통해 디지털파일을 생산함으로써 구술기록 관리와 활용의 측면에서 다양한 변화를 가져오게 했다. 디지털 장비를 통해 생산한 구술기록은 아날로그 장비를 통해 생산한 구술기록에 비해 편집과 수정이 용이하고, 검색 및 접근이 편리하여, 구술기록의 효과적인 가공과 즉각적인 활용을 가능하게 해준다.[2] 특히, 구술자의 감정까지 읽을 수 있는 생생한 고화질 영상촬영이 용이하고, 고화질에 비해 상대적으로 용량이 작은 포맷으로 저장되어 다양한 구도나 각도, 버전으로 촬영이 가능해졌다. 이러한 점은 구술기록이 갖는 특성 중 하나인 구술성 확보에 도움이 된다. 뿐만 아니라 아날로그 형태로 생산되었더라도 디지털화(digitization)를 통해 디지털 형태로 변환시킴으로써 디지털 환경에서 관리가 가능하게 되었다.

§ 디지털화(digitization)[3]

스캐닝 또는 인코딩 장비 등을 이용하여 대상 기록물을 디지털 형태로 변환하는 과정

---

2) 정영록, 『구술기록의 디지털 아카이빙에 관한 연구－디지털구술기록의 생산·관리 및 보존전략을 중심으로』, 한국외국어대학교 대학원 석사학위논문, 2010, 2쪽.

3) 국가기록원 기록관리 원내표준, 「녹음·동영상 기록물 디지털화 지침(v1.0)〈NAK/A 17:2014(v1.0)〉」, 2014.12.23, 3쪽.

구술기록은 수집 방식에 따라 생산 구술기록, 기증 구술기록, 수집 규모에 따라 개별 구술기록, 집합 구술기록, 수집 포맷에 따라 아날로그 구술기록과 디지털 구술기록으로 나눌 수 있다.[4)]

- **생산 구술기록**: 기획을 통해 새롭게 생산되는 구술기록
- **기증 구술기록**: 개인 연구나 수집의 필요에 의해 개인 연구자 및 면담자, 기타 생산자에 의해 이미 생산되어 있는 구술기록, 타 관리기관에서 기존에 생산하여 보유하고 있는 구술기록으로 관리 기관에 원본 또는 사본으로 기증된 것
- **개별 구술기록**: 개별적인 주제, 사건과 관련하여 수집한 것으로 기증 구술기록의 경우가 많고, 기관에서 신규 수집을 할 경우에는 구술생애사가 해당
- **집합 구술기록**[5)]: 구술기록을 수집하려는 기관에서 하나의 주제, 사건에 대해 다수의 구술자를 확보하여 수집한 기록으로서 구술증언이 해당
- **아날로그 구술기록**: 아날로그 장비로 수집한 구술기록, 16mm, 카세트테이프, 해당 매체를 재생할 기기가 있어야 읽을 수 있는 기계가독형 구술기록
- **디지털(영상)구술기록**: 촬영자가 디지털캠코더와 같은 고화질 촬영장비로 구술자와 면담자의 심층면담을 촬영한 것으로, 그 내용은 디지털미디어에 0과 1의 디지털정보로 저장. 가공과 활용에 편리하지만 진본성, 신뢰성, 무결성이 전제되었을 때만이 이용 가능[6)]

---

4) 권미현, 『구술사료의 기록학적 관리 방법 연구』, 명지대학교 석사학위논문, 2003, 18~19쪽; 한국구술사연구회, 『구술사 : 방법과 사례』, 도서출판 선인, 2005, 22쪽 참고.

5) 필자는 기존 연구에서 집단 구술기록이라는 용어로 정의했으나, 앞으로는 동일 주제 하에 다수의 개별 구술기록이 수집된다는 의미를 강조하여 집합(collective) 구술기록으로 지칭하고자 한다.

6) 정영록, 앞의 논문, 2010, 36쪽 참고.

구술 아카이브를 구축함에 있어 이러한 구술기록의 종류는 기록관리 프로세스 결정에 영향을 미친다. 이를테면 생산과 기증을 통해 구술기록을 수집할 때, 기증과 관련한 일련의 활동이 필요하며 그 활동의 과정과 결과를 기록화(documentation)해야 한다. 디지털 기반 구술 아카이브를 구축하고자 하는 기관에서 수집한 기증 구술기록이 아날로그 원본 매체라면, 디지털 환경에 적합한 보존매체로 변환하는 작업을 위한 프로세스가 필요하다. 구술기록을 새롭게 생산하고자 한다면, 기관의 구술 아카이브 체제에 적합한 포맷을 갖춘 결과물을 입수하기 위해 수집과 관리에 관한 규정을 마련하고 표준 포맷을 정하게 될 것이다. 생산과 기증(사본 수집 포함)을 병행한 수집방법을 선택하면, 구술기록을 보유하고 있는 유사 기관의 현황, 자기관에서 보유 중인 구술기록 현황 등을 데이터베이스화하여 관리할 수 있는 절차도 추가될 것이다. 집합 구술기록이 어느 정도 축적된 경우에는 보유기록물, 구술기록, 관련 자료와의 맥락 정보를 관리하기 위한 깊이 있는 정리와 기술도 필요하다.

§ 기록화(documentation)

활동, 사건 등을 입증하기 위한 자료의 수집 또는 생산

디지털 환경에서 구술기록 수집 · 관리는 장단점이 공존한다. 원본테이프에 구술면담의 영상을 촬영했던 시절에는 테이프재생기를 통해서나, 파일 변환 작업을 거쳐야만 해당 구술기록에 접근성이 높아졌다. 그러나 처음부터 영상테이프 녹화와 디지털 파일 저장이 동시에 이루어지는 수집 과정을 거친 구술기록은 별도의 변환 작업이나 재생기 없이 작업용 PC를 통해서 내용 파악이 가능하다. 디지털 환경의 장점은 정보의 처리, 저장, 표현, 전송에 필요한 데이터양이 적어 정보를 재가공하기 쉽고, 재가공할 때 정확성이 높다. 또한 정보에 대한 검색과 접근이 용이하고, 정보를 재생할 때 질의 손실이 적다. 디지털 기술의 위력은 문자, 음성, 영상 영역에서 각기 별개로 간

주되어 온 각종 산출물을 하나로 쉽게 가공하여 활용할 수 있게 해준다는 점이다.[7] 이러한 장점은 반대로 단점이 되기도 한다. 쉽게 가공이 가능하다는 점은 쉽게 왜곡할 수 있다는 것과 일맥상통한다.

내용적 측면에서 구술기록은 '말'을 통한 정보의 전달이기 때문에, 손쉬운 편집 작업이 허용되면 그 내용이 특정 목적을 위해 왜곡될 우려가 있다. 디지털 구술기록은 아날로그 매체처럼 정보 또는 콘텐츠를 담은 그릇(컨테이너: container)이 고정적이지 않고, 다양한 매체로의 이동, 전달 등이 자유롭다. 또한 물리적 손상보다 복구가 어려운 바이러스, 오류 등에 취약할 수 있다. 이러한 문제들을 해결하기 위해 기관은 탄탄한 조직, 예산, 인력 등을 갖출 필요가 있다. 기록학 분야에서는 디지털 환경에서 생산되는 전자기록, 시청각기록물 등의 진본성, 신뢰성의 획득을 위한 방법으로 '장기보존포맷(long-term preservation format)'이나 '디지털 워터마크(digital watermark)'와 같은 기술을 적용한다.

§ 장기보존포맷(long-term preservation format)[8]

장기간 전자기록물의 진본성을 무결하게 보존하기 위하여 전자기록물 원문, 문서보존포맷, 메타데이터, 전자서명을 하나의 패키지로 구성한 포맷

§ 디지털 워터마크(digital watermark)[9]

어떤 파일에 관한 저작권 정보(저작 및 권리 등)를 식별할 수 있도록 디지털 이미지나 오디오 및 비디오 파일에 삽입한 비트 패턴

구술 아카이브 구축 방안

---

7) 정영록, 앞의 논문, 2010, 26~27쪽 참고.

8) 국가기록원 기록관리 공공표준, 「전자기록물 장기보존포맷기술규격(v2.0)〈NAK/TS 3:2013(v2.0)〉」, 2013.12.30, 4쪽.

9) 국가기록원의 기록관리 R&D센터에서는 시청각기록물 관리를 위한 동영상 워터마킹 기술개발을 진행하고, 워터마킹 시스템과 방법에 대해 특허출원(「디지털 동영상기록물 관리를 위한 워터마킹 시스템 및 방법」, 2010.11)도 하였다.

디지털 환경의 장점을 살리기 위해서는 표준화된 포맷을 통한 생산, 보존 시스템의 규격화, 유통구조의 일원화 등이 필요하다. 국가적 차원의 표준을 마련하여 구술기록을 생산·관리하는 공공·민간영역에서 통일된 결과물을 생산하고 관리한다면 중복 수집을 방지하고 활발한 활용을 기대할 수 있다. 그러나 현재 기록물관리법에는 공공기관의 업무수행과 관련하여 생산한 시청각기록물[10]의 관리에 관한 사항이 규정되어 있을 뿐이다. 다만, 국가기록원의 주요 기능 중에 하나인 기록관리 표준화 업무 분야에서 구술기록과 같은 동영상, 디지털 매체에 대한 규격 및 표준[11]을 제정하여 공표하고 있다. 이 표준은 기관에서 구술기록 생산·관리 매체 포맷 등을 정할 때 기준점으로 삼을 수 있다. 국가기록원에서 제정하여 공표한 국가·공공·원내표준은 국가기록원 누리집(기록관리업무→기록관리 표준→표준화 현황)에 PDF 파일 등으로 게시되어 있어 필요에 따라 활용할 수 있다.[12]

디지털 환경에서 수집·관리되는 구술기록의 구성은 아래 표와 같다. 구술기록에서 원자료는 영상·음성의 아날로그 테이프 또는 디지털 파일이며, 녹취문 등은 부가자료로 2차 자료이다. 다수의 기관에서 구술기록을 수집하여 관리할 때 녹취문을 필수 구성자료로 다루는 경우가 많은데, 녹취문은 작성하는 데 드는 시간과 비용에 비해 정확도가 떨어진다.[13] 디지털 환경에서의 구술기록은 아날로그 환경에서보다 훨씬 간단한 방법으로 원자료의

10) 〈공공기록물 관리에 관한 법률〉 법 제23조(시청각 기록물의 관리), 시행령 제19조(시청각기록물의 생산), 시행규칙 제12조(사진·필름류의 편철 및 관리).

11) 국가기록원 기록관리 공공표준, 「기록매체 요건 및 관리기준(v2.0)〈NAK/S 13:2012(v2.0)〉」, 2012.12.26; 「특수유형 기록물관리－제2부: 시청각기록물(NAK/A 7:2011(v2.0)〉」, 2009.12.30; 원내표준, 「녹음·동영상 기록물 디지털화 지침(v1.0)〈NAK/A 17:2014(v1.0)〉」, 2014.12.23.

12) 국가기록원 누리집(http://www.archives.go.kr), NAK/S : 표준, NAK/G: 지침, NAK/TS : 기술규격.

13) 녹취문이 갖는 문제점과 한계에 대해서는 한국구술사연구회, 「제2부: 디지털 아카이빙: 수집하기」, 『구술사 아카이브 구축 길라잡이 1 : 기획과 수집』(한국구술사연구회총서 2), 선인, 2014, 150~152쪽을 참고하라.

내용을 파악할 수 있다. 따라서 녹취문을 만드는 데 드는 수고로움을 성의 있는 '상세목록'이나 '세부주제별 초록' 작성에 투자하면, 상세목록의 내용 정보와 원자료의 매핑을 통해 정확한 내용 확인이 가능하다. 구술기록 상세목록 작성방법과 사례는 본서 제1부 「구술사 자료 정리와 자료화」 중 '4. 상세목록 작성'을 참고하기 바란다.

구술 아카이브 관리대상 구술기록의 구성

입수 방법	기록물 유형	구술기록 원자료 (原資料, Raw Materials)	부가자료 (附加資料, Supplementary Materials)
기증 / 생산	아날로그 (Analogue)	영상원본테이프(RMA-1),* 카세트테이프, MD 등 음성녹음매체(RMA-2)	구술기록 개요서(SM-1), 구술자 신상기록카드(SM-2), 면담자 신상기록카드(SM-3), 예비 질문지(SM-4), 면담일지(SM-5), 면담후기(SM-6), 구술기록 상세목록(SM-8), 구술동의서(SM-10), 구술기록 활용 및 공개동의서(SM-11), 공개허가서(구술기록 기증서)(SM-12), 구술기록 검독확인서(SM-13), 구술기록 비공개 내역서(SM-14), 공개여부 검토 의견서(SM-15), 시청각(사진, 동영상, 녹음)자료 제출 서식(SM-16), 자료기증 약정서(SM-17), 녹취문(SM-9)** …
	디지털 (Digital)	영상원본테이프(RMD-1), 영상파일(RMD-2), 음성파일(RMD-3)	

* RM: 원자료(Raw Materials), SM: 부가자료(Supplementary Materials), A: 아날로그(analogue), D: 디지털(digital)
** 녹취문은 선택 사항

2) 디지털 아카이브와 아카이빙 이해하기

(1) 디지털 아카이브, 아카이빙

§ 디지털 아카이빙(digital archiving)[14]

가치 있는 디지털 정보자원을 선별하여 디지털 콘텐츠와 여러 기능들을 디지털 정보자원의 생명주기별로 보존 관리하여 미래 이용자들이 어려움 없이 정보를 활용할 수 있도록 하는 전반적인 작업

§ 디지털 아카이브(Digital Archive)[15]

디지털 아카이빙 작업을 수행하도록 하는 일반적으로 다양한 유형의 디지털 정보를 체계적이며 효율적으로 보존·활용할 수 있도록 하는 전반적 시스템을 의미

디지털 아카이브가 영구적으로 유지되면서 이용자에게 무결성을 지닌 데이터를 제공해주기 위해서는 아카이브 운영과 체제에 대한 '신뢰', 디지털 정보자원과 그 활용을 영구적으로 유지해주는 '기술환경 관리', 시스템과 데이터의 무결성을 확신시켜주는 '보안'이 필요하다. 디지털 아카이브가 영구적으로 유지되기 위하여 필요한 세 가지 속성은 다음과 같다. OAIS 참조모형에 기반을 둔 시스템, 운영책임, 기관의 지속성, 재정적 지속성, 적용기술과 절차의 적합성, 시스템 보안, 목적에 맞게 수립된 정책과 절차에 따라 업무를 수행해야 하는 절차적 책임 등이 유지될 때 신뢰성 높은 디지털 아카이브라 할 수 있다. 또한 디지털 아카이브가 정보자원을 영구적으로 보존하기 위해서는 정보기술 발전에 발맞추어 새로운 기술의 선택, 적용, 평가업무와 같은 기술관리 능력도 필요하다. 저장된 정보자원이 미래에도 계속해서 검색되고 검색된 데이터는 미래의 새로운 소프트웨어에서도 작동될 수 있도록 하는 기능을 가져야 영구적 아카이브라 할 수 있다.[16] 불과 10년 전만 해도 카세트테이프, 플로피디스크, MD, VHS 등은 보편적인 저장매체였으나, 현재는 해당 매체에 담긴 정보를 읽기 위해서는 별도의 장비(레코더)가 필요하다. 디지털 환경은 이러한 기계가독성 문제를 야기하므로, 앞서 언급한 것처럼 기관 보존 기록물에 대해 미래 이용가능성을 고려한 디지털 아카이빙이 되어야 한다.

---

14) 서은경, 「디지털 아카이브의 영구적 보존을 위한 개념적 모형 설계에 관한 연구」, 『한국문헌정보학회지』 38(1), 2004, 15쪽 참고.
15) 서은경, 위의 논문, 2004, 15쪽 참고.
16) 서은경, 위의 논문, 2004, 24~26쪽 참고.

§ OAIS 참조모형(Open Archival Information System Reference Model)

국제표준 ISO 14721로 디지털 아카이브의 제반 사항을 정의, 이 표준의 기능모형은 장기보존 기능도 포함하고 있다.[17] 1999년 초안이 발표된 후 국제적 · 다학문적 의견 수렴 과정을 거쳐 2002년 국제표준으로 확정되었다. 정보 모형, 정보 패키지 모형, 아카이브 기능 모형 등 디지털 아카이빙과 관련된 기본적인 개념들을 정의하였다. 참조모형은 정부 기관, 도서관, 아카이브, 기업체, 대학 등 디지털 정보를 보존하여 이용할 수 있게 하는 모든 기관이 대상으로 하고 있다.

또한 디지털 정보가 위조, 변경, 훼손, 손실되지 않고 계속 보존되기 위해서는 보안성 높은 아카이브를 유지해야 하는데, 전통적으로 사용된 것은 사용자 ID와 비밀번호를 이용하여 접근을 통제하는 방식이었다. 또 다른 방식은 전자서명 기술을 활용하는 것으로 현재 공개키 암호기술에 기반을 두고 정보요구 당사자나 정보전달 상대방의 신원을 확인하여 접근을 통제하는 방식을 말한다.[18] 디지털 정보를 관리하는 아카이브는 이러한 제어 장치를 통해 디지털 정보의 신뢰성과 보존의 안정성을 높인다.

§ 공개키 암호기술(public key cryptosystem)[19]

데이터의 암호화(encryption)에는 공개키가 사용되고 복호화(decryption)에는 개인키가 사용되는 암호 방식. 공개키 암호 시스템에서는 암호화 키와 복호화 키를 분리하여 정규적인 정보 교환 당사자 간에 암호화 키는 공개하고 복호화 키는 비공개로 관리한다. 이 시스템에서는 암호화 조작은 용이하고 복호화에는 방대한 조작이 필요하지만 어떤 복호화 키가 주어지면 용이하게 역변환이 가능하게 되는 일방향성 돌파구(trap door) 함수의 개념이 사용되고 있다. 공개키 암호화 시스템은 다수의 정보 교환 당사자 간의 통신에 적합하고 디지털 서명(digital signature)을 용이하게 실현할 수 있는 특징이 있다.

---

17) 이소연, 「디지털 아카이브의 장기보존 기능에 대한 연구」, 『제16회 한국정보관리학회 학술대회 논문집』, 한국정보관리학회, 2009.8, 73쪽 참고.

18) 서은경, 앞의 논문, 2004, 28~29쪽 참고.

19) 한국정보통신기술협회에서 제공하는 정보통신용어사전(http://word.tta.or.kr) 참고.

우리나라에서 쓰고 있는 공개키 암호기술은 GPKI(Government Public Key Infrastructure)와 NPKI(National Public Key Infrastructure)가 있다. GPKI는 전자정부 구축을 위해 행정기관 간 전자문서 교환 또는 일반 국민을 대상으로 전자 행정서비스 제공 시 해당 공무원의 신원 확인 또는 행정 전자 문서의 신뢰성을 제고하기 위한 체계이다. 우리나라의 경우 전자정부법에 의해 정부가 정책 및 최상위 인증기관을 담당하고 있고 각 부처에서 인증기관의 역할을 수행한다. NPKI는 국가 전체를 대상으로 전자 거래의 안전성 및 신뢰성을 제공하기 위한 공개키 기반 구조로, 전자 서명법에 의해 미래창조과학부에서 정책을 담당하고 한국정보보호진흥원이 최상위 인증기관 역할을 수행하며, 하위에 공인 인증기관을 지정하여 일반 국민을 대상으로 전자 서명용 공인 인증서를 발급하는 구조이다.[20)]

디지털 아카이브에서 가장 중요한 부분은 장기 보존(long-term preservation)과 지속적 가치(ongoing values)을 유지하는 아카이빙이다. 다양한 디지털 객체(대상)는 각자의 속성에 따라 서로 다른 기술적 문제를 야기한다. 가장 단순한 유형은 한 번 생산되면 형태가 고정되는 단일한 객체, 즉 더 이상 수정되지 않을 텍스트 문서이다. 텍스트 문서는 상대적으로 보존이 용이하다. 복잡한 유형은 하나의 객체 안에 텍스트, 동영상, 음성, 그래픽 등 다양한 유형이 혼재되어 있는 경우인데, 구술기록이 여기에 해당할 것이다. 디지털 정보를 장기간 보존하는 데 필요한 시스템인 아카이브를 구성하는 개념적 구조틀이 OAIS 참조모형인데, 이를 통해 디지털 구술기록 보존 방법론을 도출해 낼 수 있다.

(2) OAIS 참조모형

OAIS 참조모형이 제시한 디지털 아카이빙의 3가지 모형 중 하나인 기능

---

20) 한국정보통신기술협회에서 제공하는 정보통신용어사전(http://word.tta.or.kr) 참고.

모형(functional model)은 디지털 아카이브의 6가지 하부시스템을 정의함으로써 보존해야 할 정보, 정보 패키지와 이용을 위한 검색 정보 등의 구성요소가 아카이브 시스템 안에서 어떻게 변환되고 관리되는지를 개념화하였다.[21] 입수, 저장, 데이터관리, 보존계획, 행정관리와 이용의 여섯 가지 하위기능으로 구성되어 있는데, 보존계획 기능은 디지털 아카이브 시스템의 고유한 기능이다. 다른 유형의 정보시스템과 구별되는 참조모형의 특징은 정보패키지 모형인데, 이는 보존 대상인 디지털 객체와 이를 보존하는 데 필요한 메타데이터 정보를 하나의 정보패키지로 묶어 관리하도록 정의되어 있다. 참조모형은 세 가지 유형의 정보패키지를 취급한다.

§ 참조모형의 세 가지 유형 정보패키지[22]

❶ 기탁정보패키지(SIP : Submission Information Package)
: 디지털 아카이브가 생산/기탁자로부터 입수
❷ 보존정보패키지(AIP : Archival Information Package)
: 장기보존을 위한 마스터 패키지
❸ 배포정보패키지(DIP : Dissemination Information Package)
: 이용자의 주문에 따라 AIP로부터 생성

'입수 객체'는 생산자로부터 SIP를 받아들여 아카이브 내부에서의 저장과 관리를 위하여 그 내용을 준비하는 서비스와 기능을 제공한다. 입수 기능은 생산자로부터 입수한 SIP로부터 AIP를 생성하여 저장 기능으로 전달하고, 검색을 위한 기술정보(DI : description information)을 AIP로부터 추출하여 데이터 관리 기능으로 넘긴다. '저장 객체'는 AIP를 저장 및 유지하고, 검색을 위한 서비스와 기능을 수행한다. '데이터 관리 객체'는 보존한 정보를 확인

21) 한국기록학회, 앞의 책, 2008, 42쪽.
22) 이소연, 「디지털 아카이브의 장기보존 기능에 대한 연구」, 『제16회 한국정보관리학회 학술대회 논문집』, 한국정보관리학회, 2009.8, 74~75쪽 참고.

OAIS 참조모형 중 기능 모형

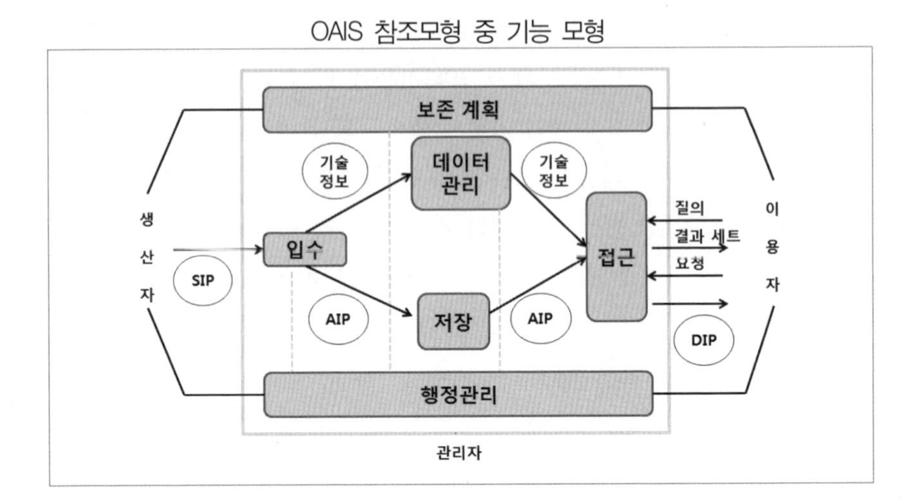

하고 기록화하는 기술정보와 아카이브를 운영하는 데 필요한 관리 정보 모두를 유지하고 이에 접근할 수 있게 서비스와 기능을 수행한다. '행정관리 객체'는 아카이브 시스템의 전반적인 운영을 위한 서비스와 기능을 수행한다. '보존 계획 객체'는 참조모형 환경을 감독하여 원래의 전산 환경이 노화되는 경우에도 참조모형에 지정 공동체에 속한 이용자들이 저장된 정보에 장기간 접근할 수 있도록 보장하는 보존 기술 전략을 실행하도록 통제하는 서비스와 기능을 수행한다. 보존 정보의 마이그레이션(migration), 보존 정보 갱신 등이 활동이 포함된다. 또한 아카이브 표준과 정책에 대한 권고안 개발, 기술 환경, 이용자의 서비스 요구 사항과 지식 기반의 변화를 감시하고, 정보 패키지의 템플릿을 설계하고 이 템플릿이 구체적인 기탁 내용에 대한 SIP와 AIP 요건으로 구체화될 수 있도록 평가한다. '접근 객체'는 이용자가 참조모형에 저장된 정보의 존재·기술·소재·입수 가능성을 확인하고, 정보 산출물을 요청하고 입수할 수 있도록 지원하는 서비스와 기능을 수행한다.[23]

---

23) 한국기록학회, 앞의 책, 2008, 42~44쪽 참고.

§ 마이그레이션(migration)

❶ 한 세대의 컴퓨터 기술로부터 다음 세대로, 또는 한 가지 조합의 하드웨어 · 소프트웨어 설정으로부터 다른 것으로 정기적으로 디지털 자료를 옮기는 것
❷ 기록의 진본성, 무결성, 신뢰성, 이용가능성을 유지하면서 한 시스템에서 다른 시스템으로 기록을 이전하는 행위[24)]

이러한 보존 계획과 정보패키지 기능을 수용한 대표적인 디지털 아카이브는 행정자치부 국가기록원[25)]의 중앙영구기록물관리시스템(CAMS: Central Archives Management System, 이하 캠스)이다. 캠스는 정부 조직의 업무과정에서 생산 · 접수한 기록물 중 보존기간 30년 이상 전자 및 비전자기록물의 이관, 관리, 보존, 처분, 검색, 열람 기능을 지원하는 시스템이다. 정부 조직에서 생산한 기록물의 관리를 위해 설계된 시스템이기 때문에 기록물철 · 건 구조로 되어 있다. 이 때문에 국가기록원에서 수집하고 있는 민간, 해외, 구술기록, 방송영화기록물 등 생산방법, 관리이력, 포맷, 이용조건 등이 다양한 기록물의 관리에는 적합하지 않은 부분이 있다. 국가기록원 내부 업무 및 기록관리용 시스템이지만, 이 시스템에서 관리되는 기록물의 정보 중 공개가 가능한 기록물의 목록정보는 국가기록포털을 통해 대국민서비스 된다.

캠스는 전자와 비전자 모든 형태의 기록물을 수집 · 관리하는 시스템인데, 현재까지는 2003년 이전 생산 기록물 중 종이기록물로 대표되는 비전자기록물을 물리적으로 이관 받은 후, 기록물 정리 등을 거쳐 기록물의 정보는 시스템에 입력하고 실물은 보존서고에서 관리하고 있다. 캠스에 등록되어

---

24) 국가기록원 기록관리 공공표준, 「기록매체 요건 및 관리기준(v2.0)〈NAK/S 13:2012 (v2.0)〉」, 2012.12.26, 2쪽.

25) 대한민국 행정부의 공공기록물을 관리하는 중앙기록물관리기관이다. 1969년 8월 23일 총무처 소속하에 정부기록보존소로 설치되었다가, 2004년 행정자치부 소속 국가기록원으로 승격하였다. 공공기관의 보존 기간 30년 이상 기록물과 국가적으로 중요한 민간, 해외소재 기록물을 수집하고 있으며, 과학적인 방법으로 보존, 관리하고 있다. (상세한 내용은 국가기록원 누리집 참고 http://www.archives.go.kr)

중앙영구기록물관리시스템 구성 및 업무 흐름도[26]

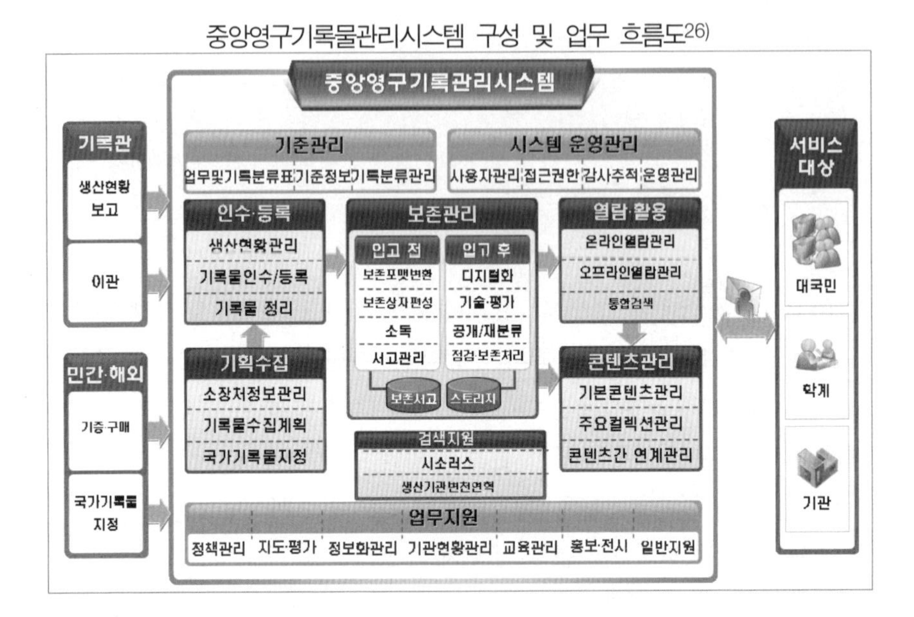

있는 기록물 정보를 통해 기록물의 서고위치, 기록물 개요 등을 볼 수 있고, 업무담당자의 경우 일부 디지털화하여 캠스에 등록되어 있는 기록물에 한해 캠스 접속 후 열람이 가능하다. 2015년은 2004년 범정부차원에서 규격화하여 만들어진 '신전자문서시스템'을 통해 생산한 전자기록물이 전자적으로 이관되었으며, 현재 국가기록원 내에서 전자기록물의 아카이빙을 위한 업무가 진행되고 있다.

중요 디지털 정보의 안정적인 보존과 관리를 위해서는 실현가능한 아카이빙 모델을 구축해야 하며 이와 관련된 기술적, 법적, 경제적인 문제에 대한 방안을 준비해야 한다. 기관 내부에 아카이빙 사업을 지원하는 중요 결정권자들이 디지털 아카이빙 사업에 대한 개념과 중요성을 이해하고, 이러한 사업이 지속적인 사업이 되기 위해서는 막대한 예산이 소요되며 복잡한

26) 국가기록원, 『〈대내업무용〉 국가기록원 주요 업무 참고자료집』, 2016. 96쪽.

업무상의 문제가 발생할 수 있다는 것을 숙지해야 한다.[27]

2. 구술 아카이브 구축하기: 준비 단계

1) 인프라 구축: '새 술'을 담을 '새 부대'

구술 아카이브 구축은 자신의 소중한 경험과 기억을 후대를 위한 귀한 자료로 기꺼이 남겨준 구술자의 노고에 흠이 되지 않기 위해서, 그러한 값진 구술기록을 보다 많은 사람들이 활용할 수 있게 하기 위해서 반드시 필요하다. 그렇다면 구술 아카이브 구축은 어떠한 절차와 방법으로 이루어져야 하는가? 모든 일에는 순서가 있다. 구술기록이라는 '새 술'을 담을 '새 부대'가 필요하다. 견고한 '새 부대'를 꾸리기 위해서는 갖추어야 할 여러 가지 조건이 있다. 구술 아카이브를 운영할 건물, 조직, 인력, 예산 등의 인프라가 그것인데, 조직의 규모나 운영 방식에 따라 유동적일 수 있다. 그러나 아카이브 운영을 위해 초기부터 확립되어야 할 필수적인 요소는 해당 조직이 운영될 수 있는 근거(공공기관의 경우 법령), 예산의 확보 방법, 운영 주체와 조직의 성격, 비전, 인력 운영 방식 등이다. 최근 설립된 한 기관에서 조직의 운영주체, 인력배치 등과 관련하여 갈등이 있었던 사례가 있다. 광주광역시는 2015년 5월 13일 5·18 민주화운동을 기념하고 체계적인 자료수집 및 관리를 위해 '5·18 민주화운동 기록관'을 개관하였다.[28] 이 기록관의 운영주체를 놓고 개관을 앞둔 시점까지 광주광역시와 재단 간의 갈등이 있었다.

---

27) Flecker. Dale. "Digital Archiving: What Is Involved?", *EDUCAUSE review*, 38(1), 2003, 10~11; 장윤금, 「역사자료의 디지털 아카이빙 방안 연구」, 『한국비블리아학회지』, 제21권 제4호, 2010.12, 196쪽 재인용.

28) 김태성, 「5·18 민주화운동 기록관 13일 개관 재단과 운영주체 싸고 갈등 불씨 여전」, 『아주경제신문』, 2015년 5월 4일 월요일 종합.

결국 시의회에서 「행정기구 설치 조례 개정안」을 통과시키면서 개관하였는데, 통과된 조례안은 기존 조례안 중 기록관장의 소관 사무에 '민간위탁 관리' 업무를 추가하였다. 기록관은 시 산하 기구로 두고, 관리운영 등은 시가 하되 일부 사무에 한해 민간 전문기관과 개인에게 위탁할 수 있도록 길을 터놓았다. 기록관 관리를 줄기차게 주장했던 기념재단과 일부 기록학계 전문가의 뜻을 반영한 결과이다. 5·18 민주화운동 기록관의 설립 당시 상황을 보면, 기관의 설립 목적에 맞게 기관이 운영되기 위해서는 설립준비 단계부터 이러한 조직의 구조, 운영주체, 인력운용 방안 등을 명확하게 정립하는 것이 바람직하다.

§ 기록관(record center)

❶ 기록물관리법에 의해 공공기록물을 관리하기 위해 공공기관에 설치하는 기록물관리기관으로서, 기록물을 생산부서로부터 인수하고 일정기간 보존하며 나아가 영구기록물관리관으로 이관하는 등의 기능을 수행
❷ 모(母)기관이 아닌, 다른 정보원으로부터 조직·가문·개인의 기록을 수집하는 기관, 수집형 보존기록관, 사료관, 주제아카이브가 여기에 해당

구술 아카이브 구축은 지속적 가치를 지닌 구술기록을 아카이빙 하여 장기 보존하고, 이후의 이용을 보장하기 위한 입수부터 배포까지의 모든 활동이다. 여기에는 아날로그, 디지털 구술기록이 모두 대상이 된다. 아카이빙의 과정에는 구술기록(아날로그, 디지털)의 입수, 구술기록의 데이터 관리를 위한 디지털 아카이브 운용, 디지털 구술기록의 장기적 보존을 위한 보존계획, 디지털 구술기록의 원활한 배포를 위한 인터페이스 개발이 모두 포함된다. 국내 구술 아카이브 구축 기관 사례는 본서 제1부 「현대한국구술자료관 조감 망」에서 상세하게 다루고 있으므로 참고하길 바란다.

구술 아카이브를 구축하여 구술기록을 체계적으로 관리하기 위해서는 기관의 관리정책, 구술 아카이브 운영 및 구술기록 관리규정이 마련되고, 실

무를 전문적으로 담당할 구술기록관리전문가(또는 기록연구사 archivist), 학예연구사, 사서, 행정직 등 분야별 전문 인력이 배치되어야 한다.

관리정책은 그 기관의 사명과 설립 목적이 명확하게 나타나 있어야 한다. 기관은 관리정책을 통해 구술 아카이브 운영과 구술기록 관리에 대한 전반적인 사항을 정한다. 관리정책은 세부 업무와 관련한 지침을 마련하는 데 기준이 되거나, 수집대상 명문화를 통해 차후 수집계획을 수립할 때 타 기관과의 중복 수집을 방지할 수 있다. 관리정책을 세울 때 기관은 구술기록을 단독 컬렉션으로 관리할 것인가 소장기록물과 연계하여 관리할 것인가를 결정한다. 이 결정에 따라 기록 관리를 위한 아카이브에 구술기록 관리 영역을 포함시킬 것인지, 새로운 구술 아카이브를 구축할 것인지가 정해진다. 〈구술 아카이브 운영 및 구술기록 관리 규정〉은 아카이브 운영과 구술기록 관리를 총체적으로 제어하고, 일관성 있는 관리 및 활용정책을 추진할 수 있는 기준 역할을 한다. 규정에 포함되어야 할 기본적인 사항은 아래 표와 같다. 구술 아카이브를 운영하면서 각 업무 프로세스에 따른 실무 지침(보존처리 지침, 열람지침 등)은 별도로 마련하여 사용할 수 있다.

구술 아카이브 운영 및 구술기록 관리 규정(안)

1. 총칙	목적, 정의, 적용범위, 원칙, 다른 규정과의 관계
2. 구성 및 분장업무	조직 및 인원구성, 자문위원 위촉, 주요 업무 및 업무분장
3. 구술기록 관리	생산 · 수집, 등록, 정리, 기술, 보존
4. 구술기록의 보존시설 및 전산화관리	보존시설 및 장비, 시스템 및 장비구축, 시스템 점검 및 유지보수, 전산화 및 보존관리
5. 구술기록의 보안관리 및 점검	보안관리, 긴급사태 대비, 점검
6. 구술기록의 열람 및 활용	열람서비스, 학술연구 지원, 출판, 교육프로그램, 전시, 콘텐츠 등
7. 보칙	관리실태 점검, 세부사항

구술기록관리전문가는 구술기록의 수집기획에서 활용까지 전 과정을 주관하며, 구술사와 기록학방법론을 적용하여 구술기록관리 업무를 수행한다. 구술기록관리전문가는 어떤 주제를 수집할 것인가 하는 기획에서부터 예산확보, 연구목록 작성, 중복수집여부 확인, 구술자 및 면담자 선정, 면담자 교육, 수집 작업 진행, 수집된 구술기록의 등록 · 정리 · 기술 · 보존 · 활용 방안 마련 및 실행 등 구술기록관리 전체 과정을 담당하게 된다. 잘 준비된 구술기록관리전문가를 채용하여 기관의 사명에 맞게 업무를 추진하면 가장 바람직하겠으나, 대부분의 기관은 기존 인력을 활용하는 정책을 취하는 경우가 많다. 따라서 기존 인력을 구술 아카이브 운영에 투입하기 위해서는 구술사분야 교육과정을 이수하도록 하여 전문성을 갖추도록 하고, 「구술 아카이브 운영 및 구술기록 관리규정」 하에 세부적인 지침을 마련하여 정책의 일관성을 유지하도록 한다. 국가기록원의 국가 · 공공 · 원내 표준과 지침은 영구기록물관리기관 시설 · 환경 기준, 기록매체 요건 및 관리기준 등 참고할 만한 정보가 있으므로 기관에 맞게 활용할 수 있다.

구술기록 관리 프로세스

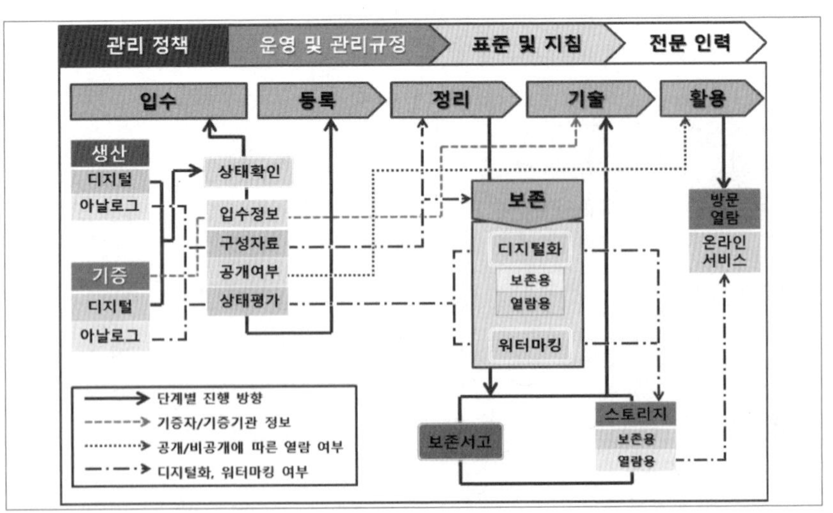

2) 구술기록 입수(入手, ingest)

구술기록은 다양한 방법으로 수집할 수 있다. 기관에서 직접 담당자가 구술기록 수집 작업을 수행하거나, 수집하고자 하는 주제에 적합한 연구자나 연구기관에 의뢰하여 결과물을 만들어내기도 한다. 또한 타 기관이나 개인 연구자가 이미 수집해 놓은 구술기록을 기증 받을 수도 있다. 구술기록은 수집 결과물을 기관에서 입수하는 단계부터 기록관리 영역으로 들어오게 된다.

입수 단계에서는 수집의 경로(기증, 생산)를 구분하고, 기증일 경우에는 기증관련 일련의 업무 행위를 기록한다. 이때 기록화 해야 하는 대상은 기증협상 이력, 입수 전 구술기록의 관리 이력, 기증과 관련한 각종 협의 결과물, 기증 구술기록의 구성자료 현황이다. 이러한 정보들은 기증 구술기록을 기관의 기록으로 획득한 후 관리하기 위한 기초 자료로 활용되며, 특히 구성자료 현황을 통해 파악한 내용은 기관의 관리 기준에 맞는 매체변환 등을 결정할 수 있게 한다. 생산일 경우에는 관리 기관의 수집 및 관리 정책에 맞는 구성자료와 포맷 등을 요구하여 진행한 결과물이 입수되기 때문에 기증 구술기록의 기록화 과정은 생략할 수 있다. 해당 구술기록을 수집하기 위해 기획한 내용, 예를 들어 프로젝트 기획서 등은 구술기록 수집 배경정보로 관리한다.

구술기록은 구술자와 면담자 간의 심층면담을 담은 원자료와 부가자료 등 일반기록물과 달리 다양한 매체와 구성자료로 되어 있다.[29] 구술기록은 기관에서 관리와 활용의 목적을 두고 수집하기 때문에 수집단계에서부터 관리하고자 하는 포맷으로 규격화하여 수집할 수 있다. 기관은 입수한 구술기록이 수집 기획에 맞는 내용과 구성자료를 포함하고 있는지 파악한다. 원

---

29) 본장 43쪽 표 '구술 아카이브 관리대상 구술기록의 구성' 참고.

본 기증이 아닌 사본 구술기록을 수집할 때에는 관리기관의 포맷에 맞는 매체로 사본 제작하여 수집한다.

구술면담이 완료된 후, 구술 내용에 대해 구술자에게 검토 받고, 공개 또는 비공개 여부를 허가 받는 과정이 있는데, 이 과정에서 구술자의 요청에 따라 공개/부분공개/비공개가 결정된다. 전체 내용에 대한 비공개일 경우에는 정해진 시기까지 해당 구술기록 전체를 비공개해서 관리하면 된다. 면담 시 내용을 일부 삭제하거나, 부분공개 하는 경우에는 구술자 요청사항을 반영한 다른 버전의 구술기록이 하나 더 만들어지게 된다. 한 구술자에 대한 구술기록이 여러 개의 버전을 관리해야하는 특이사항이 발생한 경우이다. 이러한 각 구술기록별 특성을 상세하게 기재하여 정리, 기술, 보존, 활용까지 연계될 수 있도록 하여야 한다. 기증 구술기록의 경우 기존 소장자(기관)에서 관리하고 있는 공개여부 정보를 인계 받아야 한다. 구술자의 공개/비공개 요청에 따른 윤리적, 법적 문제는 본서 제2부 「구술자료 수집과 활용의 윤리적, 법적 문제」를 참고하기 바란다.

입수한 구술기록은 상태평가를 통해서 매체변환 · 수록여부, 위변조 방지를 위한 디지털워터마킹 작업에 대한 정보를 확인한다. 아날로그 매체일 경우에는 활용과 보존의 편의성을 위해 매체변환이 필수적이며, 디지털 파일 역시 보존용 파일로 백업해야 한다. 입수 후 상태평가 과정에서 매체변환 및 수록 대상을 선별하여 차후 프로세스에 반영되도록 한다. 디지털워터마킹 대상은 디지털 구술기록 원본과 아날로그 구술기록의 매체변환본이다. 상태평가를 통해 판단한 매체변환과 디지털 워터마킹 대상 여부에 대해 등록 시 기록하고, 이 정보는 물리적 정리와 보존단계에서 실제 작업이 이루어질 수 있도록 관리한다. 구술기록의 매체전환과 디지털 워터마킹은 보존단계에서 상세하게 다룬다.

구술기록 종류별 입수 시 확인사항

확인사항	기증 구술기록	생산 구술기록
입수정보	기증협상 이력, 입수 전 구술기록의 관리 이력, 기증과 관련한 각종 협의 결과물	프로젝트 기획서 등 생산 이력
구성자료	구술기록 매체 및 부가자료 현황	프로젝트 기획에 맞는 포맷, 구성자료 여부
공개여부	이전 소장자(기관)에서 인계받은 공개 관련 정보	생산 시 구술자로부터 획득한 공개 여부
상태평가	매체변환, 수록 여부/디지털워터마킹 대상 여부	매체변환, 수록 여부/디지털워터마킹 대상 여부

3) 구술기록 등록(登錄, registration)

등록은 구술기록 관리의 기초 작업으로 관리대상 구술기록을 확인하고, 각 구술기록 간의 연계성을 부여하며 철저한 관리를 위한 통제를 개시하는 단계이다. 입수단계에서 파악한 배경 정보와 구술기록이 갖고 있는 정보를 참고하여 기본정보를 등록한다.

구술기록을 등록할 때 필수정보는 등록번호(고유번호), 입수일자, 입수형태, 구술기록 제목, 내용(간단한 초록), 구술자, 면담자, 면담일자, 구성자료(수량), 물리적 형태, 공개여부, 주기(비고) 등이다. 구술기록 등록대장에 정보를 기입하고 다음의 관리단계로 넘어가기 전까지 고유의 등록번호를 부여받아 모든 구성자료를 함께 관리한다. 등록의 기본단위는 구술기록 철별(구술자별)이다. 등록번호는 구술기록의 정리 · 기술 및 보존서고 입고가 완전하게 이루어진 후, 기관의 고유 관리번호가 부여될 때까지 임시로 사용하는 구술기록의 ID(identification)가 된다. 최근 구술기록을 수집 · 관리하는 기관은 별도의 등록 과정 없이, 디지털 구술 아카이브 상에서 기록물의 분류, 기술과 동시에 이루어지는 경우도 있다. 이는 구술기록의 정보를 확인할 수 있는 등록정보가 시스템 상에 이미 부여되어 있기 때문에 가능한 경우이다. 등록정보는 구술기록을 식별할 수 있는 기본정보이므로 기관의 상황에 맞게 대장 관리나 시스템 상에 부여하여 관리하면 된다.

구술기록 등록대장

등록번호	입수일자	입수형태	제목	내용(초록)	수집정보			구성자료(수량)	물리적형태	공개여부	주기(비고)
					면담자	구술자	면담일자				
①	②	③	④	⑤	⑥	⑦	⑧	⑨	⑩ ⑩-1	⑪	⑫

■ 각 항목별 기입내용

① 알파벳 대문자+숫자를 조합한 고유번호(A000001 또는 OHA0001)

② 구술기록 최종결과물을 입수한 일자 기입(0000-00-00)

③ 입수 형태는 생산, 기증여부를 기재(기증일 때에는 ⑩ 항목에 원본, 사본여부를 상세히 기재)

–생산, 기증 각각의 설명자료 확인

④ 구술기록의 제목 기입(○○○ 구술기록 또는 ○○○ 사건 관련 구술기록)

⑤ 구술기록을 식별할 수 있는 주요 내용을 간략히 기입(4.3항쟁 피해자 유족 구술증언)

⑥ ~ ⑦ 해당 이름 기입

⑧ 면담일자 기입(0000-00-00)

⑨ 구술기록의 구성자료명과 수량 기입

⑩ 구술기록의 구성자료의 물리적 형태와 포맷 기입

⑩-1 포맷변환 여부 확인 후 기재(변환 완료, 변환 필요 등)

⑪ 구술기록의 공개여부 기입(공개, 비공개, 부분공개), 공개 여부에 따라 기술 시 상세하게 기록

⑫ 위 어느 항목에도 포함되지 않으나 기입할 필요가 있는 내용 기입

3. 구술 아카이브 구축하기: 조직화(組織化, systematization) 단계

우리가 대형마트에서 쇼핑을 할 때 필요한 물건의 위치와 가격을 쉽게 찾아서 구입할 수 있는 이유는 제품을 분야별로 구분하여 약속된 위치에 진열해 두고, 제품 및 가격 정보를 데이터베이스화 하여 제공하기 때문이다. 기록 관리의 기본원칙은 기록물을 안전하게 보존하는 것이지만, 이용자가 쉽고 편리하게 찾아서 활용할 수 있도록 체계적인 관리를 하는 것이 한 발 앞선 기록 관리라 할 수 있다. 이러한 문제의식을 토대로 기록학에서는 기록물의 정리와 기술을 위한 방법론을 지속적으로 연구해 왔다. 기록물의 정리는 전통적으로 출처 주의와 원질서 존중 원칙에 따라 '기록물군(fonds)/컬렉션(collection)－기록물계열(series)－기록물철(files)－기록물철(item)' 등의 계층별로 분류하여, 기록물을 지적 · 물리적(知的 · 物理的)으로 통제할 수 있도록 조직하는 과정이다. 기록물 정리와 기술은 소장 중인 대량의 기록물을 계층적으로 분류하여 기록물의 내용과 생산배경을 설명하고 기록물에 대한 직 · 간접적인 정보를 제공하여 기록물의 의미를 파악하는 데 도움을 줌으로써, 기록물의 관리, 열람서비스 및 검색 활용에 필요한 정보를 제공해준다.[30)]

§ 출처 주의(principle of provenance)

같은 출처의 기록물은 다른 출처의 그것과 뒤섞이면 안된다는 원칙. '퐁(fonds) 존중 원칙'이라 불리기도 함. 기록물의 생산 출처(조직) 및 기능에 따라 기록물을 분류 · 정리 · 보존해야 한다는 원칙

30) 국가기록원, 『영구기록물 정리 · 기술 지침』, 2013, 8쪽 참고.

§ 원질서 존중 원칙(respect for original order)

영구기록물을 정리할 때 기록물 생산자가 구축한 기록물의 조직 방식과 순서를 그대로 유지해야 한다는 원칙. 기록물을 원질서대로 유지하는 이유 ① 각종 관계 정보(기록과 기록관의 관계, 기록과 업무 흐름 간의 관계 등)와 의미 있는 증거를 기록물의 원질서로부터 추론 가능, ② 기록물을 이용하는 데 기록물 생산자가 만든 구조를 활용함으로써 관리기관이 새로운 접근 도구를 만드는 업무를 줄일 수 있음.

§ 기술 계층(Level of Description)

❶ 기록물컬렉션(Collection) 또는 기록물군(Group)
기록물컬렉션은 개인이나 조직, 기록물관리기관이 다양한 출처로부터 수집한 공통적 특성을 갖는 인위적인 기록물 집합물 또는 어떤 기록물관리기관이 소장하고 있는 기록물이나 자료 전체이고, 기록물군은 특정 기관, 조직, 단체, 개인이 업무나 활동을 수행하는 과정에서 생산 또는 수집한 모든 기록물의 총합.

❷ 기록물계열(Series)
기록물계열/시리즈는 동일한 행위나 기능을 수행하는 과정에서 생산 · 접수 · 이용되었거나, 함께 편철되었기 때문에 또는 형태가 같기 때문에 하나의 단위로 관리되는 기록물의 집합

❸ 기록철(File)
기록물철/파일은 기록물계열 또는 기록물하위계열 내에서 최소의 단위사안별로 분류된 기록물의 집합. 대체로 기록물철은 기록물 생산자가 생산과 동시에 하나의 묶음으로 편철함으로써 생성됨

❹ 기록물건(Item)
기록물건/아이템은 더 이상 물리적으로 나눌 수 없는 기록물의 최소단위, 하나의 기록물건에는 다양한 유형의 첨부물이 존재할 수 있음

기록물 정리와 기술의 기능은 기록물에 국한되는 것이 아니고, 구술기록과 같이 출처 주의와 원질서 존중 원칙을 적용할 수 없는 생산이력을 지닌 기록물에 대해서도 적용 가능하다. 효율적인 구술기록 관리 업무를 수행하기 위해서 구술기록에 대한 지적 · 물리적 통제를 수행할 필요가 있다. 구술기록의 조직화는 관리기관이 어떤 구술기록을 소장하고 있는지 알기 쉽게

설명해 주는 작업이라 할 수 있다.

1) 구술기록 정리(整理, arrangement), 분류(分類, classification)

구술기록의 정리란 물리적·논리적 분류를 모두 포함한 개념이며, 분류된 실물(아날로그 원본, 디지털 원본, 매체변환 구술기록, 부가자료)을 서고 내 서가에 배열 또는 디지털 아카이브 보존용 서버에 저장하는 것까지 포함한 활동을 말한다.

§ 정리(arrangement)

기록물이 지니고 있는 본래 요소와 다른 기록물과의 관련성을 유지하면서 관리자나 이용자가 쉽게 접근할 수 있는 방법으로 조직하는 것

§ 분류(classification)

기록물을 조직화하고 내적인 질서를 부여하여 기록물 간의 유기적인 관계를 표현하는 전 과정

구술 아카이브 구축을 위한 구술기록의 정리는 물리적·논리적 분류 두 가지 단계로 작업이 이루어진다. 먼저, 물리적 정리의 첫 작업은 입수 당시 구술기록의 상태평가를 통해 선별된 매체변환과 디지털워터마킹 대상 구술기록을 다음 작업 프로세스로 넘기는 일이다. 매체변환은 두 가지 목적에서 이루어지는데, 하나는 기관에서 운영하고자 하는 구술 아카이브의 관리 포맷과 다른 구술기록을 수집했을 때 관리 포맷에 맞는 매체로 변환하는 것이다. 다른 하나는 보존의 안정성을 높이기 위해 디지털 구술기록이라 할지라도 장기보존용 포맷으로 변환하는 것이다. 물리적 분류 단계에서 매체변환 여부를 판단한 후 구술 아카이브에 정보로 관리하고, 이 정보는 보존단계에서 매체수록 작업하도록 지시하게 된다.

구술기록은 다양한 매체로 구성되기 때문에, 각 매체별로 적절한 보존서고 또는 서버에서 관리되어야 한다. 일반기록물(종이기록물), 자기매체용, 사진·필름용 등 기록물 매체의 특성에 따른 별도 서고에서, 디지털 기록물의 경우 보존용, 백업용, 열람용 서버 등을 마련하여 관리하는 것이 가장 이상적인 방법이다. 그러나 소규모 아카이브의 경우에는 매체별 보존 서고를 마련하기 어려운 경우가 많기 때문에 보존환경에 따라 훼손이 빠르게 일어나는 매체를 중심으로 보존서고 환경을 마련한다. 이러한 조치도 어렵다면, 상대적으로 보존조건이 용이한 DVD 등을 이용한다. 원본테이프를 변환한 디지털 파일을 보존용 서버와 DVD에 중복 보존하고, 원본테이프는 파기하는 방법이다. 이 방법은 원래 원본테이프를 재생할 기기와 매체가 더 이상 생산되지 않는다거나, 원본의 훼손 상태가 심각하여 더 이상 원래의 품질을 유지할 수 없을 때 사용하였다. 현재는 아날로그 매체에 수록된 구술기록을 디지털 파일로 변환하는 작업 시, 다양한 기술과 표준이 마련되어 원본재현이 가능하게 되었다.

한편, 기록물을 물리적으로 정리하는 것의 기본 원칙은 원질서가 흩어지지 않도록 하는 것이라며, 한 시리즈의 기록물을 온전하게 한 상자에 담는 것이 좋다는 주장[31]도 있다. 국사편찬위원회는 시리즈 단위인 개별 주제로, 국립예술자료원은 구술자별로 한 상자에 담는다고 한다. 논리적으로 분류된 기록물을 물리적으로도 같은 공간에 두도록 하는 것은 기록 관리자의 편의를 기본에 두고 문제에 접근한 것이라 하겠다. 기록관리 영역에서는 논리적 분류와 물리적 분류가 일치하도록 관리하라는 원칙은 없다. 논리적으로는 구술기록의 출처나 원질서가 유지되도록 관리하되, 매체별 특성이 다른 구성자료는 각 매체에 적합한 관리 장소에 보존한다. 논리적 분류 정보와 물리적 분류 정보가 서로 연결되도록 관리하여 실물이 각기 다른 곳에 보존

31) 김은영, 「보존과 활용을 위한 구술기록의 정리방안 연구－국사편찬위원회 사례를 중심으로」, 명지대학교 석사학위논문, 2009, 64~66쪽 참고.

되어 있더라도 각각의 구성자료는 그것이 갖는 상위 분류 단위에 속하도록 하는 것이다.

아래 그림과 같이 탄광동원이라는 서브시리즈 하위에 구술자별 파일, 그 안에 각종 구성자료가 아이템으로 논리적 분류가 되어 있고, 각 아이템은 매체 특성에 따라 보존위치가 달라진다. 예를 들어 시청각 서고의 관리기호가 F라고 하면, 원자료(A-1-1)는 'A-1-1-F'라는 고유 번호로 노무자(2005년)의 탄광동원 시리즈에 포함된 아이템이면서, 보존 장소는 시청각 서고라는 것을 확인할 수 있다. 여기서 만든 고유 번호는 설명을 위해 임의로 부여한 것이므로 기관마다 자신의 기관에 맞는 코드를 만들어 사용하면 된다. 이렇게 관리 번호로 사용될 고유 번호를 코드화하여 관련 정보를 넣어 관리하는 것은 기록물의 양이 코드 값으로 제어될 수 있을 때 가능하다. 대규모 아카이브의 경우에는 관리 번호를 가장 단순화하여 관리하며, 보존서고의 정보를 별도로 관리하기도 한다. 국가기록원의 경우는 'DA0000001'라는 형태의

구술기록 논리적 · 물리적 분류 예시

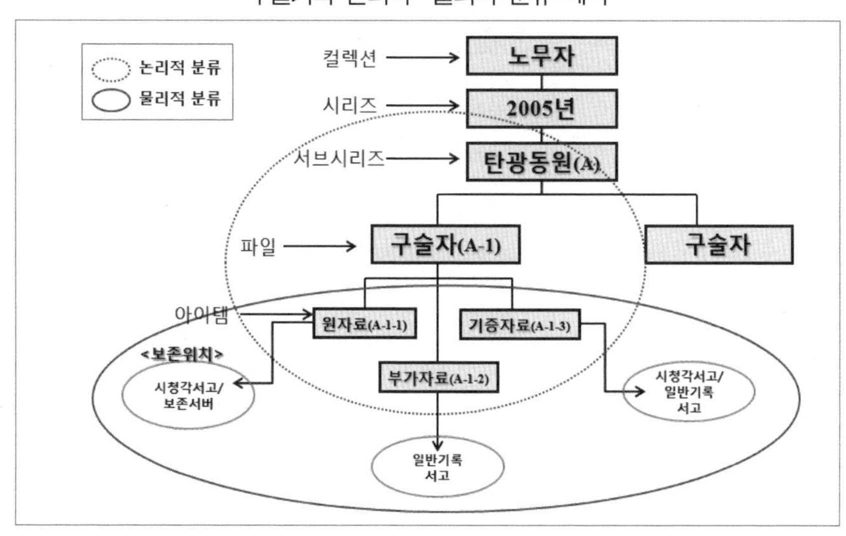

관리번호를 쓰는데, 'D'는 보존 장소인 지역별 기록관의 고유값, 'A'는 일반 기록물의 고유값, 숫자 7자리는 일련번호를 의미한다. 해당 기록물의 보존 위치는 'NB101/2/3/4/5'라는 서고정보 값을 쓰는데, 'NB101'은 서고 유형과 위치, '/2/'는 모빌렉 번호, '/3/'은 서가 련번호, '/4/'는 서가 단번호, '/5/'는 기록물 상자 번호를 의미한다.

전통적인 환경에서의 기록물 분류는 '출처(provenance) 존중의 원칙'에 따라 기록을 생산 · 접수한 조직별 분류였다면, 현대 기록 관리 환경에서는 출처보다 '기능과 업무'로 변화되고 있다. 구술기록은 출처보다 그 기록의 내용, 다른 기록과의 관계, 구술자의 위치, 다른 사건과의 관계 등의 맥락정보를 이해할 수 있도록 분류하는 것이 바람직하다. 구술기록의 논리적 분류는 내용에 따라 연관관계가 있는 것을 조직하는 것으로 주제별, 인물별, 사건별로 대분류할 수 있는데, 기본 단위는 구술자가 된다. 또한 구술수집 방법에 따라 생애사와 증언으로 분류할 수 있다.

구술기록 분류체계

주제별

한국 근·현대사 예술사 구술기록 채록사업	
문학사	대주제 - collection
아동문학	중주제 - Series
어00	구술자명 -File
영상테이프	구성자료명-item

인물별

> 영향력 있는 인물에 대한 생애사, 다양한 주제 포함

> 구술자(컬렉션) →

구술자의 생애주기/ 분야(시리즈) →

개별시기/사건(서브시리즈) →

구술자의 구술내용/관련자의 증언(파일) →

구성자료(아이템)

사건별

> 중대한 사건과 관련한 지속적 구술기록 수집

> 사건사(컬렉션) →

사업수행연도(시리즈) →

세부사건사(서브시리즈) →

구술자(파일) →

구성자료(아이템)

주제별 분류는 고정적인 단일 주제와 하위에 세부주제가 있고, 해당 주제와 관련한 구술기록이 다수 확보되어 있는 경우 가능한 사례이다. 미국 캘

리포니아 주립대학 구술기록컬렉션은 이러한 주제별 분류의 전형을 보여주는데, 컬렉션(Collection)/큰주제 → 시리즈(Series)/세부주제 → 파일(File)-구술자 → 아이템(Item)/구술이 담긴 매체 → 세그먼트(segment)/최하위 내용분류로 세분화했다. 국사편찬위원회는 2004년부터 2008년까지 5년간 구술기록 수집 프로젝트를 진행했다.[32] 연간 10~30여 개 주제, 주제별로 1명에서 수십 명의 구술자로 구성된 프로젝트를 다음과 같이 분류했다. 군(Fonds)/프로젝트 수집년도 → 시리즈(Series)/수집주제 → 파일(File)/주제별 구술자 → 아이템(item)/녹취록, 편집 열람본으로 분류하고 있다. 캘리포니아 주립대학의 분류와의 차이점은 컬렉션 단위를 대주제가 아닌 수집년도로 잡고 있다는 점이다. 이는 고정적인 수집주제에 따라 년도별로 지속적으로 수집한 결과물이 축적되어 있기 때문이다. 주제별 분류 시 대주제와 중주제를 잡는 방법은 기관에서 수집하는 구술기록의 성격에 따라 적절히 활용하면 된다.

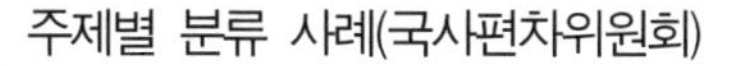
주제별 분류 사례(국사편찬위원회)

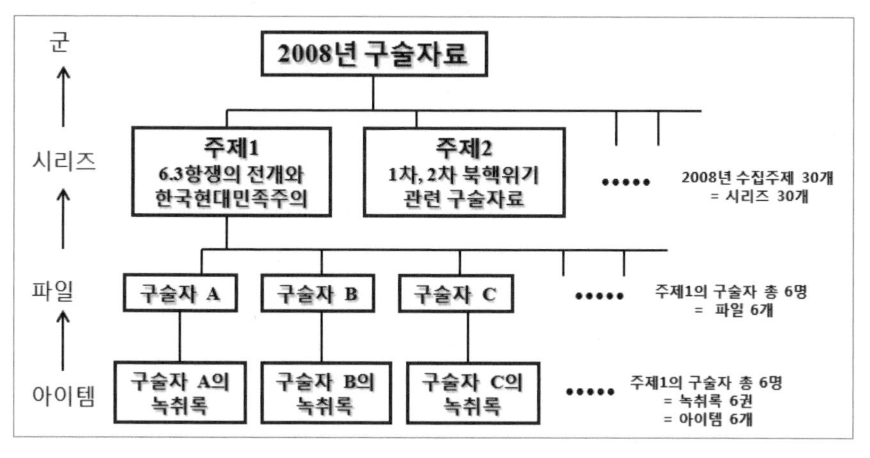

32) 김은영, 앞의 논문, 2009, 38~41쪽 참고.

인물별 분류는 여러 분야에서 영향력이나 인지도가 높은 인물에 대한 구술기록을 다수 수집했을 때 가능한 분류 방법이다. 국가기록원 대통령기록관에서 수집하고 있는 역대 대통령 구술채록 사업은 역대 대통령의 구술생애사 및 관련 인사의 구술증언이다. 역대 대통령 구술기록에 인물별 분류를 적용해 보면, 컬렉션(Collection)/역대 대통령 → 시리즈(Series)/분야 → 서브시리즈(Sub-series)/업적 또는 사건 → 파일(Fie)/구술자(대통령 or 관련 인사) → 아이템(Item)/구성자료이다.

역대 대통령별 구술현황[33)]

구분	이승만	윤보선	박정희	최규하	전두환	노태우	김영삼	김대중
구술인원(명)	13	14	43	4	28	20	18	13
구술시간(시간)	74.5	55	210	20.5	161.5	117	152	60.5

대통령기록관은 현재 위의 표와 같이 역대 대통령별로 구술기록을 수집하여 소장하고 있다. 본서에서 제안하는 대통령 구술기록의 인물별 분류는 실제 대통령기록관에서의 분류 방법이 아닌 필자가 제안하는 방법임을 밝혀 둔다.

인물별 분류 사례(대통령 구술기록)

분류단위	유형			
컬렉션(대통령별)	제16대 김대중 대통령			
시리즈(주요 정책)	경제	외교	안보	…
서브시리즈	업적/사건	업적/사건	…	…
파일	구술자	구술자	구술자	구술자
아이템	영상테이프(녹음, 영상파일), 녹취문, 상세목록 등 각 부가자료			

33) 국가기록원 대통령기록관, 사전정보공포－구술기록물 소장현황(2014년 12월 기준).

사건별 분류는 단일한 역사적 사건과 관련한 구술기록을 분류할 때 적절하다. 대일항쟁기조사지원위원회의 구술기록은 일제강점기 강제동원이라는 역사적 사건과 관련되어 있다. 강제동원 구술기록에 사건별 분류방법을 적용해 보면, 컬렉션(Collection)/강제동원 유형 → 시리즈(Series)/수집년도 → 서브시리즈(Sub-series)/동원 작업장 → 파일(Fie)/구술자(피해생존자 또는 유족) → 아이템(Item)/구성자료 또는 컬렉션(Collection)/강제동원 유형 → 시리즈(Series)/조사지역(생존자 거주지역) → 서브시리즈(Sub-series)/동원지역(국내외) → 서브시리즈(Sub-sub-series)/동원 작업장 → 파일(Fie)/구술자(피해생존자 또는 유족) → 아이템(Item)/구성자료이다. 제주4 · 3항쟁, 5 · 18 민주화운동 등과 같은 단일한 역사적 사건에 적용 가능한 분류 방법이다.

사건별 분류 사례(대일항쟁기조사지원위원회)

분류단위	유형			
컬렉션	군인	군속	노무자	군위안부
시리즈	2005	2005	2005	2005
서브시리즈	학도병	해군군속	탄광동원	사이판
파일	구술자	구술자	구술자	구술자
아이템	영상테이프(녹음, 영상파일), 녹취문, 상세목록 등 각 부가자료			

분류단위	유형			
컬렉션	노무동원			
시리즈	충청남도			
서브시리즈	국외동원			
서브-서브 시리즈	탄광	제철소	군수공장	비행장건설
파일	구술자	구술자	구술자	구술자
아이템	영상테이프(녹음, 영상파일), 녹취문, 상세목록 등 각 부가자료			

구술기록은 분류된 주제와 주제에 해당하는 구술내용이 담긴 매체가 일대일로 대응하지 않는다. 아날로그 구술기록은 논리적인 분류와 물리적인 정리가 함께 이루어져야 한다. 디지털 구술기록은 구술 아카이브 시스템 내

에서 디지털파일과 정보를 함께 보존할 수 있는데, 이러한 정보를 메타데이터라 한다. 메타데이터에 대해서는 기술단계에서 자세히 다루기로 한다.

구술기록의 가장 기본적인 접근단위는 구술자별로 구술기록을 구성하고 있는 다양한 자료이고, 그 중에서도 구술영상·녹음파일 또는 녹취문이 될 것이다. 그러나 이용자는 기관에서 분류한 최소 단위인 영상파일이나 녹취문에 접근한다 하더라도 자신이 얻고자 하는 정보를 쉽게 찾기 어렵다. 왜냐하면 구술기록을 수집하다 보면 연도순이든, 사건순이든 면담자가 의도한 바대로 구술자가 구술하는 경우가 그다지 많지 않기 때문이다. 그 결과 수집한 구술기록의 내용도 시간, 사건, 인물 등에 대한 정보가 뒤섞여 있게 된다. 구술자가 구술하는 순서는 어디까지나 구술자의 발화의 순서이고, 구술자가 회상한 순서대로 저장매체에 담기기 때문이다. 그렇기 때문에 어떠한 특정 사건이나 일부의 증언만을 이용하고자 하는 이용자에게 그 내용이 담긴 매체 전체를 듣고, 필요한 내용을 찾도록 하는 것은 적극적인 열람 서비스가 아니다.

구술기록의 내용을 화제별, 시간별로 아주 세밀하게 구분한 사례가 앞서 살펴본 캘리포니아 주립대학의 구술기록 컬렉션이다. 이 사례에서 주목할 만한 것은 아이템보다 더 하위 분류개념으로 세그먼트를 사용하고 있다는 점이다. 이용자의 최하위 접근단위인 파일을 화제(topic)나 시간별로 구분하여 이용자에게 접근점(access point)을 높이고 있다. 구술기록을 세그먼트까지 분류하기 위해서는 수집단계에서 상세목록을 작성할 때 정확하게 구술기록 내용을 주제나 시간별로 잘 구분해주어야 한다. 그러나 주제별, 시간별 세그먼트를 구분하는 것은 많은 시간과 인력이 소요되는 일이어서 개별기관에 적용하기란 쉽지 않을 것이다. 이 작업에 많은 시간과 노력을 투자하기보다는 상세목록이나 세부주제별 초록을 정확하고 풍부하게 작성하거나, 구술기록을 이용하기 쉽도록 검색도구 등의 도구서, 자료집을 마련하는 것이 더 현실적인 방법이다. 대상 구술기록에 대해 치밀한 내용 분류를 할 것인가, 길라잡이를 만들어 제공할 것인가의 여부는 기관의 여건에 따라 선택하면 된다. 구술기록을 매체별, 시간 단위로 구분한 세부주제별 초록은 아래와 같이 작성할 수 있다.

§ 접근점(access point)

검색을 통하여 기록물의 소재를 알아내는 데 사용되는 기록물의 제목, 생산자, 기능어, 주제어, 핵심어 등

§ 검색도구(Finding Aid)[34]

기록물관리기관이 소장 기록물의 관리와 검색을 위해서 필요한 정보를 기술한 문헌의 총칭. 대표적인 검색도구로는 기술서, 가이드, 목록, 시소러스(검색어사전) 등이 있음

구술기록을 시간단위로 구분한 세부주제별 초록

(6 · 3항쟁 구술기록 수집, 구술자 조○○, 세부주제 초록)

－Tape 1

00:00 ~ 12:20	〈○○대 정외과 입학을 선택한 과정과 동기〉
12:21 ~ 24:14	〈61학번 4.19혁명 후 첫 학교 생활〉
24:15 ~ 54:21	〈학생운동에 참여하게 된 계기와 6 · 3항쟁〉
54:22 ~ 59:07	〈○○대학 졸업 후〉

－Tape 2

00:00 ~ 12:51	〈데모를 위한 후배 세대들의 설득 작업, 반대세력 포섭 등〉
12:52 ~ 17:53	〈비준반대 데모, 구속〉
17:54 ~ 31:02	〈무장군인 난입, 학원방위군 조직, 도피생활〉
31:03 ~ 43:40	〈제적, 6 · 8선거운동, 정치입문 3선국회의원, 한국관광공사 사장〉
43:41 ~ 50:28	〈63학생 운동이 한국 근현대사에 갖는 의미와 평가〉
50:29 ~ 57:23	〈마지막으로 남기고 싶은 말씀〉

34) 국가기록원, 앞의 책, 2013, 16쪽.

2) 구술기록 기술(記述, description)

기록물 기술의 목적은 이용자가 소장 기록물을 쉽게 이용할 수 있도록 기록물에 대한 정보를 정확하게 제공하는 것인데, 구술기록의 기술 목적도 동일하다. 구술기록 수집과 관련한 다양한 활동, 행위주체(구술자, 면담자, 기증자, 관리기관 등), 기록물 간의 관계에 대한 맥락정보가 제대로 빈영될 수 있는 기술정보가 필요하다.

§ 기술(description)

기록물을 위한 검색 도구나 기타 접근 도구를 생산하는 과정이나 그 결과물을 의미, 기술의 2차적 목적은 현재 및 미래의 이용자가 원하는 기록물을 찾고, 그 의미를 이해할 수 있도록 도와주는 것

§ 메타데이터(metadata)

정보를 지적으로 통제하고 구조적으로 접근할 수 있도록 하기 위해서 정보 유형을 정리한 2차적인 정보, 사물을 표현하는 특성의 정보 유형이 메타데이터이며, 데이터의 유형을 정한 데이터라는 의미에서 '데이터에 대한 데이터'라고 정의, 기록을 기술하는 데 있어 검색을 염두에 두고 데이터 요소를 정할 수 있고, 기록 관리나 보존을 지원하는 데 필요한 대표적인 특징을 메타데이터 요소 세트로 정할 수 있음. 기술 메타데이터는 기록의 지적 내용에 관한 특징을 포함함으로써 기술 대상 기록을 검색할 수 있도록 해줌, 구조 메타데이터는 개별 기록 단위에서 전체를 구성하는 각각의 부분 간의 관계를 보여줌

구술기록 기술 계획에는 기술 대상 구술기록의 규모와 유형, 현재 보존 상태, 기술의 수준(depth), 작업추진체계, 추진일정, 열람정책을 고려한 활용 방안 등이 포함되어야 한다. 대상 구술기록 선정 시 기록물 규모, 기록물의 정리 상태, 활용도, 열람정책을 고려하여 우선순위를 정하는데, 각 구술기록을 기술계층 중 어느 단계까지 기술할지 결정해야 한다. 모든 구술기록 컬렉션(또는 군, group)이 구술기록 하위 컬렉션, 하위 시리즈를 갖지 않을 수

도 있고, 구술기록 건까지 상세 기술이 필요하지 않을 수도 있다.[35)]

디지털 환경에서는 디지털 구술기록과 구술기록에 대한 정보가 함께 관리될 수 있는데, 이것을 메타데이터라 한다. 메타데이터는 정보를 지적으로 통제하고 구조적으로 접근할 수 있도록 하기 위해서 정보 유형을 정리한 2차적인 정보이다. 기록물에 대한 설명인 기술을 하는 데 있어 어떤 분야에 기준을 두느냐에 따라 검색, 보존 또는 구조를 지원하는데 대표적인 특징을 메타데이터 요소 세트로 구성할 수 있다. 구술 아카이브에서 메타데이터는 구술기록의 맥락과 내용, 구조, 장기간에 걸친 관리 사항을 기술한 데이터이다. 구술기록과 그것을 생산 · 관리 · 보존 · 활용하는 사람, 과정과 시스템, 구술기록을 관장하는 정책 등을 확인하고 인증하며 맥락을 파악하는 데 사용할 수 있다. 메타데이터는 여러 시스템에서 다양한 목적으로 산출되거나 재사용될 수 있으며, 구술기록이 아날로그나 디지털이건 간에 이를 관리하고 이해할 수 있도록 해준다. 메타데이터는 아래와 같은 활동을 통해 업무와 구술기록관리 과정을 지원한다.[36)]

- 구술기록을 장기간 증거로서 보호하고 접근성과 이용가능성을 보장
- 구술기록을 이해하는 능력을 촉진
- 구술기록의 증거 가치를 지원하고 보장
- 구술기록의 진본성, 신뢰성, 무결성을 보장할 수 있도록 지원
- 접근, 개인정보보호, 권리를 지원하고 관리
- 효율적인 검색을 지원
- 다양한 기술과 환경에서 생산된 구술기록을 신뢰성 있게 획득할 수 있게 하고 필요한 기간 동안 구술기록의 지속성을 보장함으로써 상호운용성 전략을 지원
- 구술기록과 생산맥락 간의 논리적 연결을 제공하고, 구조적이고 신뢰할 만하며 의미 있는 방식으로 이러한 논리적 연결을 유지

35) 국가기록원, 앞의 책, 2013, 10~11쪽 참고.

36) 국가기록원 공공표준, 「기록관리 메타데이터 표준(v2.0)〈NAK/S 8:2012(v2.0)」, 2012. 10.5, 5~6쪽 참고.

- 디지털 구술기록이 생산되거나 획득되는 기술 환경의 식별 지원, 필요로 하는 동안 진본기록물이 재생산될 수 있도록 디지털 구술기록을 유지 · 관리하는 기술 환경의 관리 지원
- 구술기록을 어떤 환경이나 컴퓨터 플랫폼으로부터 다른 환경이나 또 다른 보존 전략으로 효율적이며 성공적으로 마이그레이션을 할 수 있도록 지원

기관은 소장 구술기록 정보가 기관 간 유동 가능하도록 기록물 기술 표준에 근거한 기술규칙에 따라 기술하고, 구술기록 관리와 관련한 세부적인 활동은 메타데이터를 설계해 활용할 수 있다. 여기에서는 구술기록 기술규칙을 제안하고, 이 기술규칙에 따라 가상으로 구술기록 컬렉션을 기술하는 작업을 안내한다.

(1) 구술기록 기술규칙

구술 아카이브는 다양한 주제와 부가자료로 구성된 구술기록을 수집하고 보존하기 때문에 더 체계적인 방법으로 소장 구술기록에 대해 기술해야 한다. 기술은 구술기록 자체에 대한 정보뿐만 아니라, 그것을 관리하기 위한 정보, 관리되어온 내력, 다른 구술기록, 기록물과의 관계 등을 총체적으로 파악할 수 있게 한다. 구술기록의 정보를 상세하게 기술할 수 있는 기술규칙은 공통적인 요소는 표준을 따르되, 구술기록의 특성을 잘 나타낼 수 있는 요소들을 추가하여 만들 수 있다. 「국제기술표준(ISAD(G) : General International Standard Archival Description)(이하 ISAD(G))」은 구술기록과 같은 특수 매체에 대한 지침을 제공하고 있지 않지만, 이는 국제표준으로서의 위상을 가지며 데이터 교환의 표준이 되는 규칙으로 기록물 기술의 기본 지침 역할을 한다. 국가기록원의 공공표준인 「영구기록물 기술규칙(v2.0)(NAK/S 14:2011)」은 영구기록물을 보존 · 관리하는 기록물관리기관의 기록물 기술에 필요한 일반적인 지침을 제공하는데, 주로 공공기관에서 생산한 기록물에 해당하여 구술기록과 같이 다양한 경로로 생산되며 특수한 매체를 가진 기록물에 적

용하는 데에는 한계가 있다.

§ 국제기술표준(ISAD(G))

ICA(International Council on Archives)가 영구기록물을 위해 일관성 있고 체계적인 기술 목록을 생산하고, 이러한 기술 목록의 교환과 통합을 원활히 하기 위해 제정한 표준. 5년 주기로 갱신함을 원칙으로 하며, 다계층 기술 규칙을 강조함. 일반 규칙으로서 기술 단위의 매체나 유형에 관계없이 모든 영구기록물에 적용되는 원칙과 26개 요소를 제안

§ 영구기록물 기술규칙(v2.0)[37]

영구기록물관리기관에서 관리 · 보존하는 영구기록물의 기술에 필요한 사항을 규정함을 목적으로, 표준전문위원회의 전문심의 및 국가기록관리위원회의 심의를 거쳐 2011년에 개정한 공공표준이다. 영구기록물을 보존 · 관리하는 기록물관리기관의 기록물 기술에 필요한 일반적인 지침을 제공한다. 이 표준은 기록물관리법 제3조 제5호의 규정에 의한 중앙기록물관리기관, 헌법기관기록물관리기관, 지방기록물관리기관, 대통령기록관 및 기타 기록물을 영구보존하는 기록물관리리관에 소장된 모든 유형의 영구기록물 기술업무에 적용하는 것을 원칙으로 하되, 기관별 기록물 관리의 특수성에 따라 한시기록물의 기술업무에도 적용할 수 있다.

구술기록 기술규칙은 다른 기록물관리기관과의 기술정보 교환을 위해 공공표준인 영구기록물 기술규칙을 준용하되, 특수매체, 세부적인 내용기술, 생산자에 대한 정보(구술자, 면담자, 녹취자), 기증정보(관리이력) 등 구술기록 기술에 필요한 사항을 추가하여 만든다.

먼저 영구기록물 기술규칙의 구조를 간단히 살펴보자. 이는 「ISAD(G)」, 「MAD3 : Manual of Archives Description(영국)」, 「RAD : Rules For Archival Description(캐나다)」을 참조하여 7개 영역 27개 요소로 구성되어 있다.[38] 이

---

37) 국가기록원 기록관리 공공표준, 「영구기록물 기술규칙(v2.0)〈NAK/S 14:2011)〉」, 2011. 12.23.

38) 국가기록원, 앞의 책, 2013, 29쪽 참고.

규칙의 요소 중 기술정보 교환을 위해 필수와 선택요소로 구분되는데, 필수요소는 '참조코드, 제목, 일자, 기술계층, 생산자명, 범위와 내용'이다.

영구기록물 기술규칙 기술요소

영역	기술내용	기술요소
1. 식별	기술단위를 식별하는 네 필요한 필수정보	1) 참조코드, 2) 제목, 3) 일자, 4) 기술계층, 5) 기술단위의 규모와 유형
2. 배경	기술단위의 출처 및 관리 이력에 관한 정보	6) 생산자명, 7) 행정연혁/개인이력, 8) 기록물 이력, 9) 수집/이관의 직접적 출처
3. 내용과 구조	기술단위의 주제와 정리에 관한 정보	10) 범위와 내용, 11) 평가, 폐기, 처리일정 정보, 12) 추가수집 예상기록물, 13) 정리체계, 14) 색인어
4. 접근과 이용환경	기술단위의 이용조건에 관한 정보	15) 접근환경, 16) 이용환경, 17) 자료의 언어, 18) 물리적 특성과 기술적 요구조건, 19) 검색도구
5. 관련자료	기술단위와 밀접히 관련된 자료에 관한 정보	20) 원본의 존재와 위치, 21) 사본의 존재와 위치, 22) 관련 기술단위, 23) 출판물 설명
6. 추가설명	어떤 영역에도 기술할 수 없는 특별한 정보(주기사항)	24) 추가설명
7. 기술통제	언제, 어떻게, 누구에 의해 기술되었는가에 관한 정보	25) 기술담당자, 26) 규칙과 협약, 27) 기술일자

영구기록물 기술규칙 7개 영역에 물리적 영역과 보존 영역을 추가하면 필자가 기존에 제안하였던 구술기록 기술규칙인데,[39] 여기에 구술 아카이브 운영에 필요한 요소를 추가시켜 다음과 같이 제안하고자 한다.

구술기록 기술규칙(안)은 9개 영역 33개 요소로 구성되어 있다. 이 가운데 필수 기술요소는 참조코드, 제목, 일자, 기술계층, 생산자명, 범위와 내용 요소이다. 각 기술영역과 요소, 하위요소별 기술방법을 살펴보자.

---

39) 한국구술사연구회, 앞의 책, 2005, 180쪽.

구술 아카이브 운영을 위한 구술기록 기술규칙(안)

기술영역	기술요소	하위요소
1. 식별 영역	1) 참조코드	
	2) 제목	
	3) 일자	
	4) 기술계층	
	5) 기술단위의 유형과 규모	
2. 배경 영역	6) 생산자명	구술자명
		면담자명
		촬영담당자명
		녹취자
	7) 생산연혁/개인 이력	구술자 전기정보
		면담자 정보
		생산기관 정보
	8) 기록물 이력	
	9) 생산/기증 등의 직접적 출처	출처
		방법
		일자
		인수인계 정보
3. 내용과 구조 영역	10) 범위와 내용	주제
		매체별 초록
		세부주제별 초록
	11) 배열방식	
	12) 추가수집 정보	
	13) 처리일정 정보	
	14) 정리체계	
	15) 색인어	
4. 열람과 이용 조건 영역	16) 접근환경	
	17) 이용환경	
	18) 원본/복제본의 위치	원본의 위치
		복제본의 위치
	19) 자료의 언어	
	20) 검색도구	존재여부
		생산자
5. 연관 자료 영역	21) 원본 정보	원본존재여부
		기관 내 위치
		이용가능성
		보존 정보
		표제 및 형태사항
	22) 사본 및 다른 버전 정보	사본존재여부
		기관 내 위치
		이용가능성
		보존 정보
		표제 및 형태사항
	23) 관련자료 정보	녹취문
		간행물(자료집, 도구서)
		관련자료
6. 물리적 영역	24) 원자료	유형과 수량
		재생시간
		매체포맷 및 크기
		재생시간
		재생속도
		치수
		재질
		매체변환 유무
	25) 부가자료	유형과 수량
		치수
		출판유무
		사본여부(사진 등)
	26) 사본정보	매체유형
		수량
		위치정보
7. 보존 영역	27) 보존정보	보존위치
		서고정보
		장기보존정보
	28) 보수·복원 정보	점검주기
		상태(재질·화질·음질)
		보수주기
		보수일자
	29) 정수점검	점검주기
		결과
8. 주기 영역	30) 추가설명	
9. 기술통제 영역	31) 기술자	
	32) 기술날짜	
	33) 기술규칙	

구술기록 기술규칙(안) 중 필수 기술요소는 참조코드, 제목, 일자, 기술계층, 생산자명, 범위와 내용이다. 각 기술영역과 요소, 하위요소별 기술방법을 살펴보자.

■ 식별영역

식별영역은 각 기술단위를 식별하는 데 필요한 필수 정보인데, 참조코드, 제목, 일자, 기술계층, 기술단위의 규모와 유형, 총괄적인 자료명칭 요소로 구성되어 있다. 참조코드는 기술단위를 식별하기 위해 부여하는 숫자와 문자의 조합으로 구성된 고유기호이다. 구술기록 관리기관은 소장 구술기록의 특수성을 감안하여 기술단위를 구분할 수 있는 알파벳대문자를 사용하거나 필요에 따라 알파벳대문자를 추가하여 참조코드를 구성할 수 있다. 국가코드는 ISO 3166에서 제시한 국가코드 영문 2자리 'KR'로 표시하고, 기관코드는 기관을 대표할 수 있는 5자리 이하 영문으로 표시한다. 기록물군/계열/철/

국가기록원 중앙행정기관 기록물 참조코드 사례[40)]

[KR /NR /AG201-13 /S2-1 /BA 123456-3
① ② ③ ④ ⑤⑥ ⑦ ⑧ ⑨

① 국가 코드 : 대한민국
② 영구기록물관리기관 코드 : 국가기록원
③ 기록물하위군 코드 : 201번째 기록물군
④ 기록물하위군 코드 : AG201의 13번째 기록물하위군
⑤ 기록물계열 코드 : AG201의 13번째 하위군의 2번째 기록물계열
⑥ 기록물하위계열 코드 : AG201의 13번째 하위군의 2번째 기록물계열의 1번째 하위계열
⑦ 기록물철 코드 : AG201의 13번째 하위군의 2번째 기록물계열의 1번째 하위계열의 기록물철 고유번호
⑧ 기록물건 코드 : AG201의 13번째 하위군의 2번째 기록물계열의 1번째 하위계열의 기록물철 3번째 기록물건

건 코드는 각 기술단위를 구분할 수 있는 알파벳 대문자와 해당 기술단위의 연번으로 구성한다. 국가기록원의 참조코드 구성을 간단히 살펴보면, 기록물군 코드는 'AG+기록물군 연번'으로 구성하는데 중앙행정기관 기록물군은 AG, 지방자치단체 기록물군은 BG로 구분한다.

제목(필수요소)은 기술대상 구술기록에 대한 정보를 가장 많이 나타낼 수 있는 요소이다. 구술기록을 식별할 수 있는 제목으로서 본제목, 부제목, 기타제목, 대등제목을 기재할 수 있는데, 본제목은 반드시 기술한다. 기록물 컬렉션 제목은 개인명, 기관명, 기록물의 유형명 등을 사용하여 기술할 수 있는데, 기록물의 유형 · 주제 · 활동별 컬렉션인 경우에는 유형 · 주제 · 활동명 다음에 '컬렉션'을 붙여 제목을 기술한다. 일자(필수요소)는 연월일로 표시하는데, 표기방법은 표준화된 기준을 따르는 것이 좋다. 영구기록물 기술규칙에서는 연월일은 빗금으로 구분하고(1977/07/16), 시작 연월일과 끝 연월일은 그 사이에 붙임표(-)를 사용하여 기술(2014-2015)하도록 되어 있다. 만약 추정되거나 대략적인 연도밖에 파악할 수 없는 기술대상이라면 대괄호([ ])안에 '대략'이라는 한정어를 앞세워 기술하고, 불확실한 연월일은 물음표(?)를 사용하여 기술한다. 기술계층(필수요소)은 기술하는 구술기록의 기술단위를 나타내는 컬렉션, 시리즈, 하위시리즈, 구술기록철, 아이템 등 현재 취급하고 있는 기술단위의 계층을 기재한다.

【제 목】
강제동원(노무동원) 구술기록 컬렉션
충청남도에서 노무자로 동원된 피해생존자 구술기록 시리즈
정○○ 구술기록 파일
【일 자】
2005-2007, [대략] 2005-2007
2005/10/19, [대략] 2005/10/?

40) 국가기록원, 앞의 책, 2013, 30~32쪽 참고.

기술단위의 유형과 규모는 모든 구술기록을 구분, 종류, 유형, 형태로 분류하며, 구술기록의 계량단위는 각각의 수량이나 길이, 용적, 용량 등으로 기술한다. 기록물의 종류는 구술기록이 수록된 매체의 종류에 따라 디지털(전자기록)과 아날로그(비전자기록)로 구분한다. 유형은 구술기록의 종류별로 생산시기, 생산목적이나 형식 등을 고려하여 하위유형(일반기록물, 녹음/동영상류, 사진/필름류 등)를 분류하며, 필요한 경우 세부유형(일반문서, 카드, 비디오류, 오디오류, 사진, 슬라이드 등)으로 분류하여 기술할 수 있다. 디지털의 계량단위는 용량으로 기술하되 용량을 B(Bytes), KB(Kilobytes), MB(Megabytes), GB(Gigabytes), TB(Terabytes), PB(Petabytes) 등으로 기술한다. 아날로그의 계량단위는 수량이나 길이, 용적으로 기술하는데, 구술기록의 계량단위는 아라비아 숫자로 기술하고 네 자리 이상이면 세 자리마다 반점(,)을 사용하여 기술한다. 기록물군, 계열은 모든 기록물의 유형정보와 수량(철단위 수량, "권")을 기술하고, 기록물철은 건단위 수량 "점", "매"로 기술한다. 예를 들면, '강제동원 구술기록군 – 녹음/동영상류 100개, 200GB, 일반문서 1,000매)'와 같이 기재할 수 있다.

■ 배경영역

배경영역은 기술단위의 출처 및 관리이력에 관한 정보로, 생산자명, 생산연혁/개인이력, 기록물 이력, 생산/기증 동의 직접적 출처 요소로 구성되어 있다. 생산자명(필수요소)은 구술자명, 면담자명, 촬영담당자명, 녹취자명을 기재한다. 생산연혁/개인이력은 구술기록의 생산과 축적에 책임이 있는 기관이나 개인에 대한 이력을 기재하는데, 구술자 전기정보, 면담자 정보, 생산기관 정보가 그것이다. 구술자 전기정보는 이름, 생일과 사망일, 출생지, 거주지 변천, 활동, 직업과 직책, 주요 업적 등에 관한 정보를 기술한다. 생산기관 정보에는 기관이나 조직의 명칭변경, 존립기간, 기관연혁, 기관업무, 기능, 설치근거, 조직구성, 하부변천 등에 관한 상세한 정보를 기술한다. 구술자, 면담자, 생산기관 정보는 생산자 전거레코드(Authority record)를 구축하여 연혁이나 이력정보를 별도로 관리할 수 있는데, 이 경우 생산연혁/개인이력 기술요소와 연결되도록 한다.

§ 전거레코드(Authority record)41)

기록물 목록에서 접근점으로 선정된 인명, 단체명, 주제명, 사건명, 지명 등의 표준화된 형식으로 상세 기술하고, 다른 전거레코드와 연결하여 상호 참조할 수 있도록 관련 정보를 모아놓은 레코드

기록물 이력은 구술기록의 소유권, 보존 책임자, 보존장소 등에 변동이 있었을 경우 이를 날짜순으로 정리하여 기술한다. 구술기록의 관리기관내 보존장소와 보존변천사항, 기타 보존관리와 관련된 이력 정보를 기술한다. 이외에 최신 검색도구의 제작, 구술기록의 마이그레이션, 현재 구술기록의 조직과 정리 상태에 영향을 미친 활동 등을 기술할 수 있다. 생산/기증 등의 직접적 출처는 구술기록의 생산/기증의 출처와 수집방법, 생산/기증 일자, 인수인계 정보를 기술한다. 출처는 기관이나 개인명을 기술하고, 방법은 생산·기증으로 구분하여 기술한다.

■ 내용과 구조영역

내용과 구조영역은 기술단위의 주제와 정리에 관한 정보로, 범위와 내용, 배열방식, 추가수집 정보, 처리일정 정보, 정리체계, 색인어 요소로 구성되어 있다. 범위와 내용(필수요소)은 구술기록의 범위와 구조, 내용, 가치를 요약하여 기술한다. 구술기록과 같이 다양한 매체로 구성되어 있는 기록물은 구성요소 등 확인이 가능한 정보나 기록물을 생산한 목적 등을 기술한

41) 국가기록원, 앞의 책, 2013, 129~130쪽 참고.

다. 구술기록 정리에서 관리자와 이용자의 접근성을 높이기 위해 구술기록을 세그먼트까지 분류했다면, 기술시 이러한 정보를 정확하게 밝혀주어야 한다. 범위와 내용 기술요소는 세 가지 정보를 담게 된다. 첫째, 주제는 구술자를 포함하고 있는 상위 주제에 대한 간략한 기술을 한다. 둘째, 매체별 초록은 구술자별로 수집된 매체(주로 60분 정도 분량)에 담긴 내용을 간략하게 기술한다. 셋째, 세부주제별 초록은 각 매체를 세부주제에 따라 분류한 것을 토대로 내용을 간략하게 기술한다. 이 부분은 검색 시 도움을 줄 수 있기 때문에 상세하게 기입될 필요가 있다.

배열방식은 기술대상 구술기록이 어떠한 형태로 배열되어 있는지를 나타내주는데, 생산년도별 또는 구술자명별로 배열되어 있다는 등의 배열구조를 나타내 준다. 추가수집 정보는 기술대상 구술기록이 다년간 진행 중인 프로젝트이거나, 다른 기관에서 기수집한 관련 구술기록이 있을 경우 추가로 생산/기증될 수 있는 추가분에 대한 정보를 기입한다. 주로 구술기록의 유형, 추가 생산/기증이 발생하는 빈도와 추가되는 구술기록의 분량 추정치, 추정일자 등을 기술한다. 처리일정 정보는 구술기록 원본매체가 더 이상의 기능을 할 수 없는 경우 보존매체수록 후 폐기 등을 결정하고 처리한 결과에 관한 내용을 기술한다. 정리체계는 구술기록의 내부구조, 질서 혹은 정리체계에 대한 정보를 기술한다. 색인어는 기능어, 인명, 지명, 단체명, 주제명, 사건명 등으로 구분하여 기술한다. 기능어는 구술기록 생산과 관련된 사건, 활동 등을 나타내는 명사나 명사구로 구성한다. 인명은 구술기록철명이나 내용과 관련이 있는 인물의 이름을 기술한다. 지명은 구술기록의 내용과 관련 있는 장소를 나타내는 국가, 도시, 장소, 건물 등의 이름을 기술한다. 단체명은 구술기록의 내용과 관련이 있는 기관, 회사, 법인, 학교 등의 이름을 기술한다. 주제명은 구술기록 내용과 관련이 있는 주제어를 기술한다. 사건명은 구술기록 내용과 관련이 있는 사건/사고명을 기술한다. 효과적인 검색과 관리를 위하여 기능어에 대한 기능 시소러스(검색어 사전) 등을 구축하여 운영할 수 있다.

§ 시소러스(thesaurus)[42]

정보검색에 사용되는 용어(검색어)의 동등관계(유의어, 반의어), 계층관계(상위어, 하위어), 기타 관계(관련어, 대응 외국어)를 정의한 사전. 용어의 통제를 통해 색인 업무의 효율성 및 검색의 정확도와 재현율을 향상하는 도구로 활용

■ 열람과 이용조건 영역

열람과 이용조건 영역은 기술단위의 이용조건에 관한 정보로, 접근환경, 이용환경, 원본/복제본의 위치, 언어, 검색도구 요소로 구성되어 있다. 접근환경은 구술기록에 대한 접근을 제한할 수 있는 법적 근거나 규정, 판례 등에 대한 정보를 기술하는데, 구술기록의 정리 상태, 비공개정보의 보유여부 등을 고려하여 접근정보를 제공한다. 공개여부, 비공개 기간, 비공개 재분류 일자, 공개 가능한 시점, 원본 또는 사본 열람의 가능여부, 접근환경에 대한 변경사항, 열람이 제한되는 대상 정보, 열람이 제한되는 범위 등을 기술할 수 있다. 원본/복제본의 위치는 이용할 수 있는 복제본의 위치를 기술한다.

이용환경은 접근이 가능한 구술기록에 대해 저작권, 복제, 출판조건에 관한 정보를 기술한다. 언어는 구술기록에 사용된 언어 정보를 기술한다. 다수의 언어가 사용되었다면 각각의 언어가 사용된 범위를 기술할 수 있는데, 구술기록 전체가 한글이라면 기술하지 않는다. 검색도구는 관리기관이 갖고 있는 모든 검색도구에 관한 정보를 기술한다. 구술기록 검색도구의 종류, 위치, 이용방법, 생산자 등을 기술한다.

[42] 국가기록원, 앞의 책, 2013, 177쪽 참고.

■ 연관 자료 영역

연관 자료 영역은 기술단위와 밀접히 관련된 자료에 관한 정보로, 원본정보, 사본 및 다른 버전 정보, 관련자료 정보 요소로 구성되어 있다. 원본정보는 사본존재여부, 기관 내 위치, 이용가능성, 보존 정보, 표제 및 형태사항을 기술한다. 사본 및 다른 버전 정보는 사본존재여부, 기관 내 위치, 이용가능성, 보존 정보, 표제 및 형태사항을 기술한다. 여기서 다른 버전 정보는 구술자가 구술면담이 완료한 후 면담 시 내용을 일부 삭제하거나, 부분공개하는 경우에는 구술자 요청사항을 반영한 다른 버전의 구술기록이 만들어지는 경우이다. 관련자료 정보는 녹취문, 간행물, 관련자료 등 구술기록을 더 풍부하게 설명할 수 있는 자료의 유무와 내용을 기술한다.

■ 물리적 영역

물리적 영역은 구술기록 물리적 특징을 기술하는 정보로, 원자료, 부가자료, 사본정보 요소로 구성되어 있다. 원자료는 유형과 수량, 재생시간, 매체포맷 및 크기, 재생시간, 재생속도, 치수, 재질, 매체변환 유무를 기술한다. 부가자료는 유형과 수량, 치수, 출판유무, 사본여부(사진 등)을 기술한다. 사본정보는 매체유형, 수량, 위치정보를 기술한다.

■ 보존 영역

보존 영역은 구술기록의 보존정보, 보수 · 복원정보, 정수점검 요소로 구성되어 있다. 보존정보는 구술기록의 보존위치, 서고정보, 장기보존정보를 기술한다. 보수 · 복원정보는 훼손 등으로 보수 · 복원이 필요한 보유 구술기록의 점검주기, 상태(재질 · 화질 · 음질), 보수주기, 보수일자를 기술한다. 정수점검은 구술 아카이브에 보존 중인 구술기록의 수량, 상태, 위치 등을 파악하여 점검주기와 결과를 기술한다.

■ 주기영역

주기 영역은 다른 기술요소에서 설명할 수 없는 내용이거나 추가적인 설명을 기술한다. 예를 들어, 제목이 없는 구술기록의 경우 구술기록관리전문가 또는 기술담당자가 임의로 제목을 만들어 넣을 경우 이러한 특이사항을 여기에 기술한다.

■ 기술통제 영역

기술통제 영역은 언제, 어떻게, 누구에 의해 기술되었는가에 대한 정보이다. 기술내용에 책임이 있는 담당자의 정보를 기술하는데, 최초 기술담당자와 최근 기술담당자의 소속부서, 직급, 성명을 기재한다. 구술기록을 최초로 기술한 일자, 최근에 수정한 일자를 기술한다. 최초 기술일자 및 최근 수정일자는 연/월/일로 기술한다. 또한 기술 과정에서 사용한 기술규칙을 안내한다.

(2) 구술기록 기술사례

앞에서 제안한 구술기록 기술규칙과 각 요소별 기술 방법을 토대로, 실제 구술기록을 기술해보자. 기술대상은 대일항쟁기조사지원위원회에서 생산·관리하고 있는 구술기록으로, 필자가 기존 연구[43]에서 대상으로 삼았던 노무동원 구술기록이다. 단, 참조코드에 쓰이는 기관코드나 구술기록의 수량, 일부 정보 등은 필자가 가상으로 기재한 것이므로 대일항쟁기조사지원위원회에서 현재 관리하고 있는 구술기록과 차이가 있음을 밝혀둔다.

---

43) 권미현, 「강제동원 구술자료의 관리와 활용 – 일제강점하강제동원 피해진상규명위원회 소장 구술자료를 중심으로」, 『기록학연구』 제16호, 한국기록학회, 2007.10.

■ 컬렉션 기술

참조코드	KR/FM/OHC1*
제 목	강제동원(노무동원) 구술기록 컬렉션
일 자	2005-2007
기술계층	컬렉션
기술단위의 유형과 규모	DV테이프 300개, 디지털파일(500GB), 일반기록물 2,000매
생산기관	일제강점하강제동원피해진상규명위원회(現 대일항쟁기강제동원피해조사및국외강제동원희생자등지원위원회)
생산연혁/개인이력	대일항쟁기 강제동원 피해조사 및 국외강제동원 희생자 등 지원에 관한 특별법('10.3.22)에 의거 설립된 조직(해당 구술기록컬렉션은 현 위원회 이전 2005년에 발족한 일제강점하강제동원피해진상규명위원회 시절에 수집한 것임) 특별법을 근거로 강제동원 피해 진상규명, 피해자 및 유족의 심사·결정, 유해 발굴 및 수습·봉환, 사료관 및 추도공간 조성, 희생자 지원여부 판단, 위로금 지급 등의 업무를 수행
기록물 이력	2005~2007년 피해생존자 조사 일환으로 실시한 구술면담조사 결과물, 피해조사가 완료된 후 기록관리팀으로 이관된 후 현재까지 관리되고 있음
생상/기증 등의 직접적 출처	생산(조사1과)
범위와 내용	2005~2007년까지 대일항쟁기조사지원위원회에 신고된 노무동원 피해생존자 구술증언을 수집한 결과물로 조사 지역별로 구성되어 있음
추가수집 정보	관련자료, 이미 사망한 피해자의 강제동원 피해 사실을 증언해 줄 수 있는 참고인 구술 수집, 동원유형 및 지역, 작업장과 관련한 명부 등의 추가 발굴
보존정보	대일항쟁기조사지원위원회 기록물 보존서고
기술자	○○○과 조사관 권○○
기술일자	2016.00.00

*FM : Forced Mobilization 약자로 기관명 코드로 사용.
OHC : 구술기록컬렉션(oral history collection) 약자로 컬렉션명 코드. 1은 구술기록컬렉션 중 1번째를 의미.

■ 시리즈 기술

참조코드	KR/FM/OHC1/S3*
제 목	충청남도에서 노무자로 동원된 피해생존자 구술기록 시리즈
일 자	2005
기술계층	시리즈
기술단위의 유형과 규모	DV테이프 50개, 디지털 파일 100GB, 일반문서 500매
생산기관	조사1과
생산연혁/개인이력	2005년 2월 1일부터 업무 시작, 국외 노무동원, 국내동원, 기록관리업무 등을 담당하는 부서
기록물 이력	조사1과에서 충청남도 피해생존자 조사 시 생산한 구술기록으로 심의조서 작성이 끝난 후 기록관리팀으로 이관한 후 현재까지 관리되고 있음
생상/기증 등의 직접적 출처	생산, 조사1과에서 충청남도 피해생존자 조사 시 수집
범위와 내용	충남 서산, 태안, 당진 등에 거주하고 있는 노무동원 피해생존자 34명에 대한 구술기록
처리일정 정보	매체수록 완료, 처리일자(2005.00.00), 평가자(○○○)
정리체계	지역별, 조사일정별, 구술자별
색인어	노무동원, 탄광, 조선소, 충청남도, 관부연락선
접근환경	구술자가 제시한 비공개 정보를 제외하고 기관 내 열람 가능
이용환경	공익목적으로 외부인도 이용할 수 있으나, 상업적 이용일 경우 위원회의 허가가 필요함
자료의 언어	한국어, 일본어
검색도구	위원회 내 디지털아카이브 검색도구
원본 정보	원본임
사본 및 다른 버전 정보	사본 존재, 디지털변환 완료
관련 자료 정보	녹취문, 구술자 소장자료(사진 등)
간행물(출판) 정보	『구술기록집 3 - 똑딱선 타고 오다가 바다 귀신 될 뻔 했네』(2006.10.31) 『구술기록집 4 - 가긴 어딜가? 헌병이 총들고 지키는데』(2006.10.31)
기술자	○○○과 조사관 권○○
기술일자	2016.00.00

*S3: 시리즈 3번째를 의미.

■ 파일 기술

참조코드	KR/FM/OHC1/S3/F2
제 목	원○○
일 자	2005-2005
기술계층	기록물철(파일)
기록물 구분	녹음동영상류/일반기록물
기록물 형태	비디오류, 한글파일, 출력물
기술단위의 유형과 규모	DV테입 2개, 디지털파일 1.4GB, 한글파일 450MB, 65매
생산자명	구술자 : 원○○, 면담자 : 권○○, 촬영자 : 이○○, 녹취자 : 박○○
보존장소	서고
서고서가 위치	101서고, 12서가 1련 4단 3번째 박스
생산/기증 일자	2005/10/19
수집출처, 방법	생산, 출장 면담조사
인수인계정보	조사과에서 기록관리팀으로 이관
범위와 내용	1919년에 충남 당진군 순성면에서 태어난 원○○ 할아버지는 1942년 10월경 생활이 어려워 남에 집살이를 하던 중 길을 물어본 사람을 따라 나선 길이 징용이 되었다. 동원된 곳은 일본 후쿠오카현(福岡縣) 가호탄광 다이부갱(大分)이었다. 광업소에 도착한 후 1주일간 훈련을 받은 후 각자의 일터로 배치됐다. 얼마 되지 않는 월급을 받으면, 밥이 적어 주린 배를 채우기 위해 간식 사먹는 데 다 써버렸다. 라디오 방송을 듣고 해방된 것을 알았고, 100여 명이 밀선을 사서 타고 귀국했다. 〈매체별 초록〉 Tape 1 00:00 ~ 00:10 : 어린 시절/가난해서 남의 집 살이 한 이야기 10:00 ~ 22:00 : 모르는 사람에게 속아 징용가게 된 경위 22:00 ~ 37:00 : 일본 후쿠오카현 탄광에서 제식훈련, 탄캐기 등의 경험 37:00 ~ 42:00 : 식사가 늘 부족하여 월급으로 먹을 것을 사먹음 42:00 ~ 55:00 : 해방된 후 귀국
보존방법	보존매체 보존
매체수록판단	· 보존매체 : 디지털변환 후 DVD 수록 · 매체수록 의견 : 고화질 영상 확보 및 활용 편의성을 위해 디지털 변환 필요 · 판단일자 : 2005.00.00 · 평가자 : 조사관 김○○
색인어	후쿠오카현, 가호탄광, 다이부갱, 제식훈련

공 개 구 분	부분공개
이 용 환 경	부분공개 부분을 제외하고 공익목적으로 외부인도 이용할 수 있으나, 상업적 이용일 경우 위원회의 허가가 필요함
자료의 언어	한국어, 일본어
검색도구	구술기록 목록, 위원회 내 디지털아카이브 검색창
원본의 존재와 위치	매체수록 후 원본 폐기
관련 자료 정보	녹취문, 구술자 소장자료(사진 등), 위원회 소장 명부(왜정시피징용자 명부)
간행물(출판) 정보	『구술기록집 3 - 똑딱선 타고 오다가 바다 귀신 될 뻔 했네』(2006.10.31.)
기술자	○○○과 조사관 권○○
기술일자	2016.00.00

4. 구술 아카이브 구축하기: 보존과 활용 단계

1) 구술기록 보존(保存, preservation)

정리와 기술이 완료된 구술기록은 안전하게 보존하여 장기적으로 활용하기 위해 보존시설이 갖추어진 서고에서 보존한다. 구술기록은 다양한 매체로 구성되어 있어 정리·기술시 매체별로 적절한 서고에 배치되도록 정보를 기입해주어야 한다. 구술 아카이브에서의 보존은 구술기록의 사용 연한을 다음과 같은 두 가지 방법으로 연장하는 것이다. 하나는 예방적 보존(preventive preservation)으로 구술기록에 대한 훼손의 위험성을 감소시키고, 훼손의 속도를 늦추는 작업이다. 이것은 보존성이 높은 품질로 된 재료를 선택하고, 적절한 보존 환경과 안전한 취급 절차를 마련함으로써 이루어진다. 다른 하나는 처방적 보존(prescriptive preservation)으로 구술기록을 이용하기 편리하도록 이용매체로 복제하거나, 훼손된 내용을 복원하거나 보수하는 작업이다. 구술기록을 안전하게 보존하고, 다양하게 활용하기 위해서는 이 두 가지 보존방법이 모두 고려되어야 한다. 구술기록 보존을 위해 필요한 보존환경 및 장비기준, 구술기록의 디지털화와 디지털 워터마킹의 절차와 방법은 아래와 같다. 디지털 아카이브 구축을 위한 스토리지, 서버 등에 대한 규격은 구축하고자 하는 아카이브의 규모와 구술기록의 양에 따라 유동적이기 때문에 본서에서는 다루지 않는다.

(1) 보존환경 및 장비기준

구술기록의 원자료와 부가자료를 기록물 유형으로 구분해 보면 일반기록물(종이), 전자매체, 시청각기록물 등으로 기록물관리기관에서 관리하는 기록물의 유형과 크게 다르지 않다. 다만, 구술기록은 동영상기록물로 아날로그 구술기록의 경우 별도의 보존환경이 필요한 서고가 필요하고, 디지털 구술기록의 경우 대량의 동영상파일을 안전하게 저장할 수 있는 보존용 서버, 열람서비스를 위한 열람용 서버 등을 구비해야 한다. 구술기록 보존환경 및 장비기준은 기록물관리법 시행령 별표에 규정되어 있는 기록물관리기관의 보존환경 및 장비기준과 영구기록물관리기관 시설환경기준 표준[44]을 참고하여 아래 표와 같이 작성해 보았다.

아날로그 구술기록을 보존할 보존서고[45]와 디지털 구술기록을 저장하고 디지털아카이브 운영체제를 구동할 서버(스토리지)는 지리적 여건, 소장할 기록물 종류, 경제적 여건 등 여러 가지 항목을 종합적으로 고려하여 지상형 또는 지하형을 채택하여야 한다. 다만, 수해 등의 피해가 우려되는 지역은 반드시 지상형으로 설치하여야 한다. 서고 면적은 보존 대상 구술기록의 종류와 수량에 따라 크기와 서고 수를 결정하여야 하며, 보존 구술기록의

---

44) 국가기록원 공공표준, 「영구기록물관리관 시설 · 환경 기준(v1.0)〈NAK/S 11:2008 (v1.0)〉」, 2008.11.04., 6~7쪽 참고.

45) 국가기록원 공공표준, 「영구기록물관리관 시설 · 환경 기준(v1.0)〈NAK/S 11:2008 (v1.0)〉」, 2008.11.04., 7~10쪽 참고.

구술기록 보존환경 및 장비기준

<table>
<tr><th colspan="3">구 분</th><th>종이기록물</th><th>전자기록물</th><th>시청각기록물</th></tr>
<tr><td rowspan="2">1. 보존서고</td><td rowspan="2">서고 면적</td><td>고정식</td><td>1만권당
99m^2</td><td>1십만장당
80m^2</td><td>오디오 1만개당 30m^2
비디오 1만개당 68m^2
사진필름앨범 1만권 236m^2
영화필름 1천캔당 30m^2</td></tr>
<tr><td>이동식</td><td colspan="3">고정식 면적의 40~60 퍼센트 내외</td></tr>
<tr><td rowspan="2">2. 작업실</td><td colspan="2">업무 작업실 면적</td><td colspan="3">근무인원 1명당 7m^2 (장비공간 별도)</td></tr>
<tr><td colspan="2">열람실 면적</td><td colspan="3">근무인원 및 열람좌석 1명당 7m^2,
(열람좌석은 개가식, 폐가식으로 구분하고
특수매체 열람공간 별도)</td></tr>
<tr><td rowspan="5">3. 장 비</td><td colspan="2">공기조화설비</td><td colspan="3">항온·항습 설비</td></tr>
<tr><td colspan="2">온습도계</td><td colspan="3">서고당 1대</td></tr>
<tr><td colspan="2">소화설비</td><td colspan="3">자동소화시설</td></tr>
<tr><td colspan="2">보안장비</td><td colspan="3">폐쇄회로감시장치</td></tr>
<tr><td colspan="2">소독처리장비</td><td colspan="3">설 치</td></tr>
<tr><td rowspan="3">4. 보존환경 유지기준</td><td colspan="2">온도(℃)</td><td>18~22℃</td><td>18~22℃</td><td>필름매체류 : -2~2℃
자기매체류 : 13~17℃</td></tr>
<tr><td colspan="2">습도(%)</td><td>40~55%
(변화율은 10%이내)</td><td>35~45%
(변화율은 10%이내)</td><td>필름매체류 : 25~35%
자기매체류 : 35~45%
(변화율은 10% 이내)</td></tr>
<tr><td colspan="2">조 명</td><td colspan="3">보존서고 100~300룩스,
전시관 50~200룩스 (원본전시 기준)</td></tr>
<tr><td rowspan="5">5. 전산장비</td><td colspan="2">주전산기</td><td colspan="3">설 치</td></tr>
<tr><td colspan="2">저장장치</td><td colspan="3">설 치</td></tr>
<tr><td colspan="2">입력장비</td><td colspan="3">설 치</td></tr>
<tr><td colspan="2">통신장비</td><td colspan="3">설 치</td></tr>
<tr><td colspan="2">열람장비</td><td colspan="3">설 치</td></tr>
</table>

수량이 적은 경우에는 보존환경이 동일한 기록물의 서고를 통합하여 운영할 수 있다. 보존시설 중 서고의 면적비율은 45~70% 범위가 일반적이며, 서고면적비율은 필요공간에 따라 적절하게 선택하면 되나, 일반적으로 40% 이상을 유지하는 것이 바람직하다.

서가는 보존 구술기록물의 종류에 알맞은 재질과 형태를 고려하여 견고성, 안전성, 경제성을 갖춘 것으로 선택하여야 한다. 구술기록의 종류 크기 등에 관계없이 배열할 수 있어야 하며, 교체 및 제거가 용이하여야 한다. 서가 종류는 구술기록 수량 등을 고려하여 고정식 또는 이동식을 선택할 수 이으며, 고정식보다는 이동식이 공간 활용에 용이하다. 고정식은 구술기록을 넣고 뺄 때 불편한 일이 없도록 서가와 서가 사이의 통로를 충분히 확보해야 한다.

서고 내부는 구술기록의 절도, 내부 시설의 파괴 · 테러 · 방화로부터 안전하게 보호되어야 한다. 출입문은 대형 구조물 설치 작업 등이 가능한 크기로, 방화기능 및 해충과 오염물질 유입을 방지할 수 있도록 밀폐유지가 가능한 구조이어야 하고, 비상구는 서고 내부에서는 쉽게 열리나 외부에서는 열리지 않아야 한다. 잠금장치는 기본적으로 기계식 장치를 이용하여 개폐가 가능하도록 설치하고, 인가된 인원의 출입 관리를 위해 전자식 개폐장치를 기계식 장치에 추가하여 설치한다. 서고 바닥은 먼지 발생이 없고 내구성과 내화성이 우수한 석재나 무기질 또는 에폭시 도료형 바닥재를 사용하여야 한다. 자기매체서고는 전자기파에 의한 기록물의 영향을 최소화하기 위해 벽면, 천정, 바닥에 전자기파 차폐 재료를 사용한다. 조명에 의한 구술기록 손상을 최소화하기 위해 자외선을 방출하지 않는 조명을 사용하거나 자외선 차단 시설을 설치하여야 한다.

(2) 구술기록 디지털화

디지털 보존(digital preservation)은 데이터의 형태가 안전하게 관리되어 변하지 않고 장기 보존되도록 하는 방법이며, 디지털화는 아날로그 형태의 자료를 디지털 형태로 변환시키는 작업이다.[46] 디지털화는 녹음 · 동영상

46) Hodge, Gail, Archiving and Preservation in Electronic Libraries, Paper presented at the RTO IMC Lecture Series on “Electronic Information Management for PfP Nation”, held in Vilnius, Lithuania, 24-26 September 2002, and published in RTO-EN-026.[online].[cited 2010.11.10]; 장윤금, 「역사자료의 디지털 아카이빙 방안 연구」, 『한국비블리아학회지』, 제21권 제4호, 한국비블리아학회, 2010.12, 195쪽 재인용.

기록물 원본의 손·멸실 방지, 원본에 적용된 기술의 구형화에 대비하여 향후 원본 기록물과 동일한 수준으로 재생·재현할 수 있게 하거나 열람·검색 등 서비스에 활용하기 위한 목적으로 추진한다. 구술기록 디지털화의 목적, 방법, 절차 등에 관한 내용은 국가기록원의 기록관리 원내표준 중 녹음·동영상 기록물의 디지털화에 관한 지침에서 제시한 내용을 토대로 작성하였다.[47]

구술기록은 전자·비전자 여부에 따라 2가지 방법에 따라 디지털 변환을 수행할 수 있는데, 아날로그 구술기록을 디지털 파일로 변환하는 스캐닝, 인코딩 방법과 디지털 구술기록을 다른 형태의 디지털 파일로 변환하는 트랜스코딩이 있다.

원본 구술기록 유형에 따른 디지털화 방법

유형	수록 매체	기록물유형	변환방법
아날로그	아날로그 테이프	음성 또는 영상기록물	인코딩
	디지털 테이프	음성 또는 영상기록물	인코딩
디지털	광디스크 외장형디스크 반도체메모리 네트워크	디지털(영상·음성)	트랜스코딩

먼저 원본 재현을 위한 디지털화는 원본 구술기록의 멸실 또는 원본에 대한 접근이 더 이상 불가능하게 될 경우 디지털화된 구술기록(이하 '디지털 구술기록 사본')이 향후 소송 등의 증거로 사용될 수 있으므로 이에 대비하여 원본의 내용과 속성들을 최대한 누락시키지 않고 반영할 수 있어야 한다. 원본 구술기록이 아래와 같은 경우에 해당한다면 원본 수준으로 재현할 수 있는 디지털 변환 작업이 필요하다.

47) 국가기록원 기록관리 원내표준, 「녹음·동영상 기록물 디지털화 지침(v1.0)〈NAK/A 17:2014(v1.0)〉」, 2014.12.23, 7~10쪽 참고.

- 구술기록이 수록된 테이프, 필름 등 매체의 기대수명이 도래하거나 매체의 단종이 예상되는 경우
- 매체를 구성하고 있는 물질의 특성으로 인해 시간의 경과에 따라 해당 매체를 더 이상 다루기 어려운 경우
- 매체를 재생하기 위한 장비가 구형화 되거나 단종이 예상되는 경우
- 구술기록을 수록할 당시의 기술이 소멸되거나 구형화가 예상되는 경우
- 전자적으로 생산된 구술기록이라도, 생산 당시의 적용기술 및 파일 형태가 범용성이 없거나 기술의 변화로 인해 더 이상 사용이 어렵다고 예상되는 경우

디지털 구술기록 사본이 행위의 증거로서 생산된 원본에 대한 접근 수단으로 사용될 수 있기 위해서는 원본의 내용과 속성을 최대한 반영해야 할 뿐만 아니라 해당 디지털 파일 자체를 설명하고 디지털 파일의 생산과정을 설명할 수 있는 메타데이터를 기록으로 남겨 함께 관리하여야 한다. 디지털화된 기록물을 포함하여 모든 전자기록물은 기록물 자체와 기록물의 관리과정을 설명하는 정보가 분리되어 있으므로 이들 각각을 동시에 잘 보존하고 상호 연계시킬 수 있어야 한다. 이러한 메타데이터는 구술기록과 마찬가지로 허가받지 않은 접근으로부터 보호되어야 하며 위·변조, 훼손되지 않도록 관리되어야 한다.

디지털 구술기록 사본을 위한 관리 메타데이터[48]

상위요소	하위요소	획득방법
8. 유형	8.2 사본유형	선택값: 보존사본
22. 관계	22.1 관계유형	선택값: 원본
	22.2 관계대상 식별자	원본식별자 기재
	22.3 관계설명(선택)	관계에 대한 설명 기재
〈이외에 획득되어야 하는 관리 메터데이터 요소〉 생산자, (기록계층), 기록식별자, (기록물명), 전자기록물 여부, 포맷, 저장매체, (분류), 일시, (생산이력), (보존기간), 보존장소, 권한, 소장위치, 관리이력, 이용이력, 보존이력, 무결성 체크 ※ (괄호)로 표시된 요소는 원본기록물의 메타데이터 값을 그대로 사용가능한 요소		

48) 국가기록원 공공표준, 「기록관리 메타데이터 표준(v2.0)〈NAK/S 8:2012(v2.0)」, 2012.10.5, 147쪽; 「녹음·동영상 기록물 디지털화 지침(v1.0)〈NAK/A 17:2014(v1.0)〉」, 2014.12.23, 9쪽 참고.

디지털 구술기록 사본을 위한 기술(technical) 메타데이터

구분		항목		선택값
공통	원본기록물 메타데이터 참조	원본 유형		필름, 테이프, 음반, 인화사진, 사진필름, 파일
		원본 매체 종류		매체 모델명 입력
		포맷(컨테이너 포맷)		원본이 디지털 파일인 경우에만 해당
		코덱		원본이 디지털 파일인 경우, 오디오 코덱, 비디오 코덱값을 입력
영상 기록물	디지털 변환 과정	색공간(Color space)		YUV, RGB
		서브샘플링 비율 (Subsampling rate)		4:4:4, 4:2:2, 4:1:1, 4:2:0(4:0:2)
		해상도(Resolution)		SD, HD, Full-HD, 2k, 4k
		비트 심도(Bit depth)		
		압축 유형 (Compression mode)		무손실압축, 손실압축
	디지털 변환 후	포맷(컨테이너 포맷)		Matroska(확장자: mkv)*
		코덱	비디오 코덱	FFV1**
			오디오 코덱	FLAC***
음성 기록물	디지털 변환 과정	샘플링 비율 (Sampling rate)		24kHz, 48kHz, 96khz
		비트 심도 (Bit depth)		24bits, 48bits
		압축유형 (Compression mode)		무손실압축, 손실압축
	디지털 변환 후	포맷		FLAC(확장자: .flac)
		코덱	오디오 코덱	FLAC

* Matroska(매트로스카) 포맷은 모든 규격이 안전하게 공개된 개방형의 멀티미디어 컨테이너 포맷으로 영상, 음상, 사진, 메타데이터 등을 하나의 파일에 묶을 수 있으며, 확장자는 영상(.mkv), 음성(.mka)을 각각 사용함.

** FFV1은 FF영상코덱 1(FF Video codec 1)을 의미하며, 영상 압축을 위하여 가변길이 부호화(variable length codding) 및 산술 부호화(arithmetic coding)를 사용하는 무손실 영상 코덱(lossless video codec). 소스가 공개되어 있으며 사용이 무료임.

*** FLAC(Free Lossless Audio Codec)는 오디오 데이터 압축을 위한 무손실 압축 코덱으로, 다른 무손실 압축 코덱에 비해 압축률 및 처리속도면에서 강점이 있음. 데이터 압축률은 원래 음원에 비해 약 40~50% 정도임.

활용 목적의 디지털화는 목적과 기관의 상황에 따라 적절한 기준을 선택하여 적용할 수 있다. 구술기록을 공익 목적으로 인터넷 등 온라인을 통해 제공하거나 관리기관에서 구술기록을 검색·열람하고자 하는 경우, 또는 내부적으로 관리하기 위해서 시스템을 통해 편리하게 디지털 변환된 내용에 접근하고자 하는 경우이다. 이 경우는 파일의 용량을 축소시키는 것이 효율적이다. 이러한 방식의 디지털화를 실시하기 위해서는 네트워크 전송이 용이하도록 파일의 용량을 최소화하고, 현재의 컴퓨터 환경에서 재생이 가능하도록 하며, 적용된 코덱 기술은 국제적으로 공개된 표준으로 로열티 등의 비용발생과 무관하여야 한다.

활용을 위한 디지털화 기준

기록물 유형		해상도	코덱	파일포맷
영상테이프 (아날로그/디지털)	비디오	640×480 이상	H.264*	MP4***
	오디오	규정없음	MP3**	
음성테이프 (아날로그/디지털)	-	규정없음	MP3	MP3
디지털 영상파일	비디오	640×480 이상	H.264	MP4
	오디오	규정없음	MP3	
디지털 음성파일	-	규정없음	MP3	MP3

* H.264는 ITU-T(국제전기통신연합)와 ISO/IEC의 MPEG 그룹이 공동으로 표준화를 진행한 영상코덱. 기존 코덱과 비교했을 때 절반 이하의 비트레이트에서 비슷하거나 더 좋은 화질을 얻을 수 있도록 개발됨. 웹 소프트웨어와 다양한 HDTV 방송에서 널리 사용됨

** MP3(MEPG Audio layer-3)는 MPEG-1의 음성 규격으로 개발된 손실 압축코덱. 음악 등 각종 음성 신호를 디지털 데이터로 변환한 결과로, 순수하게 디지털 음악매체라 할 수 있음

*** MP4는 MPEG-4의 일부로 규정된 멀티미디어 컨테이너 표준 포맷. 디지털 영상과 디지털 음성 데이터를 저장하는 데 사용하는 것이 일반적이며 자막과 스틸 이미지 등의 기타 데이터를 저장하는 데 사용할 수 있음

(3) 구술기록 디지털 워터마킹

입수 시 상태평가를 통해 디지털워터마킹 대상으로 선정된 구술기록은

보존단계에서 이 작업을 실시한다. 정부기관의 업무관리시스템처럼 규격화된 생산시스템을 통해 기록이 생산되는 경우에는 생산단계부터 기록의 진본성, 신뢰성이 획득된다. 하지만 디지털 구술기록의 경우 장비와 표준 포맷 규격을 제공하더라도 개별 프로젝트 연구자들이 수집하는 과정에서 생산한 결과물을 제출받기 때문에, 생산 과정에서 임의변경, 삭제의 가능성이 있다. 물론 수집 프로젝트 운영 시 이러한 점을 사전에 공지하고, 손상 없는 구술기록 결과물을 생산하고 입수하는 것은 프로젝트 참여자와 기관의 양자 모두의 몫이자 책임이다. 기증·생산한 구술기록이 기관에 입수 된 후, 특정 관리 목적에 의해 편집, 삭제되는 행위를 방지할 필요가 있다. 이러한 동영상, 음성 등의 디지털 기록의 진본성 보호를 위한 기술로 디지털 저작권 관리(DRM: Digital Right Management)와 워터마킹 기술이 있다.

§ 디지털 저작권 관리(DRM: Digital Right Management)[49]

디지털 미디어의 불법 또는 비인가된 사용을 제한하기 위하여 저작권 소유자나 판권 소유자가 이용하는 정보 보호 기술의 일종인 접근 제어 기술. 디지털 저작권 관리는 음원, 영화 등의 창조적인 미디어에 대하여 일반적으로 적용. 디지털 미디어의 생명 주시 동안 발생하는 사용 권한 관리, 과금, 유통 단계를 관리하는 기술. 인터넷을 통해 유통되는 디지털 미디어의 불법 유통과 복제를 방지하고, 적법한 사용자의 미디어 사용을 보장하기 위한 것으로, 관련 법령이나 위반자 단속에 앞서 사용을 허가하는 라이선스를 획득한 후 사용이 가능하도록 기술적 통제가 가능한 시스템. 암호 기술, 키 관리 기술, 워터마킹 등이 활용

DRM은 디지털 기록 생산단계에서 암호화하여 유통시키고, 소비단계에서 복호키와 사용권한을 전달하는 구조로 되어 있으나 복호화 과정을 거친 콘텐츠는 보호할 수 없다는 단점이 있다. 디지털 워터마킹 기술은 이러한 DRM 기술을 보완할 수 있다. 디지털 구술기록의 워터마크 삽입은 동영상

49) 한국정보통신기술협회에서 제공하는 정보통신용어사전(http://word.tta.or.kr) 참고.

매 프레임 데이터의 공간영역에서 이루어지는데, 먼저 영상을 2개의 영역으로 분리하고 2개 영역의 특성 값 F값을 정의하고 이 특성 값이 일정한 범위를 유지하도록 2개 영역의 픽셀 값을 변화시킨다.[50] 이렇게 디지털 구술기록에 워터마킹을 넣음으로써 원본의 진본성을 획득하고, 임의로 변경, 삭제, 훼손할 수 없도록 한다.

2) 구술기록 활용(活用, utilize)

기록물관리기관에서는 기록물의 이용자를 위한 다양한 활용 정책을 추진한다. 소장기록물의 적극적인 서비스는 기관의 존립 가치와 홍보의 측면에서 유용한 정책이다. 최근에는 다양한 정보 습득의 욕구를 가진 현대인들의 요구에 부응하는 활용 정책을 취하는 기관이 증가하고 있다. 이러한 양상은 구술 아카이브 운영에서도 예외가 아니다. 구술 아카이브에서의 구술기록 활용 방법은 원자료 열람서비스, 자료집 발간(구술기록집, 단행본), 전시, 콘텐츠 개발 등이 있다. 본서 제2부에서 자료집, 콘텐츠 등 구술기록 활용방법에 대해서 상세하게 다루고 있으므로, 이 글에서는 구술 아카이브 방문 열람, 온라인 서비스와 이용자의 편의를 도와줄 수 있는 검색도구에 대해 살펴본다.

이용자가 기관 열람실을 방문하거나, 온라인서비스를 통해 구술기록 원자료를 이용하는 방법이 가장 기본적인 열람이다. 이러한 원자료 이용은 원자료(구술영상)를 가공 없이 이용자에게 제공하는 것으로 구술 아카이브가 잘 구축되어 있으면 가능한 일이다. 원자료 이용은 구술기록을 이용한 연구활동 시 주요한 활용 방법이다. 기관은 이용자에게 원자료를 제대로 서비스

---

50) 신동환 · 김성진 · 남성운 · 테크온팜(주) · 국가기록원, 「시청각기록물 관리를 위한 동영상 워터마킹 기술개발」, 『기록관리 연구개발(R&D) 사업 2008 Annual Report』, 2008, 118쪽.

하기 위해서는 서비스 절차와 열람 환경을 마련해야 하는데, 열람서비스를 위한 규정, 검색도구, 열람 공간(컴퓨터, 동영상재생기기 등), 열람과 관계된 각종 서식(열람신청서 등)을 구비하여야 한다. 온라인 서비스의 경우 기관 홈페이지의 별도 메뉴, 배너 등을 통해 접근을 유도하고, 회원가입 등 엄격한 인증절차를 통해 이용권한을 부여하며, 무단복제나 다운로드 등을 원칙적으로 차단해야 한다. 또한 이용자가 온라인을 통해 자신이 원하는 구술기록을 쉽게 찾을 수 있도록 적절한 검색도구도 개발하여 제공한다.

원하는 구술기록을 쉽게 검색하고 활용할 수 있도록 다양한 검색도구를 개발할 수 있는데, 기록물 관리 영역에서 대표적인 것은 전거레코드와 시소러스이다. 기록물 관리를 위한 전거레코드는 보통 개인, 단체, 가문 등 기록 생산자를 대상으로 구축하는데, 국가기록원 전거레코드 지침[51]에 따르면 인물, 단체, 사건을 대상으로 하고 있다. 전거레코드는 기록물을 생산하는 인물, 단체와 기록물과 연계된 역사적 사건을 기술해줌으로써, 구술기록이라는 특수한 형태의 기록물뿐만 아니라 전거레코드와 관련된 모든 기록물의 배경정보를 확인하고 공동 활용할 수 있게 한다.

전거레코드는 식별영역, 기술영역, 관계영역, 통제영역, 관련자료영역으로 구분하여 작성하는데, 식별영역은 전거레코드를 작성하는 대상을 식별할 수 있는 접근점을 제공하는 요소들을 포함한다. 기술영역은 단체, 인물, 사건의 배경정보, 주요활동 사항, 관계영역은 전거대상과 관련성이 있어 상호참조가 필요하다고 판단되는 단체, 인물, 사건을 작성한다. 통제영역은 전거레코드의 생산과 유지에 관한 정보를 작성하는 영역으로 전거레코드의 생산, 관리에 관한 구체적 책임사항과 내용들을 나타내는 요소들로 구성되어 있다. 관련자료영역은 전거레코드와 관련하여 다른 기관에서 보유하고 있는 자료에 대한 정보를 기술한다. 전거레코드 기술영역과 작성방법에 대

51) 국가기록원 원내표준, 「국가기록원 전거레코드 지침(v1.0)〈NAK/A 12:2009(v1.0)」, 2009. 11.30.

해서는 국가기록원 전거레코드 지침[52]을 참고하기 바라며, 4·19혁명에 대한 사건 전거레코드 기술 사례는 아래와 같다.

사건 전거레코드 사례[53]

<table>
<tr><th>No.1</th><th>일자</th><th>2009-05-01</th><th>전거유형</th><th>사건</th></tr>
<tr><td rowspan="4">식별 영역</td><td>세부유형</td><td colspan="3">사건/사고</td></tr>
<tr><td>사건명</td><td colspan="3">4.19혁명[EV000001]</td></tr>
<tr><td>대등명</td><td colspan="3">四一九 革命</td></tr>
<tr><td>비채택어</td><td colspan="3">4.19, 4월혁명(四月革命), 4.19의거, 4.19학생혁명, 4.19 민주혁명, 4.19사건</td></tr>
<tr><td rowspan="3">기술 영역</td><td>발생일(기간)</td><td colspan="3">19600419</td></tr>
<tr><td>발생장소</td><td colspan="3">대한민국 전역</td></tr>
<tr><td>사건개요</td><td colspan="3">1960년 4월 19일에 절정을 이룬 반부정(反不正), 반정부(反政府) 항쟁, 이승만 독재정권을 무너뜨리고 제2공화국을 출범시키는 역사적 전환점이 되었다. 5.16 군사정변 이후 의거로 규정되었으나 혁명으로 보는 시각이 지배적이다.

ㅇ 사건배경
4.19 혁명은 당시 사회경제적 요인과 정치적 요인으로 촉발된 사건이다. 원조물자에 의존하던 1950년대 한국경제는 미국의 원조가 줄어든 1957년을 기점으로 불황에 빠졌다. 이런 상황은 원조와 권력에 기반을 두고 초과 이윤을 취하고 있던 제분, 제당, 면방직 등 이른바 삼백(三白)산업을 중심으로 한 독접 재벌에게 치명적인 결과를 가져왔다. 생산시설이 돌아가지 않자 독점재벌의 수입이 줄어들었고 결국 그 부담은 노동자, 농민, 중소기업 등에게 넘어갔다. 또한 잉여농산물 도입에 따른 저곡가정책은 농촌을 황폐화시켜 광범한 이농을 유발했으며, 이렇게 도시로 흘러든 농민들은 도시빈민층을 형성, 과잉노동력을 창출함으로써 저임금구조를 정착시키는 원인이 되었다.
이런 상황 속에서 이승만과 자유당의 장기독재와 부정부패에 대한 민중의 불만이 극에 달했다. 집권 이후 숱한 정치파동으로 영구집권을 획책하던 자유당정권은 1958년 12월 보안법파동을</td></tr>
</table>

52) 국가기록원 원내표준, 「국가기록원 전거레코드 지침(v1.0)〈NAK/A 12:2009(v1.0)」, 2009.11.30; 국가기록원, 앞의 책, 2013, 128~171쪽 참고.

| | | 일으켜 국민과 야당 그리고 언론의 비판을 봉쇄했다. 그러나 민심이반으로 1950년 대통령, 부통령선거에서 패색이 짙어지자 관권을 총동원하여 대규모부정선거를 감행했다. 국민들이 3.15 부정선거의 결과에 승복하지 않았고 마산을 시작으로 전국 각지에서 부정선거 규탄 시위가 시작됐다.

○ 사건내용
4월 18일, 국회의사당 앞에서 구속된 동료 학우들의 석방과 학원 자유를 요구하며, 평화적 시위를 벌인 후 귀가하던 고려대생들이 청계천 4가를 지날 때 경찰과 모의한 반공청년단이라는 정치깡패들이 무차별 테러를 가해 수십 명의 학생이 부상당하는 사건이 발생했다.
이 고대생 피습사건을 계기로 학생들의 평화시위마저 폭력으로 진압한 정권에 대해 국민들의 분노가 마침내 폭발, 자유당 정권은 걷잡을 수 없는 국민의 저항에 직면하게 되었다.
"피의 화요일"이라 불리는 1960년 4월 19일, 학생들은 이른 아침부터 선언문을 낭독하고 거리로 뛰쳐나왔다. 국회의사당에 모인 학생 시위대열은 경무대로 향했다. 다급해진 이승만은 계엄령을 선포하고 계엄군이 진주함으로써 피의 화요일은 막을 내렸으나, 이날 하루 동안 전국적으로 186명의 사망자와 6,026명의 부상자가 발생했다. 계엄령하에서 점차 질서가 잡혀가는 듯하자 이승만과 자유당은 이기붕을 퇴진시키는 선에서 사태를 수습하려했으나, 4월 25일 대학교수단의 시국선언과 전 국민의 시위가 일어나자 4월 26일 이승만의 하야성명과 함께 12년 독재정권의 종말을 고했다.
28일 이기붕 일가가 자살했음이 확인되었고, 29일 이승만은 몰래 하와이로 떠났다. 이승만 하야 후 허정 과도내각이 수립되고, 내각 책임제 개헌에 의한 7.29 총선 결과 장면을 국무총리로 하는 민주당 정권이 성립함으로써 제2공화국이 출범했다.

○ 사건의의
4.19 혁명은 냉전 이데올로기 속에 묻혀버렸던, 혁명적 과제(반외세, 민족통일, 자립경제 등)를 전면에 드러냄과 동시에 민중을 정치적으로 각성시켜 민중이 역사의 주체로 나서는 계기가 되었다는 점에서 우리 현대사에 큰 의의를 가진다. 또한 4.19 혁명이 |

		제기한 과제는 이후 6.3항쟁, 유신반대운동, 부마 · 광주 민중항쟁, 6월 민주화항쟁 등으로 계승됐다는 점에서 그 역사적 의의를 가진다.			
관계 영역	관련단체	단체명			
		자유당			
	관련인물	인 명			
		이승만			
		이기붕			
		김주열			
		장면			
	관련사건	사건명			
		3.15 부정선거			
		3.15 마산의거			
		대구 2.28 학생의거			
통제 영역	작성기관	국가기록원	작성규칙	국가기록원 전거레코드 작성 규칙	
	현재상태	초안	상세정도	상세	
	기술주기	등록 - 공개서비스과, 이○○, 20090501			
	참고정보원	국가보훈처 공보관실(1995), 『문민정부의 4.19 재조명』			
		2. 박찬식(2008), 『4.3과 제주역사』, 도서출판 각			
		3. 한국정치연구회(2007), 『키워드로 읽는 한국현대사1』, 이매진			
		4. 역사학연구소(2007), 『함께보는 한국근현대사』, 서해문집			
		5. 국립4.19민주묘지, 419.mpva.go.kr, 2009.05.01			
	작성언어	한국어			
	주기사항		누락내용(사유)		
	비고				
관련 자료 영역	관련자료	기관 명칭	식별 코드	제 목	자료유형

전거레코드가 기록물 생산자와 관련 사건을 통제하여 기록물의 정보를 파악하고 유사기관 간 정보유통을 가능하게 하는 기능을 한다면, 시소러스는 상이한 용어로 동일한 개념을 표현하고 있는 기록물이나 정보, 문헌을

53) 국가기록원, 앞의 책, 2013, 170~171쪽 참고.

함께 검색할 수 있게 한다. 특정 전문 분야에서 사용되는 개념어들을 바탕으로 용어의 정의보다는 용어 간 관계를 강조하기 때문에, 시소러스의 주요 기능은 같은 개념에 대해 다양한 표현을 사용하는 용어들을 통제하여 효율적인 탐색을 도모할 수 있다.[54)]

구술기록의 경우 전문분야에 한정되기보다는 우리나라 근현대사와 관련된 다양한 사건, 사고 또는 일반인들의 소소한 삶까지 다루기 때문에 일반주제 시소러스를 통해 검색기능을 높일 수 있다. 일반주제 시소러스는 주제색인 및 키워드 검색에 활용한다. 시소러스 구축 절차는 용어 추출 및 후보군 생성하고 대상 용어를 선정한다. 각 용어들 간의 관계를 설정하고, 시소러스 관리시스템을 개발하여 용어를 입력한다. 마지막으로 시소러스가 제대로 구축되었는지 검증한다.

§ 일반주제 시소러스(General Subjects thesaurus)[55)]

일반주제 시소러스는 특정 전문 분야에서 사용하는 전문용어가 아닌 일반어를 주축으로 한 주제어 사전. 주로 일반명사와 인명, 지명/장소명, 기관/단체명, 사건명/행사명, 회의명, 법률/제도명, 상품/작품명 등의 고유명사로 구성.

---

54) 최윤경 · 정연경, 「한국 근대 여성 구술 기록물을 통한 시소러스 개발에 관한 연구」, 『한국기록관리학회지』 제14권 제1호, 한국기록관리학회, 2014.2, 11~12쪽 참고.
55) 국가기록원, 앞의 책, 2013, 177쪽 참고.

참고문헌

〔논문〕

권미현, 「강제동원 구술자료의 관리와 활용－일제강점하강제동원피해진상규명위원회 소장 구술자료를 중심으로」, 『기록학연구』 제16호, 한국기록학회, 2007. 10.

권미현, 「일제말기 강제동원 기록의 수집과 활용을 위한 제언－기록화 전략(Documentation Strategy)과 문화콘텐츠 구축 방법론」, 『한일민족문제연구』 제26호, 한일민족문제학회, 2014.6.

권미현, 「구술사료의 기록학적 관리방법 연구」, 명지대학교 석사학위논문, 2004.

김은영, 「보존과 활용을 위한 구술기록의 정리방안 연구－국사편찬위원회 사례를 중심으로」, 명지대학교 석사학위논문, 2009.

문동원, 「구술기록의 Digital화에 따른 활용 및 서비스에 관한 연구」, 중부대학교 석사학위논문, 2008.

서은경, 「디지털 아카이브의 영구적 보존을 위한 개념적 모형 설계에 관한 연구」, 『한국문헌정보학회지』 38(1), 2004.

이소연, 「디지털유산의 장기적 보존 : 국가정책 수립을 위한 제안」, 『기록학연구』 제10호, 한국기록학회, 2004.10.

이소연, 「믿을 수 있는 디지털 아카이브 인증기준」, 『정보관리학회지』 제25권 제3호, 한국기록학회, 2008.9.

이소연, 「디지털 아카이브의 장기보존 기능에 대한 연구」, 『제16회 한국정보관리학회 학술대회 논문집』, 한국기록관리학회, 2009.8.

이정연 · 이정연 · 유종덕 · 이종윤, 「여성구술생애기록물 맥락 표현을 위한 메타데이터 구조화에 관한 연구」, 『기록학연구』 제30호, 한국기록학회, 2011.10.

이화은, 「구술기록의 기술에 관한 연구」, 이화여자대학교 석사학위논문, 2009.

장윤금, 「역사자료의 디지털 아카이빙 방안 연구」, 『한국비블리아학회지』 제21권 제4호, 한국비블리아학회, 2010.12.

정영록, 「구술기록의 디지털 아카이빙에 관한 연구-디지털구술기록의 생산 · 관리 및 보존전략을 중심으로」, 한국외국어대학교 석사학위논문, 2010.

최윤경 · 정연경, 「한국 근대 여성 구술 기록물을 통한 시소러스 개발에 관한 연구」, 『한국기록관리학회지』 제14권 제1호, 한국기록관리학회, 2014.2.

한지혜, 「구술기록의 온라인 서비스 수립방안 연구」, 『기록학연구』 제36호, 한국기록학회, 2013.4.

현문수 · 전보배 · 이동현, 「참여형 디지털 아카이브 구축 실행 방안」, 『기록학연구』 제42권, 한국기록학회, 2014.10.

〔단행본〕

한국구술사연구회, 『구술사 : 방법과 사례』, 도서출판 선인, 2005.

한국구술사연구회, 『구술사 아카이브 구축 길라잡이 1 : 기획과 수집』, 도서출판 선인, 2014.

한국기록학회, 『기록학 용어 사전』, 역사비평사, 2008.

국가기록원, 『영구기록물 정리 · 기술 지침』, 2013.

국가기록원, 『〈대내업무용〉 국가기록원 주요 업무 참고자료집』, 2015.

〔법령 및 신문기사〕

「공공기록물 관리에 관한 법률 및 동법 시행령, 시행규칙」, 1999.1.29. 제정, 2000.1.1. 시행, 2006.10.4. 전부 개정.

김태성, 「5 · 18 민주화운동 기록관 13일 개관 재단과 운영주체 싸고 갈등 불씨 여전」, 『아주경제신문』, 2015년 5월 4일 월요일 종합.

〔국가기록원 공공표준〕

「기록관리 메타데이터 표준(v2.0), NAK/S 8:2012(v2.0)」, 2012.10.5.

「영구기록물관리관 시설 · 환경 기준(v1.0)〈NAK/S 11:2008(v1.0)〉」, 2008.11.04.

〔국가기록원 원내표준〕
「녹음·동영상 기록물 디지털화 지침, NAK/A 17:2014(v1.0)」, 2014.
「기록물 매체수록 기준, NAK/A 7:2011(v2.0)」, 2011.
「국가기록원 시소러스 지침, NAK/A 8:2009(v1.1)」, 2009.
「국가기록원 전거레코드 지침(v1.0)〈NAK/A 12:2009(v1.0)」, 2009.11.30.

〔누리집〕
행정자치부 국가기록원(http://www.archives.go.kr)
한국정보통신기술협회, 정보통신용어사전(http://word.tta.or.kr)

현대한국구술자료관 조감 · 망 :
배경, 목적, 운영, 자료관리와 활용, 전망 _김선정

1. 현대한국구술사 연구사업

현대한국구술사연구사업은 해방 이후 오늘에 이르기까지 산업화와 민주화를 이룬 한국사회의 다이나믹한 변화과정을 현대 한국의 주역들의 생생한 목소리가 담긴 구술 자료를 수집하여 아카이브를 구축하고 연구 · 교육 등에 활용하는 것을 기본적인 목적으로 교육과학부 지원으로 10년 동안 연구하는 장기 구술사연구사업이다.

현재 이 사업에는 5개의 연구 기관이 참여하고 있으며, 연구내용과 역할은 다음과 같다.

사업 기관	연구 주제	주된 역할
명지대학교 국제한국학연구소	세대로 본 역동의 한국정당정치사 : 산업화·민주화·선진화 세대의 증언(1945-2008)	구술 자료 수집
서울대학교 규장각 한국학연구원	한국 현대사와 군	구술 자료 수집
한국외국어대학교 역사문화연구소·기록학연구센터	고도성장기(1960~70년대) 경제외교사 구술 아카이브 구축	구술 자료 수집
한신대학교 학술원 신학연구소	현대 한국사 발전의 내면적 동력을 찾아서 : 민주화와 산업화를 이끈 종교인의 구술 자료 수집과 연구	구술 자료 수집
한국학중앙연구원 현대한국구술자료관	현대 한국 구술 자료관 구축 연구	구술자료 아카이브 구축

4개의 연구 기관은 주로 구술자료 수집업무를 담당하며, 한국학중앙연구원 현대한국 구술자료관은 수집한 자료를 정리, 보존, 활용하는 업무를 주로 수행한다. 아카이빙은 기획, 수집, 정리, 보존, 활용까지 일련의 과정이므로 현대한국구술자료관은 양질의 구술자료 생산을 위해 4개의 구술자료 수집 기관과 유기적인 관계를 유지하고 지속적인 조율과 지원을 수행하는 중추적 역할을 담당하는 허브로서 기능하고 있다.

2. 현대한국구술자료관 개괄

1) 목적과 사업내용

현대한국구술자료관은 구술자료의 집적과 소통을 위한 종합적이고, 체계적인 구술자료 아카이브를 구축하기 위하여 (1) Archiving, (2) Interdisciplinary-Research (3) Education-Writing-Life History를 목적으로 하고 있다.

▪ Archiving	국내 정치, 경제, 외교, 사회 · 문화, 일상 등 다양한 분야의 구술 자료 및 연구 성과 집적
▪ Interdisciplinary Research	인문/사회과학을 넘나드는 학제 간 공동 연구
▪ Education-Writing-Life History	구술사 전문 연구자 양성 교육과 시민을 대상으로 한 구술사 · 자기역사쓰기 대중 강좌를 통해 구술사 교육의 체계화 · 고급화

이러한 목적하에 (1) 구술자료수집, 관리 정보 제공: 한국의 정치, 경제, 사회, 문화, 일상에 관련한 다양한 구술 자료를 수집, 관리하여 구술자료 아카이브를 구축하여 대국민(학계, 언론, 시민단체, 국민) 자료제공. 연구총서 발간 (2) 구술사연구: 인문 · 사회과학 예술 문화계 등을 넘나드는 학제 간 구술사 연구로 워크숍과 학술대회 개최 (3) 구술사 교육: 구술사 교육 프로그램을 개발하여 구술사 전문 연구자 양성과 시민을 대상으로 한 대중강좌를 통해 구술사 연구의 저변확대 도모, 이밖에도 구술자료 자료화(디지털화 포함) 지원: 각종 기관, 단체, 개인이 소장한 구술자료의 자료화 지원과 자료 공유. 이상의 5가지의 주된 사업을 수행하고 있다.

2) 조직과 운영

현대한국구술자료관 구축은 4개 연구단에서 수집한 자료를 집적하여 구술자료관을 구축하는 것이 주된 사업이다. 따라서 조직 내부의 역할 규정 및 각 연구단의 네트워크 형성과 조정이 매우 중요하다.

(1) 기획위원회: 5개 연구단의 연구책임자 협의체이다. 연간 2회 정도, 사안에 따라 임시 개최된다. 5개 연구단은 각자의 주제별로 구술자료 수집·정리·연

현대한국구술자료관 조직체계와 연구단 간 네트워크

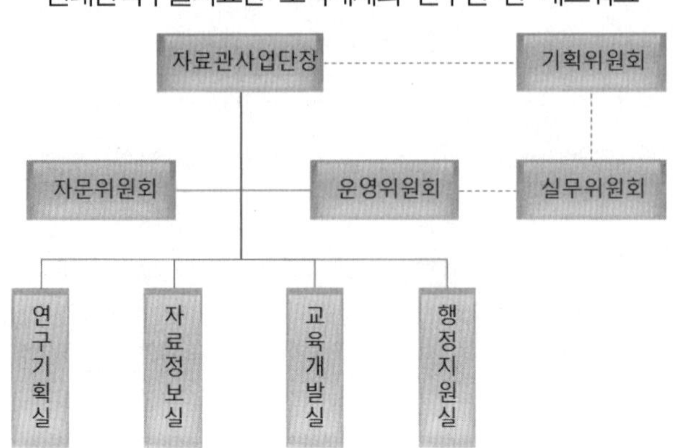

구를 하고 있다. 그러나 효율적이고 체계적인 자료 수집과 아카이브 구축을 위해서는 전체적으로 유기적인 관계망 형성이 필요하다. 각 사업단 현황, 표준화 방안 등 현대한국구술사연구사업의 전반적 사안을 논의하고 결정한다.

(2) 실무위원회: 5개 연구단 전임 연구원의 협의체이다. 연간 2회 정도 개최된다. 자료 수집과 자료화의 표준화 등과 연구 및 수집과정에서 발생하는 제반 실무적인 사안을 논의한다.

(3) 검수 및 자문위원회: 구술자료관 구축 과정과 결과에 대한 검수 및 자문을 수행하는 비상설 기구이다. 주된 업무는 5개 연구단이 수집한 구술자료 검수 및 평가이다.

(4) 운영위원회: 자료관 구축 사업 책임자와 각 부서의 책임자들로 이루어지며 매주 1회 개최된다. 전체 자료관의 연구 및 사업 방향에 관한 결정이 이루어지고 자료관내 업무 및 연구사업의 조정 및 협의, 업무 전반에 관한 결정 및 부서 간 업무 조정, 단체 간 의사소통을 활성화하는 등 주요 안건을 심의, 결정하는 회의기구이다.

(5) 연구기획실: 자료관의 자체의 구술자료 수집과 구술사 연구를 기획하고 출판하는 부서이다. 연구주제 기획 및 수행, 네트워크 운영, 총서 및 출

판 등을 담당하고 있다.

(6) 자료정보실: 4개 연구단이 수집한 구술자료, 자체 수집한 구술자료, 외부 기관이나 단체 혹은 개인이 소장하고 있는 구술자료의 자료화 등 이관되는 모든 구술자료를 표준화를 통한 정리와 보존·활용 등 아카이브 구축과 국내외 자료관 현황 조사와 구술자료 공유 등 네트워크 구축에 관련한 제반 업무를 수행한다.

(7) 교육개발실: 전문가, 연구자 및 일반인의 구술사 교육을 위한 교재 개발과 강좌 기획, 연구, 조사 및 운영하는 프로그램을 개발하여 교육함으로 구술사 보급과 저변확대를 도모하는 역할을 담당하고 있다.

(8) 행정지원실: 각부서의 업무상 행정적인 분야를 전담하는 기구로서 연구자, 면담자 등 인력 관리를 지원하고 사업 집행에 소요되는 예산을 관리하며 대내, 외적 행정 업무를 지원하는 기능을 수행한다.

3. 현대한국구술자료관 구술자료 아카이빙 및 온라인서비스

1) 현대한국구술자료관 조감

현대한국구술자료관은 구술자료 수집 기획부터 활용까지를 총체적인 하나의 일련 과정으로 사고하고 통합적인 시스템을 체계화하려고 의도하였다. 4개 연구단과 자료관 그리고 외부에서 생산된 구술자료를 수집하여 디지털화, 등록, 정리 및 분류, 검수 및 평가를 거쳐 보존 관리하는 구술자료 관리 시스템과 이용자들의 구술자료의 이해를 돕기 위해 주제별 혹은 콜렉션별로 구술자료를 분류하고 이를 통합검색, 자막서비스, 주석서비스, 상세목록 제공과 연동 기능을 구축하여 쉽게 이용할 수 있는 서비스 시스템을 구축하여 구술자료를 효과적이고 체계적으로 기획, 수집, 정리, 보존, 관리,

현대한국구술자료관 시스템 구축 개념도

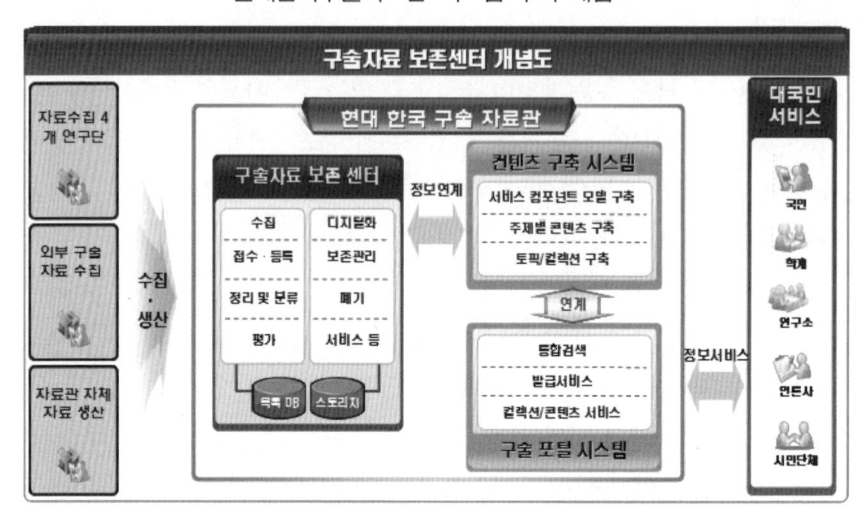

서비스하는 구술자료관을 구축하였다.

2) 구술자료 수집 과정

구술자료 수집은 자료의 보존과 활용이라는 측면까지 고려하여 기획부터 표준화 과정을 설계하였다. 구술자료 수집에서 보존 및 활용까지는 기획단계, 실행단계, 정리 및 분류 단계, 활용단계로 나눌 수 있는데, 현대한국구술사연구사업의 특성상 구술자료 생산 기관이 서로 다르므로 구술자료 수집 과정부터 표준화를 제시할 필요가 있었다.[1] 다음 표는 기획부터 실행단계까지의 구술자료 수집의 표준화 과정이다.

1) 현대한국구술자료관의 구술자료수집과 정리에 관한 표준화 안은 한국구술사연구회 편, 『구술사 : 방법과 사례』, 선인, 2005를 중심으로 재구성하였다. 구술자료 수집에 관한 기획부터 활용까지 각 단계에 대한 구체적 설명과 구술자료 들에 대한 상세한 설명과 방법은 이 책을 참조하기 바라며 본고에서는 생략하기로 한다.

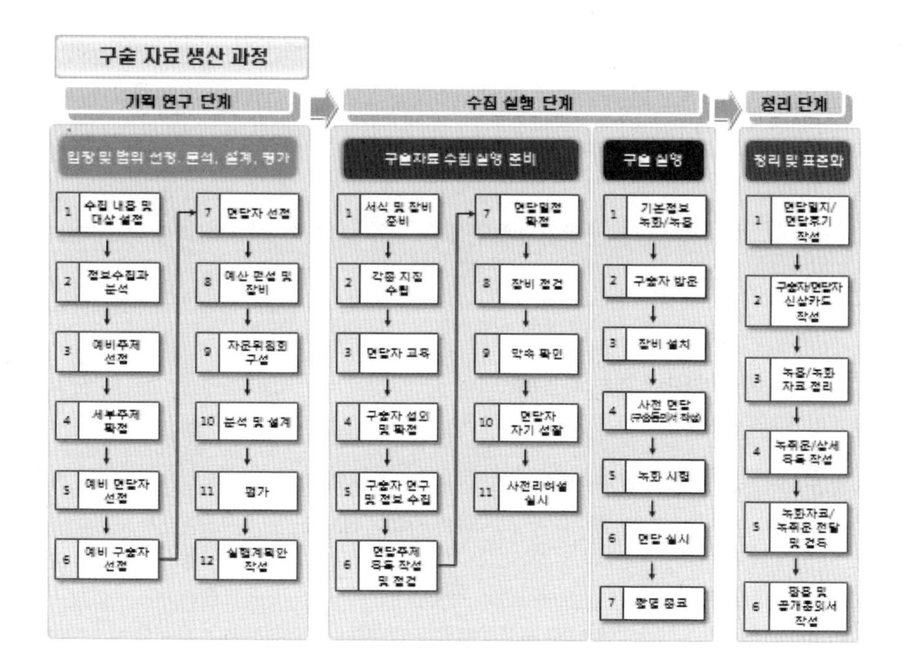

3) 구술자료 결과물

현대한국구술사연구사업에서 산출되는 구술자료 결과물은 18종류이다. 특히 사료비판적인 측면에서 제고할 때 역사적 사료로서 가치를 충분히 갖출 수 있도록 부가자료(보완자료)들을 다양하게 갖추어 자료의 완결성을 지향하고 있다. 구술자료들과 딸림자료들은 다음과 같다.

–구술자료: 구술영상자료(원본-6mm, m2t, mpeg2, mpeg4, 수정본-mpeg4), 구술음성자료(원본-wav, 수정본-mp3)

–부가자료(보완자료): 수집자료개요, 구술자신상기록부, 면담자신상기록부, 예비질문지, 면담일지, 상세목록, 구술동의서(실물), 구술자료활용공개동의서(실물), 구술자료 검독확인서(실물), 구술자료 비공개 내역서(실물), 예비구술자 명단, 구술녹취문

(원본, 수정본), 사진(사진자료개요, 이미지파일, 실물), 문서(문서자료개요, 이미지파일, 실물), 물건(물건자료개요, 이미지파일, 실물)

이상의 자료(영상, 음성자료 제외)들은 모두 문서와 이미지파일로 제작되어 정리·보존한다.

4) 구술자료 관리: 관리시스템

현대한국구술자료관에서는 수집된 구술자료들을 아날로그와 디지털 두 가지 방식으로 자료를 정리, 보존, 관리한다. 아날로그 방식으로는 각 수집

현대한국구술자료관 관리시스템

단의 생산년도 별로 구술자 각각에 대한 모든 자료의 파일을 외장하드와 블루레이에 저장하고, 동영상과 음성파일을 제외한 파일들을 문서로 출력하여 상자에 담아 보관한다. 디지털 방식으로는 디지털 아카이브 즉 구술자료 관리 시스템에 구술자료를 등록하여 관리한다.

(1) 등록관리

가) 등록

■ 기본목록 정보

구술자료의 기본목록은 구술 자료 철의 개념으로서 구술 자료의 기본정보를 등록 하며, 기본 목록을 조회, 등록, 수정, 삭제한다. 등록된 기본목록 정보는 검수 및 인수 작업이 진행된 이후에는 별도의 수정요청 및 승인을 통해서만 기본정보를 변경할 수 있다.

■ 세부목록 정보

구술자료의 세부목록은 구술 자료 건의 개념으로서 구술 자료의 세부목록정보를 등록하며, 기본목록을 조회 후 선택하여 세부목록을 조회, 등록, 수정, 삭제할 수 있다. 구술자료의 세부목록에 관련된 전자파일을 같이 등록한다. 등록된 세부목록 정보는 검수 및 인수 작업이 진행된 이후에는 별도의 수정요청 및 승인을 통해서만 변경이 가능하게 기능을 제공하여야 하며, 기본목록 수정 요청으로 세부목록도 수정할 수 있다.

■ 등록완료

수집 후 등록된 구술자료를 조회한 후 등록이 완료되도록 하는 기능이다. 등록 완료된 구술자료는 다음 단계로 진행할 수 있도록 자료의 상태를 등록→등록완료로 변경하며 등록된 자료를 Close하는 기능이다. 또한 등록완료 이후 검수작업을 통해 수정 상황이 발생되면 반려를 통해 등록완료 상태가 반려상태로 변경된다.

나) 검수

■ 형식 검수

이 단계는 등록 완료된 구술자료에 대한 1차 검증 단계로 등록 완료된 구술자료를 검색하여 기본정보 및 세부정보 등 등록된 구술자료가 표준화 기준대로 수집되었는가의 여부와 녹취록 작성 상태, 비공개 부분의 편집 등 구술자료의 형식의 이상 유무를 파악하는 부분이다. 첨부된 전자파일정보를 실물과 대사하여 검수할 수 있도록 한다. 검수 중 오류내역이 있을 경우 반려 가능한 상태로 변경된다.

■ 형식 검수 반려

형식 검수 후 등록된 구술자료가 표준화 기준에 부합하지 않는 등의 경우 해당 자료의 내용을 수정할 수 있도록 반려상태로 변경 해주는 기능이다.

■ 인계

등록된 구술자료를 검수자가 판단하여 검수한 이후 이상이 없는 경우 인계를 통해 검수위원이 검수할 수 있는 상태로 변경해주는 기능을 제공한다.

■ 내용 검수

이 단계는 해당 분야 전문가인 검수자가 등록된 구술자료의 내용적 측면을 평가하는 기능으로 검수 중 오류내역이 있을 경우 반려 가능한 상태로 변경한다. 첨부된 전자파일정보를 실물과 대사하여 검수할 수 있도록 한다.

■ 내용 검수 반려

등록된 구술자료 검수과정에서 오류가 발생한 경우 해당 내용을 수정할 수 있도록 반려상태로 변경해준다.

■ 인수

등록된 구술자료의 검수결과 정상적인 경우 해당 구술자료를 실제 구술자료관의 구술자료로 지정하는 기능이다.

■ 자문대상 선정

인수 완료된 구술자료들 중 자문회의를 거쳐 확인할 구술자료를 선정하여 검토할 수 있도록 구술자료를 조회한 후 선정한다.

■ 자문결과 등록

자문회의 결과를 통해 보완될 내용이 있을 경우 자문 선정된 내용을 조회한 후 해당 구술자료에 대한 보완사항을 기록할 수 있도록 한다.

■ 정리의뢰

등록과정(등록→검수→인수→자문결과등록)이 완료된 구술자료를 조회 후 정리의뢰 대상을 선정하여, 향후 정리의뢰 대상을 기준으로 서고배치 작업을 진행한다.

■ 수정요청 및 승인

구술자료가 검수 이후 향후에 변경이 필요한 경우 수정요청을 통하여 해당 기록물을 수정할 수 있도록 한다. 외부등록기록물의 경우 외부등록자가 등록한 기록물을 별도로 검색하여, 대상을 선정하고 수정요청사항을 등록하여 신청할 수 있도록 기능을 제공한다.

■ 수정

수정요청 후 수정승인이 된 구술자료를 검색하여, 사용자 권한을 통해 해당 구술자료를 수정할 수 있도록 하는 기능이다. 수정된 구술자료는 변경관리를 통해 변경이력을 확인해 볼 수 있는 기능도 함께 제공된다.

(2) 검색 · 활용 관리

■ 상세 검색

구술자료관 관리시스템에 등록과정(인수)이 완료된 구술자료에 대해 기본정보 및 세부목록을 검색해 볼 수 있으며, 사용자 권한 및 공개구분에 따라 구술자료를 볼 수 있다.

■ 수집현황 통계

구술자료를 연도별, 유형별 등으로 수집현황 통계를 검색 및 파일을 생성할 수 있다

■ 보유현황 통계

수집된 구술자료의 보유현황 통계를 검색 및 파일을 생성 할 수 있다.

(3) 기준 관리

■ 기준정보 관리

등록된 기준 정보(분류체계)를 조회, 등록, 수정, 삭제 할 수 있으며 엑셀로 저장할 수 있다.

각각의 기준정보(분류체계)는 생산 기관, 주제 정보, 구술자로 구성 된다.

■ 생산기관 정보

생산기관 정보는 기본 분류정보 중 하나로서 등록된 생산기관 정보를 조회할 수 있다.

■ 주제 정보

구술 자료의 기본 분류정보로서 주제 정보를 조회, 등록, 수정, 삭제할 수 있다. 주제는 한국현대사의 다양한 측면으로 구성하며 그 자료를 관리할 수 있다. 주제는 상하 관계를 갖는다.

(4) 시스템 관리

■ 사용자관리 기능

현대한국구술자료관을 사용할 수 있는 사용자를 등록관리 할 수 있는 기능이다. 등록된 사용자 정보를 조회하여 수정, 삭제할 수 있다. 사용자의 정보는 일괄등록(엑셀) 양식에 맞게 작성 후 일괄적으로 등록한다. 사용자 암호를 지정 및 초기화할 수 있다.

■ 권한관리 기능

사용자별 권한(등록, 수정, 삭제) 및 메뉴(기준관리, 등록관리, 검색)등의 권한을 부여할 수 있다. 외부수집기관사용자의 경우 등록관리 기능 중 외부사용자 그룹에서 등록된 자료만 등록, 수정, 삭제할 수 있다.

■ 저장매체관리 기능

세부목록에 첨부되는 전자파일의 물리적 위치를 관리할 수 있는 기능으로 물리적 위치 및 디스크 공간(전체, 사용, 가용량)을 확인할 수 있다.

■ 기초코드관리

구술자료관 시스템에서 사용되어지는 기초 코드를 조회, 등록, 수정, 삭제할 수 있다.

현대한국구술사연구사업에서 수집된 구술자료는 관리시스템상의 등록 과정을 거쳐 검수·자문위원회의 평가 후에, 이관되어, 정리, 보존의 관리 단계를 거친다. 이들 자료는 아날로그 방식과 디지털 방식으로 보존되고 서비스 된다. 특히 구술자료의 생산부터 대중적인 접근과 활용이 용이한 서비스를 위해 디지털 아카이브의 구축을 염두에 두고 자료화와 정리, 보존, 관리 활용의 전 과정을 기획하였다. 디지털 자료의 활용과 서비스 측면에서 매우 다양한 위험성이 존재하고 있다는 점을 충분히 숙지하여 최대한의 보안과 관리 단계를 강화하는 데 중점을 두고 있다.

5) 구술자료 활용: 온라인 서비스 시스템(http://mkoha.aks.ac.kr)

현대한국구술자료관은 현대한국사회의 다양한 면모를 보여줄 수 있는 구술자료의 활용을 위하여 온라인서비스 시스템을 구축하여 구술자료를 서비스 하고 있다. 구술자료들을 정당정치, 경제외교, 한국군, 민주화와 종교, 건국 60주년의 5개의 컬렉션별로 분류하여 구술자별로 정리하여 서비스 하고 있다.

가장 큰 특징은 이용자 중심의 설계이다. 이용자들의 이해를 원활하게 돕기 위해 각 구술자료들은 기본정보와 동영상 및 자막 뿐 아니라 과제개요와 구술개요, 구술자·면담자 이력과 상세목록을 서비스하고 있다. 특히 상세목록은 구술자료의 내용을 상세하게 담고 있어 구술자료의 내용을 한눈에 파악하기 용이하게 할 뿐 아니라, 관심 부분을 클릭하면 해당 동영상과 연동 되도록 설계하였다.

기존의 서비스와 가장 큰 차이는 구술 녹취문을 자막파일로 제작하여 영상과 연동한 것이다. 이는 구술내용의 이해를 도울 뿐 아니라 스크롤 기능을 첨가하여 이용자가 원하는 구술내용 부분을 클릭하면 해당 동영상과 정확하고 신속하게 연동되어 자료의 이용 편의를 도모하였다.

검색은 구술내용을 검색하도록 설계되어있어 관심 주제어를 입력하면 해당 구술자료들의 목록을 제시하여주고 있으면 이용자 개인이 관심 있는 구술자료를 정리할 수 있는 항목도 설계하였다.

또한 현대한국구술자료관에서는 구술자료의 이해를 돕기 위해 구술자료 간략소개를 따로 서비스하고 있다. 구술자 소개 및 구술자료 내용, 구술자료의 의의 및 평가 등을 간략하게 서술하여 보다 원활한 자료의 활용을 돕는다.

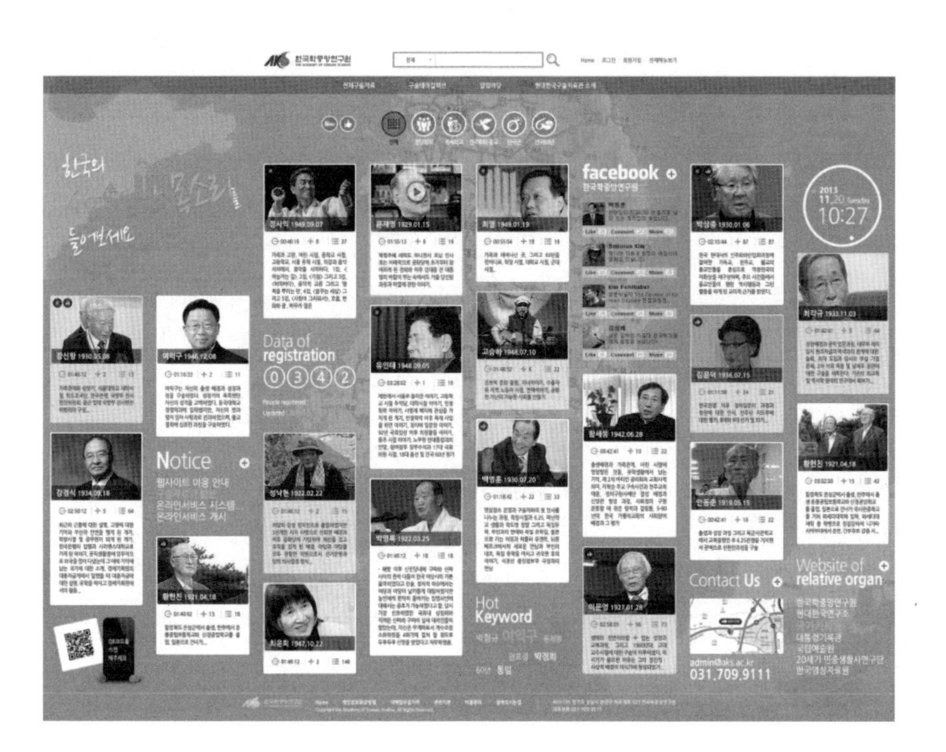

4. 계획과 전망

현대한국구술자료관 구축은 2단계를 거쳐 현재 3단계에 진입한 상황이다. 1단계가 기반조성기간이었다면, 2 · 3단계는 활성화강화와 안정화 기간이다. 관리시스템과 온라인 서비스 시스템의 기능 개선과 확대, 시민강좌, 전문가 강좌 등 교육 개발과 연구 등 다양한 사업으로 현대한국사회의 모습을 총체적으로 담는 산실이 될 것이다.

현대한국구술자료관 마스터 플랜

구분	1단계 3년 : 기반조성 (2009-2011)	2단계 3년 : 활성화 강화 (2012-2014)	3단계 4년 : 안정화 (2015-2018)
전망	국제적 수준의 구술연구 집적 단지 구축		
단계별 목표	구술자료관 기반 조성	구술 자료, 교육 및 연구 복합 센터 건설	구술자료관 안정화
구술자료관 구축	▸구술자료 표준화안 제공 ▸수집 구술 자료 자료화, 기증 ▸아카이브 구축, 운영	▸자료 수집, 관리체계 구축 ▸수집, 기증 구술 자료 자료화 ▸아카이브 고도화 ▸비상설 전시 사업 개시 ▸보존 및 전시 공간 확보	▸자료관 전용 공간 확대 ▸기존 구술 자료 표준화 ▸아카이브 고도화 ▸전시 사업 기획·추진
구술교육관 운영	▸교육프로그램 개발(월례 워크숍, 시민 강좌/연2회) ▸교육프로그램 수행	▸교육프로그램 확충(대학원 강좌 개설) ▸교육프로그램 수행	▸교육프로그램 확대 ▸교육프로그램 수행
구술 연구 및 기획	▸1단계 보완 구술연구 ▸국내 연구 네트워크 구축(구술사학회 및 기관) ▸워크숍, 학술회의, 성과보고회 개최 ▸자체 구술연구 사업 ▸자료총서 발간	▸2단계 보완 구술연구 ▸워크숍, 학술회의, 성과보고회 개최 ▸자체 구술연구 사업(외부 연구자 결합) ▸자료총서 발간	▸향후 구술자료관 운영 방안 기획 ▸3단계 보완 구술연구 ▸국내외 융합 구술연구 ▸워크숍, 학술회의, 성과보고회 개최 ▸자료총서 발간

제 2 부

구술 아카이브 활용

구술 아카이브 구축의 마무리 : 활용 _정혜경

1. 구술아카이브 구축과 활용

인간의 경험은 회상을 통해 발화(인터뷰)하여 구술기록(음성, 영상)을 생산하고 구술기록은 텍스트 단계를 통해 서사화하거나 미디어, 문화콘텐츠 시스템의 형태로 공개된다. 미디어 제작의 경우에는 구술기록(음성, 영상)을 그대로 활용하고, 문화콘텐츠 시스템 개발에서도 텍스트(상세목록, 녹취록)를 활용하기는 하지만 구술기록(음성, 영상)이 중심을 이룬다.[1]

기획에서 출발한 구술아카이브 구축은 활용 단계에서 마무리된다. 몇 년 전까지만 해도 아카이브 구축에서 활용은 제일 비중이 낮은 단계였다. 실행계획 수립에서 시작하여 기록물을 시스템에 잘 앉히고 매체변환까지 마무리를 하면, 아카이브 구축의 큰 틀은 다 완료하는 것으로 생각했다. 활용은 선택사항 정도로 평가받았다.

기록관리 측면에서는 당연한 평가일 수 있었다. '보존과 활용'이라는 두

1) 문화콘텐츠학에서 구술기록의 자원화방안을 보면, 음성 및 영상 파일 외에 상세목록이 중요한 자원(Source)로 활용된다. 상세한 내용은 한동현, 「문화콘텐츠 개발을 위한 구술자료의 자원화 방안 연구」(한국외국어대학교 문화콘텐츠학과 박사학위논문, 2010) 참조.

마리 토끼 중 한 마리만 쫓아야 한다면, 기록관리 입장에서는 선택할 필요가 없다. 당연히 '보존'이다. 활용보다는 온전히 보존하는 것이 기록관리의 1차적인 목적이자, 어느 매체가 100년 이상 보존이 가능할 것인가를 고민해온 역사가 유구하기 때문이다.

구술기록도 마찬가지였다. 그런데 최근에 '활용'은 빠른 속도로 아키비스트들을 졸라대고 있다. 활용의 필요성이 높아졌고, 활용방법도 다양해졌다. 기술력이 뒷받침된다는 점도 무시할 수 없다. 한국구술사연구회총서 1『구술사: 방법과 사례』[2]가 총 2권의 개정 작업으로 확대된 배경에도 활용의 비중이 높아지는 근래의 추세가 영향을 미쳤다.

구술기록 활용에 대한 사회적 요구는 구술사(구술기록과 구술사 연구를 포함하는 광의의 개념)에 대한 관심이 학계를 넘어 전 사회적으로 확산되어 가는 추세에서 자연스러운 현상이다.

대중화의 속도는 매우 빠르다. 다양한 방송 콘텐츠는 물론, 마을 아카이브나 대형 사건의 마무리와 치유과정에서도 구술사는 중요한 위치를 차지하고 있다. 구술채록작업의 결과물과 구술아카이브가 연구 활동을 위한 사료는 물론, 다양한 문화콘텐츠의 자료(source)로도 활용될 수 있다는 효용성이 알려지면서 구술아카이브 구축은 더욱 힘을 받고 있다.[3]

한국구술사연구회총서 2『구술사 아카이브 구축 길라잡이 1 : 기획과 수집』에 실린 김지수의 글 「구술사 수집기관별 기획사례분석」에 의하면, 국내에는 한국문화예술위원회 예술자료원을 비롯해 김대중도서관, 한국학중앙연구원 현대한국구술자료관, 국사편찬위원회 등이 구술프로젝트를 수행하고 아카이브를 운영하고 있다.[4] 간단한 현황을 보면 다음 〈표 1〉과 같다.

---

2) 한국구술사연구회,『구술사 : 방법과 사례』, 도서출판 선인, 2005.

3) 구술사와 문화콘텐츠에 관해서는 본서에 수록된 김선정과 한동현의 글에서 상세히 다루고 있다.

4) 한국구술사연구회,『구술사 아카이브 구축 길라잡이 1 : 기획과 수집』(한국구술사연구회총서 2), 선인, 2014, 47~95쪽.

표 1. 국내 구술아카이브 현황

기관명	구술채록기간	공개 현황	웹 사이트	발간물
김대중도서관	2005~현재	동영상 21건	http://www.kdjlibrary.org	목록집
한국문화예술위원회 예술자료원	2004~현재	자료목록 212건	http://www.knaa.or.kr	구술자료집 등
한국학중앙연구원 현대한국구술자료관	2009~현재	동영상 388건	http://mkoha.aks.ac.kr	-
국사편찬위원회	2004~현재	-	http://www.history.go.kr	구술자료집 등

이 외에 민주화운동기념사업회, 노무현재단, 사단법인 김영삼 민주센터 등도 구술아카이브를 운영하고 있다.[5)]

이 가운데 가장 대규모 아카이브는 한국학중앙연구원 현대한국구술자료관이다. 한국학중앙연구원의 사업은 '구술기록과 아카이브 구축, 연구결과물의 적극적 활용과 디지털 자료의 대중적 서비스'라는 종합적인 목표 아래 벌인 대규모 구술사연구사업이다. 현대한국구술자료관은 명지대학교[세대로 본 역동의 한국 정당정치사], 서울대학교[한국 현대사와 군], 한국외국어대학교[고도성장기(1960~70년대) 경제외교사 구술아카이브 구축], 한신·동국대학교[현대 한국사 발전의 내면적 동력을 찾아서] 사업단 등 총 4개 사업단의 면담결과물(음성 및 영상파일, 구술채록문, 부속 자료 등)을 담은 방대한 구술아카이브이다. 디지털 아카이브를 통해 공개하는 양도 방대하지만, 공개 내용도 동영상은 물론 기본목록, 상세목록 등을 갖추고 있고, 공개 방식도 이용자의 편의와 보안성을 유지하려는 노력을 기울이는 등 기록학의 기준에서도 돋보이는 아카이브이다.

5) 2015년 현재 김영삼 민주센터 사이트(http://www.kyscd.org)에서는 92건의 구술 인터뷰를 검색할 수 있고, 노무현 재단(http://www.knowhow.or.kr)에 마련된 노무현사료관(http://archives.knowhow.or.kr)에는 20건의 동영상(노무현 대통령 등)을 볼 수 있도록 되어 있다.

국무총리 소속 대일항쟁기 강제동원피해조사 및 국외강제동원희생자 등 지원위원회를 비롯한 역사관련 정부기관이 수집한 면담기록[6]을 포함하지 않더라도 국내에서 생산, 소장, 아카이빙한 구술기록의 양은 매우 방대하고 주제도 다양하다. 방송사, 르포작가나 만화가, 영화인들이 수집한 자료도 간과할 수 없는 수준이다.

언론 분야의 최근 추세를 선도한 콘텐츠도 구술아카이브 구축의 추진체가 될 것으로 보인다. 대표적인 사례는 2014년 4월 16일 진도 앞바다에서 발생해 300여 명을 수장한 세월호 참사와 관련해 오마이뉴스가 만든 '4월 16일, 세월호－죽은 자의 기록, 산 자의 증언(http://www.ohmynews.com/NWS_Web/event/sewol.aspx#A0001991988)'이다. 이 콘텐츠는 디지털 콘텐츠－디지털 스토리텔링의 새로운 가능성을 보여주고 있다.[7]

현재 기획 중인 아시아태평양전쟁유적 문화콘텐츠 구축도 십수 년간 축적된 구술기록에 토대를 두고 있다.[8] 이러한 활용 방향은 사회적 약자 및 피해 문제를 사회가 공유하고 역사의 대상화로 삼고자 하는 목적을 갖는다.

구술기록은 고민의 폭이 더욱 커지는 기록물이다. 문헌기록에 비해 활용도가 더욱 다양하기 때문이다. 이제 기록관리에서도 한 마리의 토끼만을 잡

---

6) 정부기관이 수집한 녹음기록은 형식은 인터뷰이지만 구술기록으로 분류할 수 없다. 그 이유는 구술자료가 면담자와 구술자가 공동으로 만들어내는 자료인데 비해 이들 기관의 인터뷰 기록은 정부가 법에 규정한 목적에 따라 실시하는 조사기록이기 때문이다. 구술자료와 동일한 방식을 도입하지만 인터뷰 자체가 면담자와 구술자의 관계가 아닌 조사자와 피조사자의 관계에서 생산되는 기록이므로 생산과정에서 구술기록과 성격을 달리한다. 상세한 내용은 정혜경, 「아시아태평양전쟁에 동원된 조선인 노무자의 경험과 서사」, 『한일민족문제연구』 20, 2011 참조.

7) 이 콘텐츠의 영향을 받아 한겨레신문과 경향신문에서도 유사한 콘텐츠를 제작, 공개하고 있다.

8) 정혜경, 「광주지역 아시아태평양전쟁유적의 활용방안－뚜껑 없는 박물관을 넘어서」, 광주중앙공원내 일제군사시설 역사교육활용방안 시민 토론회 발표문(2014. 8.26. 광주광역시교육청, 광주광역시); 정혜경, 「한반도 소재 아시아태평양전쟁 유적 현황과 활용방안」, 『동북아역사문제』 98호, 2015년 5월호, 동북아역사재단.

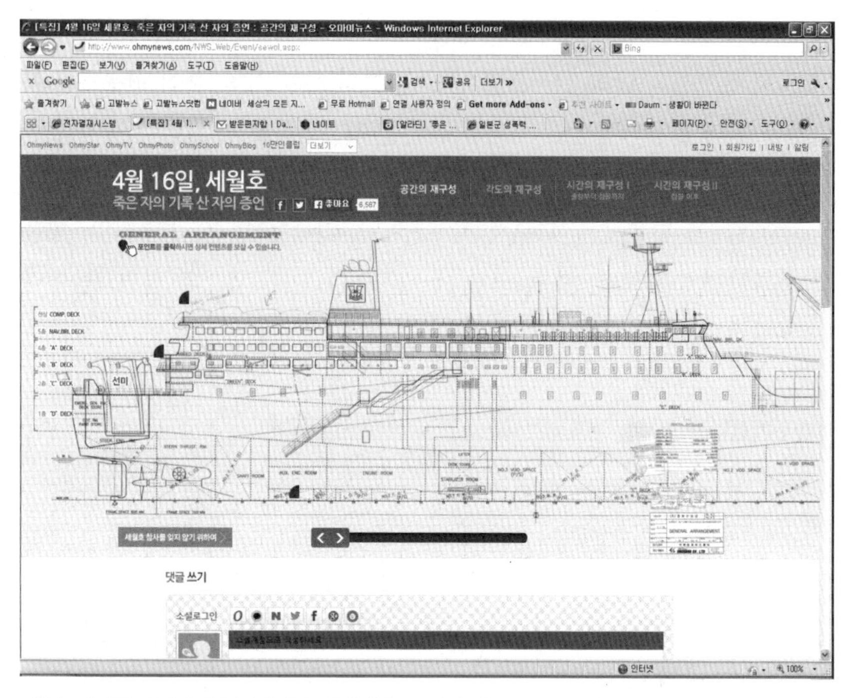

*붉은 표시를 클릭하면 동영상이나 취재기사 등 관련 자료를 볼 수 있고, 자료를 추가할 수 있다.

는 시대는 지났다. '보존과 활용' 두 마리 토끼를 어떻게 잘 잡는가 하는 고민을 심도 있게 해야 하는 시대이다. 두 마리 토끼를 잡는 고민으로 들어가 보자.

고민의 첫 단계는 원칙을 정하는 일이다. 구술기록 활용의 원칙은 '무엇을 위한 활용인가'를 넘어서 '누구를 위한 활용인가'까지 확대되어야 한다. 구술사가들만을 위한 활용이 아니라 구술자와 면담자(이하 '구술자를 위한 활용')를 위한 활용도 되어야 하기 때문이다.

구술자를 위한 활용이란, 구술자의 입장에 선 활용이라는 의미이다. 이 점이 구술기록 활용의 첫 번째 방향이면서 전제조건이다. 두 번째로, 구술기록 활용의 방향은 활용도의 증대보다는 구술기록 훼손의 최소화이다. 구술기록은 이미 정리과정(녹취문 작성)에서, 구술기록이 문자화되는 과정에서 원형의 모습을 달리하는 운명이 된다. 그러므로 구술기록이 연구자와 구술자를 위해 활용되면서도, 기록물 훼손을 최소화하고, 아울러 연구와 일반 대중을 위한 시민교육에 필요한 활용 방안은 시급히 마련되어야 한다.

구술기록의 활용물은 '도구서 작성 · 제공, 간행물 발간, 연구사업, 교육 및 문화콘텐츠 자료 활용' 등 크게 네 가지이다. 이를 연구와 시민교육이라는 목적으로 구분해서 생각해보자.

§ 구술기록관리 단계별 프로세스

- **기획단계**: 입장 및 범위 설정 → 분석 → 설계 → 평가
- **실행(수집)단계**: 심층면담(인터뷰) 전 준비 → 면담 진행 → 면담 직후
- **정리 및 분류 단계**: 등록, 평가, 분류, 기술 → 보존 및 매체변환 조치
- **활용단계**: 웹서비스/ 도구서 작성 · 제공/ 간행물 발간/ 연구사업/ 교육 및 문화콘텐츠

2. 목적에 따른 활용 방안

1) 구술사 연구를 위한 활용 방안

연구에 필요한 활용방안은 도구서 및 자료집 발간과 연구사업이고, 일반 대중을 위한 활용방안은 다양한 형태의 출판물(교육 자료)이나 영상물, 문화콘텐츠 활용이다.

연구에 필요한 첫 번째 활용방안인 도구서(출판물 및 웹 서비스 포함)는 초록집이나 목록집, 해제집, 자료통보(뉴스레터) 등 연구자가 자료에 접근

하는 데 지름길 같은 존재이다. 도구서 발간은 자료소장기관이 주체가 되어 소장된 자료에 대한 기본적인 정보를 제공하는 작업이다. 이를 통해 중복 수집을 피할 수 있고, 연구 활용도를 높일 수 있다. 연구자 개인에게는 물론이고, 학계 전체로 볼 때도 대단한 인력과 비용의 절감 효과를 가져다준다. 제공기관의 입장에서도 소장된 자료의 현황을 공개함으로써 얻는 이득이 실보다 많다.

연구에 필요한 두 번째 활용방안은 구술기록을 이용한 연구사업이다. 연구과제지원과 심포지엄 개최가 해당된다. 연구기관에 소장된 자료(녹음·녹화 테이프, 녹취문)를 이용해 연구가 활성화될 수 있도록 연구프로젝트를 발주하고, 연구 성과물로 이어질 수 있도록 지원하는 것이다.

물론 연구가 활성화되기 위해서는 첫째, 연구자들의 자료접근성이 높아야 한다. 그러나 이는 온라인상에서 무한 서비스를 해야 한다는 의미는 아니다. 오히려 일본은 물론 미국이나 유럽의 기록관에서도 활용의 제약은 더 많다. 녹취문(일부)이나 연구과제 지원상황, 연구결과물 등을 온라인상 검색(RLIN: Research Libraries Information Network)할 수 있도록 하는 곳도 늘어나고 있다. 그러나 자료열람 서비스는 방문자 중심이다. 시·청취시설을 통해 정해진 시간 내 열람이 공개된 구술기록에 대해서만 열람이 가능하고, 텍스트 자료(녹취문) 복사도 1일 복사량이 제한되어 있다. 그럼에도 연구는 매우 활성화되어 있다. 그 이유는 자료에 대한 정보가 잘 정리되어 있고 방문자들에게 장막이 거의 없기 때문이다.

자료접근성을 높이기 위한 우선 과제는 자료에 대한 정보의 정리, 제공이다. 연구자들은 온라인상에서 상세목록만 보고도 주제를 선정할 수 있어야 하고, 방문하여 파일을 선택할 수 있도록 되어야 한다. 이를 위해서는 검색 기능의 효율성을 높이기 위한 메타데이터 추출을 고민해야 한다.

그러나 〈표 1〉에서 소개한 바와 같이 많은 녹음 파일을 소장하고 있는 국내기관에서 연구자들의 접근성은 원활하지 않다. 폐쇄적인 경우가 많다. 기록물의 활용에서 중요한 것은 활용의 목적과 대상에 따른 차별화이다. 이용자의 이용 목적에 따라 공개 범위는 다르게 설정하고, 그에 따른 보안 시스템도 마련한다. 무조건 막아서는 것과는 다르다. 아카이브 구축 과정에서 고려해야 할 점이기도 하다.

연구가 활성화되기 위한 두 번째 요건은 연구사업의 활성화이다. 수 년간 수집사업을 통해 다량의 녹음 파일을 가진 기관이 이를 통한 연구 프로젝트를 발주해 연구자들이 적극 활용하도록 하는 방법이다. 연구사업 추진은 기관의 홍보라는 점에서도 효과가 크다.

연구에 필요한 세 번째 활용방안은 자료집 발간이다. 구술출판물은 일반인을 위한 간행물과 전문연구자를 위한 출판물로 나눌 수 있다. 자료집은 후자에 해당한다. 그러나 자료소장기관이 반드시 소장 자료를 자료집 형태로 발간할 필요는 없다고 생각한다. 그 이유는 크게 두 가지이다. 첫째, 자료집은 소수의 관련 연구자에게만 소용된다는 제한성이 있다. 자료가 연구자들의 연구 작업을 위해 활용되어야 하지만 소수를 위해 막대한 비용과 인력을 들이는 것은 그다지 효율적이라고 보기 어렵다. 관련 연구자들은 자료집이 아니라 하더라도 녹취문을 열람하거나 녹음·녹화파일의 접근성이 높다. 둘째, 연구기관이나 자료소장기관이 매년 수집한 자료의 전체를 자료집으로 공간한다는 것은 현실적으로 불가능하다.

도구서와 자료집 발간에 대해서는 이 책에 수록한 필자의 또 다른 글(「구술사 연구를 위한 활용방안 : 도구서와 자료집 발간」)에서 상세히 서술했으므로 이 장에서는 생략한다.

2) 일반 대중을 위한 활용방안

시민교육과 관련한 활용방안은 다양한 형태의 출판물(교육 자료)이나 영상물, 문화콘텐츠 활용이 해당된다.

먼저 국내에서 발간된 구술기록을 이용한 일반 간행물(자료집 제외) 발간 현황을 살펴보자.[9)]

■ 구술사료를 활용한 일반 간행물(단행본)

1981 배희한, 『조선목수 배희환의 한평생: 이제 이 조선 톱에도 녹이 슬었네』, 민중자서전2, 뿌리깊은나무

1981 신기남, 『임실 "설장구잽이" 신기남의 한평생: 어떻게 하면 똑똑헌 제자 한 놈 두고 죽을꼬』, 민중자서전3, 뿌리깊은나무

1981 전동례, 『제암리 학살사건의 증인 전동례의 한평생: 두렁바위에 흐르는 눈물』, 민중자서전1, 뿌리깊은나무

1984 님 웨일즈, 『아리랑』, 돌베개

1984 유진룡, 『마지막 보부상 유진룡의 한평생: 장돌뱅이 돈이 왜 구린지 알어?』, 민중자서전5, 뿌리깊은나무

1984 이규숙, 『반가 며느리 이규숙의 한평생: 이 계동마님이 먹은 여든살』, 민중자서전4, 뿌리깊은나무

1986 이흥환 정리, 『구술한국현대사』, 미완

1988 이정식 면담, 김학준 편집 · 해설, 『항일혁명의 회상』, 민음사

1989 제주4 · 3연구소, 『4.3증언자료집1—이제사 말햄수다』, 한울

1990 김명환, 『고수 김명환의 한평생: 내 북에 엥길 소리가 없어요』, 민중자서전11, 뿌리깊은나무

1990 김승윤, 『제주 중산간 농부 김승윤의 한평생: 사삼 사태로 반 죽었어. 반!』, 민중자서전14, 뿌리깊은나무

1990 김점호, 『안동포 "길쌈아낙" 김점호의 한평생: 베도 숱한 베 짜고 밭도

9) 한국구술사연구회, 『구술사 : 방법과 사례』에 수록되었던, 개인면담기록과 국내에서 발간된 '자료집', '증언집'의 형식을 띤 간행물(연도별) 목록은 한국구술사연구회 누리집(www.oralhistory.or.kr) 참조.

술한 밭 매고』, 민중자서전6, 뿌리깊은나무

1990 김진계, 『조국: 한 북조선인민의 수기』, 현장문학사

1990 김철범 엮음, 『진실과 증언』, 을유문화사

1990 박나섭, 『남도전통 "옹기쟁이" 박나섭의 한평생: 나 죽으믄 이걸로 끄쳐 버리지』, 민중자서전7, 뿌리깊은나무

1990 서영옥, 『천리포 어부 서영옥의 한평생: 옛날엔 날 사공이라고 혔지』, 민중자서전10, 뿌리깊은나무

1990 성춘식, 『영남 반가 며느리 성춘식의 한평생: 이부자리 피어놓고 암만 바래도 안와』, 민중자서전8, 뿌리깊은나무

1990 송문옥, 『아우라지 뱃사공 송문옥의 한평생: 대라, 틀어라, 박아라!』, 민중자서전13, 뿌리깊은나무

1990 이봉원, 『벌교 농무 이봉원의 한평생: 그 때는 고롷고롬 돼있제』, 민중자서전12, 뿌리깊은나무

1990 정영진, 『폭풍의 10월: 대구 10.1사건을 일으킨 사람들과 그 이데올로기』, 한길사

1990 최소심, 『진도 강강술래 앞소리꾼 최소심의 한평생: 시방은 안해, 갈갈 술래럴 안해』, 민중자서전9, 뿌리깊은나무

1990 함동정월, 『가야금 명인 함동정월의 한평생: 물은 건너봐야 알고, 사람은 겪어 봐야 알거든』, 민중자서전15, 뿌리깊은나무

1991 김우식, 『칠량 옹기배 사공 김우식의 한평생: 첫다리 잡을라, 옹구 폴라, 밥해 묵을라』, 민중자서전19, 뿌리깊은나무

1991 문장원, 『동래 한량 문장원의 한평생: 동래 사람은 팔만 올리도 춤이 덴다 캤어』, 민중자서전17, 뿌리깊은나무

1991 이광용, 『마지막 화전민 이광용의 한평생: 여보, 우리는 뒷간백에 갔다 온 데가 없어』, 민중자서전16, 뿌리깊은나무

1991 이태호 · 신경완, 『압록강변의 겨울』, 다섯수레

1991 채정례, 『진도 단골 채정례의 한평생: "에이 짠한 사람!" 내가 나보고

그라요』, 민중자서전20, 뿌리깊은나무

1991 한상숙, 『서울 토박이 부인 한상숙의 한평생: 밥해 먹으믄 바느질허랴, 바느질 아니믄 빨래허랴』, 민중자서전18, 뿌리깊은나무

1992 이인모 기록, 신준영 정리, 『이인모』, 월간 말

1994 아트 슈필겔만, 권희섭 · 권희종 옮김, 『한 생존자의 이야기-쥐』 1 · 2권, 아름드리

1994 유영구, 『남북을 오고간 사람들』, 글

1994 제주일보 4.3취재반 편, 『4 · 3은 말한다』 1, 전예원

1994 제주일보 4.3취재반 편, 『4 · 3은 말한다』 2, 전예원

1995 제주일보 4.3취재반 편, 『4 · 3은 말한다』 3, 전예원

1995 허은(구술), 변창애, 『아직도 내 귀엔 서간도 바람소리가: 독립투사 이상룡 선생의 손부 허은 여사 회고록』, 정우사(이 책은 2010년에 출판사만 바꿔어 재출간되었다)

1996 한국역사연구회 현대사증언반, 『끝나지 않은 여정-한국현대사증언록1』, 대동

1997 이기홍 선생 유고, 안종철 정리, 『광주학생독립운동은 전국학생독립운동이었다』, 향지사

1997 제민일보 4.3취재반 편, 『4 · 3은 말한다』 4, 전예원

1998 제민일보 4.3취재반 편, 『4 · 3은 말한다』 5, 전예원

1999 한국정신문화연구원 현대사연구소 편, 『격동기 지식인의 세 가지 삶의 모습』, 한국정신문화연구원

2000 진양교 외, 『주민생애사를 통해 본 20세기 서울현대사』, 서울시립대 부설 서울학연구소

2000 정창현, 『곁에서 본 김정일』, 김영사

2000 김동춘, 『전쟁과 사회』, 돌베개

2001 박진홍, 『돌아온 패자』, 역사비평사

2002 김현아, 『전쟁의 기억 기억의 전쟁』, 책갈피

2002 이운재 · 정경원 엮음, 『한국통신계약직노동조합 투쟁 백서: 517일간의 외침』, 한국통신계약직노동조합백서발간위원회

2002 제주4.3연구소, 『무덤에서 살아나온 4.3수형자들』, 역사비평사

2003 최상훈 · 찰스 핸리 · 마사 멘도자, 남원준 옮김, 『노근리 다리』, 잉걸

2003 한국정신대문제대책협의회 · 한국정신대연구소, 『역사를 이야기한다』

2004 김순천 외, 『마지막 공간』, 삶이 보이는 창

2004 김현아, 『전쟁과 여성』, 여름언덕

2004 제주도 · 제주도여성특별위원회, 『구술로 만나는 제주 여성의 삶 그리고 역사』

2004 조주은, 『현대가족 이야기』, 이가서

2004 한국영상자료원 엮음, 『한국영화사 구술총서－한국영화를 말한다－1950년대 한국영화』, 이채

2004 한국정신대문제대책협의회 부설 전쟁과 여성인권센터 연구팀, 『역사를 만드는 이야기』, 여성과인권

2005 문제안 외 39명, 『8.15의 기억 : 해방공간의 풍경, 40인의 역사체험』, 한길사

2005 정나원, 『아버지의 바이올린』, 새물결

2005 이균옥 · 김양섭 · 최경호 · 주강현 지음, 박현수 엮음, 『20세기 한국 민중의 구술자서전1. 짠물, 단물』, 소화

2005 이태우 · 이양호 · 정은숙 · 변화영 지음, 박현수 엮음, 『20세기 한국 민중의 구술자서전2. 흙과 사람』, 소화

2005 서현정 · 임경희 · 김종승 · 염철 지음, 박현수 엮음, 『20세기 한국 민중의 구술자서전3. 장삿길, 인생길』, 소화

2005 한미옥 · 정형호 · 박경용 · 유경순 지음, 박현수 엮음, 『20세기 한국 민중의 구술자서전4. 굽은 어깨, 거칠어진 손』, 소화

2005 김일수 · 박이준 · 박승희 · 신호 지음, 박현수 엮음, 『20세기 한국 민중의 구술자서전5. 고향이 어디신지요?』, 소화

2005 장성수 · 함한희 · 변화영 · 한미옥 · 이지연 지음, 박현수 엮음, 『20세기 한국 민중의 구술자서전6. 징게맹갱외에밋들 사람들』, 소화

2006 우창한, 김인호, 『역사의 경계를 넘는 격정의 기억』, 국학자료원

2006 허영철, 『역사는 한번도 나를 비껴가지 않았다』, 보리

2006 한국전쟁전후 민간인 학살진실규명 범국민위원회, 『계속되는 학살, 그 눈물 닦일 날은』

2006 5.18기념재단, 『그해 오월 나는 살고 싶었다』 1-2, 한얼미디어

2006 20세기민중생활사연구단, 『한국민중구술열전－이두이 1925년 12월 25일생』, 눈빛

2006 20세기민중생활사연구단, 『한국민중구술열전－최한재 1935년 1월 21일생』, 눈빛

2006 20세기민중생활사연구단, 『한국민중구술열전－임창봉 1935년 1월 21일생』, 눈빛

2006 20세기민중생활사연구단, 『한국민중구술열전－이기원 1933년 10월 24일생』, 눈빛

2006 20세기민중생활사연구단, 『한국민중구술열전－김종상 1939년 5월 11일생』, 눈빛

2006 20세기민중생활사연구단, 『한국민중구술열전－박현순 1945년 10월 23일생』, 눈빛

2006 20세기민중생활사연구단, 『한국민중구술열전－박희춘 1933년 2월 26일생』, 눈빛

2006 20세기민중생활사연구단, 『한국민중구술열전－정원복 1923년 3월 17일생』, 눈빛

2006 20세기민중생활사연구단, 『한국민중구술열전－박남진 1922년 5월 25일생』, 눈빛

2006 20세기민중생활사연구단, 『한국민중구술열전-이기범 1933년 6월 1일생』, 눈빛

2006 20세기민중생활사연구단, 『한국민중구술열전-성송자 1932년 5월 5일생』, 눈빛

2006 20세기민중생활사연구단, 『한국민중구술열전-박상규 1922년 6월 30일생』, 눈빛

2006 20세기민중생활사연구단, 『한국민중구술열전-안성만 1928년 10월 12일생』, 눈빛

2006 20세기민중생활사연구단, 『한국민중구술열전-김기송 1933년 11월 26일생』, 눈빛

2007 박영희 글, 사진 조성기 · 강제욱 · 안성용 · 안중훈 · 정윤제 · 장석주, 『사라져가는 수공업자, 우리 시대의 장인들』, 삶이 보이는 창

2007 5.18기념재단, 『꽃만 봐도 서럽고 그리운 날들』 1-2, 한얼미디어

2007 井井散人, 『내 땅에서 내 농사를』, 선인

2007 천승룡 · 정찬용 · 문충선, 『희망제작소 지역희망찾기01-송산마을 속으로 들어가다』, 이매진

2007 한국영화사연구소, 『한국영화를 말한다-한국영화의 르네상스2』, 이채

2007 한국영화사연구소, 『한국영화를 말한다-한국영화의 르네상스3』, 한국영상자료원

2007 20세기민중생활사연구단, 『한국민중구술열전-이호영 1936년 6월 13일생』, 눈빛

2007 20세기민중생활사연구단, 『한국민중구술열전-이일용 1936년 3월 24일생』, 눈빛

2007 20세기민중생활사연구단, 『한국민중구술열전-황태순 1935년 11월 21일생』, 눈빛

2007 20세기민중생활사연구단, 『한국민중구술열전-김점칠 1935년 4월 1일생』, 눈빛

2007 20세기민중생활사연구단, 『한국민중구술열전-윤영국 1933년 10월 18일 생』, 눈빛

2007 20세기민중생활사연구단, 『한국민중구술열전-홍성두 1933년 10월 12일 생』, 눈빛

2007 20세기민중생활사연구단, 『한국민중구술열전-조풍도 1933년 9월 8일 생』, 눈빛

2007 20세기민중생활사연구단, 『한국민중구술열전-이종윤 1931년 7월 19일 생』, 눈빛

2007 20세기민중생활사연구단, 『한국민중구술열전-나덕운 1929년 6월 6일 생』, 눈빛

2007 20세기민중생활사연구단, 『한국민중구술열전-김기홍 1927년 3월 15일 생』, 눈빛

2007 20세기민중생활사연구단, 『한국민중구술열전-서순례 1927년 1월 23일 생』, 눈빛

2007 20세기민중생활사연구단, 『한국민중구술열전-박민규 1922년 4월 20일 생』, 눈빛

2007 20세기민중생활사연구단, 『한국민중구술열전-심재언 1921년 9월 13일 생』, 눈빛

2008 김기홍 · 이해란 · 정혜진, 『희망제작소 우리강산 푸르게 푸르게 총서 09-골목을 걷다』, 이매진

2008 김은성, 『내 어머니 이야기』 1부, 새만화책

2008 김창후, 『자유를 찾아서-金東日의 억새와 해바라기의 세월』, 선인

2008 오도엽, 『지겹도록 고마운 사람들아-이소선, 여든의 기억』, 후마니타스

2008 유인화, 『춤과 그들』, 동아시아

2008 이유진, 『희망제작소 지역희망찾기06-동네에너지가 희망이다』, 이매진

2008 조동환 그림, 조해준 기획, 『놀라운 아버지 1937~1974』, 새만화책

2008 조일환 · 조동환 · 조희연 · 조해준, 『뜻밖의 개인사—한 아버지의 삶』, 새만화책

2008 20세기민중생활사연구단, 『한국민중구술열전—홍영수 1934년 5월 15일생』, 눈빛

2008 20세기민중생활사연구단, 『한국민중구술열전—윤정희 1931년 1월 18일생』, 눈빛

2008 20세기민중생활사연구단, 『한국민중구술열전—조석장 1928년 6월 20일생』, 눈빛

2008 20세기민중생활사연구단, 『한국민중구술열전—박지선 1918년 9월 3일생』, 눈빛

2008 20세기민중생활사연구단, 『한국민중구술열전—서석화 1920년 2월 9일생』, 눈빛

2008 20세기민중생활사연구단, 『한국민중구술열전—김숙중 1921년 4월 16일생』, 눈빛

2008 20세기민중생활사연구단, 『한국민중구술열전—유춘성 1929년 6월 9일생』, 눈빛

2008 20세기민중생활사연구단, 『한국민중구술열전—나영래 1923년 2월 14일생』, 눈빛

2008 20세기민중생활사연구단, 『한국민중구술열전—문대환 1921년 4월 20일생』, 눈빛

2008 20세기민중생활사연구단, 『한국민중구술열전—이종근 1925년 3월 23일생』, 눈빛

2008 20세기민중생활사연구단, 『한국민중구술열전—김순현 1925년 2월 15일생』, 눈빛

2008 20세기민중생활사연구단, 『한국민중구술열전—정해주 1926년 6월 9일생』, 눈빛

2008 20세기민중생활사연구단, 『한국민중구술열전—전수원 1930년 1월 12일

생』, 눈빛

2008 20세기민중생활사연구단, 『한국민중구술열전-윤용호 1927년 11월 25일 생』, 눈빛

2008 20세기민중생활사연구단, 『한국민중구술열전-하봉연 1929년 6월 29일 생』, 눈빛

2008 20세기민중생활사연구단, 『한국민중구술열전-최대봉 1921년 12월 20일 생』, 눈빛

2008 20세기민중생활사연구단, 『한국민중구술열전-권영섭 1904년 2월 18일 생』, 눈빛

2008 20세기민중생활사연구단, 『한국민중구술열전-서한금 1929년 10월 25일 생』, 눈빛

2009 고영일, 『푸른 끝에 서다』 1, 새만화책

2009 구은정, 『희망제작소 우리강산 푸르게 푸르게 총서16-우리들의 구로동 연가 : 구로공단과 구로디지털단지 사이 월드』, 이매진

2009 김도형 외, 『식민지 시기 재만조선인의 삶과 기억』 1-4, 선인

2009 무지개반사, 『희망제작소 우리강산 푸르게 푸르게 총서17-염리동 소금마을 이야기』, 이매진

2009 이채연, 『희망제작소 우리강산 푸르게 푸르게 총서24-세상에서 가장 큰 작은학교 이야기』, 이매진

2009 제주4.3연구소, 『그늘 속의 4.3』, 선인

2010 임영상 · 김선정 · 최명환, 『모현마을과 갈월마을 이야기』, 한국외국어대학교 출판부

2010 허은 구술, 변창애 기록, 『아직도 내 귀엔 서간도 바람소리가』, 민족문제연구소

2011 서울특별시사편찬위원회, 『서울역사 구술자료집1-서울토박이의 사대문 안 기억』, 선인

2011 전혁림, 『다도해의 물빛화가 1915-2010』, 수류산방

2011 예술과도시사회연구소, 『희망제작소 우리강산 푸르게 푸르게 총서29－나의 아름다운 철공소 : 예술과 도시가 만나는 문래동 이야기』, 이매진

2011 정혜경, 『강제동원&평화총서2, 談場 제1권 : 지독한 이별－1944년 에스토르』, 선인

2011 서울특별시사편찬위원회, 『서울역사 구술자료집2－서울, 나는 이렇게 바꾸고 싶었다』

2011 서울특별시사편찬위원회, 『서울역사 구술자료집3－서울사람이 겪은 해방과 전쟁』, 선인

2011 한국구술사학회, 『구술사로 읽는 한국전쟁』, 휴머니스트

2011 20세기민중생활사연구단, 『한국민중구술열전－스기야마 토미 1921년 7월 25일생』, 눈빛

2012 광주전남여성단체연합 기획, 이정우 편집, 『광주, 여성』, 후마니타스

2012 서울특별시사편찬위원회, 『서울역사 구술자료집4－4대문 안 학교들 강남으로 가다』

2013 서울특별시사편찬위원회, 『서울역사 구술자료집5－임자 올림픽 한 번 해보지』

2013 제주4.3연구소 엮음, 『제주4.3구술자료총서5－다시 하귀중학원을 기억하며』, 한울

2013 제주4.3연구소 엮음, 『제주4.3구술자료총서6－빌레못굴, 그 끝없는 어둠 속에서』, 한울

2013 제주4.3연구소 엮음, 『그늘 속의 4.3－死, 삶과 기억』, 선인

2014 밀양구술프로젝트, 『밀양을 살다』, 오월의봄

2015 416세월호참사기록위원회 작가기록단, 『금요일엔 돌아오렴』, 창비

2015 송철원, 『개천에서 난 용들이 바다로 간 이야기』, 현대사기록연구원

2015 제주4.3연구소 엮음, 『제주4.3구술자료총서7－만벵듸의 눈물』, 한울

2015 제주4.3연구소 엮음, 김창후 정리, 『제주4.3구술자료총서8－가리방으로 기억하는 열두 살 소녀의 4.3』, 한울

이 목록은 전수조사의 결과가 아니어서 누락된 간행물이 적지 않을 것으로 보이나, 이를 통해 그간 경향성을 살펴볼 수 있다. 1980년대 초 민중자서전 시리즈(뿌리깊은나무 발간)에서 시작한 일반 간행물은 1987년 한국 사회 민주화 운동의 성장에 따라 1988년부터는 제주4 · 3사건과 6 · 25, 베트남 전쟁, 장기수, 빨치산 등 정치적 또는 한국 현대사의 주제로 확대되었다. 민중자서전 시리즈는 1990년대 초반까지 발간되면서 한국 학계에 구술사 전파에도 중요한 기폭제가 되었다. 2014년 이후에는 밀양송전탑문제나 세월호 참사 등 한국 현대사를 관통하는 사건에 관한 작품이 큰 사회적 반향을 일으켰다. 몇몇 작품 내용을 소개하면 다음과 같다.

–『**항일 혁명가의 회상**』: 이정식이 1966년부터 1967년, 그리고 1969년부터 1970년 등 두 차례에 걸쳐 구술작업을 한 결과물 가운데 9권의 면담노트를 모태로 만들었다. 면담에는 김창순도 부분적으로 참여했다. 이정식은 이전에 발간한 『코리아 민족주의 정치』에 대한 한민족의 감정을 잘 반영하지 못하고 있다는 비평을 수용하는 과정에서 항일운동가의 증언을 수집했다. 구술내용이 중심을 이루고 있으나 구술내용에 대한 편집자의 해설을 30% 정도 추가함으로써 '전문적 지식을 갖지 않은' 일반 독자의 이해를 돕고 있다.

–『**구술한국현대사**』: 태성옥, 조남호, 제갈남출, 조윤하, 이명길, 김순화의 구술을 수록했다. 이들은 일제시대 학병을 다녀온 인물에서 독립군, 하의도에서 토지분쟁을 겪은 교사, 판문점 포로, 진주 학도병, 거제도 포로 등 다양한 삶의 주인공이다. 특정 주제로 구술을 모은 것이 아니라 잡지사 기자를 역임한 엮은이가 2년간 수집한 구술기록을 망라하여 구성했다. 구술자의 구술내용을 사투리나 표현법을 그대로 수록했다. 별도의 주를 달지는 않았으나 구술내용에 걸 맞는 문헌자료(신문기사나 공판기록)와 사진자료(당시 사진과 현재 사진)를 적절히 배치하여 독자의 이해를 돕는다. 면담자 없이 구

술자가 화자이고, 윤문과정을 거쳤으며 내용도 편집되었다.

–『끝나지 않은 여정』: 남로당 청주시당 부위원장을 지낸 이종을 비롯해 남북대립상황에서 '장기수'라는 이름으로 오랜 동안 감옥생활을 한 7명의 인물을 대상으로 엮은 증언록이다. 고 윤기남(전 남로당 순천군당 조직책)의 증언을 제외하고는 구술자가 화자가 되었다. 윤기남의 증언은 면담자가 구술내용을 중심으로 편집했다. 별도의 편집자 주가 달려 있지 않아서 객관적 사실과 괴리되는 부분이나 논쟁의 여지가 있을 수 있으나 구술자의 이야기 자체를 중시한 것이 특징이다. 가독성을 고려하여 회고록 형식으로 구성했다. 윤문과정을 거쳤고 내용도 편집되었다.

이 시기 일반간행물은 민중자서전 시리즈를 제외하면, 대중 접근성은 약했다. 여전히 결코 가볍지 않은 주제에 무거운 글쓰기가 원인이었다. '민중자서전' 시리즈나 기행문과 구술기록이 적절히 배치된『전쟁의 기억 기억의 전쟁』, 수기류나 르포집의 성격을 띠는『조국: 한 북조선인민의 수기』,『진실과 증언』,『압록강변의 겨울』,『남북을 오고간 사람들』외에 대중이 읽을거리는 그다지 많지 않았다.

이에 비해 같은 시기 유럽과 미국의 구술기록은 대중을 독자로 설정한 작품을 발표했다. 미국에서 구술기록은 연구서는 물론 '뿌리'와 같은 소설과 영화 및 Fox fire Series에 이르기까지, 대중의 읽을거리와 볼거리의 중요한 소재가 되고 있다. 프랑스에서도 피에르 부르디외 등 사회학자들이 기획·편집한『세계의 비참』이나 테오도르 젤딘의『인간의 내밀한 역사』는 대중들도 접할 수 있는 내용으로 이루어져 있다. 특히『인간의 내밀한 역사』는 프랑스에 거주하는 다양한 직업 및 계층의 여성의 구술기록을 이용해 잠언집(箴言集)과 같은 역사서를 구성하고 있다. 이들의 삶 속에서 삶의 지혜를 찾아내는 것이 어렵지 않다.

일반 간행물은 2000년대에 들어 폭발적으로 증가했다. 20세기 민중생활사연구단 등 굵직굵직한 대형 프로젝트의 발주 결과물이 간행물로 쏟아져 나왔기 때문이다. 『한국민중구술열전』 시리즈는 구술내용과 면담자의 질문을 적절히 배치하여 구술내용에 몰입하게 하는 효과를 가져다주었다. 이는 구술기록이 충실함은 물론 편집자들의 구술내용 소화력이 높음을 의미하기도 한다.

개인의 구술을 풀어내는 작품 외에 마을 단위의 이야기로 확대하는 힘을 보여주었다. 『송산마을 속으로 들어가다』는 희망제작소의 지원으로 진행하는 '지역희망찾기' 프로젝트의 결과물이다. 그 외 다양한 희망제작소의 프로젝트 결과물 속에서도 구술기록 일반간행물을 찾을 수 있다. 『모현마을과 갈월마을 이야기』는 학부 강의 과정에서 교수와 학생들과 함께 만든 공동 결과물이자 상세목록을 이용한 활용 성과라는 점에서도 주목되는 작품이다.

또한 이 시기에 들어서는 일반 간행물의 구성도 문자 중심에서 만화와 그림 비중이 높아지는 경향을 보였다. 이들의 특징은 모두 자전적 스토리텔링을 기반으로 하고 있다는 점이다. 특히 『한 생존자의 이야기-쥐』가 번역되어 나오면서 만화라는 방식은 널리 채용되었다. 만화의 형식을 취한 아트 슈필겔만의 『한 생존자의 이야기-쥐』는 유대인집단학살 연구에서 중요한 저작물로 꼽힌다. 이 작품은 유태인인 아트 슈필겔만이 유태인수용소에서 살아남은 부친을 대상으로 구술을 채록하여 만화로 구성한 작품이다. 쥐와 개, 돼지 등을 각각 유태인과 독일군, 폴란드인 등으로 상징성을 부여하고 희화화하였다. 만화라는 활용법을 통해 수용소라는 극한적인 상황에서 살아남은 부친의 괴팍하고 독특한 생활방식과 삶의 모습을 구술사적인 관점에서 묘사하고 있다.

국내에서 2008년부터 발표되기 시작한 만화와 드로잉 시리즈도 주목할 만하다. 고영일의 『푸른 끝에 서다1』는 국가보안법 위반이라는 죄명으로 정치적 탄압을 받아야 했던 필자의 경험을 녹아낸 작품이다. 구술기록을 토대로 한 것은 아니지만 체험담을 만화로 표현했다는 점에서 구술사의 방향을 제시해주었으며, 구술기록 활용의 좋은 사례로 평가된다.

구술기록을 바탕으로 한 만화 작품은 김은성의 '어머니 시리즈'가 해당된다. 구술사와 일상사 분야 모두에서 주목할 만한 작품이다. 김은성은 진한 북한지방 사투리를 쓰는 어머니의 삶을 만화로 표현하기 위해 방대한 양의 구술을 채록하고, 분석해 만화 작업을 하면서 추가 인터뷰를 하는 방식을 취했다. 아트 작품에서 엿 볼 수 있는 가족을 구술하는 작업이 갖는 어려움이 녹아 있다.

조동환의 '아버지 드로잉 시리즈'는 문헌(유서)과 구전을 드로잉으로 녹아낸 작품이다. 미술교사 출신 조동환의 그림과 그의 아들 조해준의 기획으로 탄생한 『놀라운 아버지 1937~1974』(2008)는 1935년에 전북 전주에서 태어난 조동환이 자신의 삶과 구전으로 전해 내려온 세간의 이야기를 드로잉과 글로 조화를 이룬 작품이고, 『뜻밖의 개인사—한 아버지의 삶』(2008)은 조동환의 종형인 조일환이 남긴 유서를 주인공으로 한 드로잉 작품이다. 이 작품들은 평단의 평가처럼, 사료적 가치가 높음은 물론 구술사와 일상사 연구에 '놀랍고도 뜻밖의' 방향을 제시해주었다.

이와 같이 최근에 발간된 일반간행물들은 다양한 구성, 형식의 파괴라는 특징을 보여주었다. 그런데 중요한 것은 형식의 파괴가 아니라 구술기록에 대한 소화 능력이다. 십 수 년이 넘는 한국사회의 구술기록수집 성과로 인해 이제 저자(혹은 편집자)들은 풍부한 구술기록을 접할 수 있는 토대를 갖게 되었다. 어떤 형식이라도 저자(혹은 편집자)의 집필 의도나 편집방향이 명확히 제시된 작품은 독자들을 혼란스럽게 하지는 않는다. 이 점에서 저자(혹은 편집자)가 반면교사로 삼아야할 간행물도 볼 수 있다.

저자(혹은 편집자)의 집필 의도나 편집방향이 적절히 반영된 몇몇 작품을 소개해보면 다음과 같다.

–『주민생애사를 통해본 20세기 서울 현대사』: 인사동 한정식집 할머니를 비롯한 서울시내 거주 4명을 대상으로 인류학적인 관점에서 구술 생애사를 구성한 결과물이다. 연구자의 질문은 이야기의 맥락상 필요하다고 생각되는 경우에만 삽입을 하여 전체적인 가독성을 높였으며 연구과정과 편집과정을 밝히고 구술자가 책의 편집과정에 함께 참여하여 공동연구로서의 의미를 높였다. 윤문과정과 편집을 통해 완성되었다.

–『무덤에서 살아나온 4.3수형자들』: 제주4.3사건 수형자 10명에 대한 기록이다. 구술자의 구술내용(윤문)을 정리자가 내용별로 재구성하여 편집했다. 정리자의 기술과 구술내용이 혼용되어 편집되어 증언록도 구술생애사도, 자료집도 아닌 형태가 되었다. 그러나 정리자가 풀어가려는 이야기 속에 구술내용이 적절히 배치됨으로써 제주4.3사건에 대한 이해를 높이는 데 효과를 거두고 있다.

–『한국영화사 구술총서–한국영화를 말한다 1950년대 한국영화』: 한국영상자료원이 대학원생 4명으로 연구진을 구성해 원로 영화인 22명(조명, 미술, 녹음, 시나리오, 기획, 배우, 감독, 평론, 성우, 음악 등)에 대해 심층면담 작업을 실시한 결과를 수록한 성과물이다. 배우와 감독 외에 영화작업현장에 있는 구성원들을 모두 구술대상으로 삼았다는 점이 주목할 만하다. 비록 윤문과 내용 편집을 했으나 최소한으로 그침으로서 현장감을 유지하고 있다. 질문내용이나 구술자에 대한 질문 및 대화 내용을 볼 때, 면담자들이 관련 분야에 대한 이해와 준비가 많았음을 알 수 있다. 이 책에서 인터뷰 작업을 하지 못한 극장주들의 구술은 위경혜의 연구서(『광주의 극장 문화사』, 다지리, 2005년과 『호남의 극장 문화사』, 다할미디어, 2007년)에 녹아 있다.

이에 비해 저자(혹은 편집자)의 집필 의도나 편집방향이 불투명하고, 구술기록에 대한 소화력이 부족한 작품의 예도 살펴보자.

–『역사를 만드는 이야기』: '일본군 위안부 여성들의 경험과 기억'이라는 부제에서 알 수 있듯이 일제시대 강제동원 피해자의 하나인 '일본군위안부 피해자'들의 이야기를 모은 책이다. 1993년부터 발간되기 시작한 일련의 증언집 시리즈(『강제로 끌려간 조선인군위안부들』 등) 출간작업에서 느꼈던 편집과 체제상 문제점을 해결하고자 하는 시도 아래 발간되었다. 대중서를 목적으로 한 것은 아니지만, 대중서를 지향한 책이다.

필자들은 "위안부피해자할머니들의 경험과 기억을 바탕으로 새로운 역사 쓰기를 시도"하기 위해, 면담자의 질문을 '의도적으로' 삭제하고 대괄호와 중괄호, 따옴표 등 각종 부호를 활용했다. "편집본에 면접자의 질문이 포함된다면 면접자와 구술자의 목소리가 혼재되어 구술자의 목소리가 잘 드러나지 않을 수밖에 없고, 이것은 곧 경험과 재현의 주체로서의 구술자의 목소리가 희석될 가능성이 크다"는 이유에서이다.

그러나 이러한 방식은 필자들의 의도와 달리 도리어 노력의 성과를 반감시키는 결과를 가져왔다고 생각한다. 굳이 구술사의 원론적인 이해를 강조하지 않는다 하더라도, 어떤 질문에 대한 구술인지 파악이 곤란한 상황에서 풀어나가는 이야기들은 독자들에게 '생뚱함'을 느끼게 해주었기 때문이다. 그 결과 '일본군위안부피해자'에 대한 이해가 없는 독자들에게는 '내용도 알 수 없고 지루한 이야기'로 남을 수밖에 없었다.

구술사 작품에서 대중성을 지향한다는 방향 자체는 매우 필요하다. 구술기록은 전문적인 연구의 영역에만 머물기 위해 생산한 자료가 아니기 때문이다. 구술사가 역사서술이지만 그렇다 해서 연구자 외에 일반인들이 별로 관심을 기울이지 않는 영역에 머문다면, 구술사의 역할을 다한다고 보기 어렵다. 문제는 대중화의 방법이다.

그렇다면, 구술기록을 이용해서 우리는 무엇을 할 수 있으며, 무엇을 해야 하는가. 물론 전문적인 연구는 말할 나위 없는 작업이다. 역사학이나 사회학, 민속학, 인류학 외에 심리학, 언어학, 예술학 등 다양한 분야에서 구술기록을 활용한 전문 연구가 가능하다. 이와 아울러 인간의 삶이 가져다주는 지혜와 용기를 제시해주는 작업, 이웃의 삶에 고개를 돌리게 하는 작업도 가능하다. 매우 권장되는 분야이기도 하지만, 실현을 위해서는 열린 사고가 필요하다. 대중을 위한 구술기록 활용에서 열린 사고란 무엇을 의미하는가.

첫 번째, '구술기록 또는 녹취록과는 다른 것일 수밖에 없는' 구술출판물이다. 그동안 국내에서는 신속하고도 저렴한 비용으로 많은 정보를 제공하기 위해 구술내용을 간략하게 편집하거나 활용한 발간물이 많이 발간되었다. 이러한 방법은 지식의 공유 차원에서는 필요하다. 다양한 형식의 출판물이 필요하다. 『항일 혁명가의 회상』과 같이 구술내용에 대한 편집자의 해설비중을 높여서 '전문적 지식을 갖지 않은' 일반 독자의 이해를 돕는 방법이나 '비전향장기수 허영철의 말과 삶'을 담은 『역사는 한번도 나를 비껴가지 않았다』처럼, 마주이야기(인터뷰) 형식과 회고 형식을 적절히 섞는 방법이 활용도가 높다.

이런 점에서 최근 국내 일부 르포작가나 다큐멘터리 작가들이 스스로 구술사와 구술기록에 대한 이해를 높이고, 고민을 바탕으로 한 작업에 나서려 한다는 점은 고무적이다. 청계천 복원사업으로 생활의 터전을 잃은 사람들을 대상으로 한 르포집 『청계천 사람들의 삶의 기록—마지막 공간』과 세월호 참사를 다룬 『금요일엔 돌아오렴』을 펴낸 작가들이 보여주는 '인터뷰에 대한 고민'은 구술기록 활용의 전망을 보여주는 것 같다.

『청계천 사람들의 삶의 기록—마지막 공간』은 진보문학가들의 모임인 '삶이 보이는 창'이 기획한 르포집이다. '청계천 사람들의 삶의 기록'이라는 부제에서도 알 수 있듯이 청계천 노점상을 비롯해 다방 아줌마, 이주 노동자, 봉제공장 사장, 퀵 서비스 아저씨, 인쇄소 사장 등 다양한 계층을 인터뷰한 결과물이다. 부르디외가 기획한 『세계의 비참』과 동일한 형식으로 구성되어 있으나 분석자의 글 대신, 작가의 글이 자리하고 있다. 대화내용이 많은 분량을 차지하고 있어서 면담자보다는 독자들이 스스로 느끼고 평가하도록 많은 몫을 남기고 있다. 삶이 보이는 창 구성원들은 이후에도 매우 활발한 저작활동의 결과물(르포집)을 내고 있다.

이들 가운데 박순천이 중심이 되어 펴낸 작품이 바로 『금요일엔 돌아오렴』이다. 단원고 학생들의 부모를 대상으로 한 구술인터뷰 결과물이다. 416 세월호참사기록위원회 작가기록단은 현재 생존자학생들과 가족들의 이야기도 준비하고 있다.

또한 지역의 연구단체에서 구술기록 수집을 하는 경우도 늘어났다. 이들 지역의 연구단체에서는 지역사를 지향하고 있다. 그러므로 해당 지역의 역사와 지역민의 삶의 모습을 통해 공동체의 결속력을 높일 수 있는 간행물을 발간하는 것이 필요할 것이다. 이미 발간된 '증언자료집'이나 단행본 외에 가벼운 분량의 팜플렛류도 기획해봄직 하다.

그 외 활용방안으로는 대중을 상대로 하는 영상물, 문화콘텐츠, 시민교육자료 등이 있다. 영상물은 시민교육의 자료로 유용성이 크다. 유대인집단학살의 역사를 담은 클로드 란츠만 감독의 '쇼아(Shoah)'는 많은 유태인 생존자와 독일비밀경찰, 끄나풀 등의 목소리로 구성한 영화이다. 현대사연구자들에게 중요한 사료로 평가받는 BBC 제작의 다큐멘터리물도 생생한 관련자들의 목소리가 중심을 이루고 있다.

국내에서도 이러한 작품은 찾을 수 있다. '일본군위안부피해자'들 자신의 이야기로 구성된 다큐멘터리인 변영주 감독의 '낮은 목소리'(1995, 1997)나 '숨결'(1999), 재일동포 학생들의 이름과 관련한 아이덴티티 문제를 다룬 '본명선언'(홍형숙 · 홍효숙 감독, 1998). 사북사태를 영상으로 담은 '먼지, 사북을 묻다'(이미영 감독, 2002), 'Dear 평양(양영희 감독, 2006)', '야스쿠니(리잉 감독, 2007)에서도 주인공은 인터뷰이다.

이들 작품 대부분은 영상기록물이 아니라 독립영화적인 성격을 갖고 있다. 이들 작품들은 다큐멘터리 제작을 목적으로 인터뷰를 진행했다. 구술기록이 축적이 된다면, 이를 자료로 한 영상물 제작도 가능하고, 구술기록의 활용법 가운데 다큐멘터리 등 영상물이 일정한 영역을 차지할 수 있게 될 것이다. 지역 역사와 지역민의 삶의 모습을 통해 공동체의 결속력을 높일 수 있는 영상물 제작이나, 계층별·주제별 영상물로서 학생들을 대상으로 한 교육용 주제별 영상물 제작도 교육적인 효과가 매우 높을 것이다.

이미 2005년 8월에 국내 공영방송(KBS) 광복절 특집 프로그램에서 '8.15의 기억'이라는 구술프로그램이 선을 보였고 동일한 제목의 책(『8.15의 기억: 해방공간의 풍경, 40인의 역사체험』)으로 출간되었다. 2007년에는 e-book으로도 발간되었다.

희망제작소가 주관하는 일련의 인터뷰 작업들은 시민운동의 한 영역으로 발돋움하는 역사대중화의 또 다른 사례이다. 2008년 10월 SBS가 시작한'기록버스 메모리'프로젝트도 대중들의 영상자서전에 대한 높은 호응도를 보여준다. 비록 구술의 요건인 쌍방성은 결여되어 있지만, 전국 방방곡곡에서 매주 200여명의 사람들이 생소한 기록버스에 올라 '기억의 여행길'에 동행한 자료가 담긴 타임캡슐은 급속히 대두하기 시작한 기록 대중화에 학계가 탄력적으로 대응해야 함을 실감하게 해준다.

최근에 가능성이 제기되는 활용분야는 문화콘텐츠 개발이다. 이 책에서도 문화콘텐츠 개발을 위한 스토리텔링의 방안을 비롯해, 다양한 활용방안을 소개하고 있다. 구술기록의 문화콘텐츠 활용을 위해 필요한 요소는 메타데이터이고, 메타데이터의 근간은 상세목록이다. 문화콘텐츠 활용을 위해 상세목록에 대한 고민을 거듭해야 한다. 이 점에 대해서는 이 책의 전편에 해당하는 『구술사 아카이브 구축 길라잡이 1 : 기획과 수집』(한국구술사연구회총서 2)에서 상세히 언급하였으므로 재론하지 않는다.

마지막으로 고민해야 하는 점은 웹서비스 문제이다. 디지털 아카이브에서 웹서비스는 필수 항목이다. 웹서비스 여부는 더 이상 논의의 대상이 아니다. 고민의 주제는 '어느 범위에서 어떤 방식으로 할 것인가'하는 점이다.

얼마 전 어느 연구자는 아르코예술정보관 누리집에서 면담자인 자신의 모습이 담긴 영상물이 상영되는 것을 발견하고는 기겁을 했다. 학계가 마음의 준비를 할 새도 없이 급작스럽게 맞닥트린 구술기록(음성, 영상물)의 온라인 공개문제이다. 기술적으로 보면, 누리집을 통해 구술기록(음성, 영상물)를 공개하는 것은 어렵지 않다. 현재 공개하거나 공개를 준비하는 기관도 적지 않다. 이들 기관들이 음성영상물 공개를 선호하는 이유는 해당 기관들의 사료수집 성과물을 대외적으로 소개하고, 이용자들의 편이를 도우며, 비용을 절감한다는 점 때문이다. 그러나 이러한 점만을 생각하고 음성영상자료의 제공을 결정할 수 있는 문제는 아니다. 여기에는 고려해야 할 점이 적지 않다.

구전자료와 달리 구술증언이나 구술생애사 자료를 자료이용허가서만으로 무한정 자료서비스를 하는 것은 이용하려는 연구자에게나 수집주체에게 모두에게 바람직하지 않다.[10] 그 이유는 무엇일까. 첫째는 구술자 관점이고, 둘째는 면담자 관점에서, 세 번째로 이용자(연구자)의 관점에서 생각할 수 있다.

먼저 구술자 관점을 보자. 녹취문은 작성자(면담자)에게 책임소재가 있다. 그러나 음성영상자료 전체 분량에 대한 공개는 책임소재를 찾기 어렵다. 이런 상황에서 음성영상자료 공개는 무책임하게 내용 자체가 왜곡 변형되어 전달되거나 흥미거리로 전락할 소지가 있다. 또한 구술자는 자료이용허가서를 작성할 때에 자신의 모습과 목소리가 언제 어디서나 보이는 것을 상상하지 못한다. 그러한 조건에서 이용을 허가할 구술자가 얼마나 될까. 자신과

10) 구비문학대계자료의 경우에는 구전자료인데다가 이미 『구비문학대계』라는 방대한 자료집이 발간되었으므로 이를 확인하고 생동감을 얻고자 하는 이용자에게 음성자료 제공은 도움이 된다.

무관한 사람이 자신의 모습을 보고 다른 내용으로 이해하고, 그 이해를 바탕으로 연구를 진행하고, 경우에 따라 불미스러운 일도 발생할지 모른다면, 그것을 허가할 것인가. 굳이 '남가주대학(USC)의 한국계 미국인 구술사시리즈와 같이 이미 독립운동사와 같이 구술자의 활동내용이 대외에 알려지는 것이 사회적으로 인정받는 역사기록물이 된 주제임에도 미공개이거나 음성파일 중 일부 공개'로 제한하고 있는 외국 사례를 거론할 필요도 없다.

두 번째로 면담자 관점에서 생각해보자. 물론 음성영상자료서비스는 구술현장에서 면담자의 역할을 그대로 드러내준다는 점에서 책임성이 요구된다. 그러나 이 점은 장점으로만 작용하지는 않는다. 음성영상자료서비스를 통해 구술현장의 배경정보가 없는 불특정 다수에게 면담자의 역할은 무방비상태로 노출된다. 구술자뿐만 아니라 면담자에게도 구술기록수집이라는 작업은 만들어가는 과정이다. 많은 시행착오 끝에 자신만의 인터뷰 방식도 개발하고, 새로운 연구 방향도 인식하게 되는 그러한 과정이다. 음성영상자료서비스가 면담자의 고민과 성장 과정에 저해가 된다면, 구술사연구의 발전에도 부정적인 역할을 하게 됨을 고려해야 한다. 세 번째, 상업적 이용이 가져올 부작용이다. 아무리 보안을 철저히 한다 해도 음성영상자료들이 상업적으로 사용될 가능성은 높다. 음성영상자료서비스를 운영하는 기관이 이 점에 대해 철저히 대비하고 있는가 하는 것은 우려의 차원에 머물지 않는다.

'구술자가 허가서에 서명을 하고 자료를 제공했으면 우리 자료인데 우리 마음대로 하는 것이 어떻단 말이냐'는 당당함과 '이렇게 비용을 많이 들인 사업을 왜 썩히느냐'는 기관의 안타까움은 일정한 공감대를 얻고 있다. 바로 구술자의 공개이용허가서 권한을 남용하는 원인이기도 하다.

그러나 중요한 점은 음성영상자료서비스 자체에 대한 법적 문제가 아니라 구술자에 대한 윤리적 문제이다. 이러한 공개방법이 자료를 제공한 구술자에게 영향을 미치는가 여부에 대해 고민과 숙의가 있은 후에 예상되는 문

제에 대한 준비가 된 상태에서 음성영상자료를 제공한다고 하면, 가능한 방법은 있을 것이다.[11)]

그렇다고 하여 각 기관들이 수집한 귀중한 구술기록을 '보관'만 하는 것은 자료수집 본래의 의도와 취지가 아니다. 각 기관의 수집목적이 일반 시민과 이용자들에게도 전달되면서, 수집활동에 대한 적절한 홍보와 이용자에 대한 서비스 자세를 드러내는 방법을 고민할 단계이다. 홀로코스트기념관에 들어서면 들을 수 있는 일부 구술 내용과 같이 특정한 주제별로 일부 내용을 편집하여 들을 수 있도록 하는 방법, 각 구술기록 가운데 특징적인 부분만을 몇 분 분량으로 들을 수 있도록 하는 방법, 그리고 소장기관 및 구술자와 면담자의 합의를 전제로 기획 영상물을 제작하는 방법을 적극 고려할 필요가 있다.

---

11) 이 문제는 본서에 수록된 이호신의 글에서 상세히 다루고 있다.

참고문헌

정혜경, 「한국의 구술자료관리현황」, '한국역사기록의 관리와 발전방안' 학술심포지엄 발표문(한국역사연구회, 대전대학교 인문과학연구소 공동주최), 2000.

정혜경, 「문화콘텐츠 활용을 위한 구술기록관리」, 한국외대 문화콘텐츠학과 콜로키움 발표문(2010.4.28).

정혜경, 「한반도 소재 아시아태평양전쟁 유적 현황과 활용방안」, 『동북아역사문제』 98호, 2015년 5월호, 동북아역사재단.

정혜경, 「광주지역 아시아태평양전쟁유적의 활용방안-뚜껑 없는 박물관을 넘어서」, 광주중앙공원내 일제군사시설 역사교육활용방안 시민 토론회 발표문(2014.8.26. 광주광역시교육청, 광주광역시).

한국구술사연구회, 『구술사-방법과 사례』, 선인, 2005.

한국구술사연구회, 『구술사 아카이브 구축 길라잡이 1 : 기획과 수집』(한국구술사연구총서 2), 선인, 2014.

한동현, 「문화콘텐츠 개발을 위한 구술자료의 자원화 방안 연구」, 한국외국어대학교 대학원 문화콘텐츠학과 박사학위논문, 2010.

Frederick J. Stielow, *The Management of Oral History Sound Archives*, NY: Greenwood Press, 1986.

한국구술사연구회 누리집(www.oralhistory.or.kr).

미국 콜롬비아대학 구술사연구소 누리집(http://www.columbia.edu/cu/libraries/indiv/oral).

구술자료 수집과 활용의 윤리적, 법적 문제[1)]

_이호신

1. 여는 말

1989년 4월 19일 카리브해 푸에르토리코 근해에서 사격 훈련을 하던 미 해군 전함 아이오와함이 폭발하는 사고가 발생하였다. 사고 직후 지휘관들은 동성애를 하던 어느 수병이 결혼 발표를 하자 이에 격분한 병사 한 명이 사제 폭발물을 만들어서 사고를 일으켰다고 주장하였다. 그렇지만 향후 진행된 조사에서는 노후화된 함선과 기기들이 고장을 일으켜서 발생한 사고라는 점이 밝혀졌다. 이 사고로 47명의 해군 병사가 사망하였다. 이후에 찰스 톰슨2세가 60분짜리 다큐멘터리 2개를 제작해서 사고의 개요와 원인을 파헤쳤고, 1999년에는 노튼이 『지옥을 엿보다: 미 해군함대 아이오와함의

---

1) 이 글은 필자가 이미 학술지에 발표하였던 「구술자료의 저작권 문제에 관한 연구」(2010, 『구술사연구』 창간호) 및 「구술자료의 인격적인 권리에 관한 연구」(2012, 『한국기록관리학회지』)의 내용을 재구성한 것이다.

폭발, 그 진실을 파헤친다』는 제목의 책을 발행하였다. 이 책은 약 200명의 인터뷰를 바탕으로 한 것이었고, 사고 당시 함대의 기수였던 다니엘 메이어가 주요한 구술자 가운데 하나였다. 2001년에 사고 당시 아이오와함의 승무원이었던 네 명이 함께 찰스 톰슨, 노튼, 출판사, 메이어를 상대로 명예훼손에 관한 소송을 제기하였다. 원고들은 출판물에 거짓된 사실들이 다수 포함되고, 메이어의 인터뷰 내용이 마치 원고들의 잘못된 행동으로 말미암아 47명의 병사들이 목숨을 잃게 된 것처럼 묘사하고 있어 자신들의 명예를 훼손하고 있다고 주장하였다. 저자와 메이어에 대한 소송은 가장 먼저 소장이 제출되었던 캘리포니아 주와의 충분한 접촉이 이루어지지 않았다는 이유로 각하되었다. 이 사건은 구술사 인터뷰와 그 결과물의 활용과 관련된 법률적 책임의 사슬이 어디까지 이어질 수 있을 지를 잘 보여주는 사례 가운데 하나이다. 출판사와 방송제작자 뿐만 아니라 구술자와 채록자까지 구술자료를 활용하는 일에 관련되는 모든 사람이 책임의 사슬로부터 결코 자유로울 수 없음을 보여준다.[2)]

최근 들어서 국내에서도 다양한 구술사 프로젝트들이 매우 활발하게 수행되고 있다. 국사편찬위원회, 한국학중앙연구원, 국가기록원을 비롯한 많은 국가기관과 공공기관들이 앞 다투어 구술사 프로젝트의 수행에 나서고 있다. 대개 이러한 프로그램들은 구술자료를 체계적으로 수집하고 관리하는 것을 전제로 하고 있으며, 더불어 수집된 자료의 다각적인 활용을 염두에 두고 있다. 구술자료 활용의 양상도 단순히 아카이브의 소장자료로서 연구자들에게 열람자료로 제공하는 것뿐만 아니라 웹서비스와 출판, 다큐멘터리의 제작, 학술논문으로의 재해석, 전시나 공연에의 활용 등 매우 다양한 양상으로 변화가 이루어지고 있는 추세이다.

구술자료는 한 개인의 내밀한 삶의 체험과 인생의 소회를 자신의 육성으

---

2) John A. Neuenschwander, *A Guide to Oral History and the Law*, New York : Oxford University Press, 2009, p.31.

로 풀어낸 것이기 때문에, 그 어떤 자료보다도 활용의 과정에서 매우 까다로운 윤리적, 법적 문제들이 야기될 수 있는 소지를 안고 있다. 자료의 섣부른 활용이 가져올 수 있는 예기치 못한 피해를 예방하고, 구술자를 보호하기 위해서는 구술자료의 수집과 활용의 모든 과정은 반드시 엄격한 윤리적, 법률적인 가이드라인에 입각해서 이루어질 필요가 있다.

구술자료의 수집과 활용을 위한 과정에서 가장 우선적으로 고려해야 할 것은 윤리적인 문제이다. 구술을 통해서 획득되는 자료는 단순한 학술적인 자료가 아니라 존엄성을 지닌 살아있는 인간을 바탕으로 하는 것이고, 한 개인이 살아온 삶의 속살들을 풀어헤치는 작업이라는 점을 인식하는 것이 무엇보다 선행되어야 할 과제이다.

한편 법률적인 문제는 윤리적인 문제와 상당 부분 중첩이 되는 것이지만, 윤리적인 문제와는 또 다른 차원의 문제로 확산될 수 있는 것을 포함하고 있다. 구술자료의 활용과 관련해서 검토해야 할 법률적인 문제는 저작권, 명예훼손, 프라이버시의 보호 등 크게 세 가지로 나누어 볼 수 있다. 저작권 문제는 구술자료를 활용할 수 있는 궁극적인 권한이 누구에게 귀속되는 것인가와 관련되는 것으로, 자료의 활용으로 발생하게 되는 여러 가지 이익을 과연 누가 가질 것인가와도 연결이 된다. 저작권 문제는 저작물의 활용 양상에 따라서 매우 복잡한 양태로 나타날 수 있으며, 자칫하면 구술자와 채록자(또는 연구수행기관) 사이에 커다란 분쟁을 야기할 수 있는 사안이 될 수도 있기 때문에 보다 신중한 접근이 필요한 부분이다. 특히 최근 들어서는 인터넷을 통한 자료의 활용 가능성이 확대되면서, 무엇보다 예민한 사항 가운데 하나로 부각이 되고 있기 때문에 보다 면밀하고 체계적인 접근이 필요하다.

최근 다양한 구술사 프로젝트들이 활발하게 진행되고 있지만, 구술자료의 수집과 활용과 관련된 윤리적, 법적 문제에 대한 논의는 아직까지 그리 활발하게 이루어지고 있지 못한 실정이다. 이 글에서는 구술자료의 수집과 활용 과정에서 발생할 수 있는 윤리적인, 법적인 문제들을 보다 구체적으로 살펴보려고 한다. 구술사 프로젝트의 원만한 수행을 위해서 필요한 대략의 지침으로서, 구술자료 수집과 활용 과정에서의 윤리적, 법적 문제에 대한 보다 활발한 논의의 장을 열어 제치는 시발점이 되었으면 하는 바람이다.

2. 윤리적 문제

구술자료는 살아있는 사람의 생생한 이야기를 통해서 수집되기 때문에, 자료의 수집과 활용 과정에서 상당히 조심스럽고 신중한 접근이 필요하다. 구술면담의 과정에서는 구술자 개인의 내밀한 삶의 체험이 다루어지게 된다. 다른 사람에게 공개하기 부담스러운 매우 비밀스러운 이야기들이 오고 갈 수도 있으며, 때로는 다른 사람에 대한 평판이나 비방이 섞인 이야기로 면담이 이루어질 수도 있다. 이 과정에서 특정한 사건이나 주제를 바라보는 구술자의 생각과 감정이 여과 없이 드러날 수도 있다. 대개의 경우 구술자료는 공공재로서의 기록을 염두에 두거나 학술논문의 작성 등의 뚜렷한 활용 목적을 가지고 수집되기 때문에, 구술자의 사적인 생각과 감정을 다른 사람들에게 공개하였을 경우 발생할 수 있는 파장에 항상 대비할 필요가 있다. 자칫하면 선의로 이루어진 구술면담이 구술자에게 예기치 못한 피해를 안겨줄 수도 있으며, 커다란 상처를 안겨줄 수도 있다는 점에서 보다 조심스럽고 신중한 접근이 필요한 것이다.

구술자료의 수집과 활용에 따르는 윤리적인 문제는 다양한 양상으로 나타날 수 있다. 그렇지만 이러한 문제들을 관통하는 한 가지 중요한 대원칙은 구술자는 단순히 자료를 제공하는 대상이 아니라, 존엄성을 지닌 실존하는 인간이라는 점을 인식하는 것이다. 구술자에 대한 인간적인 존중과 그 인간적 존엄성에 대한 깨달음이야말로 구술사 연구에서 발생할 수 있는 복잡다단한 윤리적인 문제를 해결해주는 나침반으로 역할 하는 대원칙이다.

구술면담은 특정한 주제에 관한 자료를 수집해서 새로운 사실을 발굴하기 위한 것이 아니다. 오히려 구술자가 자신의 생애 경험을 서사구조를 통해서 스스로 재구성할 수 있도록 조력함으로써 앞으로 더 나은 삶을 살아갈 수 있도록 도움을 제공하는 것에 그 목적이 있다. 과거의 경험을 재구성하는 작업을 통해서 자신을 평생 괴롭히던 지독한 트라우마로부터 해방이 되고, 자신의 삶의 궁극적인 의미를 재해석해낼 수 있도록 도움을 제공하는 것이야말로 일반적인 연구방법에서는 제공하지 못하는 구술면담만이 가질 수 있는 근본적인 의의라고 할 수 있다.

따라서 채록연구자의 구술자에 대한 약탈적 자료 수집은 엄격하게 금지되어야 하는 사항 가운데 하나이다. 약탈적 자료 수집은 구술사 연구에 임하는 초심자들이 가장 범하기 쉬운 실수 가운데 하나로, 이로 말미암아 구술면담이 종료된 이후에 구술자에게 커다란 상처가 되거나 상실감을 유발해서 후속 작업을 추진하는 데 커다란 방해요소가 될 수도 있다는 점은 반드시 유념해야할 필요가 있다.

구술자료의 취급과 관련된 사항은 매우 민감하고 조심스러운 사항이기 때문에 구술사 연구를 수행하는 나라마다 구술사 연구 수행을 위한 윤리 지침을 마련하여 그 준수를 촉구하고 있는 실정이다. 한국구술사학회를 비롯하여, 미국의 구술사협회(Oral History Association), 영국의 구술사학회(Oral History Society) 등 각국의 구술사연구단체들에서는 저마다 윤리규정이나 가이드라인을 제정하여 규범화하고 있다. 그 대부분은 구술면담과 관련하여 채록자가 구술자에게 준수해야할 의무사항에 관한 것을 포함하고 있으며, 구술사연구기관이 준수해야할 의무에 관한 사항도 함께 언급하고 있다.

한국구술사학회는 2010년에 연구윤리와 관련한 심포지엄을 개최하는 등 여러 연구자들의 의견을 취합하는 과정을 거쳐서 연구윤리규정을 마련하였다. 연구자와 연구기관을 모두 아우르는 학회의 특성상 구술채록 작업과 관련한 세밀한 가이드라인으로 만들어진 것은 아니고, 구술사와 관련된 학회 활동의 전반적인 윤리강령으로써 제시된 것이다. 채록작업이나 연구기관의 윤리적인 의무는 연구윤리규칙 제4조 '구술채록 작업에 관한 윤리 원칙', 제5조 '구술자료의 보급과 활용에 관한 윤리 원칙'에서 다루어지고 있다. 제4조는 구술채록 작업의 수행과정에서 발생하는 윤리적인 문제들을 정리한 것으로, 구술채록 작업에 임하는 채록연구자의 의무에 관한 사항이다. 첫째, 구술사 채록의 목적과 해당 프로젝트에 대하여 구술자에게 정보 제공의 의무. 둘째, 구술자의 자유로운 진술 권한에 대한 설명의 의무. 셋째 구술 내용에 대한 비밀 보장의 권리. 넷째, 구술자료의 활용과 관련된 저작권 문제에 대한 설명의 의무. 다섯째, 사전 동의에 입각한 채록과 동의 내용에 대한 기록의 의무. 여섯째, 구술채록 작업에 대한 기록의 의무. 이렇게 여섯 가지를 구술채록 수행과 관련된 연구윤리규칙으로 부여하고 있다. 제5조는 구술자료의 보급과 활용의 과정에서 발생하는 윤리적인 문제를 규정하고 있다. 첫째, 구술 내용에 대한 비밀 유지의 의무. 둘째, 녹취문 검토에 구술자 참여 보장. 셋째, 연구자의 구술 내용의 원본 보존의 의무. 넷째, 구술자료 활용 시 출처 표시의 의무. 다섯째, 구술자료 이용자의 출처 표시의 의무. 전조의 여섯 항목이 구술채록에 임하는 채록 연구자 개인의 의무에 관한 사항을 규정한 것이라면, 이 조의 다섯 항목은 구술자료를 활용하기를 원하는 개인이나 기관 모두에게 해당이 되는 사항이라는 점에서 그 적용 대상을 달리하고 있는 것으로 파악할 수 있다. 〈표 1〉은 한국구술사학회가 제시하는 연구윤리규칙 중 관련 항목의 세부적인 내용이다.[3)]

한편 미국 구술사협회는 「구술사 평가 지침(Oral History Evaluation Guidelines)」(이하 '지침'이라 한다)을 1979년에 제정하였고, 사회 환경 변호를 반영하여 2000년에 그 내용 상세하게 개정한 바 있다. 2009년에는 이 「지침」을 「구술

3) 한국구술사학회 홈페이지(http://www.koha2009.or.kr).

표 1. 한국구술사학회 연구 윤리규정

제4조 (구술 채록작업에 관한 윤리원칙)
1. 연구자는 구술채록의 목적과 해당 구술사 프로젝트에 대한 정보를 구술자에게 알려주어야 한다.
2. 연구자는 구술자가 자유롭게 이야기하도록 격려해야 하며, 구술자가 특정 주제에 대해 이야기하는 것을 거부할 수 있음을 구술자에게 알려주어야 한다.
3. 연구자는 구술자가 구술된 내용을 비공개로 할 것을 요구하거나, 조건부 혹은 익명으로 공개하도록 요구할 수 있음을 구술자에게 알려주어야 한다.
4. 연구자는 구술자가 구술된 내용에 대한 모든 형태의 활용과 보급에 대한 권한을 갖고 있음을 구술자에게 알려주어야 한다.
5. 구술채록은 구술자와 사전에 동의한 내용에 따라서 수행해야 하며, 그러한 동의는 기록되어야 한다.
6. 연구자는 구술된 내용을 기록하는 데 모든 노력을 기울여야 하며, 구술채록의 상황을 포함해서 구술채록의 준비과정과 방법을 기록해야 한다.

제5조(구술자료의 활용 및 보급에 관한 윤리원칙)
1. 모든 형태의 구술된 내용은 구술자가 사용을 허락할 때까지 비밀이 유지되어야 한다.
2. 구술된 내용의 녹취문은 가능한 한 구술자와 함께 검토하고 평가해야 한다.
3. 연구자는 구술된 내용을 원본대로 보존하려는 노력을 기울여야 한다.
4. 전시회 및 출판을 비롯한 각종 미디어에 구술자료를 재현할 때에는 구술사 프로젝트의 지원기관을 밝혀야 한다.
5. 구술자료의 이용자는 구술자료의 생산자(구술자와 연구자)를 밝혀야 한다.

사 연구원칙과 모범 사례(Principles for Oral History and Best Practices for Oral History)」로 대체하여 제정하여, 구술사 연구자와 연구기관을 위한 가이드라인으로 활용할 수 있도록 제공하고 있다. 2009년에 이루어진 개정에는 연구윤리원칙과 관련되는 사항의 실질적은 변동은 이루어지 않았고, 2000년에 개정된 「지침」의 원칙과 기준을 그대로 준용하고 있다.

여기에는 채록연구자의 구술사에 대한 의무 규정을 상세하게 규정하고 있다. 먼저 구술면담에 앞서 구술자가 구술면담의 목적과 취지, 그리고 그 수행과정에 대해서 상세하게 설명할 의무를 부과하고 있으며, 구술자료의 공개와 활용에 관련된 권한의 범위에 대한 설명의 의무를 언급하고 있다. 또한 자료공개허가서의 작성과 그에 따른 자료 공개에 관한 사항들과 동의 내용의 문서화에 관한 사항을 다룬다. 아울러 구술면담을 통해서 질 높은 결과물을 생산하기 위해서 구술자의 입장을 충분히 고려하고, 채록에 적합한 장비를 사용할 것을 권고하고 있다. 무엇보다 구술자료의 활용은 구술자와 채록자의 신뢰를 바탕으로 해서 이루어져야 하며, 그 과정에서 구술자에게 선량한 믿음을 제공할 것을 권고하고 있다. 〈표 2〉는 미국 구술사협회가 제시하는 가이드라인의 세부적인 내용이다.[4)]

표 2. 미국 구술사협회(Oral History Association)의 구술사 원칙과 모범사례 가운데 「구술사 평가를 위한 지침」 중 구술자에 대한 책임에 관한 항목

1. 구술자들은 일반적으로 구술사의 목적과 수행과정에 대해서, 그리고 구술자와 채록자가 함께 기여하는 특정한 프로젝트가 어떤 방식으로 활용될 것인지에 대해서 알고 있어야 한다.
2. 구술자들은 편집, 공개 여부, 저작권, 사전 사용, 저작권 사용료 그리고 디지털 형태의 배포를 포함하여 모든 형태의 기록의 처리와 배포 등 구술사 연구 과정에서 발생하는 구술자와 채록자 상호간의 권리에 대해서 알고 있어야만 한다.
3. 구술자에게 자료공개허가서에 서명할 수 있음을 알려 주어야 한다. 기록은 그 활용에 대한 구술자의 동의가 있을 때까지 공개될 수 없다.
4. 채록자는 구술자에게 지키지 못하는 약속들, 출판을 보장한다거나 인터뷰가 대중에게 공개된 후에 그것에 대한 통제에 관한 사항들을 약속해서는 안된다.
5. 면담은 위와 같은 동의가 전제 된 상태에서 진행되어야 하며, 동의의 내용은 문서화되어야 한다.
6. 채록자는 연구 프로젝트의 목적과 구술자의 입장을 함께 고려해야만 한다. 채록자는 사회적 · 문화적 경험의 다양성과 인종, 성, 계급, 민족성, 연령, 종교,

4) 미국 구술사협회(American Oral History Association) 홈페이지(http://www.oralhistory.org).

성적 지향에 대해 섬세하게 대응해야만 한다. 채록자는 구술자가 자신의 스타일과 언어를 갖고, 자신들에게 중요한 관심사를 말할 수 있도록 격려해야 한다. 채록자는 피상적인 부분에 만족할 것이 아니라, 구술자를 이해하기 위한 모든 부분에 관심을 기울여야 한다.

7. 채록자는 면담이 나쁘게 활용될 수 있는 개연성을 경계하면서 자료가 사용되는 방식에 주의를 기울여야 한다. 채록자는 구술자가 특정주제에 대한 구술을 거부하거나 면담자료를 비공개하거나 특별한 조건을 달아 익명으로 공개하겠다는 의사를 존중하여야 한다. 채록자는 이 모든 선택사항을 구술자에게 명확하게 설명해야만 한다.
8. 채록자는 가능한 최상의 장비를 활용하여 구술자의 목소리와, 시각적 이미지뿐만 아니라 다른 소리까지 정확하게 녹취하여야 한다.
9. 새로운 기술이 급속하게 발전함에 따라, 구술자들은 자신들의 인터뷰가 보다 폭넓게 이용될 수 있는 잠재력을 지니고 있다는 사실을 인지하고 있어야만 한다.
10. 구술사와 관련된 기록물과 녹취본은 구술자의 동의를 바탕으로 해서 이용된다는 것을 확신할 수 있는 선량한 믿음을 가질 수 있도록 노력해야만 한다.

영국 구술사학회의 윤리적 가이드라인(Oral History Society Ethical Guidelines)은 구술면담의 진행 과정별로 면담 이전, 면담 진행, 면담 이후의 과정에서 구술사 연구자가 준수해야 할 윤리적인 원칙을 제시하고 있다. 아울러 연구기관, 기금지원기관, 자료보존기관이 지켜야할 윤리적인 원칙도 별도의 항목을 구성하여 제시하고 있다.

이러한 각국의 구술사 단체가 제시하는 구술사 연구 수행과 관련되는 윤리적인 문제에서 공통적으로 언급되는 사항을 다시 한 번 정리하면 다음과 같다.

첫째, 구술 작업에 대한 사전 동의(informed Consent)와 동의 내용의 준수에 관한 사항이다. 본격적인 구술채록 작업에 앞서서 채록연구자는 구술자에게 구술 프로젝트의 목적과 취지, 그리고 자료의 보관과 공개 여부 그리고 활용에 이르기까지 전 과정에 걸쳐서 구술 면담이 이루어지기 이전에 사전 동의를 구해야하며, 구술자의 자발적인 의사에 의해서 동의가 이루어져야만 한다. 이 과정에서는 구술자료의 활용이 야기할 수 있는 잠재적인 위험에 대한 충분히 고지가 함께 이루어져야만 한다. 동의의 구체적인 내용은 향후 서로 간에 엇갈린 주장이나 대립되는 주장이 제기되는 것을 예방하고, 동의 자체에 권위를 부여하기 위해서 가능한 문서로 작성되는 것이 바람직하다. 그렇지만 서면 동의에 강한 거부감이나 의구심을 표현하는 구술자들에게 동의를 받는 과정에서의 어려움들을 감안하여 한국구술사학회에서는 동의의 내용을 반드시 서면으로 작성하지 않더라도, 예컨대 녹음이나 녹화자료를 활용해서라도 동의의 내용을 기록할 것을 권고하고 있다.

두 번째는 구술자의 신상 보호에 관한 안전장치와 관련되는 사항이다. 구술면담의 과정에서는 정치적으로 또는 사회적으로 매우 민감한 사안들이 이야기될 수 있으며, 이러한 경우에 구술자의 신상 보호에 관한 부분은 무엇보다도 우선해서 검토가 되어야 할 사항이다. 구술면담을 통해서 공개된 자료가 구술자에게 예기치 못한 위협이 되는 상황이 된다면, 그 면담자료는 생산되지 않는 편이 더 나을 수도 있는 것이다. 구술면담을 진행하는 연구자나 연구단체는 모두 구술자 보호를 위해서 취할 수 있는 모든 대책을 강구해서 예기치 못한 사태가 벌어지는 것을 미연에 예방할 의무를 지니고 있다.

먼저 구술자가 비공개를 요청하는 부분에 관해서는 철저하게 비공개로 남겨두어야 한다. 그렇지만 국가기관이나 공공기관의 사업으로 진행되는 우리나라 구술사 연구 현황을 고려할 때, 이러한 약속을 완벽하게 준수하기가 실질적으로 어려운 상황이 발생할 수도 있다. 예컨대 국회의 국정감사 요구사항이나 정보공개법에 의한 자료 공개 요청을 거부하기는 현실적으로 매우 어려운 경우가 발생할 수도 있기 때문이다. 따라서 이러한 상황이 발생할 경우에 가능한 구술자 보호를 위해서 최선을 다하지만, 그 결과가 원하지 않는 방향으로 이루어질 수도 있다는 점에 대해서도 구술면담이 이루어지기 이전에 구술자에게 상세한 설명을 제공해야만 하고, 이러한 내용도 마찬가지로 기록이 되는 것이 바람직하다.

한편 자료의 보관과 활용의 단계에서 구술자가 익명으로 공표할 것을 요구하는 경우에는 이를 반드시 준수해서 구술자가 원하는 수준 그 이상으로 신변을 보호해야만 한다. 구술자의 비공개 요청이 없는 경우라고 하더라도 타인에 대한 명예훼손의 가능성, 타인의 프라이버시 침해 여부, 정치적 위협이나 신변에 대한 위협적 요소 등은 없는지 연구자의 검독을 통해서 확인하는 절차가 진행되는 것이 보다 바람직할 것이다.

셋째, 채록연구자나 연구기관은 왜곡 없이 자료를 생산하고 활용할 책임이 있다. 녹취문을 작성하면서 지나친 윤문작업을 통해서 구술자의 의도나 구술의 상황을 왜곡하거나 변형시키는 행위를 삼가는 것은 물론이고, 학술논문 등을 작성하는 과정에서 연구자나 연구기관이 목적하는 바에 맞추어서 구술의 상황과 맥락을 인위적으로 왜곡해서는 안 된다. 실제로 이러한 왜곡은 학술논문 작성과정에서는 빈번하게 발생할 수 있는데, 구술자의 이야기 가운데 일부분을 앞뒤의 문맥이나 상황을 거두절미한 채로 인용해서 구술자의 진의를 왜곡하고, 연구자 자신의 의도에 맞추어서 재구성하는 것은 연구자로서의 윤리를 저버리는 대표적인 행위로 지양되어야 마땅한 것이다.

3. 인격권의 문제

인격권은 헌법의 인간 존엄성에 기반을 두고 있는 권리로서, 표현행위에 의한 인격권의 침해는 크게 명예훼손에 속하는 영역과 프라이버시를 침해하는 영역으로 나누어 볼 수 있다. 명예훼손과 프라이버시 침해는 서로 유사한 측면이 있지만 서로 보호하는 법익의 내용을 달리하는 상이한 것이다. 명예훼손이 사람에 대한 사회적 평가를 저하시키는 것인 반면에 프라이버시 침해는 개인의 자신에 대한 주관적인 인식과 감정을 손상시키는 것을 의미한다. 따라서 대상에 대한 사회적인 평가를 향상시키는 경우에도 프라이버시 침해의 문제가 발생할 수 있다는 점에서 커다란 차이가 있다. 또한 명예훼손은 사실의 적시가 공익을 위한 것이고 그것의 진실성이 입증이 될 경우에는 위법성이 조각될 개연성이 있지만, 프라이버시 침해의 경우에는 공개된 사실이 진실인가의 여부를 가리지 않고 피해자의 정신적인 고통이 문제가 된다는 점에서 구별이 된다. 법인의 경우에도 명예훼손의 대상이 될 수 있지만, 프라이버시는 법인에게는 적용이 되지 않는다는 점에서도 차이가 있다. 한편 명예훼손의 경우에는 민사적인 구제 이외에 형사적인 처벌이 가능하지만, 프라이버시 침해의 경우에는 특정한 경우를 제외하고는 형사적인 처벌이 가능하지 않다는 점에서도 차이를 발견할 수 있다. 마지막으로 명예훼손의 경우 사망한 자의 명예도 일정 부분을 인정하는 것이 명문화되어 있으나, 프라이버시의 경우에는 명확한 규정이 없어 대개 사망한 자의 프라이버시를 인정하는 것에 대해서는 부정적인 경향이 강하다.[5)]

명예훼손이나 프라이버시와 같은 인격권은 헌법에 근거해서 보호가 이루어지지만, "표현의 자유"나 "국민의 알 권리"와 충돌하게 되는 경우가 빈번하게 발생하는 사안이다. 예컨대 타인에 대한 명예훼손적인 내용을 포함하고 있지만, 국민의 알권리와 표현의 자유 측면에서 일반에 공개되는 것이 공익적인 목적과 취지에서 더 합당한 경우가 얼마든지 있을 수 있기 때문이다. 이 경우 두 개의 헌법적 법익을 어떻게 형량, 조정할 수 있을 것인가에 관한 사항은 매우 첨예하고 복잡한 사항 가운데 하나이다. 이러한 문제는 언론법학자들이나 헌법학자들의 주요한 연구테마 가운데 하나가 되고 있다. 인격권은 헌법이 보장하는 인간의 존엄에 근거하여 이를 실현하는 기본권 가운데 하나이지만 타인의 권리를 포함하는 헌법적인 질서에 의해서 제한되며,

---

5) 한지혜, 「명예훼손의 법리: 각국의 이론과 한국에서의 수용에 관하여」, 『서강법학』 제9권 2호, 2005, 282쪽.

표현의 자유나 국민의 알 권리에 관한 사항도 무제한적으로 보장이 되는 것이 아니라 법률이나 개인적 명예권 등에 의해서 제한이 이루어질 수 있기 때문에 이러한 문제는 첨예한 대립과 갈등 속에서 논의가 지속되고 있다.

1) 프라이버시 침해

프라이버시에 관한 권리는 헌법상의 기본권 가운데 하나로 우리 헌법 제17조 "모든 국민은 사생활의 비밀과 자유를 침해받지 아니한다."는 규정에 근거하여 보호를 받는다. 미국이나 독일, 일본이 헌법상의 명문 규정을 마련하지 않고 있지만, 학설과 판례에 의해서 프라이버시에 관한 권리를 보호하는 것과는 대조적으로 우리나라에서는 헌법상에 명문 규정을 마련하여 프라이버시를 보호하고 있다.

프라이버시에 관한 권리는 헌법상의 기본권으로서 인격적 존재로서의 인간의 존엄성 존중의 구체적 내용이 되는 인격의 자유로운 발현과 법적 안전성을 그 보호법익으로 한다.[6] 프라이버시에 관한 권리는 사적(personal) 정보, 개인적(individual) 행태, 데이터(data) 자료 등의 보호를 위한 법적 이익(legally recognized interest)이다.[7] 프라이버시 보호의 필요성은 1890년 루이스 브랜데이스(Louis Brandeis)와 사무엘 워렌(Samuel B. Warren)이 「프라이버시에 관한 권리(The right to Privacy)」라는 논문을 『하버드 로 리뷰(*Havard Law Review*)』에 발표하면서 처음으로 제기되었다. 이전까지 미국의 불법행위에 관한 법은 신체적 상해에 대해서만 보호를 하고 있었는데, 19세기 후반 들어 급속하게 이루어진 기술 발전과 신문 보도의 급격한 증가로 인하여

---

6) 권영성, 『헌법학원론』, 서울: 법문사, 2000, 424쪽.

7) Donald M. Gillmor, Jerome A Barron, Todd F. Simon, and Herbert A. Terry, *Fundamentals of Mass Communication Law*, West Publishing Company, Minneapolis/St Paul, 1996, p.83; 강경근, 「프라이버시권의 의의와 구성요소」, 『고시연구』 1999.5, 25쪽에서 재인용.

개인이 감정적인 상처를 입게 되는 경우가 늘어나면서 그 보호의 필요성이 대두된 것이다.[8] 초기의 프라이버시에 관한 권리는 홀로 있을 권리(right to be left alone)의 성격이 강했다. 현대 법학에서는 프라이버시에 관한 권리를 한 개인이 개인적으로 지켜온 사실을 남에게 공개하지 않을 권리, 사생활의 자유로운 형성과 전개를 방해받지 않을 권리, 자기 정보에 대한 관리, 통제권까지를 포괄하는 것으로 보는 것이 지배적이다.[9] 프라이버시는 개인의 비밀스러운 정보에 대한 보호에 초점을 맞추고 있는 것이기 때문에 보호받는 정보의 취득 그 자체만으로도 침해를 구성할 수 있다.

우리나라에서 프라이버시의 권리는 헌법상의 기본권으로서 보호되고 있지만, 일반 법률에서 딱히 근거조항을 두고 있지는 않았다. 그러다가 2005년에 「언론 중재 및 피해구제 등에 관한 법률」(법률 제7370호)에서 인격권의 보장에 관한 명문 규정이 마련되었다. "언론은 생명, 자유, 신체, 건강, 명예 및 사생활의 비밀과 자유, 초상, 성명, 음성, 대화, 저작물 및 사적 문서 그 밖의 인격적 가치 등에 관한 권리(이하 "인격권"이라 한다)를 침해하여서는 아니된다."는 규정에 의하여 보호가 이루어진다. 또한 2012년도부터는 「개인정보 보호에 관한 법률」(법률 제10465호)을 통해서 개인의 자기 정보에 관한 보호가 이루어지고 있다.

미국의 저명한 법학자 윌리엄 프로서(William Prosser)는 프라이버시 침해의 유형을 크게 네 가지로 구분하여 첫째 원고의 주거, 고독 혹은 사적인 일에 대한 침입(intrusion), 둘째, 원고의 사적 사항에 관한 당혹스러운 공개(public disclosure), 셋째, 공중의 눈에 원고를 왜곡시키는 공표(publicity in false light), 넷째, 피고의 이익을 위한 원고의 성명 혹은 초상의 도용(appropriation)을 들고 있다.[10] 한편 미국의 구술사학자이자 법률가인 노이엔쉬원더는 현대

8) Neuenschwande, op.cit, p.49.
9) 정만희, 「프라이버시권 : 언론보도에 의한 침해와 구제를 중심으로」, 『고시계』 2000년 11월호, 43쪽.

의 프라이버시 문제는 거짓사실 공표(false light), 사적인 사실의 공개(disclosure of private facts), 공표의 권리(right of publicity), 육체적 안온에 대한 침범(intrusion upon physical solitude)로 구분하기도 한다.

프라이버시의 권리가 인격의 자유로운 발현과 인간의 존엄성을 유지하는 기본권이라고 하더라도 그것은 상대적 기본권으로서 일정한 제약을 받게 된다. 다시 말해서 프라이버시에 관한 권리는 다른 기본권과 마찬가지로 타인의 권리를 침해할 수 없으며, 사회윤리나 공중도덕, 또는 헌법질서에 위배되어서는 아니 된다.[11] 특히 프라이버시에 관한 권리의 한계로 언급되는 것은 언론이나 출판의 자유 또는 표현의 자유와 프라이버시에 관한 권리가 충돌하는 경우이다. 표현의 자유는 국민의 알 권리와 연결되는 사항으로 민주주의 사회의 전제조건이자 기반을 이루는 것으로 이 또한 헌법적인 기본권의 하나이다. 언론의 보도에 의해서 개인의 프라이버시가 침해되었을 경우 표현의 자유와 국민의 알 권리가 우선할 것인가 아니면 개인의 프라이버시를 보호할 것인가에 관한 문제는 오랜 역사를 가진 커다란 쟁점 가운데 하나이다.

미국의 판례는 공공의 이익 이론과 공적 인물 이론 등에 의해서 프라이버시 침해에 대한 면책의 사유를 제시한다. 사회 공공의 이익을 위해서 사회 구성원들이 모두 알아야할 필요가 있는 사항들이나 또는 유명 인사들에 대해서는 낮은 수준에서만 프라이버시 보호를 인정하는 경향이다.

공공의 이익(public interest) 이론은 프라이버시의 권리는 공공의 이익이 되는 사항의 공개를 방해할 수 없다는 이론이다. 사회 구성원이 어떤 사실을 아는 데에 대하여 정당한 관심을 가지고 또한 그것을 아는 것이 사회에 이익이 되는 경우에는 공공의 이익에 해당하여 프라이버시 침해를 구성하지 않는다는 것이다. 이 경우 가장 문제가 되는 것은 정당한 관심의 영역을

10) 박용성, 「명예훼손법」 서울: 현암사, 2008, 34쪽.
11) 정만희, 앞의 논문, 44쪽.

과연 어디까지 인정할 것인가에 관한 것인데, 보도적 가치, 교육·계몽적 가치, 오락적 가치 등을 정당한 관심의 종류로 제시하고 있으며, 이러한 각각의 가치를 프라이버시와의 비교 형량에 의해서 법률적인 판단을 하게 된다.

한편 공적 인물(public figure)의 이론은 프라이버시 침해를 주장하는 사람의 사회적 지위에 따라서 프라이버시 침해 여부의 판단이 달라질 수 있다는 주장이다. 공무원이나 정치인 등과 같은 공적인 인물이나 유명인의 경우에는 사생활의 보호에 있어서 보통 사람과는 달리 어느 정도 개인의 생활이 노출되는 것이 불가피하다는 것이다. 공적 인물에는 대통령이나 국무총리, 국회의원을 비롯하여 공무를 통하여 대중의 관심의 대상이 된 사람을 일컬으며, 배우, 가수, 직업운동선수 등뿐만 아니라 대중적으로 관심의 대상이 되는 사건사고의 주인공, 범인, 피해자 및 그 가족 등도 여기에 포함될 수 있다. 그렇지만 최근에는 대상 인물이 공적 인물이냐 사적 인물이냐에 있는 것이기보다는 화제가 되는 사항이 공적인 사항인지 아니면 사적인 사항인지가 더 중요한 것이며, 유명인이라고 하더라도 공적 생활 이외에서 벌어지는 사적인 사항에 관해서는 프라이버시를 갖는다는 비판이 제기되고 있다.

한편 독일에서는 소위 인격영역론(Spärentheorie der Persönlichkeit)을 통하여 프라이버시 보호를 위한 이익 형량을 조정한다. 이 이론은 법적 보호대상인 인격적인 가치를 다섯 가지의 보호 영역으로 구분하여 해당 영역에 따라 프라이버시로서의 보호 범위를 달리해야 한다는 것이다. 인격적 가치의 영역을 내밀영역, 비밀영역, 사적 영역, 사회적 영역, 공개적 영역 이렇게 다섯 가지로 구분하여 해당 영역에 따라서 프라이버시 침해에 대한 법적 판단을 달리해야 한다는 것이다. 내밀영역은 인간 자유의 최종적이고 불가침적인 영역을 포괄하는 것으로, 핵심적 자아의 영역에 속하는 내심의 상황을 말한다. 여기에는 개인의 종교적, 세계관적 의무나 확신·감정뿐만 아니라 개인의 간절한 원망·두려움 등 극단적인 내심의 비밀 등이 포함되며, 또한 사랑의 영역으로서 성적인 사항이 포함된다. 이 내밀영역은 가장 강력한 보호를 받는 절대적인 영역이다. 이것은 유명인은 물론 정치가에도 통용이 된다. 한편 비밀영역은 사회통념상 이성적인 평가를 할 경우 공공에게 노출이 되어서는 안 될 인간의 생활영역을 의미한다. 비밀영역은 공공으로부터 보호되어야 할 뿐만 아니라 사적인 제3자의 인지 및 침입으로부터도 보호되어야 한다. 그렇지만 이 경우 비밀보호의 효력은 절대적인 것이 아니며 동등한 위치에서 보장받는 표현의 자유와 긴장 관계에 서며, 그 비밀관계자의 이익은 모든 사정을 고려한 공개의 이익과 비교형량하여 보호여부가 결정된다.[12]

사적 영역은 가족이나 친구, 친지와 같이 친밀한 범위 내에서 이루어지는 일상생활의 영역을 말하며, 개인의 혈통 · 가계 · 성격 · 습관 · 질병 등도 이 영역에 속한다. 사적 영역은 내밀 영역과는 달리 절대적 보호를 받지 못하지만 유명인이나 정치인이라고 하더라도 보호를 받을 수 있다. 이 영역의 사실이 언론의 자유와 충돌할 때 역시 공공의 알 권리나 표현의 자유와의 이익 형량에 따라 보호여부를 결정하게 된다. 한편 사회적 영역은 내밀영역, 비밀영역, 사적 영역에 비해서 훨씬 더 자유롭게 보도할 수 있으며, 공개적 영역의 경우에는 인격권적 보호의 범위에 포함되지 않는 것으로 본다.

우리나라에서도 미국이나 독일의 판례 이론들을 수용하여 프라이버시에 관한 권리의 보호가 이루어지고 있다. 프라이버시권과 표현의 자유가 충돌하였을 때 우리 법원은 "표현의 자유는 민주정치에 있어 최대한의 보장을 받아야 하지만 그에 못지않게 개인의 명예나 사생활의 비밀과 자유 등 사적 법익도 보호되어야 할 것이므로, 인격권으로서의 개인의 명예의 보호와 표현의 자유의 보장이라는 두 법익이 충돌하였을 때 그 조정을 어떻게 할 것인지는 구체적인 경우에 사회적인 여러 가지 이익을 비교하여 표현의 자유로 얻어지는 이익 · 가치와 인격권의 보호에 의해 달성되는 가치를 형량하

12) 정만희, 앞의 논문, 45~48쪽.

여 그 규제의 폭과 방법을 정하여야 한다[13]"고 하여 두 가지 이익이 상호충돌 할 경우에는 법적인 이익 형량을 통하여 침해 여부를 판단하고 있다. 또한 "개인의 사생활의 비밀에 관한 사항은 그것이 공중의 이해와 관련되어 공중의 정당한 관심의 대상이 되는 사항이 아닌 한 비밀로서 보호되어야 하고, 이를 부당하게 공개하는 것은 불법행위를 구성한다"고 판시하고 있다. 또한 "개인의 사적인 신상에 관한 사실이라고 하더라도 그가 관계하는 사회적 활동의 성질이나 이를 통하여 사회에 미치는 영향력의 정도 등의 여하에 따라서는 그 사회적 활동에 대한 비판 내지 평가의 한 자료가 될 수 있는 것이므로 그 적시의 동기가 공공의 이익을 위한 것이라면 책임이 면제될 수 있다[14]"고 판결을 내리고 있다.

2) 명예훼손(Defamation)

우리 법제상 명예는 인격권을 구성하는 법익의 하나로, 명예훼손은 사람에 대한 명예 즉 '사회적 평가'를 저하시키는 행위로서 민·형사상 제재 대상이 된다. 민사상 명예훼손은 불법행위를 구성하여 법적 제재를 받게 되고, 형사상으로는 형벌로 처벌받게 된다.

'명예'란 사람의 품성, 덕행, 명성, 신용 등 세상으로부터 그 사람이 받는 객관적인 평가를 의미하고, 법인의 경우에는 그 사회적인 명성과 신용을 지칭하는 것이다. 따라서 명예를 훼손한다는 것은 개인이나 법인의 사회적 평가를 침해하는 것을 일컫는다. 즉 명예훼손이란 불특정다수에게 실존 인물에 대한 사실적 주장을 유포함으로써 그 인물의 평판을 저하시키는 행위를 지칭하는 것이다. 여기서 사실적 주장이란 자신의 의견을 표시하거나 의견이라고 이해될 수밖에 없는 추상적인 주장을 의미하는 것이 아니라 특정한

---

13) 대법원, 1988.10.11. 85다카29.

14) 대법원, 1996.4.12. 94도3309.

표 3. 형법 중 명예훼손에 관련 규정

제33장 명예에 관한 죄 제307조(명예훼손) ①공연히 사실을 적시하여 사람의 명예를 훼손한 자는 2년 이하의 징역이나 금고 또는 500만원 이하의 벌금에 처한다. 〈개정 1995.12.29.〉 ②공연히 허위의 사실을 적시하여 사람의 명예를 훼손한 자는 5년 이하의 징역, 10년 이하의 자격정지 또는 1천만원 이하의 벌금에 처한다. 〈개정 1995.12.29〉 제308조(사자의 명예훼손) 공연히 허위의 사실을 적시하여 사자의 명예를 훼손한 자는 2년 이하의 징역이나 금고 또는 500만원 이하의 벌금에 처한다. 〈개정 1995.12.29〉 제309조(출판물등에 의한 명예훼손) ①사람을 비방할 목적으로 신문, 잡지 또는 라디오 기타 출판물에 의하여 제307조제1항의 죄를 범한 자는 3년 이하의 징역이나 금고 또는 700만원 이하의 벌금에 처한다. 〈개정 1995.12.29.〉 ②제1항의 방법으로 제307조제2항의 죄를 범한 자는 7년 이하의 징역, 10년 이하의 자격정지 또는 1천500만원 이하의 벌금에 처한다. 〈개정 1995.12.29〉 제310조(위법성의 조각) 제307조제1항의 행위가 진실한 사실로서 오로지 공공의 이익에 관한 때에는 처벌하지 아니한다. 제311조(모욕) 공연히 사람을 모욕한 자는 1년 이하의 징역이나 금고 또는 200만원 이하의 벌금에 처한다. 〈개정 1995.12.29〉 제312조(고소와 피해자의 의사) ①제308조와 제311조의 죄는 고소가 있어야 공소를 제기할 수 있다. 〈개정 1995.12.29.〉 ②제307조와 제309조의 죄는 피해자의 명시한 의사에 반하여 공소를 제기할 수 없다. 〈개정 1995.12.29〉

사건 등에 관한 구체적이고 세부적인 사실을 담고 있다는 것을 의미한다. 사실적 주장이 진실인 경우에도 그 인물의 평판을 저하시킬 수 있고, 허위

인 경우에도 그 인물의 평판을 저해시킬 수는 있다. 또한 사실적 주장은 직접적인 서술이나 직접적인 보도를 통해서도 알 수 있지만, 영화나 드라마, 소설에 실존인물과 비슷한 가상의 인물을 등장시켜서 이루어지는 경우도 있다.[15] 그렇지만 순수한 의견의 표현은 명예훼손의 적용 대상이 되지 않는다.

명예훼손과 관련해서는 엄격 책임의 법리(strict liability rule)가 적용되기 때문에 명예훼손적인 표현 행위가 있으면 곧바로 책임을 추정하게 된다. 따라서 공표된 내용이 원고의 명예를 훼손하는 내용인 경우에는 고의나 과실을 불문하고 표현행위에 가담한 사람의 책임이 인정된다. 원고가 명예훼손적인 내용이 공표되었다는 사실을 입증하게 되면 피고의 악의와 피해자의 손해가 추정되어 손해배상책임이 성립될 수 있으며, 피고가 공표된 내용이 진실임을 입증하거나 위법성 조각 사유에 해당하는 것인지를 입증하지 못하는 한 손해배상책임을 면하지 못하게 된다.

우리 형법[16]은 각칙 제33장에 '명예에 관한 죄'(제307조~제311조) 항목을 별도로 구성하여, 일반적인 명예훼손에 관한 사항(제307조)이고, 사자(死者)의 명예훼손(제308조), 출판물에 의한 명예훼손(제309조), 명예훼손에 대한 위법성 조각 사유(제310조)에 관하여 규율하고 있으며, 모욕죄(제311조)를 별도의 구성요건으로 규정하고 있다. 형법상 명예훼손은 '사실 적시'를 요건으로 하지만, 모욕죄의 경우에는 사실 적시를 반드시 요건으로 하지는 않으며 사람에 대한 경멸의 표시만으로도 성립이 될 수 있다는 점에서 일반적인 명예훼손과는 구별이 된다.

일반적인 명예훼손의 요건에 따르면 우리 법은 진실인 사실이라고 하더라도 상대방의 명예를 훼손한 사실이 있는 경우에 명예훼손으로 처벌받을 수 있도록 규정하고 있다. 다만 이 경우 위법성 조각 사유에 따라 공익성이 인정되는 경우에, 즉 오로지 공공의 이익을 위한 것으로 행위자가 공공의

15) 대법원 1998.9.4. 96다11327.
16) 법률 제10259호.

이익을 위하여 그 사실을 적시한 경우에는 책임으로부터 자유로울 수 있다. 이것은 공개한 내용이 진실인 경우에 처벌을 받지 않는 미국의 경우와는 다른 태도를 취하고 있는 것이다. 우리나라에서는 사실적인 주장이 진실이라고 하더라도 공익적인 목적으로 그 주장을 한 것이 아니라면 명예훼손이 성립될 수 있음을 의미한다. 또한 공익적인 목적이라고 하더라도 상대를 비방할 목적이었다는 것을 입증하게 되면 명예훼손으로 인정이 될 수도 있다. 명예훼손은 사실적인 주장에 의해서 발생하는 것이지만, 우리나라뿐만 아니라 대부분의 국가에서는 그 대상이 공인인 경우에는 그것이 허위인 줄 알면서도 유포가 된 경우에만, 즉 실질적인 악의(actual malice)가 있어야 명예훼손으로 인정이 된다. 뉴욕타임스와 설리반 사건(New York Times Co. v. Sullivan)은 이른 바 공직자에 관한 보도에 있어서는 명예훼손적인 내용에 오류가 있다고 할지라도 그것이 언론사 측의 '악의 또는 중과실(actual malice or reckless disregard)'에 의한 것을 피해자가 입증하는 경우에만 언론사의 손해배상책임이 성립한다고 판시하여 공직자 또는 공인에 대해서는 비교적 느슨한 기준을 적용하고 있다.

패러디나 코메디와 같이 보통 사람들이 사실적 주장으로 받아들이지 않는 경우에는 명예훼손으로 인정되지 않는다. 또한 너무나 황당무계하고 초자연적인 주장을 펼쳐서 어느 누구에게도 사실적인 주장으로 받아들여지지 않을 것이 분명한 경우 역시 명예훼손으로 인정되지 않는다. 아울러 허위사실일지라도 극화를 위해 진실인 사실을 근간으로 해서 살을 붙이기 위해 만들어낸 것은 역시 일반인들이 사실적인 주장이라고 믿지 않는 것으로 여겨져 명예훼손이 성립하지는 않는다.

한편 민법[17]에서는 명예훼손에 관한 사항은 불법행위의 하나로 명예훼손을 위자료 청구권 발생 요건(민법 제751조)과, 그 법적 효과로서 일반적 불

---

17) 법률 제11300호.

법행위와 다른 명예훼손의 특칙(민법 제764조)으로 규정하고 있다. 형사상의 명예훼손은 형사처벌의 대상이 되지만, 민사상의 명예훼손은 불법행위에 대한 제재행위로서 위자료 및 손해배상 청구의 대상이 된다는 점에서 차이가 있다. 물론 형사상의 명예훼손이 된 경우에는 민사상의 명예훼손도 병과해서 진행이 될 수 있다. 형사상의 명예훼손은 고의가 있는 경우에만 성립되지만, 민사상의 명예훼손은 고의뿐만 아니라 과실이 인정되는 경우에도 책임이 인정될 수 있어 민사상의 책임을 보다 폭넓게 인정하고 있다.

명예훼손을 구성하기 위한 요건을 미국의 「불법행위의 재술(*Restatement (Second) of Tort*)」에서는 첫째, 타인에 대한 허위 그리고 명예훼손적인 진술을 포함하고 있을 것, 둘째 원고의 그리고 원고가 관련된 것, 셋째, 명예훼손 내용을 제3자에게 공표한 행위가 이루어졌을 것, 넷째, 어느 정도의 과실이 있을 것(최소한의 주의 의무를 소홀히 한 경우), 다섯째, 그 결과 원고에게 피해를 입혔을 것, 이렇게 다섯 가지로 분석하고 있다. 우리 법은 진실이라

표 4. 민법 중 "명예훼손" 관련 조항

제750조 (불법행위의 내용) 고의 또는 과실로 인한 위법행위로 타인에게 손해를 가한 자는 그 손해를 배상할 책임이 있다.

제751조 (재산이외의 손해의 배상) ①타인의 신체, 자유 또는 명예를 해하거나 기타 정신상고통을 가한 자는 재산이외의 손해에 대하여도 배상할 책임이 있다.
②법원은 전항의 손해배상을 정기금채무로 지급할 것을 명할 수 있고 그 이행을 확보하기 위하여 상당한 담보의 제공을 명할 수 있다.

제764조 (명예훼손의 경우의 특칙) 타인의 명예를 훼손한 자에 대하여는 법원은 피해자의 청구에 의하여 손해배상에 가름하거나 손해배상과 함께 명예회복에 적당한 처분을 명할 수 있다. [89헌마160 1991.4.1민법 제764조(1958. 2. 22. 법률 제471호)의 "명예회복에 적당한 처분"에 사죄광고를 포함시키는 것은 헌법에 위반된다.]

고 하더라도 명예훼손으로 인정될 소지가 있지만, 미국의 경우에는 진실인 경우에는 명예훼손을 인정하지 않는다는 점을 감안할 때 첫째 요건에서의 언급하고 있는 '허위'라는 요건을 우리나라에 그대로 적용하기 어렵다는 점을 제외하고는 모두 우리 법률 환경에서도 그대로 참고할 수 있을 것이다.

3) 구술자료의 수집과 활용 과정에서의 인격권 문제의 검토

구술자료의 수집과 공표에서 발생할 수 있는 문제의 대부분은 윤리적인 차원과 더불어서 법률적인 차원에서의 검토를 필요로 하는 것이다. 법률적인 문제는 손해배상이나 위자료, 심지어 형사적인 처벌과도 연결될 수 있는 사항이기 때문에 도의적인 책임만을 부담하는 윤리적인 차원에서의 문제와는 그 결을 달리하는 것이다. 대개의 경우 구술자에 대한 윤리적인 책임을 다하는 것으로 그 인격적인 이익을 충분히 보호할 수 있다. 그 가운데에서도 책임의 무게가 가볍지 않은 것들과 구술의 과정에서 언급되는 제3자와 관계되는 사항들이 대개 법률적인 문제와 연결이 된다.

따라서 구술자료의 수집과 배포 과정에 구술자 또는 타인의 프라이버시를 침해하고, 타인의 명예를 훼손하는 부분이 포함되어 있는 지를 꼼꼼하게 살펴볼 필요가 있다. 그런데 문제는 어떤 부분이 프라이버시나 명예훼손에 해당하는 것인가를 판단하기가 그리 쉽지 않다는 점이다. 설령 일부 프라이버시를 침해하거나 명예훼손적인 부분을 포함한 경우더라도 공익적인 관점에서 더욱 필요한 것이라면 앞서 살펴 본 것처럼 위법성 조각 사유에 해당이 되어 자료 공개에 따르는 책임으로부터 자유로울 수도 있기 때문에 문제는 더욱 복잡해진다. 따라서 이러한 부분에 적절하게 대응할 수 있는 가이드라인을 만들어서 그 가이드라인에 따라서 꼼꼼한 점검이 이루어질 필요가 제기된다. 그런데 아직까지 국내에서 구술자료의 공개에 필요한 인격권적인 요소를 판단할 가이드라인이 별도 만들어진 것이 없고, 해외의 사례에서도 그러한 예를 찾아보기가 쉽지는 않은 실정이다. 이러한 문제에 체계적으로 대응할 수 있는 공동의 가이드라인을 개발하여 보급하는 것도 향후 구술사 연구가 안고 있는 과제 가운데 하나가 되지 않을까 생각이 된다. 후술하는 부분은 구술자료 공개에 앞서서 필요한 법률적인 검토에 참고할만한 몇 가지 사항들을 앞서 언급한 법률 내용을 바탕으로 정리한 것이다. 앞으로 구술자료의 수집과 공개에 따르는 인격권 문제와 관련된 가이드라인 제정에 참고할 수 있는 기초자료로 활용될 수 있었으면 한다.

구술자료의 인격권에 관한 문제는 자료의 수집에서부터 곧바로 적용이 된다. 구술자가 원하지 않는 또는 사전에 고지가 이루어지지 않은 상태에서 이루어진 기록의 작성과 수집은 그 자체로 프라이버시 침해를 구성한다. 아무런 허락 없이 개인의 일상을 기록하여 공개하는 것은 자신의 사적인 영역의 안온을 침해하는 행위에 해당되어 개인의 인격적인 권리를 훼손하는 행위이기 때문에 프라이버시 침해를 구성하게 된다. 따라서 구술자의 동의 없는 상태에서 이루어진 녹음이나 녹화, 사진 촬영 등은 엄격하게 금지되어야만 한다. 실제적으로 구술채록 작업을 진행하다 보면, 녹음이나 녹화 도중에는 구술자가 정제된 이야기만을 하다가 기록 작업이 중지된 이후에는 거침없이 이야기를 하는 경우가 흔히 발생하기도 한다. 이런 때 채록자는 비공식적인 이야기의 순간을 녹음이나 녹화하고 싶은 유혹이 강하게 느낄 수도 있지만, 구술자에게 사전에 고지되지 않은 상태로 이루어지는 녹음이나 녹화는 단순한 윤리적인 책임을 넘어서 모두 프라이버시 침해라는 법률적인 책임으로 연결될 수 있다는 점을 인지하고 이런 행동을 절대로 삼가야만 한다.

수집된 자료를 구술사아카이브에 보관하고 다른 사람들이 이용할 수 있도록 열람에 제공하는 과정에서도 이러한 원칙들은 동일하게 적용이 된다. 아카이브에 자료를 비치하고 그 목록을 공개함으로써 구술자료는 언제든 다른 사람이 이용할 수 있는 개연성을 지니게 된다. 따라서 구술자료를 구술아카이브에 비치하여 목록을 공개하고 다른 사람이 이용할 수 있도록 제공하는 행위는 그 자체로 구술자료를 일반 대중에게 공표하는 것에 해당이 된다. 저작권법(법률 제11100호) 제11조 제5항에서 저작자가 특별한 의사표시를 하지 않고 도서관이나 아카이브에 자료를 기증하는 경우에는 그 저작물이 기증되는 시점에서 저작물의 공표에 동의하는 것으로 추정하는 규정을 두고 있다. 도서관이나 아카이브에 자료 제공함으로써 불특정 다수의 사람들이 자료를 이용할 수 있는 환경에 저작물이 노출되는 것이기 때문에 자료 공개에 관한 특별한 단서가 없이 저작물이 도서관이나 아카이브에 제공이 되는 경우는 저작물이 공표된 것이라고 추정하고 있는 것이다. 따라서 구술아카이브에 자료를 공개하기에 앞서 작성된 구술자료의 공개에 동의하는지를 구술자에게 묻는 과정을 거칠 필요가 있다.

구술면담의 과정에서는 이야기가 가지는 즉흥적인 성격으로 말미암아 다른 사람들에게 공개하기 곤란한 이야기들이 오고가고 갈 수 있다. 그 가운데에는 정치적으로, 사회적으로 민감한 주제 또는 개인의 비밀스러운 이야기가 포함될 수도 있다. 또한 제3자에 대한 평판이 언급되는 경우도 있을 것이다. 면담 현장에서 이루어진 이야기라고 해서 이런 이야기들이 여과 없이 외부에 공개될 수 있는 것은 아니다. 그리고 그것은 그 누구에게도 결코 바람직하지 않은 것이다. 구술자에게는 자신이 한 이야기 가운데 기록으로 남겨져서 다른 사람들에게 공개되어서는 곤란한 부분을 점검하고 확인할 권리가 있다. 구술자는 자신의 이야기가 사회적으로 불러 올 수 있는 파장에 대해서 검토를 할 기회를 가져야만 한다. 그래야만 구술자의 사적인 영역을 다른 사람에게 공개하지 않을 권리, 즉 프라이버시를 충분히 보장할 수 있다. 그리고 구술아카이브의 자료 공개는 구술자의 동의 내용과 조건을 바탕으로 이루어져야만 프라이버시 침해에 대한 책임 부담에서 자유로울 수 있다. 또한 구술자의 검독과는 별도로 채록자에 의한 검토 작업이 병행될 필요가 있다. 구술사 연구 수행 과정에서 무엇보다 우선적으로 보장되어야 하는 것은 구술 행위로 말미암아서 구술자가 피해를 보는 경우는 없어야 한다는 점이다. 이런 까닭에 구술자와는 달리 객관적인 시각을 유지할 수 있는 채록연구자에 의해서 구술이 공개되었을 경우에 발생할 수 있는 파장에 대해서 다시 한 번 검토가 필요가 있다. 정치적으로 또는 사회적으로 민감한 사항에 대한 구술자의 발언을 걸러내는 작업을 통해서 구술자를 보호해야만 하기 때문이다.

한편 구술의 내용 가운데에 포함된 제3자에 관한 언급은 보다 면밀한 검토가 필요하다. 이 경우는 구술자료의 생산과 배포에 관여하는 당사자 즉 구술자나 채록자, 구술사연구기관 또는 구술사아카이브 뿐만 아니라 제3의 다른 사람과의 관계로 문제가 확대되기 때문이다. 제3자에 관한 사항은 프라이버시 문제와 명예훼손 관련 사항도 모두 포함이 될 수 있다는 점에서 보다 면밀한 검토가 필요하다. 자료 공개에 앞서 채록자, 구술사연구기관, 구술아카이브에서는 문제가 되는 부분을 식별하고 해당 부분의 공개가 가져올 수 있는 사회적 파장을 미리 심층적으로 검토해야만 불필요한 분쟁을 피해갈 수 있다.

구술자료와 관련한 프라이버시 침해와 명예훼손의 책임은 구술자, 채록자, 연구기관, 출판사 등 구술자료의 수집과 활용과 관련된 모든 주체에게서 발생할 수 있는 사안이다. 구술자료에 타인의 프라이버시를 침해하거나 명예훼손적인 내용을 포함하고 있다면, 그러한 발언을 한 구술자에게 1차적인 책임이 있다. 그렇지만 프라이버시 침해나 명예훼손의 소지를 안고 있는 녹취록이나 녹음자료, 녹화자료를 여과 없이 공중에게 제공하여 공개하는 채록자, 연구자, 구술사 연구기관이나 아카이브도 그 책임으로부터 결코 자유로울 수 없다. 프라이버시 침해나 명예훼손적인 진술을 포함한 출판물의 배포자나 작가의 경우에도 그 책임을 벗어날 수는 없다. 예컨대 작가나 출판사가 타인에 대한 비방을 반복하면서, 이러한 진술이 다른 사람으로부터 비롯되었다는 점을 밝힌다고 해서 그 책임으로부터 자유로울 수는 없다는 것이다. 따라서 구술자료를 수집하여 활용하는 기관에서는 구술자료의 활용이 프라이버시나 명예훼손 소송으로 이어지지 않도록 필요한 예방 조치를 취할 필요가 있다.

먼저 제3자의 프라이버시 침해 여부를 판단하기 위해서는 구술의 내용을 독일의 인격영역론의 구분에 따라서 검토할 수 있을 것이다. 제3자의 연애 경험이나 성적인 취향과 경험 같이 지극히 사적이고 내밀한 이야기들은 내밀 영역이나 비밀 영역에 해당이 되기 때문에 절대적인 보호가 필요한 영역이다. 따라서 공익적인 취지에서의 활용이라고 하더라도 그것이 위법성 조각 사유에 해당이 되기는 실제로 매우 어렵다. 이러한 까닭에 이 경우에 해당하는 사항은 정말 매우 특별한 사유가 없는 한 공개의 범위에서 제외하는 것이 바람직하다.

가족이나 친지, 개인의 신체에 관한 언급을 포함하는 사적 영역의 경우에는 내밀영역이나 비밀영역의 경우처럼 절대적인 보호의 대상이 되는 것은 아니기 때문에 이 경우에는 공익적인 취지에 비추어 그 공개의 여부를 융통성 있게 결정할 수 있을 것이다. 국민의 알 권리와 표현의 자유 등에 비추어서 이러한 부분을 공개하는 것이 보다 바람직하다고 판단이 된다면 과감하게 자료를 공개할 필요도 있다. 개인의 프라이버시를 보호하는 것보다 더 많은 사람들이 그 사실을 알게 되는 것의 이익형량이 더 클 경우에 자료의 공개를 망설일 이유는 특별히 없다. 그렇지만 이 경우에도 공익적인 취지를 자의적으로 해석해서는 곤란하고 사회통념에 비추어서 합리적인 수준에서 판단이 이루어져야만 한다. 한편 사회적 영역과 공개적 영역에 해당하는 사항은 다른 사람들과 이미 공유하거나 공개되어 있는 사항들인 경우가 대부분이기 때문에 특별한 제약 없이 비교적 자유롭게 공개해도 무방하다.

명예훼손은 일부 프라이버시와 중복이 되는 경우도 있지만 대개의 경우 이와는 구별이 되는 것이기 때문에 또 다른 차원에서의 검토와 점검이 필요하다. 명예훼손은 사실의 표현에 대해서 적용이 되는 것이지만 의견의 표현에까지 적용이 되는 것은 아니다. 따라서 구술사연구기관이나 구술사아카이브는 자료의 공개에 앞서 해당 부분이 타인에 명예를 손상시키는 사실 관계에 관한 언급이 포함되어 있는 지를 세심하게 살펴보아야 한다. 미국 법에서는 공표된 사실이 진실인 경우에는 위법성 조각 사유를 구성하지만, 우리 법에서는 진실인 사실의 공표라고 하더라도 공표 행위가 공익을 위한 것이 아닌 경우에는 명예훼손을 구성할 수 있다. 이런 까닭에 특정인의 평판을 훼손시킬 수 있는 사실 관계에 관한 언급을 포함한 진술을 포함한 구술자료는 그 공개에 앞서서 공익성과의 비교 형량이 반드시 필요하다.

한편 미국의 구술사학자이자 법학자인 노이엔쉬원더[18]는 법적 분쟁 예방을 위한 조치를 위해서 필요한 권고사항을 제시하고 있다. 첫째, 연구자나 아키비스트에게 적절한 훈련을 제공할 필요가 있다. 구술자료를 생산하고, 편집하고, 보존하는 사람들뿐만 아니라 자료의 검색에 관여하는 모든 사람에게 구술자료가 명예훼손의 개연성을 가지고 있다는 점을 충분히 인지할 수 있도록 적절한 교육과 훈련을 제공할 것을 권고한다. 둘째, 자료의 공개에 앞서서 명예훼손과 관련된 체크리스트를 작성하여 다음과 같은 사항들에 대해서 꼼꼼하게 점검할 것을 제안한다.

① 이야기의 대상이 되는 사람의 생사 여부 확인
② 구술 자료를 읽고 난 연후에 대상에 대한 의견이나 평가가 바뀌는가?
③ 특정한 사실에 대해서 부정적인 의견을 표현하고 있는가?
④ 구술자의 이야기가 진실임을 입증할 수 있는 다른 증거를 확보하고 있는가?

마지막으로 구술자료를 공개하기에 앞서서 자료 공개와 관련된 등급을 부여하여, 문제의 소지가 있는 자료의 공개를 최소화하는 방법이다. 노이엔

18) Neuenschwander, op.cit, p.47.

쉬원더는 자료의 등급을 전면비공개, 해당부분 삭제 후 공개, 편집, 삭제 등 4단계로 제시[19]하고 있으며, 미국미술기록보존소의 경우에는 비공개(Seal), 구술자 허락 후 열람, 전면 공개의 3단계로 자료의 등급을 구분하여 구술자료를 공개하고 있다.

〈표 5〉는 한국구술사학회, 미국구술사협회, 영국구술사학회가 제시하고 있는 윤리규정을 근간으로 해서, 앞서 살펴본 구술자료의 인격적인 권리 보호를 위해서 필요한 검토사항을 정리한 것이다. 구술자료의 생산과 수집의 각 단계별로 발생할 수 있는 인격권 보호와 관련되는 점검 사항의 리스트를 정리한 것으로, 구술자료의 인격적인 권리 보호를 위한 본격적인 가이드라인 개발에 참고할 수 있는 기초 자료로 활용할 수 있으리라 기대한다.

표 5. 구술자의 인격적인 권리 보호를 위한 검토 사항

기획	• 구술자는 구술사프로그램의 취지와 목적을 명확하게 이해하고 구술에 참여하였는가? • 구술사 프로그램은 구술자의 가치관과 상반되는 의도나 목적을 가지고 있는 것은 아닌가?
수집	• 인터뷰는 구술자의 동의를 얻은 후에 이루어졌는가? • 사진·영상의 촬영은 구술자가 인지한 상태에서 이루어졌는가? • 구술자는 구술작업이 야기할 수 있는 여러 가지 위험을 인지하고 구술에 참여하였는가? • 구술자는 아무런 강요나 강제 없이 심신이 자유로운 상태에서 구술에 참여하였는가? • 구술자에게 이야기하지 않을 권리를 충분히 보장하면서 인터뷰가 이루어졌는가? • 구술자는 인터뷰의 결과물이 어떤 방식으로 사용될 것인가를 충분히 이해하고 구술작업에 참여하였는가?

19) ibid.

구분	내용
구술의 표현과 내용	• 타인의 비밀스러운 사생활(연애경험, 성적 취향 등)의 영역에 관한 이야기를 포함하고 있는가? • 타인의 개인적인 사항(가족, 친지, 신체 등)에 대한 이야기를 포함하고 있는가? • 타인의 평판을 훼손하는 사실에 관한 진술이 포함되어 있는가? • 타인의 평판을 훼손하는 사실에 대한 진술이 공익적인 취지에서 가치를 지니고 있는 것인가? • 언급된 사실의 진위 여부를 쉽게 확인할 수 있는가? • 이야기의 대상이 된 인물이 생존하고 있는가? • 이야기의 대상이 된 인물에 대한 모욕적인 표현을 포함하고 있는가? • 정치적으로 또는 사회적으로 민감한 이슈인가?
관리	• 자료 공개에 앞서서 구술자의 신변 보호를 위한 적절한 조치를 취하고 있는가? • 자료의 공개에 앞서서 구술자의 검토가 이루어졌는가? • 구술자료를 공개하지 않을 권리를 구술자에게 보장하였는가? • 구술자가 익명으로 남아 있을 권리를 보장하였는가? • 구술자료 가운데 타인에게 공개하고 싶지 않은 부분에 대해서 구술자의 권리를 보장하였는가? • 구술자의 요청사항(익명, 비공개, 조건부 공개 등)을 이행하기 위해서 구술사아카이브(연구기관)는 적절한 통제 조치를 시행하고 있는가? • 구술자료를 다루는 사람(채록자, 아키비스트 등)들에게 구술자료의 인격 보호에 관한 교육을 실시하였는가?
활용	• 구술자의 이름이나 초상을 허락 없이 상업적으로 활용하였는가? • 구술자료의 활용은 구술자와 채록자의 동의를 얻은 후에 이루어졌는가? • 구술자료의 활용은 당초 구술이 가진 목적과 취지와 합당한 것인가?

4. 저작권(Copyright)

1) 저작권의 개요

저작권은 학문적 또는 예술적 저작물의 저작자를 보호하여 문화와 관련

산업의 발전에 이바지하기 위한 제도이다. 저작권은 인간의 사상과 감정을 표현한 창작물에 대하여 그 창작자에게 일정기간 동안 자신의 창작물을 독점적으로 사용할 수 있도록 하고 다른 사람이 무단으로 그 저작물을 사용하거나 그 창작자의 인격을 훼손하는 행위를 금지하는 권리를 일컫는다.[20)]

저작권은 권리의 다발(bundle of rights)이라고 불릴 만큼 다양한 세부적인 권리를 그 안에 내포하고 있다. 우선 저작물은 저작자의 정신적인 노고가 결집된 것으로, 그 자체에 저작자의 인격적인 가치가 내재되어 있는 것이다. 또한 경제적인 거래의 대상으로서의 의미도 함께 지닌다. 저작자의 인격적인 가치에 관한 부분은 저작인격권으로 보호하게 되며, 경제적인 거래 대상으로서의 권리는 저작재산권으로 보호받는다.

저작인격권은 저작자가 자신의 저작물에 대하여 가지는 인격적 · 정신적 이익을 보호하는 것이다. 저작인격권은 저작자 자신에게만 전속하는 권리로서, 다른 사람에게 양도하거나 거래의 대상이 될 수 없다. 따라서 저작인격권은 저작자의 사망과 동시에 소멸된다는 점에 특징이 있다. 그러나 저작자가 사망하였다고 하더라도 저작자가 생존하였더라면 그 저작인격권의 침해가 될 만한 행위를 해서는 안 된다. 다만, 그 행위의 성질 및 정도에 비추어 사회통념상 그 저작자의 명예를 훼손하는 것이 아니라고 인정되는 경우에 한해서 예외적으로 이러한 부분이 인정될 수 있다. 저작인격권은 공표권, 동일성유지권, 성명표시권 이렇게 세 가지의 권리로 구성된다(저작권법 제11조~13조). 공표권은 저작물을 공표할 것인지의 여부를 결정할 수 있는 권리를 뜻하며, 공표의 시기와 매체를 결정할 권리를 포함한다. 동일성유지권은 저작물의 제호, 내용, 형식을 저작자의 의사에 반해서 수정하지 못하도록 하는 권리를 의미하며, 성명표시권은 저작물에 저작자가 원하는 방식으로 성명을 표시할 수 있는 권리를 뜻한다.

---

20) 오승종, 『저작권법』, 서울: 박영사, 2007, 9쪽.

저작권은 저작자의 인격적인 권리뿐만 아니라 경제적인 거래의 대상으로서의 의미도 함께 지니고 있다. 저작재산권은 경제적인 거래의 대상으로서 저작물에 부여되는 권리를 의미하며 여러 가지 지분권들로 구성된다. 저작물을 어떠한 방법으로 사용하는가에 따라서 그 권리로써 보장되는 내용이 조금씩 달라질 수 있다. 또한 저작재산권은 저작인격권과 달리 양도, 상속 등을 통하여 다른 사람에게 이전될 수도 있다. 때문에 저작재산권의 정확한 소재를 파악하기 어려운 측면이 있어 한국저작위원회에 저작권 등록을 하도록 하여, 제3자로 하여금 저작재산권이 누구에게 귀속되고 있는가를 확인할 수 있도록 하고 있다.

저작재산권은 복제권, 배포권, 공연권, 공중송신권(전송권, 방송권, 디지털음성송신권), 전시권, 대여권, 2차적 저작물 작성권 등으로 구성이 되며 (저작권법 제16조~제22조), 저작물의 종류에 따라 권리 보호의 내용이 조금씩 달라지게 된다.

복제권은 저작물을 유형물로 다시 제작하거나, 유형물에 고정할 수 있는 배타적 권리를 의미하며, 배포권은 유형의 저작물을 공중을 대상으로 배포할 수 있는 권리를 뜻한다. 공연권은 저작물을 상연, 연주, 낭독, 상영 등의 방법으로 공중에게 제공할 수 있는 권리를 뜻한다. 저작권법이 규정하는 공연은 영상기기를 활용해서 시청각저작물을 상영하는 것이나 제한된 공간 안에서 녹음물을 재생하는 것을 포함하기 때문에 일반적인 의미에서의 공연보다 그 폭이 넓다. 공중송신권은 전송권, 방송권, 디지털음성송신권의 세부적인 권리로 다시 구성이 되며, 일반 공중에게 유·무선 통신이나 전파를 활용해서 저작물을 제공하거나 이를 금지할 수 있는 배타적인 권리이다. 전시권은 미술저작물이나 사진저작물, 건축저작물을 이용하여 전시를 할 수 있는 권리를 의미하며, 대여권은 판매용음반의 영리를 목적으로 하는 대여에 대하여 부여하는 제한적인 권리이다. 2차적 저작물 작성권은 원저작물을 바탕으로 번역, 편곡, 각색, 영상제작 등의 방법으로 새로운 저작물을 만들어낼 수 있도록 허락을 할 수 있는 배타적인 권리이다. 2차적 저작물의 경우에는 원저작물의 저작권자의 허락을 받아서 저작물이 작성되어야 하는 것은 물론이거니와, 2차적 저작물의 복제와 배포, 공중송신 등 모든 부분에 2차적 저작물의 저작권자의 허락과 더불어 원저작물 저작권자의 허락도 함께 필요로 한다는 점에서 보다 복잡한 권리관계를 구성한다.

한편 저작권 제도의 가장 커다란 특징은 저작권은 한시적인 권리로서 일정한 기간 동안만 보호가 된다는 점이다. 저작권 보호기간이 만료된 저작물의 경우에는 사회 공유의 재산으로서 누구나 마음대로 활용할 수 있게 된다. 이러한 점은 소유권과 저작권을 구별하는 가장 커다란 특징 가운데 하나이다. 소유권은 특정한 유형의 대상물을 바탕으로 하는 것이기 때문에 그 유형물이 존재하는 한 영원토록 권리가 유지되지만, 저작권은 추상적인 객체인 지적 창작물에 부여되는 독점 배타적인 권리로 일정한 기간 동안만 보호를 하고, 보호기간이 종료되면 누구나 자유롭게 이용할 수 있게 된다.

저작물의 사용 행태는 매우 다양하고, 그 개별 이용 행태에 대해서 저작권이 어떻게 적용되는가에 대해서 법률에서 아주 세밀하게 규정하고 있는 것은 아니기 때문에 실제 사례에 저작권법을 적용하는 데에는 상당한 어려움이 뒤따른다. 특히 각국마다 조금씩 상이한 입법체계를 가지고 있고, 특히 구술자료와 관련된 참고할만한 판례가 거의 없어 적절한 대응 방안과 지침을 마련하는 데 어려움이 있다.

2) 구술자료의 저작권

(1) 구술자료의 범위

구술사는 구술자와 채록자의 면담을 통하여 이루어지며, 그 과정에서 다양한 형태의 자료가 생산된다. 현장에서의 면담을 녹취한 녹음자료, 영상자료, 면담의 내용을 문자로 풀어낸 녹취문 등이 구술채록의 직접적인 결과물로 생산된다. 또한 채록의 과정에서 구술 내용에 관련된 사진이나 기타 부수적인 자료들이 함께 수집이 되기도 한다. 그리고 구술채록 작업이 모두 완료된 이후에 구술채록 내용을 바탕으로 자료집을 발간하거나 학술논문, 다큐멘터리 등이 작성되기도 한다.

이렇게 다양한 자료가 생산되고 수집되기 때문에 과연 어느 범위까지를 구술자료로 지칭할 것인가에 관해서 논란이 있을 수 있다. 그러나 구술자료의 범위 설정은 이 글의 논제와는 상당히 거리가 있는 것이기 때문에 여기에서는 상세히 다루지 않기로 한다. 다만 이 글에서는 논의의 편의상 구술자료의 범위를 구술자와 채록자의 대화 자체가 기록된 녹음자료, 영상자료, 녹취문으로 제한하려고 한다. 구술자료의 범위를 이렇게 제한하는 까닭은 녹음자료와 영상자료는 구술현장에서 직접 생산된 것으로 구술로서의 본질적인 특성을 지닌 원저작물에 해당이 되기 때문이다. 녹취문은 구술현장에서 이루어진 대화를 텍스트로 옮긴 것으로 형체가 없는 말을 문자로 고정시킨 것으로, 엄밀한 의미에서의 구술자료와는 구별이 되는 것이다. 그렇지만 대개의 경우 녹취문은 구술현장에서 이루어진 대화 그 자체를 그대로 문자로 옮긴 것으로, 녹취문의 작성 과정에서의 불가피한 경우를 제외하고는 가능한 구술자와 채록자의 구술내용을 그대로 옮겨서 가능한 구술성을 최대한 보존하려는 것을 염두에 둔 작업이기 때문에, 녹취문을 구술자료의 범위에 포함을 시켜서 논의를 해도 커다란 무리는 없을 것으로 보인다.

구술채록을 통해서 생성되거나 수집되는 자료집이나 학술논문, 다큐멘터리 등의 저작물들은 구술자료를 활용한 2차적 저작물이거나 구술과는 구별이 되는 별도의 저작물에 해당되는 경우가 대부분이기 때문에, 구술자료로서의 본질적인 특성과는 상당한 거리가 있어 저작권 문제에 관해서도 매우 다른 특성을 나타낼 수밖에 없는 까닭에 이 글에서는 별도로 논의하지 않기로 한다.

(2) 구술자료의 저작물성

구술자료가 저작권으로 보호받을 수 있는 객체인가를 확인하려면, 우선 구술자료가 저작권법이 정의하고 있는 저작물에 해당되는가를 살펴보아야 한다. 저작권법 제2조 제1호는 저작물이란 "인간의 사상 또는 감정을 표현한 창작물"이라고 규정한다. 구술자료는 특정한 사건이나 주제에 관한 구술자의 기억을 담고 있는 것으로 구술자와 채록자의 대화로 구성이 된다. 구술자의 체험과 그와 관련된 소회가 이야기로 펼쳐지고, 채록자는 자신의 기획 의도에 따라 질문을 구성하고 이끌어가기 때문에 자연스럽게 구술자와 채록자의 사상 또는 감정이 표현된다. 그리고 구술 행위는 일정한 각본에 의한 것이 아니라 구술자와 채록자의 상호 작용에 의해 즉흥적으로 변화될 수 있는 성격을 지니고 있다. 이러한 까닭에 구술의 과정에서는 현장 참여자들은 자연스럽게 다른 사람의 표현과는 구별되는 새로운 표현을 하게 되며, 참여자들의 독특한 개성이 표현된다. 따라서 구술채록의 상황에서 이루어지는 대화는 그 자체로서 창작적인 표현에 해당이 되는 것으로 이해할 수 있다. 여기에서 이야기하는 '창작성'이란 완전한 의미에서의 독창성을 의미하는 것이 아니라, 남의 것을 단순하게 모방한 것이 아니고 작자 자신의 사상과 감정을 담아서 표현하고 있는가를 뜻한다.[21] 이러한 상황을 종합하여 판단할 때 구술채록을 통하여 수집된 자료는 그 자체로서 다른 사람의 것과는 구분되는 개성을 표현하는 창작성을 갖추고 있으며, 구술자의 삶의 경험과 소회 그리고 채록자의 연구의도가 반영된 저작물에 해당이 된다.

한편 미국의 구술사학자이자 법학자인 노이엔쉬원더[22]는 구술자료는 논픽션의 성격을 지닌 것으로서 픽션에 비해서 낮은(thin) 수준에서 저작권이 보호된다고 언급하면서 사실에 관한 독창적인 표현과 독창적인 자료의 선

---

21) 대법원. 1995.11.14 선고 94도2238판결.

22) Neuenschwander, op.cit, p.62.

택, 구성, 배열에 대해서만 저작권이 인정된다고 밝히고 있다. 실제로 저작권이 보호하는 것은 표현의 영역이지 저작물의 내용에 관한 것은 아니다. 저작권은 저작자의 사상 그 자체가 아니라 사상의 표현에 대해서 보호한다[23]. 사실에 해당하는 저작물의 내용은 공유의 영역에 해당하는 것으로 누구나 자유롭게 이용할 수 있어야 마땅하다. 사실 자체에 독점을 인정한다면, 표현의 자유나 학문의 자유에 대한 중대한 폐해가 될 수 있어 독점을 인정해서는 안 되기 때문이다[24]. 따라서 구술을 통해서 지금까지 알려지지 않았거나 소홀히 다루어졌던 새로운 사실이 발견되었다고 하더라도, 그 발견된 사실 자체에 관해서 저작권이 발생하는 것은 아니다. 구술을 통해서 새롭게 밝혀진 부분은 저작권으로 보호를 받는 것이 아니라, 명예훼손이나 프라이버시 또는 구술자와 채록연구기관 사이에 체결된 계약의 내용을 통해서 보호받을 수 있을 뿐이다.

한편 구술자료에 대한 저작권의 보호는 구술이 시작되는 순간부터 시작된다. 노이엔쉬원더는 구술자가 마이크나 비디오 카메라에 이야기하는 것을 멈추는 순간부터 저작권 보호가 시작된다고 주장한다.[25] 이는 저작물로서의 요건으로 유형물에의 고정을 요건으로 하는 미국 저작권법의 상황이 반영된 것이다. 반면에 유형물에의 고정을 요건으로 하지 않는 우리 저작권법에서는 지적인 창작물이 다른 사람이 인지할 수 있는 형태로 외부로 표출된 순간부터 저작권의 보호가 시작된다.[26]

---

23) 송영식 · 이상정, 『저작권법 개설』 제3판, 서울: 세창출판사, 2003, 42쪽.

24) 仲山信弘, 윤선희 편역, 『저작권법』, 서울: 법문사, 2008, 33쪽.

25) Neuenschwander, op.cit, p.64.

26) 베른협약 제2조의 2에서 고정요건을 부과할 것인지 여부는 각국의 입법에 유보되어 있다. 미국 저작권법은 특정한 매체에의 고정을 저작물로서의 요건으로 규정하고 있으며, 우리나라와 일본의 경우에는 특정한 매체에의 고정을 저작물로서의 요건으로 규정하고 있지 않다.

(3) 구술자료의 저작권자: 공동저작물로서 구술자료

저작권법 제2조 제2호는 "저작자는 저작물을 창작한 자를 말한다"라고 저작자의 요건을 규정하고 있다. 따라서 저작자로서의 지위를 인정받기 위해서는 저작물을 실제로 창작하는 행위, 즉 특정한 사상과 감정을 창작성 있는 표현으로 구체화하는 행위에 직접적인 관여가 이루어져야만 한다.[27)]

구술자료에서 구술자는 이야기 서술의 실질적인 주체이고, 구술자료의 거의 대부분이 구술자의 이야기로 채워진다는 점에서 그 저작자로서의 지위를 인정하는 데에 아무런 이견이 존재하지 않는다.

다만 채록자에게 저작자로서의 지위와 권리를 인정해야 하는가에 관해서는 보다 면밀한 검토가 필요하다. 채록자가 저작권자로서의 지위를 확보할 수 있는가를 검토하기 위해서는 구술채록의 과정에서 채록자가 구체적으로 어떤 역할을 담당하고 있는가를 살펴보아야만 한다. 즉, 구술채록 과정에서 채록자가 어떤 방식으로 창작적으로 기여하고 있는가를 살펴보아야 한다.

일반적으로 채록자는 구술자의 선정과 인터뷰 내용의 구성과 기획에 관여하게 되며, 실제적인 채록의 과정에서는 적절한 개입과 구술자와의 상호작용을 통하여 구술의 완성도를 제고하는 데 기여한다. 동일한 구술자에 대한 면담이라도 채록자와 구술자 사이의 상호작용에 따라 상당히 다른 내용의 구술이 이루어질 수 있기 때문에[28)] 구술자료의 생산 과정에 채록자가 기여하는 부분을 간과할 수는 없다. 유철인은 채록자의 사회적 배경, 관심과 특성, 준비 정도에 따라서 동일한 구술자에 대해서도 서로 다른 판본의 구술자료가 생산될 수 있음을 지적하면서 구술자료의 공동작업으로서의 성격을 주장한 바 있다.[29)]

---

27) 오승종, 앞의 책, 291쪽.
28) 유철인, 「구술생애사를 텍스트로 만들기: 제주 해녀 고이화의 2개의 텍스트 비교」, 『제1회 한국구술사학회 하계학술대회 자료집』, 2010, 66~79쪽.
29) 유철인, 「구술자료의 채록과 해석」, 『한국예술종합학교 논문집』 제6집, 2003, 106쪽.

영국의 유명한 구술사학자 톰슨은 "구술사가는 누구를 인터뷰할 것인지, 무엇을 물어볼 것인지를 선택하는 것"으로 채록자의 역할을 규정하고, 구술사는 구술자와 채록자의 창의적인 협동 프로젝트임을 강조한다.[30] 한편 이탈리아의 구술사학자 포르텔리[31] 역시 "역사적 담론에 대한 통제는 완강하게 역사가들의 손안에 남아 있다. 인터뷰할 사람들을 선택하는 것은 바로 역사가이다. 증언에 최종적인 출판형태와 맥락(단지 몽타주와 녹취에 의한 것이라 해도)을 부여하는 것도 역사가이다. 역사가는 최소한 대화의 파트너로서, 종종 인터뷰의 '무대연출가'나 증언의 '조직자'로서 중요하게 남는다"[32] 고 지적하면서 구술채록 과정에서의 채록자의 창작적인 기여를 강조한다.

노이엔쉬원더는 채록자가 자신이 수행한 인터뷰에 대해서 저작권을 가질 수 있다고 저작권법이 규정하고 있는 것은 아니지만 저작권법의 공동저작물과 관련된 원칙에 근거해서 채록자의 저작권을 주장할 수 있다고 조심스럽게 언급한다.[33] 미국의 유명한 저작권 전문가 가운데 한 사람인 폴 골드슈타인(Paul Goldstein)은 편지와 인터뷰를 서로 비교하면서 "편지왕래에 비해서 인터뷰가 질문과 대답이 훨씬 더 긴밀하게 이루어진다"는 점을 인정하고 채록자의 저작권 보호의 필요성을 주장하였다. 또 다른 저작권 전문가인 윌리엄 패트리(William Patry) 역시 이러한 입장을 지지하면서 전형적인 인터뷰 상황에서 질문을 구성하고, 답변을 이끌어내고, 후속 질문을 만들어내는 방식은 모두 저작권을 인정받기에 충분한 창작적 요소를 갖추고 있다고 주장한다.[34] 미연방순회항소 제2법원도 루빈과 보스턴잡지(Rubin v. Boston

---

30) Thompson, Paul, *The voice of the past : Oral History,* 3rd Ed., New York: Oxford. 2003, p.6.

31) Portelli, Alexandro, *The Death of Luigi Trastuli and other stories : From and meaning in oral history,* New York: State University of New York Press, 1991, p.56.

32) 윤택림 편역, 『구술사, 기억으로 쓰는 역사』, 서울: 아르케, 2010, 92쪽 재인용.

33) Neuenschwander, op.cit, p.65.

34) ibid, p.65 재인용.

Magazine) 사건에서 인터뷰 상황에서 사용되는 질문은 저작권으로 보호받는 저작물임을 인정하는 판결을 내린 바 있다. 아이작 마이클 루빈(Isaac Michael Rubin) 교수는 연인 관계를 구성하는 필수요소 26가지의 기준을 개발하였다. 1977년 보스턴 잡지는 사람들이 왜 사랑에 빠지는가에 관한 기사를 게재하면서 루빈의 기준을 활용하였다. "사랑의 테스트, 진짜 속마음을 이야기하는 방법(The Test of Love, How to Tell If it's Really Real)"이라는 제목 아래 루빈이 개발한 질문들을 사용하였는데, 제2순회항소법원은 루빈이 작성한 일련의 질문들은 저작권으로 보호받는 독창적인 표현의 양식이기 때문에 그 기준을 통째로 활용하는 것은 공정사용에 해당되지 않는다고 판시하여 질문의 저작물로서의 가치를 인정하였다.[35]

한편 지난 2007년 미국에서는 처음으로 채록자의 저작권을 인정하는 판결이 내려졌다. 버만과 존슨(Berman v. Johnson) 사건은 〈너희 엄마가 동물을 죽인다(Your Mommy Kills Animals)〉라는 다큐멘터리 영화의 투자자와 판매사가 영화제작사를 상대로 제기한 소송이다. 리차드 버만(Richard Berman)과 마우라 플린(Maura Flynn)은 영화제작자인 차드 존슨(Chad Johnson)을 상대로 사기와 계약 위반, 저작권 침해를 이유로 소송을 제기하였다. 동물보호단체의 철학과 행동강령을 비판하기 위해서 만든 이 영화에는 플린이 초안을 작성하여 진행한 인터뷰가 상당 부분 포함되어 있었기 때문에 플린은 자신이 영화의 공동저작자라고 주장하면서 저작권 침해에 따른 금전적인 보상을 요구하였고, 결국 배심원은 플린의 인터뷰가 독자적인 저작권을 가질 수 있다고 인정하였다. 그렇지만 이 사건은 순회항소법원에 의한 판결이 아니고, 연방지방법원의 판결이기 때문에 아직까지 판례로서 확정된 것은 아니고 단지 참고할만한 것이라고 한다.[36]

이러한 논의와 사례들을 종합하여 볼 때, 구술자료의 생산과정에 채록자도

35) ibid, p.66.
36) ibid.

공동저작자로서 일정한 역할을 담당하고 있으며, 마땅히 공동저작자로서 저작권이 인정되는 것으로 볼 수 있다. 채록자는 채록의 과정에 적절한 질문과 개입을 통하여 구술채록의 전체적인 흐름을 이끌고, 자신의 연구의도를 작업에 반영하면서 구술자료의 창작 과정에 직접적으로 기여한다. 채록자의 개입 여부에 따라서 구술의 실질적인 내용이 변화될 가능성이 얼마든지 있으며, 채록자와의 상호작용에 따라서 구술자의 반응이 상당히 달리 나타날 수 있기 때문에 구술자료의 생산과정에 채록자가 생산적으로 기여하는 부분을 결코 가볍게 여길 수는 없다.

구술자료의 생산과정과 유사한 좌담회나 대담 등에 대하여 오승종은 "좌담회는 갑(甲)의 발언에 을(乙)이 응답하고, 그 을의 발언을 들은 후 다시 갑이 발언하는 것과 같은 형식으로, 출석한 사람들의 발언이 서로 얽혀 하나의 저작물이 완성되는 것이므로 하나하나의 발언은 독자적인 가치를 가지지 않을 뿐만 아니라 분리하여 이용될 가능성도 없기 때문"에 일반적으로 공동저작물이 된다고 주장한다.[37] 이해완도 "좌담회에 있어서의 개개의 발언을 물리적으로 분리하는 것은 가능하더라도 분리한 상태로 이용하기는 어렵기 때문에 좌담회의 경우 결합저작물이 아닌 공동저작물로 보게 된다.[38] 서로 대화를 주고받는 형식의 대담, 좌담회, 토론회 등의 경우는 대개 개별적 이용가능성이 인정되지 않아 공동저작물에 해당한다"고 주장한다. 물리적으로 각자의 기여 부분이 구분이 된다고 하더라도, 그것을 개별적으로 분리해서 활용할 수 있는 가능성이 존재하지 않는다면 마땅히 공동저작물로(저작권법 제2조 제21호) 볼 수 있다는 것이다.

구술자료는 구술자의 구술 사이사이에 채록자가 개입하면서 그 내용과 방향을 이끌어가기 때문에 물리적으로 두 사람이 언술하는 내용을 각각 구분할 수 있다. 그렇지만 실제로 그것을 각각 독립적으로 활용하는 것은 불

[37] 오승종, 앞의 책, 303쪽.
[38] 이해완, 『저작권법』, 서울: 박영사, 2007, 207쪽.

가능하다. 때문에 그 성격을 개별 저작자가 창조적으로 기여한 부분을 독립적으로 각각 구분하여 활용할 수 있는 결합저작물로 볼 수는 없고, 각자의 기여 부분을 분리한 상태로는 개별적으로 이용할 수 없는 공동저작물로 보는 것이 타당하다.

구술자와 채록자는 구술자료의 공동저작자가 되고, 두 사람에게 모두 저작권자로서의 지위가 부여된다. 따라서 구술자료의 적법한 활용을 위해서는 구술자와 채록자의 허락이 동시에 필요하다.[39] 또한 공동저작물의 저작권 보호기간은 구술자와 채록자 가운데 나중에 사망한 사람의 사후 70년까지 보호된다(저작권법 제39조 제2항).

(4) 어문저작물로서의 구술자료

구술 면담은 구술자의 체험과 기억을 언어로 표출하는 과정이다. 우리 저작권법은 저작물로서의 성립 요건에 유형물에의 고정을 요건으로 하지 않기 때문에, 통상적으로 면담행위 그 자체만으로도 저작물로서의 요건을 갖출 수 있다. 그리고 이러한 면담행위를 특정한 매체에 기록한 녹음자료, 영상자료, 녹취문 등도 저작물로서의 요건을 모두 갖출 수 있다.

구술 현장에서 녹음된 녹음자료는 구술행위 즉 구술자와 채록자의 대화

---

39) 이러한 견해에 대한 이견도 존재한다. 남신동은 구술자료는 채록자와 구술자의 공동 프로젝트의 산물임을 강조하면서도 "구술자료의 보관, 공개, 그리고 활용에 대한 권한은 구술자와 연구자, 혹은 구술자와 연구기관 양자에게 공히 주어지되, 이 권한은 일차적인 근거는 구술자의 동의에 있다"고 주장한다(남신동, 「역사의 민주화'와 구술사 연구의 윤리적 쟁점」, 『한국예술종합학교 논문집』 제6집, 2003, 32쪽). 이것은 일반적인 인터뷰 상황과는 달리 구술사는 구술자의 기억과 그 표현이라는 한계에 갇히기 때문에 채록자의 창작적 기여도는 상대적으로 낮은 수준으로 인정하는 것이 바람직하다는 관점이다. 한편 요우(Yow, 2005: 122)는 노이엔쉬원더(2002)를 인용하면서 "녹음기를 끄는 순간 테이프는 구술자의 것이 된다"고 주장하면서도, 그렇지만 향후 채록자에게도 저작권이 발생할 여지가 있다고 언급한다. 노이엔쉬원더는 최근의 판례를 제시하며 이전과는 상당히 달라진 입장에서 채록자의 저작권에 대해 언급하고 있다(Neuenschwander, op.cit).

를 음성 자체로 녹음한 것으로 어문저작물에 해당이 된다는 것에는 의문의 여지가 없다. 그렇지만 면담의 과정에서 생산된 영상자료의 경우에는 보다 면밀한 검토가 필요하다. 저작권법 제2조 제13호는 영상저작물을 "연속적인 영상(음의 수반여부는 가리지 아니한다)이 수록된 창작물로서 그 영상을 기계 또는 전자장치에 의하여 재생하여 볼 수 있거나 보고 들을 수 있는 것을 말한다"라고 정의한다. 저작권법이 규정하는 영상저작물로 성립되기 위해서는 두 가지 요건을 충족해야만 한다. 첫째, 영상저작물은 서로 관련된 연속적인 영상으로 구성이 되어야 한다. 둘째, 영상저작물은 본질적으로 그 영상을 기계 또는 전자장치에 의하여 재생할 수 있어야만 한다.[40]

구술채록을 통하여 제작되는 영상자료는 구술자와 채록자의 면담 행위를 연속적인 영상으로 구성하여, 그것을 비디오나 컴퓨터 등의 기계장치 또는 전자장치에 의하여 재생할 수 있도록 하는 것을 목적으로 제작이 된다. 때문에 형식적인 영상저작물로서의 요건은 모두 갖추고 있는 것으로 볼 수 있다.

그러나 구술채록의 현장에서 생산되는 영상자료는 구술자와 채록자의 면담 과정을 단순히 순차적으로 기록하는 것에 불과한 경우가 대부분이다. 실제로 영상저작물로서의 요건을 갖추기 위해서는 제작된 영상 자체가 창작성을 갖추고 있어야만 한다. 영상저작물로서의 창작성을 인정받기 위해서는 독특한 카메라 앵글과 구도의 선택, 몽타주 또는 커트 등의 기법, 필름편집 따위의 지적인 활동이 행하여지고, 이러한 지적 활동을 바탕으로 한 영상자체의 창작성이 존재해야만 한다.[41] 따라서 구술채록의 과정을 단순하게 기록한 영상물을 저작권법상의 영상저작물로 보기는 어렵다. 이 경우는 구술채록 과정에서 생성되는 어문저작물을 영상의 형태로 복제한 것으로 보는 편이 오히려 합당하다. 따라서 구술채록 현장을 기록한 영상물은 어문저작물로 보아야 한다. 그러나 구술채록 과정을 기록한 것을 바탕으로

40) 오승종, 앞의 책, p.124.
41) 위의 책. p.125.

새로운 다큐멘터리를 구성하거나, 고도의 영상 편집 작업을 거쳐서 구술행위 자체와는 상당히 구별되는 새로운 저작물을 만들어낸 경우라면 영상저작물로서의 요건을 갖춘 것으로 볼 수 있다. 그렇지만 이 경우에는 사후 편집의 과정을 통해서 구술과는 또 다른 저작물을 창작하게 되는 경우가 대부분이기 때문에 이렇게 해서 생산된 저작물은 2차적 저작물로서의 특성이 강하며, 구술자료와는 다른 특성을 지니게 된다.

해당자료가 어문저작물인지 영상저작물인지에 따라서 저작권의 귀속과 보호기간 등 권리의 세부적인 내용이 상당히 달라질 수 있기 때문에 저작물의 성격을 명확하게 이해할 필요가 있다. 영상저작물의 경우에는 저작권법상의 특례 규정이 적용되어 계약상에 특별한 언급이 없는 경우에는 영상제작자에게 저작권이 있는 것으로 추정이 된다. 따라서 계약상의 특약이 마련되어 있지 않다면 영상제작을 기획하고 주도한 발주기관이 저작권을 확보하는 것으로 추정할 수 있다. 반면에 어문저작물의 경우에는 자연인으로서 직접 구술채록에 가담한 구술자와 채록자에게 원천적인 저작권이 발생하고, 발주기관은 그들로부터 저작물 사용허락이나 저작권 양도를 받아야만 적법하게 저작물을 활용할 수 있다. 또한 영상저작물의 경우는 저작물을 공표한 후 70년 또는 창작한 후 50년 이내에 공표가 되지 않았을 경우에는 창작한 때로부터 70년 동안 권리가 보호된다(저작권법 제42조). 반면에 어문저작물의 경우에는 저작자가 생존하고 있는 동안에 더해서 저작자 사후 70년동안 권리가 보호된다(저작권법 제39조 제1항).

한편 현장에서 이루어진 구술을 바탕으로 작성된 녹취문의 경우에도 그 형태가 문자로 이루어져 있기 때문에 그 자체로서 어문저작물임에는 의문의 여지가 없다. 그런데 녹취문은 구술행위에서 비롯된 말을 문자로 변환한 것이기 때문에 그 저작물로서의 성격에 관해서 보다 상세한 검토가 필요하다. 녹취문을 단순히 구술자체를 문자로 복제한 저작물로 볼 것인지 아니면 구술자체와는 구분되는 2차적 저작물로 바라볼 것인가에 관해서는 이견이 있을 수 있다. 녹취문을 2차적 저작물로 규정하게 된다면 녹취문의 저작자는 녹취문 작성에 직접적으로 관여한 사람이 되기 때문에 권리관계에 상당한 변동을 동반할 수 있다. 포르텔리[42]는 녹취문은 구술적 대상을 시각적 대상으로 변화시킨 것으로 이것은 필연적으로 변화와 해석을 의미한다고 주장한다. 말을 문자로 변환하는 과정에서 상당 부분의 누락과 왜곡이 불가피하기 때문에 본래의 구술자료와는 상당히 구분이 되는 저작물이 생성이 되는 것으로 바라보고 있는 것이다. 녹취문을 구술 행위 자체와 비교하였을 때 이러한 한계가 있는 것은 명백한 사실이다. 톰슨의 경우에는 구술자료에는 두 개의 저작권이 발생한다고 주장하면서 녹음자료는 채록자 또는 채록 연구기관에 저작권이 귀속되며, 구술에서 획득된 정보 자체는 구술자에게 원천적인 저작권이 발생한다고 언급하여 녹음자료의 독자적인 저작물로서의 가능성에 주목하기도 한다.[43]

녹취문의 기본적인 성격은 채록 당시에 진행된 구술자와 채록자의 말을 문자라는 또 따른 표현 형식으로 변형한 것이고, 말을 문자로 변환하여 복제한 것으로 파악할 수 있다는 것이 개인적인 의견이다. 녹취문의 작성은 채록 현장에서 이미 이루어진 말이라는 한계에 갇혀 있는 것이기 때문에 그 과정에 새로운 창작적인 표현을 부가하는 것은 실제로 매우 어려운 일이다. 물론 녹취문을 작성하는 과정에서 녹취문 작성자가 다양한 주석과 해석을 통해 구술 자체와는 구분되는 새로운 창작적인 기여를 할 수 있는 부분이 존재하는 것도 사실이다. 따라서 녹취문의 경우에는 채록 당시에 이루어진 말을 단순하게 문자로 옮기는 경우와 각주와 해석을 부가하는 경우를 구분해서 판단을 할 필요가 있다. 단순하게 구술자와 채록자의 구술언어를 문자로 변환한 녹취문의 작성은 저작물의 표현 형식을 문자로 변형한 복제물을

---

42) Portelli, op.cit, p.47.

43) Paul Thompson, *The voice of the past: Oral History*, 3rd ed., New York: Oxford, 2003, p.252.

제작하는 것으로 보는 것이 합당하고, 연구자의 주석과 해석이 함께 포함된 녹취문의 작성행위는 구술자료와는 구분이 되는 2차적 저작물을 창작하는 것으로 보는 편이 타당할 것이다.

2차적 저작물에 해당되는 녹취문의 저작자는 녹취문의 창작적 표현에 직접적으로 기여한 자가 된다. 이 경우 창작적인 기여는 주석과 해석을 통해서 구술채록과는 구별되는 새로운 저작물을 만들어내는 데 직접적인 기여를 한 자에게 인정이 되어야 한다. 따라서 구술 행위를 텍스트로 변환하는 작업을 한 사람에게 저작권이 인정이 되는 것이 아니라, 주석과 독창적인 해석을 통해서 녹취문이 가지는 역사적 의의를 밝히고, 저작물에 대한 폭넓은 이해를 돕는 역할을 하는 연구자가 저작자가 되는 것으로 볼 수 있다. 2차적 저작물의 작성과 이용은 원저작자의 권리에 아무런 영향을 미치지 않기 때문에(저작권법 제5조 제2항) 이 경우에도 원저작물의 저작자로서 구술자와 채록자의 저작권은 그대로 인정이 된다.

구술자료를 녹취문으로 작성하는 과정에서는 대체로 구술 언어 자체의 생동감과 그 안에 내포된 의미를 온전하게 보존하기 위해서 가능한 윤문처리를 하지 않는 것을 원칙으로 삼는다. 남신동[44]은 "구술자료가 주는 메시지는 구체적인 '정보'뿐만 아니라, 특정한 사건에 대해 구술자가 갖고 있는 감정의 덩어리와 총체적인 의미 해석의 내용들"이라고 주장하면서 구술기록을 부분적으로 발췌하거나 윤문하는 일등은 구술자료의 가치를 잃게 하는 일이라고 비판한다. 이렇게 윤문 작업을 통해서 채록의 내용을 재구성하는 것은 구술자료의 가치를 훼손하는 일임은 물론 자칫하면 구술의 내용을 왜곡하여 실제 구술의 내용과는 다른 녹취문을 만들어 내어서 구술자의 동일성유지권을 훼손할 여지가 있기 때문에 가능한 삼가는 것이 바람직하다.

그런데 일부 지식인 구술자의 경우에는 구술내용을 그대로 풀어낸 녹취

---

44) 남신동, 「역사의 민주화와 구술사 연구의 윤리적 쟁점」, 『한국예술종합학교 논문집』 제6집, 2003, 50쪽.

문을 보고, 문장의 구조를 제대로 갖추지 못한 언술들이 생경하게 돌출되는 것에 당혹감을 느끼고 해당 부문에 대한 윤문처리를 요구하는 경우가 종종 발생하기도 한다. 이러한 경우에는 구술자의 의견을 존중해서 윤문 처리를 하는 것이 저작자의 동일성유지권을 존중하는 것인지가 쟁점이 될 수 있다. 동일성유지권은 저작자의 의사에 반하는 저작물의 임의적인 변경을 금지하는 권리를 의미하기 때문에, 구술내용 그대로를 문자로 풀어낸 녹취문을 구술자가 원하는 표현으로 적극적으로 변경할 수 있는 권리까지가 포함되는 것인지의 여부에 대해서는 논란의 여지가 있을 수 있다.

구술자료가 가지는 특징을 온전히 보존하기 위해서는 가능한 구술자를 설득해서 구술언어를 그대로 문자화할 수 있도록 허락을 받는 것이 가장 바람직하다. 윤문처리 과정을 거치게 되면 구술 당시의 생생함은 사라지고, 구술 과정에서 특별히 발생할 수 있는 맥락들이 소거될 위험이 있는 것은 분명히 사실이기 때문이다. 그렇지만 구술자의 의사에 반해서 녹취문을 편집하는 것도 현실적으로 매우 부담스러운 일이다. 이러한 경우에는 구술자의 의견을 수용하여 구술자가 원하는 표현으로 녹취문을 수정하는 편이 합당하다는 것이 개인적인 의견이다. 왜냐하면 녹취문은 구술채록에서 이루어진 대화를 문자로 복제한 것에 불과하기 때문에 당해저작물의 세세한 표현들이 자신의 의사에 반해서 이루어지지 않도록 할 수 있는 권리가 있기 때문이다. 또한 구술이라는 특수한 상황에서 정제되지 않은 채로 표현된 말을 구술자의 의사에 반해서 그대로 문자화하는 것은, 저작자가 원하지 않는 방식으로 저작물의 내용과 형식을 임의적으로 변경하는 것을 금지하는 동일성유지권의 취지에 반하는 것이다. 따라서 구술자가 완강하게 윤문처리를 주장할 경우에는 그 뜻을 존중해서 문제가 되는 부분을 수정하고 난 후에 저작물을 공표하는 것이 합당할 것으로 생각된다. 다만 정확한 사실 관계를 규명하기 위해 녹취문에 윤문처리가 이루어졌음을 밝히는 작업이 반드시 병행되어야만 할 것이다. 그리고 구술자료가 가지는 생생한 가치를 온전하게 보존하기 위해서 윤문처리 된 자료와는 별도로 구술채록의 과정을 그대로 문자화한 녹취문을 아카이브의 보존용으로 작성할 필요는 여전히 상존한다. 이 경우에 작성된 녹취문은 저작권이 소멸되는 시점까지는 철저하게 외부에 공개하지 않는 조치가 함께 병행될 필요가 있다. 또한 이러한 작업 방식에 대해서도 구술자의 충분한 동의가 있어야 할 것이다.

구술자료는 어문저작물로 분류할 수 있으며, 어문저작물에는 저작인격권과 더불어 복제권, 배포권, 공중송신권, 공연권, 2차적 저작물 작성권이 보장이 된다. 전시권의 경우에는 미술저작물, 사진저작물, 건축저작물에 대하여 부여되는 권리이고, 대여권은 판매용 음반의 영리를 목적으로 하는 대여에 대하여 부여하는 권리이기 때문에 어문저작물인 구술자료에 적용되지 않는다.

구술자료를 활용해서 작성한 학술논문, 자료집, 전시 및 공연 등은 모두 2차적 저작물에 해당되기 때문에 해당 저작물의 저작자는 각각 해당 저작물을 작성한 사람이 된다. 물론 이 경우에도 원저작물의 저작자로서 구술자와 채록자의 저작권이 별도로 보장이 되는 것은 앞서 살펴본 바와 같다.

5. 구술 자료의 활용을 위한 계약의 작성

구술자료의 수집은 대개 특정한 연구기관이 소속 연구자를 활용하거나 외부의 연구자를 채록자로 선정하여 이루어진다. 소속 연구자를 활용하는 경우에는 고용계약에 의하여 채록자의 저작권에 관한 사항이 규율된다. 구술자료가 법인의 명의로 공표되고, 법인의 기획과 주도에 의하여 법인의 종사자에 의하여 채록되었고, 채록자와 소속기관 사이의 고용 계약에 저작권과 관련된 특별한 약정이 없는 경우라면 해당 자료는 '업무상 저작물'에 해당되어 연구기관은 채록자로서 저작자의 지위를 확보하게 된다. 그렇지만 채록자와 소속기관 사이에 저작권에 관한 특별한 약정이 있는 경우라면, 그 약정의 내용이 우선적으로 적용된다. '업무상 저작물'(저작권법 제9조)의 저작권 보호기간은 통상 공표 후 70년간 보호가 되기 때문에 저작권 보호기간에도 변동이 발생할 수 있다.

한편 대부분의 구술채록 연구는 특정한 기관이 사업을 기획하고, 기획 의도에 합당한 채록자를 선별하여 도급계약을 체결하는 방식으로 이루어진다. 통상적으로 도급계약 등에 있어서 수임인이나 수급인은 위임인이나 도급인에 대하여 독립된 지위에 서고 자신의 재량에 의하여 활동을 하는 것이 원칙[45]임으로 수급인인 채록자는 도급인과의 고용관계를 형성하지는 않는 것으로 본다. 따라서 이 경우는 앞서 언급한 '업무상 저작물'에 해당되지 않는 것으로 본다. 따라서 발주기관이 저작자로서의 지위를 확보하게 되는 것은 아니며, 이 경우 저작물의 원천적인 저작권은 채록자에게 발생하게 된다.

그러나 구술자료는 구술자와 채록자의 공동저작물이기 때문에(저작권법 제41조) 채록자와의 도급계약만으로는 저작물의 활용이나 저작권 인수를 위한 적법한 요건을 갖출 수가 없다. 채록자와의 계약이 합법적인 요건을 갖추기 위해서는, 공동저작물에 대한 구술자의 동의가 함께 필요하기 때문이다. 그렇지만 채록자와의 도급계약은 구술자가 확정되기 이전에 또는 실제적인 구술 행위가 이루어지기 이전에 일어나는 법률행위이기 때문에 구술자의 동의를 미리 확보하기가 실질적으로 어려운 것이 현실이다. 따라서 이러한 계약은 구술자료 생산의 과정에서 채록자에게 생성되는 저작권 처리에 대한 잠정적인 의사표시에 불과한 것이다. 이러한 잠정적인 의사표시가 구술자와 채록자가 공동으로 작성한 자료공개허가서 또는 저작권양도계약서를 발주기관에 제출함으로써 비로소 법률적인 효력을 획득하게 되는 것이다. 그리고 이렇게 자료공개허가서를 통하여 구술자와 채록자 모두의

---

45) 오승종, 앞의 책, 325쪽.

동의가 이루어진 이후에야 비로소 발주기관이 저작재산권자로서 또는 저작물 사용의 적법한 권리자로서의 지위를 확보하게 된다.

저작권과 관련된 계약은 다양한 방식으로 이루어질 수 있다. 도급계약에서 가장 일반적으로 사용하는 방법은 수급인에게 발생하는 저작재산권 일체(2차적 저작물의 작성권 포함)를 연구기관이 인수하는 것으로 약정을 체결하는 것이다. 이런 방식으로 약정을 체결하면, 저작자로서 채록자가 가지는 저작재산권은 발주기관으로 귀속하게 되고, 발주기관은 구술자료의 저작재산권자로서의 지위를 갖게 된다. 저작권을 양도하는 내용으로 계약을 체결하더라도 특정한 지역이나 기간의 저작권으로 그 범위를 한정할 수도 있으며, 저작재산권 가운데 특정한 지분권만을 양도하는 것으로 범위를 제한할 수도 있다(저작권법 제45조 제1항). 한편 채록자와 도급계약이 체결되었다고 하더라도 구술자의 저작재산권은 여전히 유효하기 때문에 구술자에게 저작물 사용허락을 받거나 저작권 양도를 받는 작업도 함께 이루어져야 한다. 그리고 구술자와 채록자에게 저작재산권을 양수하였다고 하더라도, 저작자로서의 저작인격권은 여전히 구술자와 채록자에게 있다는 점도 유의해야만 한다.

저작재산권 전체를 발주기관에게 양도하는 대신에, 일정기간 출판권을 부여하거나 특정한 방법으로 저작물을 사용할 수 있도록 허락하는 내용으로 계약을 체결할 수도 있다. 이 경우에는 저작재산권은 구술자와 채록자에게 그대로 남아 있게 된다. 이렇게 되면 향후 약정에 포함되지 않은 방법으로 저작물을 활용하게 되면, 구술자와 채록자에게 일일이 허락을 구해야 하기 때문에 연구기관이나 아카이브로서는 상당한 불편을 감수해야만 한다. 따라서 계약서에는 저작물을 활용하게 될 구체적인 범위와 방법을 보다 분명하게 포함시켜야만 향후 발생할 수도 있는 불필요한 분쟁을 예방할 수 있다. 리치[46]는 인터뷰 직후나 아무리 늦어도 녹취문이 작성되고 편집이 완료될 때까지는 자료공개허가서를 수집해야만 한다고 권고한다.

한편 구술 채록의 진행과정에는 예상하지 못한 구술자의 프라이버시와 관련된 사항이나 다른 사람의 평판에 대한 언급 등 민감한 사항이 포함될 가능성이 있다. 구술의 세부적인 내용을 충분하게 점검하지 않은 상태에서, 저작권을 타인에게 양도하거나 저작물을 공개하도록 허락하는 것은 구술자의 입장에서 매우 부담스러운 부분일 수 있다. 자칫하면 저작물의 이용이나 공개에 대한 사전 허락은 구술자에게는 일종의 검열기제로 작용해서 원활하고 진솔한 자료의 생산을 방해할 수도 있다. 그리고 이러한 과정에서 예기치 못한 새로운 법률적인 문제가 야기될 수도 있다. 때문에 구술자에게는 구술채록을 통해서 채집된 자료가 어떤 목적으로 어떻게 활용될 것인가를 사전에 충분히 알리고 난 연후에 저작물 활용에 관한 동의(informed consent)를 확보할 필요가 있다. 따라서 구술채록이 완료되고 나서, 충분한 검토를 거친 연후에 구술자와 채록자가 함께 저작권의 양도 또는 저작물 사용허락의 내용을 구체적으로 적시한 자료공개허가서를 작성하는 것이 바람직하다. 그리고 구술자가 자료의 공개를 거부할 경우에는 그 공개를 강제해서는 안 된다. 이 경우 구술사 연구기관은 해당자료를 밀봉하여 일반에게 공개하지 않은 채로 보존하거나, 비공개가 요청된 부분을 삭제한 후에 공개하여야만 한다.

자료공개허가서는 구술자와 채록자, 구술사연구기관이 체결하는 일종의 계약으로, 구술자료를 활용하는 법적 근거가 된다. 그리고 향후 구술 자료의 공개와 활용 범위를 결정해주는 가이드라인으로서도 역할하며, 예기치 못한 피해로부터 구술자를 보호하는 기제로도 활용 하게 된다. 또한 훗날 발생할 수 있는 법률적인 분쟁에 대한 구술사연구기관이나 구술아카이브의 대비책이기도 하다. 노이엔쉬원더[47]는 "가장 좋은 자료공개허가서는 지나

---

46) Donald Richie, 2003, *Doing Oral History : A practical guid,*. 2nd ed., New York: Oxford Press, p.75.

47) Neuenschwander, op.cit, p.5.

치게 법률 전문용어를 사용하지 않으면서도 명확한 의미를 담고 있어야 하며, 관련된 이슈의 모든 관계자들의 의견이 종합적으로 반영되어야 하며, 향후 자료가 어떻게 사용되고 관리될 것인가에 관한 로드맵이 제시되어야 한다. 다시 말해서 자료공개허가는 비전문가들에게 손쉽게 설명할 수 있어야 하며, 분쟁이 발생하였을 때 법정에서 방어할 수 있어야만 한다."고 언급한다. 자료공개허가서는 발주기관의 정책이나 특정한 형식에 따라서 다양한 모양으로 작성될 수 있지만, 기본적으로 다음과 같은 사항이 필수적으로 포함되어야만 한다.

① 면담을 통하여 생성된 자료의 정체(주제/면담일시, 날짜, 장소)
② 자료의 소장·공개(공개여부/범위)
③ 구술자의 제한(안)사항
④ 구술자의 인적사항과 인증(친필서명이나 도장)(남신동 2003: 41)
⑤ 면담자의 인적사항과 인증(친필서명이나 도장)

한편 구술사 아카이브나 연구기관들이 수집한 구술자료 가운데에는 구술자가 공표를 원하지 않고, 다른 사람이 열람하지 않도록 비밀로 유지할 것을 요청하는 경우가 있다. 이 경우에 외부로 자료를 공개하지 않는 것이 원칙이지만, 정보공개법이나 기타 다른 관계 법령에 의해서 자료의 공개가 불가피한 경우가 발생할 수도 있다. 노이엔쉬원더[48]는 이러한 경우를 대비해서 구술자가 서명하게 되는 자료공개허가서나 저작권양도계약서에 "이 구술사프로그램은 구술자가 부여한 제한 사항에 대한 비밀을 유지하기 위한 합리적인 모든 조치를 취하는 데 동의한다. 그러나 정보공개법에 의한 요청이나 법원의 소환 요청을 피할 수 있다고 완전하게 보장하지는 못한다."와 같이 주의를 촉구하는 표현을 포함시키는 것이 윤리적으로나 법적으로 타

48) ibid., p.10.

당하다고 권고한다. 때때로 구술자와 연구기관 사이에 맺어진 약정의 내용과 달리 구술자료가 공개되어야만 하는 불가피한 경우가 발생할 수도 있다. 특히 우리나라의 경우에는 대부분의 구술프로그램이 정부나 공공기관의 발주에 의한 것이기 때문에, 국회의 자료 제출 요구나 정보공개법률 등에 의한 법률적인 강제 사항들에 대해서 자유로울 수 없는 것이 현실이기 때문이다. 이러한 까닭에 구술자료가 예기치 못한 강제적인 자료 공개의 압박에 휘말려 구술자나 연구기관의 의도와는 달리 공개되는 경우가 발생할 여지는 얼마든지 있다. 비공개를 전제로 제공한 자료가 공개되었을 경우에 구술자가 입게 되는 마음의 상처는 연구기관에 대한 불신으로 이어지게 되는 것은 물론이고, 약정 위반을 이유로 새로운 법률적인 분쟁이 야기될 수 있는 사안이기 때문에, 약정이 체결되기 이전에 이러한 위험에 대한 부분을 충분히 고지할 필요가 있다.

일본의 경우에는 미공표저작물이 행정기관·지방공공단체에 제공된 경우 원칙적으로 정보공개에 동의한 것으로 간주하지만, 정보 공개의 개시 취지의 결정이 내려지기 전까지 저작자가 별도의 의사를 표시를 한 경우에는 공개의 대상에서 제외하고 있다(일본 저작권법 제18조 제3항).[49] 우리나라의 법률에서도 정보 공개와 관련한 예외 조항의 폭을 확대할 필요가 있음은 물론이다. 또한 법률적인 규제와는 별도로 이러한 강제적인 자료 공개가 매우 부당한 것임을 알리는 전문가들의 윤리 강령의 제정도 반드시 필요할 것으로 보인다.

노이엔쉬원더[50]는 구술사 연구자에게 자료공개허가서는 필수적인 도구이며, 처음부터 세심하게 준비되고 전문변호사의 자문 등을 통해 주기적인 재점검이 필요하다고 주장한다. 자료공개허가서를 처음 만들 때부터 전문가 윤리를 기반으로 하고, 약정과 관련된 법률들을 준수하는 것으로 세심하

49) 中山信弘, 윤선희 편역, 『저작권법』 서울: 법문사, 2008, 335쪽.
50) Neuenschwander, op.cit, p.17.

게 작성될 필요가 있으며 주기적인 점검을 통하여 현행 법률의 흐름을 반영할 필요가 있다는 것이다. 자료공개허가서가 법률적인 분쟁을 완전하게 예방할 수는 없겠지만, 세심하게 초안을 마련하고, 변호사의 전문적인 자문을 얻어서 작성이 된다면 향후 구술사 프로젝트가 불필요한 분쟁에 휘말리는 것을 예방하는 유용한 도구로 활용될 수 있을 것이다.

6. 닫는 말

구술자료는 구술자 개인의 내밀한 삶의 속살을 담고 있는 자료이다. 구술자료는 단순한 자료이기에 앞서서 한 사람의 소중한 삶의 여러 가지 국면을 담고 있는 자료이고, 구술자 그 자체라고 보아도 결코 지나치지 않을 것이다. 따라서 그 수집과 활용의 과정에서는 반드시 구술자의 인간적 존엄에 대한 존중을 가장 우선적으로 고려할 필요가 있으며, 더 나아가서 예기치 못한 피해에 구술자가 노출되지 않도록 구술자를 보호하기 위해서 필요한 장치들을 갖추기 위한 노력이 선행되어야만 한다.

구술사 연구에서 발생하는 윤리적인 문제는 구술사 연구의 기획에서부터 구술자 선정, 면담에 대한 동의 확보, 면담 진행, 구술자료의 보관과 활용이라는 구술작업 전 단계에 걸쳐서 적용이 되는 사항으로 구술작업이 진행이 되고 자료가 활용이 되는 과정에서 늘 화두처럼 되새겨야 할 핵심적인 과제 가운데 하나이다.

또한 구술자료의 수집과 활용에 따르는 법률적인 문제는 윤리적인 문제와 일부 중첩이 되기도 하지만, 또 다른 차원으로 확산될 수 있는 차별화되는 영역이다. 법률적인 문제는 자칫하면 커다란 분쟁으로 확산될 여지가 있는 것이기 때문에 윤리적인 문제와는 서로 다른 결을 가지고 있는 것이라고 파악할 수 있다. 구술자료의 활용과 관련된 법률의 문제는 결국 구술자에 대한 보호와 훗날 발생할 수 있는 분쟁에 대한 구술사 연구기관이나 연구자의 안전장치로서 의미를 지니고 있는 것이지만 또한 구술자 보호를 위한 최소한의 가이드라인으로서의 의미도 함께 지니고 있는 것이다. 법률문제에 대한 서투른 대응은 구술자의 보호에도 악영향을 미칠 수 있으며, 구술사 프로젝트 자체의 존립에도 커다란 위협으로 작용할 수 있기 때문에 적절한 대응 방안에 대한 심사숙고가 반드시 필요한 영역이다.

우리나라의 구술사는 아직까지 구술채록의 단계에 머물고 있으며, 아직까지 구술자료의 본격적인 활용이 이루어지지 않고 있는 실정이다. 이러한 까닭에 아직까지 구술자료의 활용과 관련한 분쟁은 거의 발생하지 않고 있으나, 앞으로 구술자료의 활용 양상이 다양해질수록 여러 가지 분쟁이 발생할 개연성이 높아지고 있는 것 또한 사실이다. 따라서 불필요한 분쟁을 예방하고 안정적인 사업의 추진을 위해서는 연구자의 윤리원칙에 대한 내적 규율과 각성이 절실하며, 자료의 활용과 관련된 법률적인 측면에 대한 보다 본격적인 이해와 연구가 필요하다.

부록 1〉

구술자료 활용 및 공개동의서

본인은 ○○○○기관의 구술 자료 수집 사업의 취지를 이해하고 아래의 내용에 동의합니다.

1. 구술자료를 각종 콘텐츠로 만든다.
(녹음 · 녹화 테이프 혹은 파일, 녹취록 및 파일을 '구술자료'로 통칭한다)

2. ○○○○기관과 한국학중앙연구원 현대한국구술자료관에게 구술자료의 보존 · 관리, 연구 · 출판 · 교육 · 아카이브 구축 등의 목적을 위해 이를 활용 · 공개할 권한을 부여한다.

3. 특기 사항 :

년 월 일

구술자 성명 : (인)

면담자 성명 : (인)

○○○○ 기관 귀중

출처: 한국학중앙연구원

부록 2〉

공개허가서

구술자료 기증서

본인은 아래 구술 자료(녹음, 촬영 테이프 및 녹취문)를 국립예술자료원에 기증하며, 한국문화예술위원회가 필요하다고 판단될 경우 연구, 교육, 출판, 방송 목적으로 자료를 공개할 권한을 부여합니다.

년 월 일

이름______________(인)

〈아 래〉

<table>
<tr><td rowspan="6">구술자료 내역</td><td rowspan="4">자료 종류 및 형식</td><td>영상 촬영 테입</td><td colspan="2">마이크로테이프 개 (분용)</td></tr>
<tr><td>음성 녹음 테입</td><td colspan="2">6mm비디오테이프 개 (분용)</td></tr>
<tr><td>녹취문</td><td colspan="2">200자 원고지 매 분량 (상세목록 첨부)</td></tr>
<tr><td>기타</td><td colspan="2"></td></tr>
<tr><td>자료 내용</td><td colspan="3"></td></tr>
<tr><td>자료 수집 일시</td><td colspan="3"></td></tr>
<tr><td>구술자</td><td>이름</td><td></td><td>주소</td><td>☎
C.P</td></tr>
<tr><td rowspan="2">채록 연구자</td><td>이름</td><td></td><td>주소</td><td>☎</td></tr>
<tr><td>이름</td><td></td><td>주소</td><td>☎</td></tr>
<tr><td>제한사항</td><td colspan="4"></td></tr>
</table>

한국문화예술위원회 귀중

출처: 한국학중앙연구원

참고문헌

강경근, 「프라이버시권의 의의와 구성요소」, 『고시연구』, 서울: 고시연구사, 1999년 9월호.

남신동, 「'역사의 민주화'와 구술사 연구의 윤리적 쟁점」, 『한국예술종합학교 논문집』 제6집, 2003.

서달주, 『한국저작권법』, 서울: 박문각, 2007.

송영식 · 이상정, 『저작권법개설』 제3판, 서울: 세창출판사, 2003.

박경신, 『사진으로 보는 저작권, 초상권, 상표권 기타 등등』, 서울: 고려대학교 출판부, 2009.

박용상, 『명예훼손법』, 서울: 현암사, 2008.

오승종, 『저작권법』, 서울: 박영사, 2007.

유철인, 「구술자료의 채록과 해석」, 『한국예술종합학교 논문집』 제6집, 2003.

유철인, 「구술생애사를 텍스트로 만들기: 제주 해녀 고이화의 2개의 텍스트 비교」, 『제1회 한국구술사학회 하계학술대회 자료집』, 2010.

윤택림 편역, 『구술사, 기억으로 쓰는 역사』, 서울: 아르케, 2010.

이호신, 「구술자료의 저작권 문제에 관한 연구」, 『구술사 연구』 제1집 제1호, 2010.

이호신, 「구술자료의 인격권 문제에 관한 연구」, 『한국기록관리학회지』 제12권 제3호, 2012.

이해완, 『저작권법』, 서울: 박영사, 2007.

장인숙, 『저작권법원론』, 서울: 보진재, 1998.

정만희, 「프라이버시권: 언론보도에 의한 침해와 구제를 중심으로」, 『고시계』, 서울: 고시계사, 2000년 11월호.

中山信弘, 윤선희 편역, 『저작권법』 서울: 법문사, 2008.

한지혜, 「명예훼손의 법리: 각국의 이론과 한국에서의 수용에 관하여」, 『서강법학』 제9권 2호, 2005.

Neuenschwander, John A, *A Guide to Oral History and Law*, New York : Oxford Press,

2009.

Ritchie, Donald A, *Doing oral history: A practical guide*. 2nd ed. New York : Oxford Press, 2003.

Portelli, Alexandro, 1991, *The Death of Luigi Trastuli and Other stories : Form and Meaning in Oral History*, New York: State University of New York Press.

Thompson, Paul, *The voice of the past: Oral History,* 3rd ed., New York: Oxford, 2003.

구술사 연구를 위한 활용방안 : 도구서와 자료집 발간 _정혜경

앞 장에서 우리는 '구술기록을 이용해서 무엇을 할 수 있으며, 무엇을 해야 하는가'하는 점을 생각해보았다. 우선 학술연구를 들 수 있다. 역사학이나 사회학, 민속학, 인류학 외에 심리학, 언어학, 예술학 등 다양한 분야에서 구술기록을 활용한 학술 연구가 가능하다. 이를 통해 인간의 삶이 가져다주는 지혜와 용기를 제시해주는 작업, 이웃의 삶에 고개를 돌리게 하는 작업도 가능하다. 그러나 이에 그치지 않는다.

구술기록의 활용물은 '도구서 작성 · 제공, 간행물 발간, 연구사업, 교육 및 문화콘텐츠 자료 활용' 등 크게 네 가지이다. 이를 연구와 시민교육이라는 목적으로 구분해보면, 연구에 필요한 활용방안은 도구서 및 기록집(자료집) 발간과 연구사업이고, 일반대중을 위한 활용방안은 다양한 형태의 출판물(교육 자료)이나 영상물, 문화콘텐츠 활용이다.

전자는 후자에 비해 다양성이라는 점에서는 매우 제한적이다. 구술사 연구에 필요한 활용방안 가운데, 이 장에서 언급하고자 하는 내용은 도구서와 기록집(자료집) 발간에 관한 내용이다. 먼저 도구서를 살펴보자.

1. 구술기록과 도구서 : 필수 자료

구술사 연구에 필요한 첫 번째 활용방안인 도구서(출판물 및 웹 서비스 포함)는 초록집이나 목록집, 해제집, 소식지(또는 자료통보, 뉴스레터) 등 연구자가 자료에 접근하는 데 도움이 되는 지름길 같은 존재를 의미한다. 도구서 발간은 자료소장기관이 주체가 되어 소장된 자료에 대한 기본적인 정보를 제공하는 작업이다. 이를 통해 중복 수집을 피할 수 있고, 연구 활용도를 높일 수 있다. 연구자 개인에게는 물론이고, 학계 전체로 볼 때도 대단한 인력과 비용의 절감 효과를 갖는다. 제공기관의 입장에서도 소장된 자료의 현황을 공개함으로써 얻는 이득이 실보다 많다.

연구자가 접근하는 단계에 따라 살펴보면, 첫 단계는 연구 성과물, 누리집 공지사항과 소식지(또는 자료통보, 뉴스레터)이다. 일반적으로 연구자들은 어느 기관에 무슨 구술기록이 있는가 하는 것을 연구 성과물의 '참고문헌'을 통해 인지한다. 누리집과 소식지를 통해 파악하는 것은 '신착 자료'이다. 그러나 실제로 기관의 일반적인 소식지에서 따끈따끈한 구술기록수집 소식을 듣기란 쉽지 않다. 대부분의 기관에서 기록물은 기록물 정리가 끝나기 전까지 수집정보 자체를 공개하려 하지 않기 때문이다. 기록물 정리 기간은 상당 기간 걸리므로 소식지의 단계를 넘어선 자료통보가 필요하다.

자료통보는 기록물에 대한 최소한의 정보를 담은 소식지를 의미한다. 예전에 테이프 라벨이나 카드 카다로그에 담을 정도의 기본목록이 해당될 것이다.

자료통보 독자들은 이 정보를 통해 최소한 자신들이 수집할 기록의 중복성 여부는 명확히 파악할 수 있다. 이를 통해 연구자들은 연구 주제를 찾기 시작할 것이며, 프로젝트 담당자들은 구술기록수집 기획의 방향을 잡을 수 있다.

기본목록 예시

구술기록 주제 :
등록번호 :
구술자명 :
면담자명 :
수집일자 :
수집장소 :
제한정보(공개 여부) :

두 번째 접근 단계는 목록집(초록집)이다. 목록집에 담을 내용은 기록물에 대한 형태적 정보가 담긴 기술 서식(메타데이터), 내용 정보(상세목록)이다. 기술서식의 사례는 이 책 제1장에서 상세히 볼 수 있으나 그 중 하나를 제시하고, 목록집에 반드시 포함해야 할 항목을 표시하면 다음과 같다.

기술 서식 사례

기술수준	생산(출장)		
기록물군	생산과명		
시리즈	시리즈제목		해당 시리즈의 전체 내용을 포괄해 나타내어 식별과 검색이 용이하게 기재
	개요/평가		해당 시리즈에 대한 전체 내용을 파악할 수 있는 간단한 정보를 기재
	유형 및 분류		해당 시리즈의 물리적인 규모와 기술 단위의 구체적인 매체를 기재 〈예: 6mmDV 20개, CD1개, 녹취문 50쪽)
	생산자		해당 시리즈 생산의 주무부서를 기재
	생산일자		해당 시리즈의 포괄 생산일자를 기재 〈예: 000년~000년)
	대표사진		해당 시리즈의 대표 사진을 업로드
파일	공통영역	파일제목	해당 파일의 전체 내용을 포괄하여 나타내어 식별과 검색이 용이하게 기술함. 원제목, 한글 제목은 파일제목을 기재하면 동일하게 부여됨 추가할 제목은 기타 제목에 기재함

		기록물 유형		시청각/중분류(음성,구술)(선택)
		매체 유형		비디오TAPE, 카세트TAPE, CD, DVD(선택)
		언어 유형		해당 구술자료에 주로 사용된 언어(선택)
		입수 방법		생산(선택)
		분량		정확한 매체의 수량을 기재
	식별 영역	생산일자		지정 〈예: 0000년 00월 00일〉
		기술단계		파일 (3단계) (선택)
	배경 영역	생산자명		해당 파일의 구술자명 기재 〈예: 한글(한자)〉
		행정/개인 연혁		해당 파일의 구술자 연혁 기재, 이름, 출생일, 출생지, 거주지 변천, 활동 등에 관한 정보 기재
		보관내력		생산일 경우 기재할 필요 없음
		수집/기증의 직접적 출처	수집자	해당사항 없음
			수집일시	해당사항 없음
			제공(기증)자	해당사항 없음
			수집경위 및 조건	해당사항 없음
		면담 정보	면담자	면담자의 이름 기재
			소속	면담자의 소속 기재(과 단위)
			면담일자	면담일자 기재 〈예: 0000년 00월 00일〉
			면담차수	면담 차수 기재 〈예: 1차〉
			면담장소	면담 장소 기재 〈예: 서울시 종로구 신문로 구술자의 자택〉
	내용과 구조	개요		해당 구술자료의 핵심내용을 기재함. 구술자의 구술 내용 중 강제동원과 관련된 내용을 요약하여 기재. 내용이 많을 경우 첨부파일 가능
		평가		등록수준 상, 중, 하(선택)
	열람과 이용 조건	대출정보		구술자에 의한 열람제한에 따라 선택
		공개여부		구술자에 의한 공개제한에 따라 선택
		키워드		검색에 용이한 핵심 정보를 기재
	관련 자료	원문 제공		제공될 경우는 음성파일을 업로드
		복본 유무 및 위치		복본의 유무를 선택하고, 있을 경우에 위치를 기재
		관계자료		관계자료 유무(선택), 관련 정보 기재
		딸림자료		녹취문, 상세목록의 유무(선택), 있을 경우 파일 업로드
		기타		구술자의 대표사진을 업로드. 검색창에 대표사진으로 나타남
	주기/기술 통제	주기(특이)사항		기술과정에서 다른 어느 항목에 넣을 수 없는 특이한 사항 기재
		기술자		기술한 자의 이름 기재
		기술일자		입력한 날짜 자동 기재
아이템				생산 구술자료인 경우에는 기술이 필요하지 않음

기술서식은 검색과 기록관리를 위해 다양한 영역의 정보가 포함되어 있고, 아키비스트가 관리의 필요에서 기재하는 항목이 있으므로 그대로 싣는 것은 적절하지 않다. 기술서식의 항목 가운데 독자들이 필요한 내용을 발췌하고, 딸림 자료 가운데 상세목록을 추가하는 형태가 바람직할 것이다. 위의 기술서식 항목에서 목록집에 필요한 내용을 추출하고 상세목록을 추가하면 다음과 같은 형태가 될 것이다.

목록집에 들어가야 할 필수 내용

구분	영역	항목	세부항목	내용
시리즈	시리즈제목			해당 시리즈의 전체 내용을 포괄하여 나타내어 식별과 검색이 용이하게 기재
	개요			해당 시리즈에 대한 전체 내용을 파악할 수 있는 간단한 정보를 기재
	유형 및 분류			해당 시리즈의 물리적인 규모와 기술 단위의 구체적인 매체를 기재 〈예: 6mmDV 20개, CD1개, 녹취문 50쪽〉
	생산자			해당 시리즈 생산의 주무부서를 기재
	생산일자			해당 시리즈의 포괄 생산일자를 기재 〈예: 000년~000년〉
	대표사진			해당 시리즈의 대표 사진을 업로드
파일	공통영역	파일제목		해당 파일의 전체 내용을 포괄하여 나타내어 식별과 검색이 용이하게 기술함
		기록물 유형		시청각/중분류(음성,구술)
		매체 유형		비디오TAPE, 카세트TAPE, CD, DVD
		언어 유형		해당 구술자료에 주로 사용된 언어
		입수 방법		생산
		분량		정확한 매체의 수량을 기재
	식별영역	생산일자		지정 〈예: 0000년 00월 00일〉
	배경영역	생산자명		해당 파일의 구술자명 기재 〈예:한글(한자)〉
		행정/개인 연혁		해당 파일의 구술자 연혁 기재, 이름, 출생일, 출생지, 거주지 변천, 활동 등에 관한 간단한 정보 기재
		면담정보	면담자	면담자의 이름 기재
			소속	면담자의 소속 기재(과 단위)
			면담일자	면담일자 기재 〈예:0000년 00월 00일〉
			면담차수	면담 차수 기재 〈예:1차〉
			면담장소	면담 장소 기재 〈예:서울시 종로구 신문로 구술자의 자택〉

	열 람 과 이용조건	대출정보	구술자에 의한 열람제한에 따라 선택
		공개여부	구술자에 의한 공개제한에 따라 선택
		키워드	검색에 용이한 핵심 정보를 기재
	관련자료	복본 유무 및 위치	복본의 유무를 선택하고, 있을 경우에 위치를 기재
		관계자료	관계자료 유무(선택), 관련 정보 기재
상세목록	3~4쪽 정도		

이상의 개별 기록물에 대한 정보를 일정하게 묶어서 목록집을 만든다. 목록집은 연구에 필수불가결한 자료(source)이다. 목록집을 통해 연구자들은 자신의 연구에 필요한 구술기록 여부를 명확히 판단할 수 있다. 기록관리 전문기관은 반드시 목록집을 발간할 의무가 있고, 현재 국가기록원을 비롯한 기록관리 전문기관은 물론 국공립 도서관에서도 문헌기록에 대한 해제집을 발간하고 있다. 그러나 국내에서 구술기록물의 목록집은 찾기 어렵다. 민주화운동기념사업회가 목록집을 발간했으나 담긴 내용은 기본목록 정도에 그친다.

세번째 단계는 해제집이다. 목록집에 기술기록에 대한 정보를 담고 있다면, 해제집은 구술기록을 분석한 연구의 성격이 강하다. 기록관리 전문기관은 반드시 해제집을 발간할 의무가 있다. 현재 국가기록원을 비롯한 기록관리 전문기관은 문헌기록에 대한 해제집을 발간하고 있으나 역시 구술기록물에 대한 해제집은 찾을 수 없다. 향후 발간될 해제집에서 담아야할 내용을 제시해보자.

해제집 내용 예시

기본정보	- 소장처 - 콜렉션 및 시리즈 - 구술기록주제(또는 파일 명) - 등록번호 - 구술자 이름 - 면담자 이름 - 수집일자 - 수집장소 - 매체 및 분량 - 제한정보(공개 여부)
물리적 정보	- 구술자 사진 - 주요 키워드 : 5개 이상
내용	■ 자료의 성격 ■ 자료의 내용 ■ 자료의 평가 - 사료가치 - 연구활용분야 - 연계자료 - 참고자료
상세목록	3~4쪽

2. 구술기록집(자료집): 선택사항

구술사 연구에 필요한 활용 결과물 가운데 하나는 자료집이다. 구술출판물은 일반인을 위한 간행물과 전문연구자를 위한 출판물로 나눌 수 있다. 자료집은 후자에 해당한다. 기록집(자료집)은 연구에 필수불가결한 자료(source)는 아니다.

그러므로 기록물 소장기관이 반드시 소장 자료를 자료집 형태로 발간할 필요는 없다고 생각한다. 물론 구술기록집(자료집) 발간이 필요한 경우도 있다. 문헌기록이 전혀 없거나 특정한 이유로 구술기록집의 필요성이 강한 주제가 해당된다. 문헌기록을 거의 찾을 수 없는 학문 분야의 하나는 예술사이다. 표현예술의 경우는 더욱 심하다. 이럴 때에는 구술기록집 자체만으로도 연구자들에게는 사막의 오아시스와 같다.

또한 피해의 역사도 구술기록집의 필요성이 강한 주제이다. 가해자들이 문헌기록을 은닉, 일실(逸失)해놓고, 가해 사실조차 은폐하고 있기 때문이다. 피해의 역사 가운데에서도 대표적인 주제는 일본군위안부 할머니들의 사례이다. 일제강점하 강제동원피해진상규명위원회가 발간한 일련의 구술기록집도 "한국 정부가 발간한 최초의 강제동원 구술기록집"이라는 의미에 대한 국내외적 요구에 따라 발간한 사례이다.

그 이외의 학문분야나 주제의 경우에 구술기록집(자료집)은 선택사항이며, 도구서의 후 순위에 해당하는 업무가 되어야 한다. 그러나 아쉽게도 각 기관은 반드시 갖추어야 할 도구서를 발간하는 대신, 구술기록집(자료집) 발간을 필수적인 업무로 인식하고 실천하려 하고 있다.

기록물 소장기관이 반드시 소장 자료를 자료집 형태로 발간할 필요가 없다고 생각하는 이유는 크게 두 가지이다.

첫째, 문헌자료와 달리 구술기록에서 구술기록집(자료집)은 사료적 가치가 떨어지는 기록물이다. 음성기록물이 텍스트화 하는 과정에서, 그리고 구술기록집(자료집) 발간 과정에서 원형의 훼손이 이루어지기 때문이다. 또한 구술성이라는 구술기록물의 특성을 반영하기 어렵다. 그러므로 복사나 영인을 하는 문헌기록물과 동일한 사료적 가치를 인정할 수 없다. 엄밀히 말하면, 구술기록은 텍스트화를 거쳐 '자료집'이라는 외피를 쓰지만, 구술기록을 모은 구술기록집(자료집)이라 할 수 없다. 텍스트가 아니라 녹음이나 영상 파일을 모은 형태가 바로 구술기록집(자료집)이 되어야 하며 매체는

DVD가 될 것이다.

둘째, 구술기록집(자료집)은 소수의 관련 연구자에게만 소용된다는 제한성이 있다. 자료가 연구자들의 연구 작업을 위해 활용되어야 하지만 소수를 위해 막대한 비용과 인력을 들이는 것은 그다지 효율적이라고 보기 어렵다. 관련 연구자들은 자료집이 아니라 하더라도 상세목록을 확보하거나 녹음·녹화파일에 접근성이 매우 높다.

그 외 현실적인 어려움도 매우 크다. 연구기관이나 자료소장기관이 매년 수집한 자료의 전체를 구술기록집(자료집)으로 공간한다는 것은 막대한 비용과 인력이 필요하기 때문이다.

그렇다면 구술기록집(자료집)은 '문헌기록이 전혀 없거나 특정한 이유로 구술기록집의 필요성이 강한 주제' 외에는 절대 만들어서는 안 되는 활용물인가.

그렇지 않다. 이 글의 목차에서도 알 수 있듯이 선택사항이다. 그러므로 발간할 수 있다. 다만 선행과정이 필요하다. 발간 방법의 고민이다. 어떻게 해야 구술기록의 특성을 덜 훼손하면서 발간할 수 있는가 하는 고민이다.

아쉽게도 그간 국내외에서 발간된 많은 구술사 지침서에서 이런 고민을 공유하고자 하는 노력은 미미했다. 이 책의 원판인 한국구술사연구회의 『구술사 : 방법과 사례』가 유일했다. 별로 중요한 문제가 아니어서 그럴 수도 있지만 기획부터 활용까지 구술기록관리 전반에 대해 다룬 지침서는 위의 책이 유일했기 때문이다.

물론 고민을 공유하고자 해도 나누는 과정이 원활한 것만은 아니다. 「서평－구술생애사 읽기 : 20세기 한국 민중의 구술자서전 및 한국민중구술열전」[1]이라는 글을 쓴 연구자는, 『구술사: 방법과 사례』 221~224쪽 내용을 근거로, "편집을 위한 요약문은 구술사료가 아니며 출판을 위한 편집 작업이

---

1) 「서평－구술생애사 읽기: 20세기 한국 민중의 구술자서전 및 한국민중구술열전」, 『역사문제연구』 16, 2007, 178쪽.

라도 구술성을 죽이지 않기 위해 중복된 내용의 삭제나 시간별 · 주제별 재배치를 가급적 피해야 한다고 주장하는 연구자도 있다"고 기술했다.

그 '연구자'는 바로 필자를 지칭한다. 그러나 필자는 "출판을 위한 편집 작업이라도 구술성을 죽이지 않기 위해 중복된 내용의 삭제나 시간별 · 주제별 재배치를 가급적 피해야 한다"고 생각하거나 언급한 적이 없다. 그보다는 왜 굳이 '자료집'이라는 외피를 쓰고자 하는가에 대한 문제제기를 했다. 아울러 '출판을 위한 편집 작업'이 아니라 '자료집'이라는 제한된 출판물 발간에 필요한 요건을 제시하는 것이 필요하다고 생각하고 구체적인 방향을 제시했다.

현재 국내 연구기관에서 발간하는 구술사 관련 자료집은 대부분이 생략과 편집을 거친 요약문이다. 일본에서 발간된 학습원 소장 구술녹취문의 경우도 마찬가지이다. 엄밀한 의미에서는 모두 '잘 소화된' 구술관련 출판물이다. 그럼에도 '자료집' 이라는 이름을 달고 탄생함으로써 마치 구술기록(녹음영상기록)이 그대로 수록된 듯 오해를 받고 있다.

간행물이 '자료집'의 외피를 쓰는 현상은 자료집에 대한 편향된 인식에서 출발한다. 마치 '자료집'이면, 공신력이 부여되는 듯 인식하고 있지 않은지 생각해보아야 한다. 이 책의 앞부분에서 소개한 바람직한 발간물은 '자료집' 이라는 이름은 붙지 않았으나 연구자들은 자료집과 맞먹는 의미 있는 발간물로 활용하고 있다.

현재 발간되는 구술자료집의 현실을 살펴보자. 음성과 영상파일로 생산된 구술기록은 녹취록을 생산하는 과정에서 1차 가공을 거친다. 자료집으로 발간되는 시점에서 윤문이라는 2단계 가공을 거친다. 가독성(可讀性)을 고려한 결과이다. 윤문은 말 그대로 원문 자체를 갈고 닦는 것이다. 윤문자가 구술내용을 이해하는 정도에 따라 전혀 다른 내용으로 만들어질 수도 있고, 중요한 내용이 삭제될 수 있다.

물론 자료집을 발간하면서 가독성을 고려한다는 자체는 있을 수 없다. 일반적으로 문헌기록물을 자료집으로 발간할 때 가동성은 고려의 대상이 되지 않는다. 영인 출판된 문헌자료의 경우에 가독성에서 만족할만한 상태에 있는 자료집이 어느 정도나 되는가. 난필(亂筆)로 알아보기 어려운 문서는 물론이고, 보고서 귀퉁이에 표시된 작은 서명이나 메모 하나도 귀중한 자료로 취급되어 왔다. 그러므로 상식적인 편집자라면 가독성을 고려해 이들 서명과 메모를 깨끗이 제거하지 않는다. 가독성이 자료 활용을 위한 우선순위가 될 수 없음의 예이다. 연구자들도 마찬가지이다. 어느 연구자라도 '자료집은 읽기 쉬워야 한다'는 생각은 하지 않는다.

그러나 구술기록의 경우에는 내용이 중복되거나 증언순서가 일관되지 않으면 바로잡아야 한다고 생각한다. 이는 구술기록이 텍스트화 과정을 거치면서 이미 구술기록의 특성을 잃었기 때문이다.

물론 허영란의 언급과 같이, 학계에서는 "지금으로서 구술의 특성을 살리는 선에서 최소한의 편집에 그쳐야 한다는 것에 대체로 동의하고 있지만, 어떻게 하는 것이 최소한인가는 연구자에 따라 다를 수밖에 없다." 아울러 "편집과 윤문은 명백히 다른 것이고, 여기서 문제가 되는 것은 어떻게 편집하더라도 <u>구술 또는 녹취록과는 다른 것일 수밖에 없는 구술출판물</u>의 성격을 이해한 위에서 방향을 잡아야 한다는 점(밑줄－인용자)"이 중요하다.

문제는 '구술 또는 녹취록과 다른 것일 수밖에 없는 구술출판물'이 '자료집'의 외피를 통해 '구술 또는 녹취록'으로 오해를 받는 간행물이 되기 때문이다.

다시 '자료집'으로 돌아오자.

구술기록의 녹취록에 '자료집'이라는 이름이 붙으려면 어떤 요건을 갖추어야 하는가. 가장 기본적인 전제는 구술기록의 특성을 담기 위한 최소한 노력이 반영되어야 한다는 점이다. 구체적인 방법은 세 가지이다.

첫째, 구술자와 면담자가 나눈 대화 내용이 담겨야 한다. 질문 내용이 없는 구술은, 쌍방향성을 중시하는 심층면접의 결과물이라고 할 수 없다.

둘째, 구술기록의 훼손을 최소화한 텍스트 생산을 지향해야 한다.

셋째, 어떻게 기획되고 어떤 과정에서 생산되었는가 등 자료생산과정은 물론 텍스트화와 편집 과정 등 배경정보를 독자들에게 제공해야 한다. 근래에 발간되는 '자료집'에는 범례나 일러두기의 형식을 빌어 이러한 배경정보를 제공하는 경우가 많아지고 있어 독자들에게 큰 도움이 된다.

'구술 또는 녹취록과 다른 것일 수밖에 없는 구술 출판물'은 많이 만들어야 한다. 아울러 그에 걸 맞는 이름을 달고 나와야 한다. '민중자서전'이나 '한국민중구술열전' 등 앞 장에서 소개한 작품들이 사례이다. 좀 더 열린 사고가 필요하다. 그 열린 사고의 사례는 이미 앞 장에서 소개했다.

참고문헌

한국구술사연구회, 『구술사 : 방법과 사례』, 선인, 2005.

정혜경, 「한국의 구술자료관리현황」, '한국역사기록의 관리와 발전방안' 학술심포지엄 발표문(한국역사연구회, 대전대학교 인문과학연구소 공동주최), 2000.

정혜경, 「문화콘텐츠 활용을 위한 구술기록관리」, 한국외대 문화콘텐츠학과 콜로키움 발표문(2010.4.28).

허영란, 「서평－구술생애사 읽기 : 20세기 한국 민중의 구술자서전 및 한국민중구술열전」, 『역사문제연구』 16, 2007.

한국구술사연구회, 『구술사 아카이브구축 길라잡이 1 : 기획과 수집』(한국구술사연구총서 2), 선인, 2014.

한국구술사연구회 누리집(www.oralhistory.or.kr).

구술 자료를 활용한 웹 콘텐츠 개발 _한동현

1. 머리말

1990년대 후반 이후 국내 학계에서는 인문학에 대한 위기의식이 뚜렷이 부각되었다. 인문학의 위기를 극복할 수 있는 해법으로 다양한 방안들이 제시되었는데, 그 중의 하나가 일반 대중과의 원활한 소통을 위해 인문학의 연구 성과를 대중과 공유하려는 노력, 즉 인문학의 대중화였다. 이러한 흐름에 따라 인문학의 연구 성과에 대한 접근을 좀 더 쉽게 만들고, 그 성과에 대한 대중의 이해를 높이려는 노력이 각 인문학 분야에서 나타나기 시작했다.

그렇다면 어떤 방식으로 인문학적 지식과 대중을 소통시킬 수 있을까? 인문 지식을 대중과 공유하고 활용하기 위해서 필요한 프로세스는 무엇인가? 그리고 이러한 과정들을 구성하고 있는 요소들은 무엇인가? 이러한 의문에 대한 답으로 여러 분야에서 인문학 지식을 디지털 콘텐츠로 전환하여 웹 상에서 활용하는 방안들이 논의되었다. 웹은 디지털 콘텐츠로 변환된 인문학의 연구 성과들에 대한 대중의 접근 효율성을 극대화시키고, 콘텐츠의 활용도 다각화 할 수 있는 수단이기 때문이다.

오늘날 인터넷 네트워크에 접속하는 사용자의 수와 사용 시간은 점점 증가하고 있고, 자연히 웹에 올라와 있는 정보에 대한 의존도도 점차 높아지고 있다. 이러한 상황을 배경으로 인문학의 연구 성과를 웹에서 어떻게 보여줄 것인가에 대한 기획은 더욱 유의미해졌다. 또한 기술의 발전으로 이제는 제한된 공간과 시설에서 접속하던 웹이 스마트 기기를 이용함에 따라 보다 쉽게 접속할 수 있게 되었다. 한마디로 시간과 공간의 제한을 뛰어넘어 자신이 원하는 방식으로 즐길 수 있게 되었다.

그런데 문화를 중심 내용으로 하는 웹 콘텐츠의 개발을 위해서는 기획 단계에서부터 콘텐츠 기획자, 인문학자, 그리고 기술 전문가가 협업을 통해 어떤 콘텐츠를 어떻게 보여줄 것인가에 대한 논의를 심도 있게 추진해야 한다. 특히, 구술 자료는 개인적, 사회적, 그리고 역사적 측면 등 다층적인 맥락을 담고 있는 자료이기에 기획자와 구술사 연구자의 충분한 논의가 선행되어야 한다. 이러한 과정을 통해서야 비로소 구술 자료의 활용은 수집된 구술 자료를 일차적으로 단순 공개하는 단계에서 더 나아가 자료에 대한 이해를 다각적으로 심화시킬 수 있는 응용된 콘텐츠 서비스로 발전할 수 있다.

본 글은 한국문화콘텐츠진흥원의 2004년 우리 문화원형 디지털 콘텐츠화 사업에서 수행한 〈고려인의 러시아 140년 이주 개척사〉 과제를 사례로 웹 콘텐츠 기획과 개발의 과정을 보여주면서 구술 자료를 웹 콘텐츠 기획과 개발에 어떻게 적용할 수 있을지 논의하는 데에 그 목적을 두고 있다. 또한 최근 정보통신기술의 발전으로 디지털 환경의 변화가 급속도로 진행되고 있는데, 이러한 흐름에 따라 나타나는 콘텐츠 트렌드 및 전망도 함께 살펴보면서 구술 콘텐츠 기획 시 고려할 사항을 제시하고자 한다.

2. 웹 콘텐츠 기획 및 개발

1) 컨셉 및 목표 설정

2004년 문화콘텐츠진흥원(이하 '진흥원')에서 우리 문화원형의 디지털콘텐츠화사업을 발표하면서 고려인의 러시아 이주 140년 이주 개척사를 소재로 한 문화원형(농업, 생활상, 의식주 등) 디지털 콘텐츠 개발을 요구하였다. 진흥원에서 요구하는 주요 개발 내용은 1) 러시아 이주 및 고려인에 관한 각종 원천자료 수집 및 체계적 분류를 통한 콘텐츠를 개발하고, 2) 고려인의 이주사에서 발생한 주요 사건 및 이슈를 발굴하여 디지털 시각화하고, 3)창작용 시나리오와 스토리를 개발하며, 4) 이주 시기별, 거주지별 고려인 생활상(의식주)를 디지털화하는 것이었다.

이 과제를 수행하면서 수집했던 자료들에는 문헌 자료도 있었지만, 고려인들과의 인터뷰도 많이 이루어져서 새로운 구술 자료를 수집할 수 있었고, 새롭게 수집한 구술 자료에 의해서 콘텐츠 개발이 이루어졌다.

프로젝트의 기획 단계는 전체 관리를 좌우할 만큼 중요하다. 과제를 수행할 때 가장 우선적으로 해야 할 일은 개발 컨셉을 정하는 것이다. 과제팀은 이전에 이미 수집하였던 고려인들과의 인터뷰 자료와 문헌 자료들을 검토한 결과, 고려인들을 통하여 개발할 수 있는 우리문화의 원형은 '인내와 성실로 역경을 이겨낸 개척정신'이라고 설정하였다.

개발 컨셉에 따라 다음과 같은 6가지 과제 목표를 정하였다. 1) 고려인 러시아 140년 이주 개척사의 조명을 통하여 강인한 민족성을 재조명한다. 2) 해외 한인문화의 디지털 콘텐츠화를 통한 우리 문화원형을 확보한다. 3) 첨단 영상산업을 위한 새로운 이주사 관련 '문화원형 리소스' 및 라이브러리 제공한다. 4) 타국의 자연환경 및 문화적 소재를 배경으로 한 독특한 문화콘텐츠를 개발한다. 5) 세계로 뻗는 한인의 문화를 소재로 문화상품 개발의 리소스를 제공하여 세계문화상품으로 진출하기 위한 교두보 확보한다. 6) 첨단 디지털 미디어의 특성에 따라 활용성을 극대화하는 차별화된 콘텐츠 뱅크를 구축한다.

구술 자료를 수집할 때 각 기관은 수집 목적을 수립한다. 콘텐츠 기획 시 컨셉 설정은 이러한 목적을 토대로 이루어져야 한다. 컨셉이 정해지면 콘텐츠 기획을 위한 좀 더 분명한 기획 방향이 나오게 되고 이는 전체 프로세스를 결정짓는 중요한 역할을 한다.

2) 개발 범위 및 사용자분석

과제 목표를 정하고 난 후에는 과제의 범위가 설정되어야 한다. 본 과제팀은 우선 소재의 범위를 극동, 중앙아시아, 남부러시아로 이어지는 고려인의 140년 러시아 이주개척사를 4개의 시기, 34개의 제목으로 세분화하여 개발하는 데까지 두었다. 과제의 범위를 설정하면서 문헌과 인터뷰로 기획할 수 있는 웹 콘텐츠는 스토리뱅크로 판단했고 스토리 개발에 집중하였다.

이주개척사의 전체 시기를 4개의 시기로 구분한 것은 스토리의 극적 전개를 고려한 결과였다. 이주개척사의 스토리 구성은 3단, 4단, 아니면 7단 등 임의적으로도 할 수 있겠지만, 대중의 이해를 돕기 위해서는 이주개척사를 하나의 큰 스토리로 간주해서 소설의 기 · 승 · 전 · 결의 4단 구성으로 짜는 것이 좋겠다는 판단에서 이루어졌다. 그리고 34개의 스토리는 4단 구성의 분량이 어느 한 부분으로 치우치지 않고 각 구성단계마다 8~9개의 작은 스토리가 균등하게 배분될 수 있도록 구상되었다.

또한 스토리 중에서 개척의 대표사례 2종을 가상체험관으로 개발하고, 의 · 식 · 주 · 산업 등 개별 개체들을 사이버 박물관으로 개발하고자 하였다. 가상체험관의 수가 2개로 한정된 이유는 개발 예산에 고려 때문이다. 가상

체험관의 경우, 3D 그래픽 및 증강현실 등 다양한 기술적 요소가 투입될 수 있었고, 자연히 그에 따른 예산은 증가할 수밖에 없다.

이렇게 과제의 범위를 정하고 나면 무엇을 콘텐츠화 할 것인가를 논의해야 한다. 본 과제에서는 콘텐츠화 대상을 1)이주사에서 발생한 주요 사건 및 이슈, 2)대표적 고려인의 일화 및 일대기, 3)고려인의 의·식·주 생활문화, 4)고려인의 성공적인 농장경영, 개척사례로 정하였다. 본 과제의 경우, 주제와 대략적인 개발 대상의 범위가 정해져 있었기에 과제의 요구사항을 최대한 반영하려 했다. 만일 제시된 개발 대상이 없다하더라도, 구술 자료의 특성상 다른 콘텐츠의 원천이 될 수 있는 스토리 콘텐츠 개발에 중점을 두는 것이 바람직하겠다.

콘텐츠화 대상을 정하게 되면 개발 방향이 나오게 되는데, 개발 방향을 정하기 전에는 반드시 사용자 분석이 이루어져야 한다. 사용자 분석이란 생산된 콘텐츠를 누가 사용할 것인가를 예측하여 그들이 필요로 하는 것이 무엇인지를 분석하는 것으로, 사용자 분석이 있어야 그에 맞는 콘텐츠 개발을 할 수 있다. 과제팀은 콘텐츠사용자를 게임 개발자, 영화·애니메이션 제작자, 방송제작자, 전시기획자, 온라인 콘텐츠 개발자로 상정하였다. 이러한 사용자들은 우리문화원형 과제에서 부여한 것이기도 하지만, 웹 콘텐츠를 개발할 때 반드시 고려해야 할 사항이다.

게임 개발자의 경우 고려인 이주사를 통하여 경영, 개척, 이문화간의 접촉 등을 활용하는 게임을 개발할 수 있을 것이다. 이러한 게임을 개발하기 위해서 게임 개발자에게 필요한 리소스는 시나리오, 생활문화콘텐츠, 3D 리소스가 될 것이다. 영화, 애니메이션 제작자들은 배경 자료가 필요할 것으로 생각하였고 2D 그래픽, 애니메이션, 고품질 영상클립, 시나리오와 같은 리소스에 관심을 가질 것이라고 보았다. 방송제작자를 위해서는 역사 다큐멘터리 등에 사용할 영상 리소스와 3D 그래픽 리소스 제공하기로 하였고, 이에 따라 정보지도와 사진, 영상클립, 다큐멘터리를 개발하기로 하였다.

전시기획자들은 최근 전시의 디지털 영상화 경향이 있으므로 입체적 전시에 필요한 정보를 위하여 텍스트, 사진, 영상, VR이 필요할 것으로 보았고, 또한 생활상의 재현을 위한 미니어처 등과 같은 특수 리소스 제공하기 위하여 이에 대한 3D, VR, 사진, 텍스트를 개발하기로 하였다. 마지막으로 온라인 콘텐츠 개발자의 경우에는 교육용 콘텐츠, 에듀테인먼트 콘텐츠 그리고 사이버 자료관 등과 같은 웹 콘텐츠로 개발할 가능성이 있으므로 이를 위한 사진, 그래픽, 영상, 텍스트를 제공할 필요가 있었다.

구술 자료의 경우 주된 사용자는 작가들로 상정할 수 있을 것이다. 다큐멘터리나 드라마를 쓰는 작가들의 경우, 자료 수집이나 스토리나 인물의 영감을 얻기 위하여 직접 인터뷰를 하곤 한다. 그러나 인터뷰 자체를 성사시키기가 어렵고, 다음으로는 인터뷰 내용의 활용에 대한 동의를 얻는 데 어려움을 느낀다. 따라서 활용 동의서를 얻은 구술 자료가 웹을 통하여 제공된다면 작가들의 활용가능성은 그만큼 향상될 수 있다. 따라서 구술 자료의 활용이 가장 잘 이루어질 수 있는 웹 콘텐츠는 스토리뱅크가 될 것이다.

이와 같은 사용자 분석을 한 후에는 기존의 콘텐츠와 차별성을 두기 위한 논의가 이루어져야 한다. 본 과제에서는 기존의 콘텐츠와의 차별성을 소재 접근성, 자료 접근성, 멀티미디어, 활용성, 변형성, 전문성, 종합 정보성 등과 같이 일곱 가지로 구분하여 접근하였다.

위에서 언급하였듯이 과제팀이 본 과제를 수행하면서 다른 과제와 차별화시키기 위해 두었던 주안점은 고려인의 개척정신과 개척사를 부각시킬 수 있는 이야기 소재 개발이었다. 특히 구술 자료의 경우 생생한 사례를 확보할 수 있기 때문에 이야기 소재 개발에 더욱 적합하다.

오늘날 위치기반서비스(LBS), 관계기반서비스(SNS) 등의 기술 발전으로 현실과 가상세계의 결합은 물리적 차원으로까지 확대되고 있다. 이에 따라 현실과 가상의 구별은 차츰 무의미해지고, 자료의 내용이 책, 영화, 방송, 사진 등과 같은 특정 형태로만 보존되는 제약은 점차 약해지고 있다. 결국, 구별과 경계가 사라지는 이 시대에서 중요해지는 것은 다양한 형태로 발현될 수 있는 콘텐츠가 된다. 인간의 다양한 욕망은 가상현실 속에 투영되고, 이러한 욕망의 충족은 콘텐츠를 통해서 이루어지고 있다.

그런데 오늘날 '팩션', '게임', '방송', '영화' 등과 같은 콘텐츠에서 가장 기본적이고 중요한 요소로 인식되는 것이 바로 '스토리텔링'이다. 스토리텔링 방식에 따라 콘텐츠의 흐름 또는 스토리 라인이 구성되기 때문이다. 이러한 스토리텔링이 구조적이고 원활하게 구사되기 위해서는 지식이나 자원이 사용자가 원하는 방식으로 제공되어야 한다.

이러한 관점에 따라 과제팀은 이야기 소재 개발에 주안점을 두고 위에서 분류한 콘텐츠화 대상 중 이주사에서 발생한 주요 사건 및 이슈에서 전체 이주사를 4개의 시기와 34개의 테마로 세분화하여 각 시기에서 발생한 사건들을 원형스토리로 개발을 하고 콘텐츠 개발의 사례로 극영화용 시놉시스를 창작 개발하기로 하였다. 그리고 대표적 고려인의 일화 및 일대기에서는 러시아 이주 개척사 중에서 대표적인 고려인 30명을 발굴하여 그들의 간략 정보와 일화를 발굴하고 2D 캐릭터도 함께 개발하기로 하였다. 고려인의 의 · 식 · 주 생활문화는 스토리 개발보다는 사이버 박물관으로, 고려인의 성공적인 농장 경영, 개척사례는 가상현실체험관으로 개발하기로 하였고, 다큐멘터리 2편을 창작, 개발하기로 했다.

앞에서 언급했듯이 구술 자료에 대한 주요 사용자를 작가로 생각했을 때, 구술 자료 역시 이야기 소재 개발에 초점을 맞추어 개발을 하게 되면 스토리텔링을 통하여 많은 콘텐츠 소재들을 이끌어 낼 수 있을 것이다.

3) 개발 방향과 정보안내 서비스

사용자 분석과 차별화 방안이 이루어지면 개발 방향이 나오게 되는데, 본 과제팀의 개발 방향은 고려인 이주개척사 스토리뱅크, 고려인 생활문화 사이버 박물관, 고려인 개척 가상현실 체험관, 콘텐츠몰이었다. 우선 스토리뱅크를 개발한 후, 사이버박물관, 가상체험관, 콘텐츠몰은 스토리뱅크에 있는 이야기들을 영화나 연극, 다큐멘터리, 게임, e-book 등과 같은 문화콘텐츠로 만들 때 활용하거나 참고할 수 있는 시각자료들을 디지털로 복원하는 것을 기본 내용으로 하고 사이버 박물관에는 중앙아시아 현지의 의식주를 부가콘텐츠로 추가하였다. 콘텐츠화 대상 및 개발 방향을 도표화하면 〈그림 1〉과 같다.

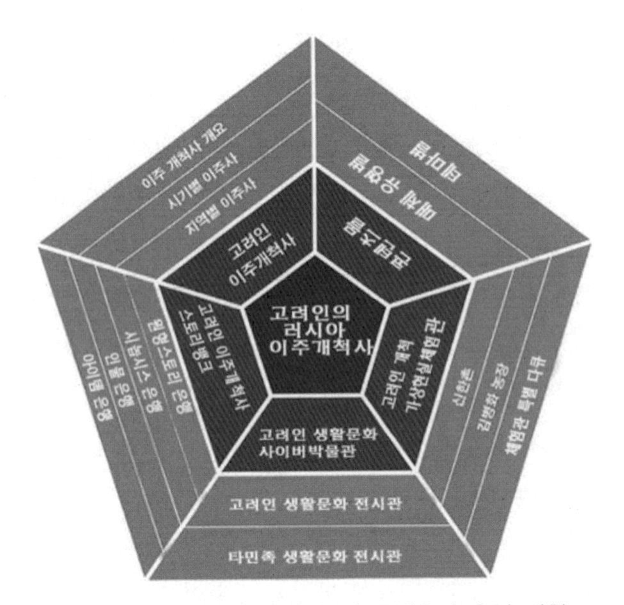

그림 1. 콘텐츠화 대상 및 콘텐츠화 추진 계획

본 과제에서 나오게 될 최종 결과물의 형태는 핵심 리소스로서 텍스트와 사진, 2D 벡터, 3D 모델, 동영상이 있고, 3D 모델에서 나오게 될 파생 콘텐츠로서 3D 애니메이션과 3D VR이 있었다. 마지막으로 텍스트와 사진, 2D 벡터에서 파생된 응용 콘텐츠는 e-book과 소책자가 있고 동영상 클립에서 파생된 다큐멘터리 동영상이 있었다. 이외에도 응용콘텐츠로서 나온 결과물은 플래시로 만든 정보지도가 있었다. 과제팀은 이와 같은 최종 결과물들을 웹에서 안내하기 위해서 위에서 언급한 일곱 가지 서비스 방법들 중에서 검색, 디렉터리, 용어 색인, 멀티미디어 자료실, 전자 지도를 사용하였다. 목차는 본 과제가 기존의 아날로그 매체를 디지털화 하는 것이 아니기 때문에 사용하지 않았고, 전자연표는 전자지도에 넣어 시기별 고려인 이주사를 쉽게 볼 수 있도록 하였다.

디렉터리 서비스를 통하여 서비스하게 되는 메뉴는 〈서비스〉, 〈고려인 이주개척사〉, 〈고려인 이주사 스토리뱅크〉, 〈고려인 생활문화 사이버 박물관〉, 〈개척 가상현실 체험관〉, 〈콘텐츠몰〉, 〈검색, 용어 사전, 사이트맵〉 등으로 구성하였다. 이러한 서비스 메뉴를 도표로 나타내면 〈그림 2〉와 같다.

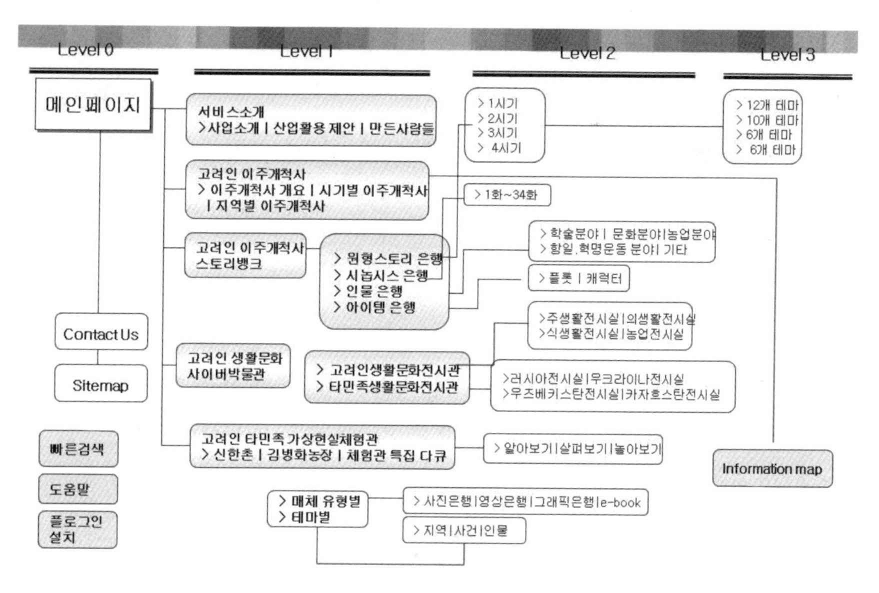

그림 2. 메뉴 구성도

문화원형사업은 기본적으로 '웹 페이지 제작 및 웹사이트 구축 등, 웹을 통한 유통서비스를 기본'으로 하고 있었다. 따라서 어떠한 방식으로 웹사이트가 구축될 것인가를 제시해 주어야 했다. 반드시 문화원형사업이 아니더라도 웹 콘텐츠를 개발한 후에는 개발한 콘텐츠를 보여줄 방안이 필요한데, 이를 위해서는 정보 디자인이라는 영역이 필요하게 된다.

정보 디자인에서 요구되는 중요한 기능은 정보를 전달할 때 사용자가 혼란을 일으키지 않게 하는 것으로 표현된 내용이 정확하고 편향되지 않도록 하는 것이 필수적이며, 사용자가 어떤 결정을 하는 데 필요한 모든 정보를 객관적으로 제시하는 것이다. 단순히 '좋은', '아름다운' 디자인이 아니라 수많은 정보 속에서 사용자가 원하는 정보를 쉽게 찾고 빠르게 전달하며 오래도록 기억하게 하는 것이 목적이다. 여기서 필요로 하는 것은 더 많은 정보가 아니라 적합한 정보를 적합한 시기에 적합한 사용자에게 가장 효율적이고 효과적인 형태로 제시하는 것이다.

과제팀이 주안점을 두었던 점이 스토리텔링을 위한 이야기 소재 개발이기는 했지만, 결과물을 텍스트로만 보여주는 것이 아니라 이미지, 정보지도, 플러시 등을 함께 보여 주어서 이용자가 텍스트를 보면서 쉽게 이해할 수 있도록 하였다. 인물들에 대한 정보를 보여줄 때에도 그 인물과 관련된 다른 인물과 사건들과 링크를 해 놓음으로서 전체적인 맥락을 파악할 수 있도록 하는 데 중점을 두었다. 구술 자료 수집에서 생성될 수 있는 구성물로는 텍스트(최종보고서 파일, 구술자 신상카드, 면담일지, 면담후기, 상세목록, 예비 질문지, 녹취록), 영상 파일, 음성 파일, 이미지 파일 등이 있다. 이러한 구성물들은 다양하게 콘텐츠로 활용될 수 있는 가능성이 있다.

4) 최종 결과물의 형태

현재 국내에서 몇몇 기관들은 구술 자료를 이용할 수 있도록 웹상에서 서

그림 3. 고려인 이주개척사 웹사이트

비스를 하고 있다. 그러나 서비스가 원활하게 이루어지고 있는 기관은 사실 많지 않다. 이는 구술 자료가 가지고 있는 한계 때문인 것으로 보인다. 구술 자료는 역사적인 사건과 관련된 내용이라 하더라도, 대부분이 구술자 개인의 신상과 관련된 것이 많다. 또한 근현대사 관련 구술 자료의 경우에는 피해의 역사를 담고 있는 경우도 많다. 따라서 구술 자료가 악의적으로 이용되는 것을 막기 위해서는 정보가 함부로 공개되어서는 안된다. 그러나 이미 자료집이 발간이 되어 있거나 개인 신상에 문제가 없는 자료들은 원활한 활용을 위해서 제공 및 서비스 할 수 있다.

고려인 문화원형 과제에서 가장 기준을 삼았던 것은 원천 스토리이다. 원천 스토리를 토대로 하여 시놉시스와 2D · 3D 그래픽이 나오게 되었으며, 동영상 촬영 및 전자지도의 작성이 이루어졌다. 이는 고려인의 이주 개척사라고 하는 추상적인 개념에서 구체적인 결과물들이 나오게 한 것으로, 본 과제에서와 같이 국내에서 수집된 구술 자료 역시 스토리텔링을 토대로 여러 가지 웹 콘텐츠로의 개발이 가능하다.

따라서 다른 서비스는 원천 스토리를 토대로 하여 이루어지도록 하였다. 원천 스토리를 예로 들어보면 〈그림 4〉와 같다.

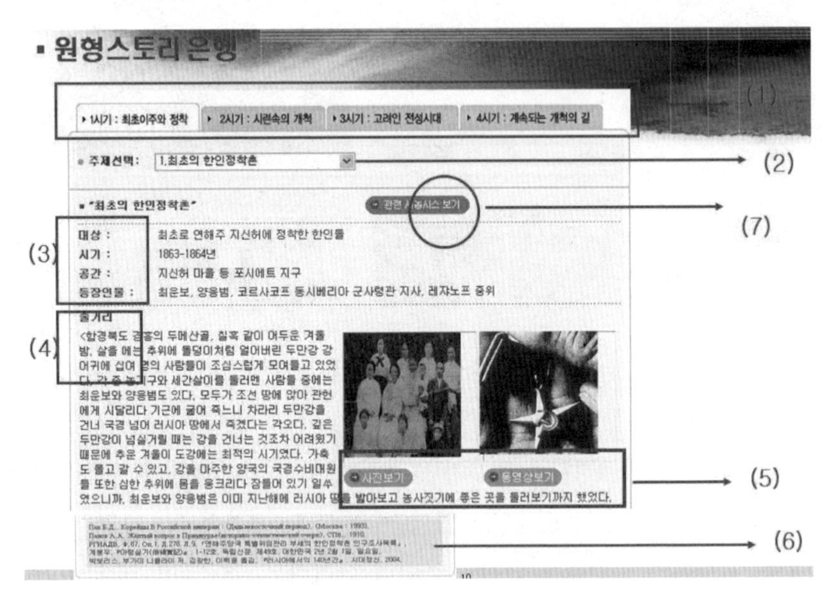

그림 4. 원형스토리 은행의 서비스 예

(1)은 스토리뱅크의 메뉴 바로서 앞에서 언급했듯이 고려인 전체 이주사를 최초 이주와 정착, 시련속의 개척, 고려인의 전성시대, 계속되는 개척의 길이라는 4개의 시기로 구별하였다. 이러한 시기 구별은 고려인을 연구했던 전문가들의 의견에 따른 것으로 고려인들의 이주 지역의 변화와 연관을 가지고 있다. 이러한 시기구분은 이후의 시기별 · 지역별에 따른 전자지도와 전자연표의 개발에도 활용되었다.

(2)는 각 시기를 주제별로 다시 구분하였다. 위의 메뉴 구성도에서 볼 수 있듯이 원래 계획은 1시기에 12개, 2시기에 10개, 3시기 · 4시기에 각각 6개의 주제를 담기로 했지만, 전문가들의 논의 결과 최종 결과물에는 1시기에

10개, 2시기에 8개의 주제로 변경되었다. 이와 같이 기술 전문가들이 기획 초기 단계에서부터 참여했듯이, 내용 전문가들 역시 콘텐트 개발 단계에까지도 끊임없이 참여하여 검토를 해야만 보다 정확한 정보를 제공할 수 있다.

(3)을 통해서는 각 주제에 대한 간략 설명을 하였다. 인물에 대한 소개에서는 이 부분에 활동 시기, 활동 지역, 활동 분야와 같은 인물에 대한 간략 소개를 담았다. (4)에서는 사건의 줄거리들을 보여주었다. 사건들을 기술할 때에는 내용을 정확성을 기본으로 함과 동시에 140년이라는 긴 역사를 30개의 주제 안에 압축적으로 보여주기 위한 노력을 하였다. 각 줄거리에는 이용자의 이해와 관심을 높이기 위하여 (5)를 통해 관련 사진과 동영상을 볼 수 있도록 구성하였다. 이용자가 관심 자료의 줄거리를 보면서 이미지와 동영상을 통하여 이 당시의 모습이나 현재 유물을 보게 함으로서 더 흥미를 가지게 하고 흥미를 가질 수 있도록 하였다.

(6)은 주제별 스토리에 대한 역사성을 부여하기 위하여 출처를 밝혀준 것이다. 위에서 언급했다시피 원형스토리는 정확성이 중요하기 때문에 자료를 출처를 밝혀주었고, 관심이 있는 이용자가 관련 자료를 통하여 더 많은 정보를 얻을 수 있도록 하였다.

(7)은 각 주제에서 나온 스토리를 재구성하여 만든 시놉시스를 볼 수 있도록 하였다. 시놉시스의 개발은 원형스토리가 소설이나 영화, 극 등으로 개발이 될 수 있도록 한 것으로 전문 시나리오 작가가 개발하였다.

〈그림 4〉에서 파생된 콘텐츠들은 〈그림 5〉와 같은 시놉시스 은행과 인물은행, 아이템 은행 등이 있다.

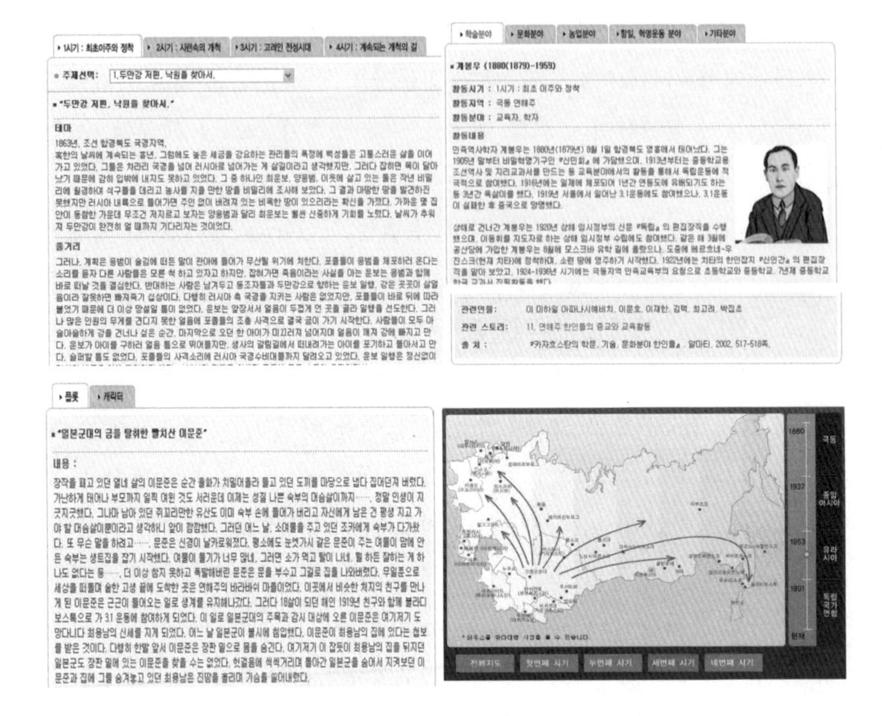

그림 5. 원천 스토리에서 파생된 콘텐츠들의 예

구술 자료의 서비스 역시 이와 같은 방식으로 이루어질 수 있다. 수집된 구술 자료는 많은 원천 소스들을 가지고 있다. 따라서 인물에서 인물, 인물에서 사건으로 보여 줄 수 있으며, 한 인물 내에서도 동영상이나 이미지 등을 연동시켜 보여줌으로써 구술 자료 속에 등장하는 인물과 사건의 이해를 높여 줄 수 있다.

원천 자료에서 콘텐츠가 이루어지기 위해서는 중간 가공물이 필요하다. 왜냐하면 원천 자료를 가지고 변형 없이 그대로 보여주는 단순 활용을 할 수도 있지만 변형을 가미해서 응용하는 활용도 이루어질 수 있기 때문이다. 가령 원천 자료에서 그대로 추출한 이미지를 책에 담거나 영상 자료를 다큐멘터리에 삽입하는 것은 단순 활용이다. 그러나 자료화된 텍스트를 스토리텔링을 통하여 소설로 탄생하거나 영화로 제작될 수 있다. 사진들을 활용하게 되면 2D나 3D 그래픽 등과 같은 콘텐츠가 나오게 되는데 이는 응용을 전제로 한 활용인 것이다. 따라서 콘텐츠의 개발은 원천 자료→자료화→콘텐츠로 이루어지는 것이 아니라 원천 자료→자료화→자원화→콘텐츠로 이루어진다. 여기서 필자가 말하는 자원화는 자료화 된 것에서 조금 더 질적인 변화를 주는 것이며 이러한 변화를 통하여 이용자가 자료를 보다 더 이해하고 응용하기 쉽게 사용할 수 있을 것이다.

3. 콘텐츠 트렌드 및 전망

1) 스토리텔링 기법

스토리텔링은 문화콘텐츠가 언급되면서 함께 부각된 중요한 개념이다. 최근에는 다양한 맥락의 콘텐츠가 기획되면서 스토리텔링의 영향력은 더욱 강조되고 있다. 구술 자료의 경우, 다양한 이야기의 소재를 담고 있기에 스토리텔링 기법을 통해 자연스럽게 다른 콘텐츠로 전환하기가 수월해진다. 또한 인간은 이야기를 통해 생각과 느낌을 공유하기에, 짜임새 있게 구성된 스토리텔링은 사용자로 하여금 콘텐츠에 대한 큰 흥미를 불러일으킬 수 있다. 그러기에 구술 자료에 기반 한 콘텐츠를 기획 시 스토리텔링 기법은 이제 빠질 수 없음을 반드시 염두에 두어야 한다.

좀 더 살펴보면, 스토리텔링이란 '스토리(story)'와 '텔링(telling)'의 합성어로서, 여기서 스토리는 어떤 줄거리를 가진 이야기를 말하고, 텔링은 매체에 맞는 표현방법을 말한다. 즉, 스토리텔링이란 이야기를 매체에 맞게 표현하는 것으로 내용은 물론 기술적 측면까지 포함한다. 상황에 맞게 적재적시에 들려주는 이야기는 듣는 이에게 감동을 주게 되며 뇌리에 오랫동안 남을 수 있다. 잘 짜인 스토리텔링 기법은 이야기를 하는 사람과 듣는 사람의 감정적 표출을 통해 재미는 물론 상호 공감대를 형성하게 해주기 때문에 사용자 체험 확대와 감동을 이끌어내는 데 유용하게 사용될 수 있다. 뿐만 아니라 이러한 스토리 전달 과정에서 사건을 이해시키기 위한 집중적인 유도는 효과적인 정보의 전달을 가능하게 해주어 교육적 효과도 함께 제공해 줄 수 있다는 장점이 있다. 구술 자료가 갖고 있는 핵심 메시지도 스토리텔링을 통해서 사용자는 여러 상황을 손쉽게 머릿속에 그릴 수 있으며, 구술자가 처했던 상황에 쉽게 감정이입 할 수도 있다.

스토리텔링 기법은 여러 가지 잠재성을 가지고 다양한 분야에서 사용되고 있다. 특히 최근 들어 스토리텔링은 출판, 만화, 방송, 영화는 물론 애니메이션, 게임, 캐릭터, 공연, 음반, 전시, 축제, 여행, 디지털콘텐츠, 모바일콘텐츠 등에서 다양하게 활용되고 있다. 스토리텔링은 특히 비즈니스 측면에서 다양한 분야와의 융합을 통해 부가가치를 높일 수 있는 가치의 원천으로 각광을 받고 있다.

오늘날 콘텐츠 소비자들은 체험, 특히 추억이나 기억에 남을 만한 나만의 고유한 경험과 감성을 중요시한다. 하루가 다르게 쏟아지는 대량의 정보는 자칫하면 식상하고 고리타분한 정보로 전락해버릴 위험이 크다. 이러한 관점에서 스토리텔링 기법은 개인의 경험과 감정 등이 뒤섞여진 구술 자료를 전달하는 체험적 행위로서 현대 소비자들의 욕구를 채워 줄 수 있는 효과적인 방법으로 인식될 수 있다.

2) 디지털콘텐츠 환경의 급변

속도의 문화라고도 지칭되는 현대 대중문화 속에서 사람들은 간단하고 간편한 라이프스타일을 추구하고 있다. 가볍고 단편적인 삶의 방식은 이미

패스트푸드로 대표되는 음식문화에서도 나타나고 있다. 이러한 상황은 재화와 서비스의 소비 외의 분야에도 적용된다. 140자 내로 메시지를 전하는 트위터는 짧고 간단한 소통을 지향하는 전형적인 사례이다.

사람들은 전통적인 미디어의 풀버젼(full version) 콘텐츠보다 간단하지만 다양하고 많은 콘텐츠를 소비하는 데 점점 더 익숙해지고 있다. 유튜브로 대표되는 온라인 동영상, 모바일 기기로 즐기는 게임, 전자책 등 그 유형은 무척 다양하다. 이러한 미디어의 스낵화(media snacking)는 그 자체로 지금 우리의 라이프스타일을 보여주고 있다. 사람들은 출근길에 스마트폰을 통해 웹툰을 소비하거나 뉴스와 이메일을 확인하고, 직장에서는 하루 종일 각종 동영상과 블로그에 접속한다. 그리고 집에 돌아와서도 TV 시청을 즐기며, 자신의 스마트 기기로 간단한 게임을 하기도 한다.

디지털 미디어 환경은 콘텐츠의 형식과 제작 및 전달, 소비 방식을 다각화했으며 그 과정에서 새로운 형태의 소통문화를 창조하였다. 이를 보다 구체적으로 살펴보면 다음과 같다. 먼저 뉴미디어 환경에서 구축된 콘텐츠 제작도구의 개인화와 고기능화는 콘텐츠 생산 주체를 전문가라는 특권적 집단의 영역에서 개인의 영역으로 이동시켰다. 이제는 전문가 집단과 차별화되는 아마추가 집단이 그 영향력을 발휘하기 시작했다. 또한 그동안 비용문제로 유통 통로를 갖지 못했던 일반인들이 소셜 네트워크 서비스나 유튜브와 같은 새로운 경로를 통해 활발하게 소통하면서, 콘텐츠 산업 생태계의 중요한 요소가 될 정도로 콘텐츠 생산 영역에서 점차 큰 비중을 차지하고 있다. 콘텐츠의 양적 증대와 함께 다원성의 확보에 대한 목소리가 높아지고 있는 것이다.

이렇게 스낵 컬처(snack culture)가 부상하게 된 것은 모바일 기기의 대중화와 밀접한 관계를 맺고 있다. 특히 스마트폰과 태블릿PC와 같은 첨단 모바일 기기는 휴대전화가 열어놓은 이동 중에 소통할 수 있는 가능성을 넘어 텍스트, 사운드, 비디오, 데이터 등 멀티미디어를 언제 어디서나 이용할 수 있게 해주고 있다. 한마디로 콘텐츠의 소비와 생산이 생활 속에서 긴밀하게 연계되고 있다.

4. 맺음말

웹 콘텐츠 개발 과정은 기획 단계에서부터 모든 관련 전문가들이 참여하여 각 해당 분야에 대한 견해를 밝히고 그러한 견해들을 토대로 구체적인 기획 방향을 정한 후에 진행된다. 기획 방향이 정해지면 각 콘텐츠 개발을 위한 자료 수집이 이루어지고 수집된 자료를 재구성하여 활용이 이루어지게 된다. 새로운 구술 자료를 수집하는 과정도 구술 자료의 수집 기획이 이루어지고 그 이후 구술 자료를 수집하고 수집된 자료를 조직화하며, 보존과 활용이라는 단계로 이루어져 있다. 구술 자료는 구술로 이루어진 자료 자체를 일컫는 말로 음성 자료일 수도 있고 영상 자료일 수도 있다. 따라서 디지털 아카이브가 많이 생겨나고 있는 오늘날 구술 자료를 잘 활용할 수 있다면 여러 분야의 사람들이 활용할 가능성이 높다. 구술 자료를 새롭게 만들 때, 이제는 디지털 아카이브를 고려하여 기획 단계에서 다양한 활용을 위하여 정보를 어떻게 보여줄 것인가라는 방안까지 고려되어야 한다.

콘텐츠 개발이던 구술 자료 수집이던 기획 단계는 전체 과정을 결정지을 수 있는 중요한 단계이다. 그러나 내용 전문가와 기술 전문가가 서로 의사소통이 이루어지지 않으면 아무리 좋은 기획안이어도 결과물은 좋게 나오지 않는다. 기술 전문가가 기획 단계에서부터 참여하여 전체적인 개발 컨셉과 개발 방향을 같이 공유하여 웹 개발을 진행하여야 하고, 인문학 연구자 역시 자료 수집 이후에도 기술 전문가와 끊임없이 의사소통을 하여 진행되고 있는 콘텐츠 개발 사항이 전체적인 의도에 맞게 이루어지고 있는지 확인하여야 한다. 그래서 콘텐츠 개발 과정과 구술 자료 수집 과정은 통합적 관점에서 이해될 수 있다.

이러한 구술 자료를 토대로 한 웹 콘텐츠의 개발과 서비스는 인문학의 연구 성과를 대중화함으로써 인문학의 위기를 극복하려는 흐름과 그 궤를 같이 한다고 할 수 있다. 인터넷 상의 웹서비스는 모바일 시대를 맞이하면서 시공간의 제약을 뛰어 넘어 어디서나 콘텐츠를 손쉽게 접속하고 활용할 수 있을 정도로 우리 삶 속에 자연스럽게 녹아들고 있다. 오히려 이러한 흐름에서 벗어나 있는 경우, 그 콘텐츠의 존재 여부는 보장할 수 없는 상황에 이르는 것으로 보인다.

또한 디지털 콘텐츠의 형태로 개발된 구술 자료는 보다 다양한 용도로 활용될 여지가 커진다. 다양한 미디어를 혼합한 멀티미디어 방식으로 응용하여 사용할 수 있는 기술의 발전에 따라 단순 텍스트에만 머무는 것이 아니라 콘텐츠의 용도와 쓰임에 따라 충분히 다양한 활용을 기대해 볼 수 있기 때문이다.

따라서 이제는 구술 자료를 디지털 콘텐츠로 개발하여 대중에게 자료를 개방하고 공유하며 자료의 활용을 함께 고민하는 일은 웹에서 적극적으로 서비스하고 활용되는 노력으로 전환되어야 하겠다. 한 마디로, 구술 자료의 콘텐츠 기획 및 개발은 아날로그 방식과 더불어 디지털 방식으로 인간의 존재 방식을 확장시키려는 이 시대의 요청에 대한 진일보한 대응으로 바라볼 수 있을 것이다.

마을이야기 만들기 _김선정

1. 왜 마을이야기인가
2. 어떻게 마을이야기를 만들었나?
3. 이야기 내용은 무엇인가?
   1) 용인과 용인 사람들 이야기
   2) 용인 문화 이야기
4. 나에게 어떤 의미였나?

1. 왜 마을이야기인가

지역이 중요하게 부상하고 있다. 국가 차원의 재정과 개발 등이 중앙에 치중되었던 과거에 비해 지방자치제의 실현으로 지역에 대한 투자와 관심이 증가하고 있다. 산업화 중심의 국가 경제 발전에 총력을 기울이던 시대를 지나 지역 사회 경제와 문화가 꽃을 피우는 시대가 되었다. 2000년대 들어서면서 부쩍 늘어난 각 지역 축제, 특산물 판매, 역사 찾기, 고장 알리기 행사 등이 그 일환이다. 이들 지역 행사의 성격은 주로 지역민들의 공동체 강화와 지역 문화를 산업화하여 지역 경제의 활성화를 목적한 것이 대부분이다. 이를 위해 지역의 정체성을 찾고자 그 지역의 역사와 문화를 발굴하여 이야기를 만들어 의미를 부여하고 있다.

이러한 지역 연구에는 문헌자료가 제대로 남아있지 않은 현실을 차치하고서라도 구술사 방법론은 매우 유용하고 효율적이다. 그 마을의 모습이 옛날에는 어떠했는지, 학교, 농협, 우체국 같은 기관이 언제 어떻게 생겼으며 어떤 모습으로 변해갔는지, 아스팔트길은 언제 놓였고, 버스는 언제부터 어떻게 다니게 되었는지, 경제활동은 어떻게 했는지, 사람들은 어떻게 살았는지 등 지역의 역사, 구성, 환경, 변화, 삶 등에 대하여 매우 다양한 이야기를 인터뷰를 통해서 들을 수 있다.

필자는 한국외대 글로벌 캠퍼스가 있는 지역인 용인의 사회 문화 연구를 학생들과 6년째 해오고 있다. 이 작업은 용인 사회 문화 관련 주제를 일 년에 한 개씩 선정하여 관련 인물들과 인터뷰를 하고, 그 자료를 바탕으로 구술자들의 삶을 이야기로 만들고, 그 주제를 문화콘텐츠화 하는 작업이다. 첫 해에는 마을의 모습에 중점을 두어 마을 사람들의 이야기들을 듣고 모현마을의 역사와 사람들의 이야기를 만들었고, 옛 모습을 간직하고 있는 마을 환경을 문화콘텐츠화 하는 방안을 기획하였다. 두 번째는 전통장과 상설장인 백암장과 용인장을 중심으로 그와 관련된 사람들과 구술면담을 진행하여 전통장을 활성화 하는 방안을 모색하였다. 그 이듬해는 계속해서 용인사회에 대한 관심으로 전통문화에 중점을 두어 향교와 서원의 전교, 고문, 원장님과 구술면담을 하여 그 내용으로 우리의 전통 문화를 문화콘텐츠로 활성화하려는 기획을 시도하였다. 작년에는 현대사의 가장 큰 이슈인 새마을 운동이 마을에서 어떻게 시작되었고 마을 사람들은 어떻게 생각하고 받아들였으며, 그 결과 마을이 어떻게 변화되었는지, 마을 사람들의 삶은 또 어떻게 달라졌는가에 대해 이야기를 들었고 현재 집필 중이다. 올해는 다양한 삶을 살아온 다양한 여성의 이야기를 준비 중에 있다.

몇 해에 걸친 이러한 작업은 용인문화연구총서로 현재까지 3권이 출판되었다. 구술자들의 삶의 이야기 속에서 용인의 역사를 그려볼 수 있었고, 사회 문화의 다양한 모습을 구체적으로 가시화할 수 있었다. 더 큰 수확은 구술자들의 이야기 속에서 발견한 용인의 자산을 콘텐츠화 할 수 있는 부분이었다. 구술사가 지역사회문화 연구에서 그치는 것이 아니라 지역의 자원을 문화콘텐츠화 할 수 있는 방법으로의 가능성은 구술사 외연의 확장 뿐 아니라 지역발전에 기여할 수 있는 측면으로서 값진 수확이었다.

2. 어떻게 마을이야기를 만들었나?

벌써 6년이 되었다. 처음부터 용인지역에 대한 연구를 하겠다고 거창하게 나선 것은 아니었다. 처음에는 단순히 학교가 있는 모현이 궁금했다. 언제부터 이 마을이 있었는지 지금의 모습은 어떻게 갖추어졌는지 사람들은 어떻게 살아왔는지, 외대가 개교하면서 어떤 변화가 있었는지 등. 이러한 목적을 가진 연구에는 구술사 방법론이 가장 적절했다. 2008년부터 문화콘텐츠 전공의 임영상 주임교수님이 용인에 관심을 갖고 용인학을 외대에 개설하셨고, 학교 인근 갈월마을의 콘텐츠화를 모색하실 때였다. 임 교수님의 제안으로 구술사와 문화콘텐츠 기획 수업 주제를 모현마을로 정하였고 모현의 원로 8분의 구술자들과 인터뷰할 것을 기획하였다. 1학기 동안 구술사가 무엇인지 개념정리와 구술자료를 활용한 작품들을 분석하는 등 이론을 수업하고 제대로 된 구술자료 수집을 하기 위해 기획부터, 수집, 정리, 활용 전 과정을 학습하고 면담자 교육을 받고 직접 구술자를 섭외하여 인터뷰하고, 영상자료를 변환하고 녹취록을 만드는 등 구술자료를 정리하는 실습을 하였다.

2학기에는 1학기 때 생산한 구술자료를 바탕으로 구술자들의 다양한 삶을 보여줄 수 있는 생애사 쓰기와 용인 사회 문화를 콘텐츠화하는 기획서를 작성 하였다. 1년 동안 모현 마을에 대해 이러한 작업을 해보고 나니 모현의 다양한 모습이 드러났다. 그 결과가 매우 의미가 있었고 주제별로 매해 마다 연구 결과를 축적하면 지역의 큰 그림을 볼 수 있을 것 같았다. 그래서 2년차부터 용인사회문화연구 총서를 내기로 결심했다. 2,3년차에는 전통장을 4년차에는 향교와 서원을 5년차에는 새마을 운동을 6년차인 올해는 여성의 삶에 대해 연구하였고, 이중 모현마을, 전통장과 향교와 서원에 관한 책은 이미 출간되었다.

이러한 결과물을 낼 수 있었던 것은 구술자료수집의 전 과정을 꼼꼼히 수행하였기에 가능했다. 이 과정을 모두 설명하려면 한 권의 책을 써도 모자라기에 간략하게 그림으로 대체하겠다.

그림 1. 구술자료 생산 과정

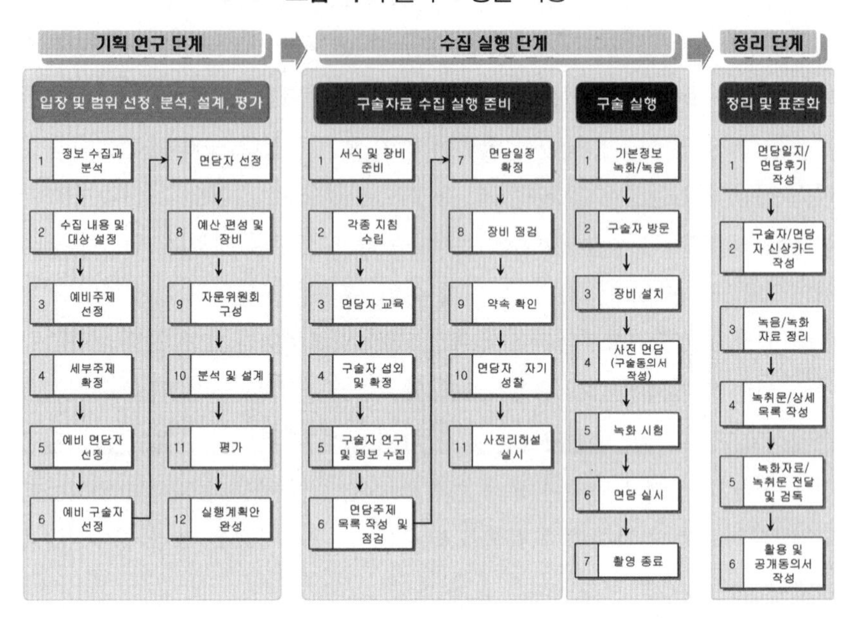

구술자료 생산의 전 과정은 기획단계, 수집실행단계, 정리단계를 거친다. 이중 많은 사람들이 직접 인터뷰를 하는 실행단계를 제일 중요하게 생각하고 준비를 많이 하는데 사실은 기획단계가 제일 중요하다. 구술자료 수집의 전 과정의 준비가 기획단계에서 이루어지기 때문이다.

기획을 할 때는 두 가지 원칙을 염두에 두어야 한다. 첫째, 수집한 구술자료의 관리 및 활용까지 고려한 총체적인 기획과 현실성을 전제로 한 기획이어야 한다는 것이다. 기획은 수집과 정리 및 분류는 물론, 활용 방향에 이르기까지 구술자료관리의 모든 단계에 직접적인 영향을 미친다. 그러므로 실행과 정리 및 분류를 통해 활용에 이르는 기록 관리의 전 과정을 균형적으로 고려해야만 한다. 이를 통해 무엇을 할 것인가 연구를 할 것인가? 생애사 쓰기를 할 것인가? 만화나 다큐 제작 등 작품 활동을 할 것인가? 아니면 이 모든 것을 다 가능하게 할 수 있는 자료화를 할 것인가? 하는 목표를 명확히 하여야하고 디지털로 변한 환경도 고려해야만 한다.

둘째로 현실성을 전제로 한 기획이어야 한다. 자본, 인력, 시간, 능력이 되면 불가능할 게 없다. 하지만 현실은 그렇지 않다. 기획단계에서는 이 모든 것을 고려하여 가능한 범위를 설정해야만 한다. 목표, 예산, 인원, 구성상황 등을 고려하여 효율적이고 바람직한 목표치를 설정하는 것이 필요하다. 이 두 가지 원칙을 가지고 이왕 구술자료를 수집하고 정리할 바에야 보다 많은 활용을 위하여 자료화의 전 과정에 걸친 결과물을 생산하기로 하고 그 자료를 토대로 생애사 쓰기와 용인사회문화에 직접적으로 도움을 줄 수 있는 문화콘텐츠를 기획하기로 결정하였다. 사실 이러한 결정은 원칙 1에는 부합되지만 원칙 2의 기준으로 볼 때는 다소 무리가 있었다. 구술자를 섭외하는 과정과 학생들의 능력 등 많은 어려움이 예상되었지만 임 선생님과 용인문화원과 연구소의 여러 선생님이 계시기에 가능할 것이라 판단하였다.

기획은 '입장 및 범위 설정 → 분석 → 설계 → 평가'의 4단계로 이루어진다. 첫째 항목인 '입장 및 범위 설정'은 정보 수집 및 분석, 수집 주제와 대상 선정, 예비구술자 · 면담자 선정, 예산 및 장비, 자문위원회 설치로 구성된다.

정보수집 및 분석은 많은 관련 정보를 수집하고 분석하는 과정이다. 이 과정을 통해 취득한 정보는 이후 단계인 예비 구술자, 면담자 명단과 관련 연표, 기금을 조성하기 위한 자료로 쓰이며, 예산, 설비 및 참고문헌 정리의 토대가 된다. 또한 참고문헌, 관련 연표(인물 및 사건) 작성, 관련 사진자료 수합, 관련 영상물 수합, 선행연구 성과 분석 등 수집 주제 및 대상을 선정하기 위해 실무적으로 필요한 작업이다. 우리는 정보수집을 위해 조를 나누어, 국회보고서, 신문기사, 블로그, 단행본, 학위논문, 관련기관(시청, 새마을연수원 등) 자료 등을 조사하여 정리하고 필요한 경우 관련인사(향교전공학자) 인터뷰 등을 수행하였다. 이때 조사한 내용을 연표로 작성하고 참고문헌을 정리하였다. 또한 학습한 내용을 토대로 예비질문지를 작성하였다.

수집주제와 대상을 선정하는 단계에서는 구술사의 특성을 잘 보여 줄 수 있는 내용이면서, 지역별 특성과 학문적 필요성을 주로 고려하였다. 지역사의 복원을 위하여 용인사회문화의 중요하고도 다양한 측면을 드러낼 수 있는 주제를 선정하였다. 기존 연구나 사례에서 구체화 되지 않았거나 새로운 관점을 보여 줄 수 있는 측면도 고려하였다. 그렇게 하여 삶의 터인 마을, 사회문화의 중심이었던 전통장, 전통문화인 향교와 서원, 근대화로의 변화 새마을 운동, 들리지 않았던 다양한 목소리의 주체 여성이 그 주제이다.

구술자 선정 방식은 때마다 달랐다. 첫 해에는 임 교수님의 도움으로 8명의 구술자들을 쉽게 만날 수 있었지만 다음 해는 상황이 완전히 달랐다. 용인장과 백암장에 면담자들이 직접 답사를 하며 사람들에게 물어물어 구술자를 찾아다녔고 섭외하였다. 새마을 운동은 이종구 소장님의 도움으로, 여성은 용인신문 대표셨던 박현숙 대표님의 도움을 받았다. 구술자 선정 기준은 자신을 반추할 상황에 놓인 연령을 우선시하였고, 해당 주제에 오랫동안 관련된 일에 종사하신 분, 관련단체의 책임자였던 분 등을 고려하였다. 자신의 역사를 쓸 수 있고, 써온 사람들 즉 명망가도 구술자 대상에 포함하였다. 지역사회연구라는 특성 때문에 명망가 구술도 중요하기 때문이다. 단 이 경우에는 '짜여진 이야기' 즉 각본에 대해 예측 가능한 사항들을 점검하며 철저히 준비했다.

장비는 한국외대 대학원 문화콘텐츠학과나 연구소 것을 빌려서 서로 스케줄을 조정해서 사용하기로 했고, 자문위원회는 구술사 전문가와 문화콘텐츠 학과 교수님들께 부탁드렸다. 각종 서식은 한국학중앙연구원 현대한국구술자료관의 서식을 기초로 용인사회문화연구에 맞게 재구성하여 사용하였다. 구술자 · 면담자 신상카드, 구술동의 · 기증서, 구술공개 · 활용 허가서, 면담일지, 상세목록, 녹취록 등을 비롯해 의뢰에서 수집, 보존, 활용에 관한 양식 등을 구술 수집 목적에 맞추어 작성하여 사용하였다.

기획의 둘째 항목인 '분석'은 전 단계에서 설정한 내용이 실제로 가능한지 여부에 대해 고민하는 단계로, '수집 실행이 가능한가?', '예상결과는 노력할 만한 가치가 있는 것인가?', '시간과 비용 등 효율적인 측면은 어떠한가?' 등 예상되는 문제점을 추출해 보는 단계이다. 즉 연구 시간, 예산, 인력, 제도상 현실적인 면에서 성취 가능한지를 고민하는 단계로, 긍정적이 답변이 나올 때 다음 단계인 실제 프로젝트 설계로 진행될 수 있다.

용인사회문화연구를 위한 구술사 기획은 이러한 분석을 거쳐 나온 결과물을 바탕으로 주요 사건, 쟁점 등 윤곽을 잡고, 시나리오를 설정하며, 완성을 위한 실행 계획안을 작성하였다. 기획의 셋째 단계인 설계에 해당하는 이 과정은 관련자료 집성, 시나리오 설정, 중장기 계획 수립, 예상구술자·면담자 명단 구비, 면담주제목록(질문목록) 작성, 구술자 활동 지역 현지 답사 등 구체적인 준비를 하는 작업으로 이루어진다. 관련지식을 위한 교육과 면담자 교육, 수집 전·후 일정 및 수집할 자료의 유용성, 수집 후 관리방법, 예측 활용도, 등을 고려해 실행계획안을 완성하였고 이를 토대로 구술면담을 진행하였다.

면담 후 생산된 구술자료의 정리는 즉 자료화는 많은 공정을 거친다. 실제 기획 때부터 어떻게 활용할 것인지 염두에 두고 구술자료를 정리하여야 한다. 구술자료의 종류, 영상 복본, 영상포맷 설정 등을 미리 계획하여야하고 정리 방법도 준비하여야 한다.

1부에서 먼저 소개했지만, 면담 후 자료화 과정은 다음 그림과 같다.

그림 2. 면담 후 자료화 과정

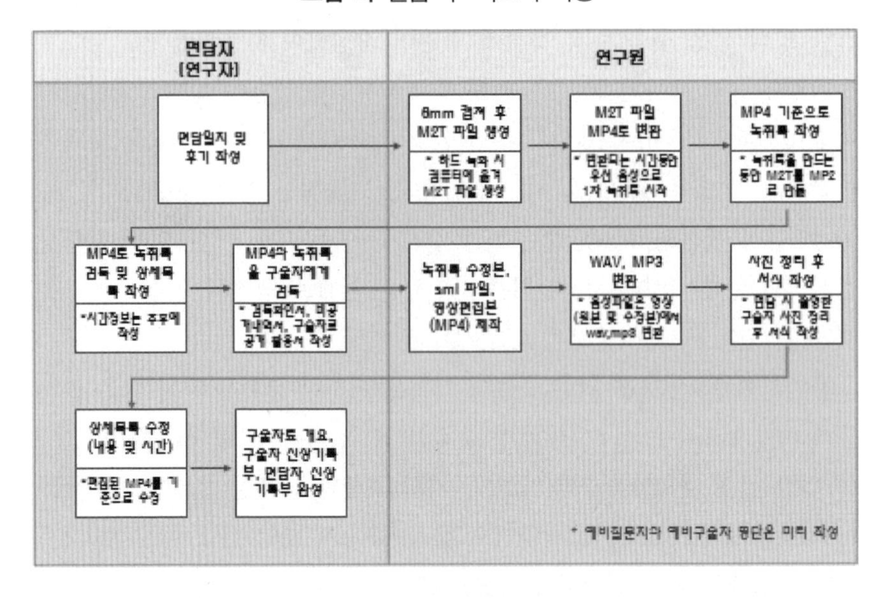

면담이 끝난 직후 가장 먼저 하는 작업은 면담일지 작성이다. 면담 후 자동차 안이나 근처 조용한 찻집에서 면담 상황에 대해 자세하게 기록하는 것이다. 면담 시 분위기, 면담 내용, 느낌, 판단, 평가, 시행착오, 어려움도 기록한다. 이후 해야 할 추가 작업이나 일정에 대한 간단한 메모나 관련자의 연락처, 지도나 명함 등 면담 과정에서 얻는 자료도 함께 철해 두면 도움이 된다. 면담일지는 면담자 자신의 작업을 반성적으로 돌아볼 수 있게 함으로 매우 중요한 작업이며, 향후 연구서나 생애사를 쓸 때 매우 도움이 된다. 뿐만 아니라 제3자가 이 자료를 이용할 때 구술자료에 대한 이해를 더 용이하게 해준다.

그 다음 한 일은 촬영한 영상을 컴퓨터에 다운받아 mpeg 혹은 m2t와 mp4 파일로 변환하고 복본을 만들었다. 디지털 환경에서는 클릭 한 번으로 파일을 잃어버리는 경우가 허다하기 때문에 복본을 빨리 만드는 것은 반드시 필요하고, 매우 중요한 작업이다. mpeg는 국가기록원에서 정한 보존용 포맷으로 화질이 뛰어나지만 용량이 큰 단점이 있다. mp4는 용량이 적어 서비스용으로 적합하다. mp4파일이 만들어지면 이를 기준으로 녹취록을 작성하였다. 녹취록은 작성 원칙과 요령, 기준도 기획 단계에서 준비한 것을 중심으로 작성하고, 작성한 후에 반드시 검독을 하였다.

녹취록 작성은 구술자료집 출간을 위해 필요한 작업이지만 이보다 더 효율적인 활용을 가능하게 해 주는 것이 상세목록 작성이다. 상세목록은 이용자들이 자료에 접근하는 데 도움을 주는 1차적인 안내자이다. 상세목록은 말 그대로 상세목록이다. 목차가 아니라 상세목록만으로도 구술내용이 거의 모두 기록될 정도로 상세하게 작성해야 한다. 구술내용이나 질문에 따라 세그먼트를 나누어 소제목을 작성하고 시간을 기록해 두면 활용도가 매우 높아진다. 이렇게 작성된 상세목록만으로도 전체 구술내용을 한눈에 파악할 수 있다. 다음 예시는 현재 진행하고 있는 용인의 여성에 대한 상세목록이다.

<table>
<tr><td>과제명</td><td colspan="4">용인지역 여성의 생애사 연구</td></tr>
<tr><td>구술자명</td><td>성별</td><td>여</td><td>면담자</td><td>윤재원</td></tr>
<tr><td>면담 일시</td><td>면담 시간</td><td>30분</td><td>검독자</td><td></td></tr>
<tr><td>관련자료</td><td colspan="4">HU2015_용인지역사회문화연구를 위한 구술자료_000_원본_20150519_01_mp4
HU2015_용인지역사회문화연구를 위한 구술자료_000_면담장소촬영 영상_20150519_01_mp4
HU2015_용인지역사회문화연구를 위한 구술자료_000_면담장소촬영_20150519_01_jpg
HU2015_용인지역사회문화연구를 위한 구술자료_000_면담장소촬영_20150519_02_jpg</td></tr>
<tr><td rowspan="2">구술
상세목록</td><td colspan="4">구술 상세목록 내용</td></tr>
<tr><td colspan="3">1. 구술 주제 공지와 유년 시절에 관한 구술 시작
–부농 가정에서 태어남.
–고향은 경상북도 경산군 용성면.
–2남 3녀 중 둘째 딸.</td><td>00:01:10
~
00:02:10</td></tr>
</table>

	2. 일제 강점기에 대한 기억 –초등학교 5학년 때 해방되기 전까지 학교에서는 일본어만 썼다. –학교에서 한국말을 쓰면 따귀를 때렸다. –한국어를 조선어라는 과목으로 배웠는데 일본어만 쓰다 보니 조선어 과목이 어렵게 느껴졌다. 그래서 수업을 얼른 끝내자고 졸라댔다. –그러자 조선어 선생님이셨던 분께서 슬퍼하셨다. –내선일체라고 교육을 받아와서 일본과 한국이 한 나라인 줄로 알았다. –아버지께서는 겉으로는 일본 사람들과 원만한 관계를 유지하지만 몰래 독립운동에 일조하셨다. –이러한 것을 함부로 말하고 다닐까봐 나라를 뺏겼다는 사실을 잘 알려주지 않으셨다. –아버지께서는 농사를 크게 짓고 과수원과 상점을 운영하셨다. 그 상점에서 비밀스럽게 독립운동에 관한 일을 논의하셨다, –해방이 된 후에야 이 모든 상황을 이해할 수 있었다.	00:02:10 ~ 00:08:40
	3. 경상북도 풍기로의 이주 –아버지께서 독립운동에 가담하셨던 것이 발각되어 6개월간 옥살이를 하셨다. –옥에서 나오신 후 경산을 떠나고 싶어 하셔서 친척이 있는 풍기로 이주했다. –그래서 풍기에 초등학교 5학년 때 이사를 와서 초등학교를 졸업했다. –아버지는 풍기에 와서도 과수원을 시작하셨다. 아버지가 풍기사과의 시조이시다. –기독교 가정에서 자라서 개화된 가정 분위기였다. –풍기에는 좋은 중학교가 없어서 안동으로 안동여중에 다녔다. –당시 고등학교는 없었는데 4년제 중학교를 졸업하자 1년제 고등학교가 생겨서 안동여고를 다녔다. –고등학교를 졸업한 후 수해로 농사가 망해서 집안이 어려웠다. 그래서 1년을 쉬었다가 대학 공부를 했다.	00:08:40 ~ 00:14:10

	4. 이화여대 약대 입학 –아버지께서는 일찍 개화가 되신 분이여서 여자도 기술을 가져야 한다고 생각하셨다. –그래서 이화대학 약학대학에 원서를 냈다. –당시 이화대학이 부산으로 피난을 왔을 때였는데 천막으로 된 학교에서 시험을 봤다. –7대1로 높은 경쟁률이었지만 합격을 해서 학교에 다닐 수 있었다. –1학년 때는 기숙사 생활을 했지만 2학년 때부터는 학교 앞 판자촌에서 생활했다. –대학교 다닐 시절에도 집안이 어려웠지만 교육을 중시하셨던 부모님 덕분에 1957년에 졸업을 할 수 있었다.	00:14:10 ~ 00:20:00
	5. 결혼에 대하여 –결혼은 졸업 2년 후 1959년에 했다. –남편은 당시 군인이었다. 서울대 수의과 대학에 다니셨고 가족과 함께 다 같이 월남한 분이었다. 시아버님은 목사님이셨고 육남매 중 장남이었다. –친구의 친구에게 놀려갔는데 그 곳에서 남편이 근무를 했는데 그 둘이 친구여서 친해지게 됨. –당시는 결혼 생각을 안했는데 남편이 5년 이상 쫓아다녀서 결혼을 하게 됨 –결혼을 하고 나서는 전업주부가 되려 했지만 맏며느리로서 경제적으로 책임져야 될 것이 많다고 생각하여 용인에 약국을 열게 됨.	00:20:00 ~ 00:23:25
	6. 용인에 정착하게 된 계기 –남편이 농림부에서 용인으로 파견됨. –6개월만 있기로 되어 있었는데 4 · 19, 5 · 16로 인해 혼란한 시기를 겪고 결국 용인에 주저앉게 됨. –당시 용인은 굉장히 낙후되어 있었다. –그나마 번화가인 곳에 약국을 차렸다.	00:23:25 ~ 00:27:07
	7. 약사로서의 삶과 구술 마감 –보기 드문 여자 약사였는데 호평을 받았고 약국이 번창했다. –이화대학을 나왔다는 것이 많은 도움이 되었다. –다음 구술 때는 약국을 하며 겪은 이야기와 당시 사회상 등에 대해 이야기해 주시기로 함.	00:27:07 ~ 00:30:00

주요 색인어	경산군, 조선어, 풍기읍, 아버지, 과수원, 독립운동, 이화대학 약대, 결혼, 목사님, 남편, 농림부, 용인, 약국
주요 인물	

면담자는 최종적인 인터뷰를 마친 후 완성된 녹취문과 영상을 구술자에게 전달하면 그 자리에서 구술자로부터 자료이용공개 허가서를 받았다. 구술자에게 구술자료가 이후 어디에 소장되고, 어떤 형태로 보관, 공개되고, 활용되는지에 대해 최대한 상세하게 말해주고, 구술자의 동의에 기초하여 자료이용 공개 허가서를 작성하여야 한다. 공개이용동의서의 내용은 자료의 내용, 기본적으로 자료의 소장·공개(공개 여부 및 범위) 활용, 구술자의 제안사항, 구술자의 인적사항과 인증(친필서명이나 도장) 등이다.

이밖에 기획단계시 구술자에 대한 조사와 구술내용을 토대로 구술자 신상 기록부와 면담자 신상기록부, 예비 질문지, 구술자료 개요를 작성하여 외장하드에 저장하고 복본을 만들어 둔다. 외장하드는 수명이 2년이므로 그 안에 정수 정기 점검을 하고 2년이 되면 마이그레이션을 할 것을 계획하였다.

이상과 같이 용인사회문화연구를 위한 구술사 방법론으로 구술자료를 기획, 수집, 정리하여 구술자료를 생산하였다. 다음 장에서는 구술자료의 내용으로 어떤 연구를 수행하였는지를 살펴보겠다.

3. 이야기 내용은 무엇인가?

2장에서 기획하고 생산한 구술자료를 토대로 구술자들의 생애사쓰기와 용인사회문화 콘텐츠 기획을 하였다. 구술자들의 삶 속에서 용인의 역사와 변화 다양한 사회와 모습을 볼 수 있었다. 구체적인 내용은 이미 출간한 3권 책의 내용을 중심으로 설명하겠다.

1) 용인과 용인 사람들 이야기[1]

(1) 마을과 사람들 : 모현사람과 갈월마을

목차

첫 번째 시도인 이 책은 앞머리에 용인이라는 지역과 지역학의 의미와 모현을 소개하고, 본론인 제1부에서 학생들이 직접 모현면 출신의 원로인사들

[1] 이 부분은 임영상 교수님이 용인신문 등에 투고하신 기사와 서론의 내용을 인용 혹은 참고하였다.

마을 이야기 만들기

을 만나 지난 30년간의 모현의 변화를 듣고 그들이 살아온 지난 세월에 대한 이야기를 '한 편의 이야기'로 만들었다. 마을의 어르신으로 존경받고 평생 교육에 헌신하신 분, 농협이 생기기까지 다양한 이야기들, 모현이 배출한 장군, 마을의 큰 일부터 작은 일까지 모두 챙기며 각종 행사의 궂은일을 도맡아하는 분들의 삶에서 마을을 느낄 수 있었다.

제2부에서 농촌자원의 콘텐츠 활용을 통한 마을 활성화 방안으로 갈월마을을 선정하여 갈월 마을의 과거와 현재, 그리고 바람직하게 펼쳐야할 미래를 그려보았다. 이 부분은 문화콘텐츠학 연계 전공의 최명환 교수님이 매주 월요일 오후 점심 후 여가를 즐기는 할머니들, 부녀회원들과 인터뷰를 하여 마을의 역사와 풍습에 대해을 자료를 수집하였고, 전통가옥구조의 홍상댁 이삼희 씨, 정미소를 운영하던 윤옥희 씨, 솜틀집을 운영한 샘재댁, 농가일기를 쓴 강경숙 씨 등 한 분씩 만나면서 살아온 이야기를 듣고 이 글을 썼다. '갈월마을의 농촌자원 활용방안'은 한국외대 대학원 글로벌문화콘텐츠학과 석사과정인 임세정학생이 갈월마을을 중심으로 도농복합도시 용인의 농촌자원 콘텐츠화 방안을 주제로 학위논문의 한 부분이다. 마지막 부록으로 한국외국어대학교에서 〈한국지역문화와 콘텐츠2〉 강좌를 수강하는 학생들이 모현 지역사회와 한국외국어대학교의 협력 방안에 관한 간략한 제안서를 붙였다. "이 작은 시도가 대학과 지역사회의 협력, 그리고 지역의 콘텐츠 개발에 작은 밑거름이 되기를 기원한다"는 공동저자인 임 교수님의 바람대로 이 책이 시작이었다.

2) 시장과 사람들 : 시장과 시장사람들

목차

지난해의 결과물에서 용기를 얻어서였는지 두 번째 연구는 좀 더 수월하게 진행될 것이라 생각했다. 그러나 역시 구술사는 쉬운 과정이 없었다. 이 책을 출판하기까지 2년이 걸렸다. 구술사 수업이 어렵고 힘들다는 소문이 나서 학생들이 수강을 너무 적게 하면서 예상 분량과 과정에 차질이 생겼다. 주제는 좀 역동적인 분야를 택하고 싶어 전통장으로 결정하였다. 용인 지역에 유명한 전통장은 용인장과 백암장이 있었다. 그러나 수강하는 학생 수가 적어 할 수 없이 각 용인장 1년, 백암장 1년 이렇게 진행하기로 했다.

시간이 충분해서 장점도 많았다. 1권의 집필은 거의 학생들과 학과 내 연구자들로만 진행하였는데 2권에서는 오랫동안 용인지역 연구를 수행해온 향토연구자들이 함께 할 수 있었다. 책 전체를 이해하는 데 도움을 줄 수 있는 서설인 '용인시 오일장의 형성과 전통시장 활성화: 용인장, 백암장을 중심으로'은 향토연구자이신 정양화 선생님과 최명환 교수님께서 함께 집필해 주셨다. 『용인오일장 사람들』이란 시화집을 간행한 김종경 시인도 참여하여 용인장의 모습을 담을 수 있었고, 용인장의 연원(홍순석)과 용인의 대표 골목 김량장 133번지 이야기(우상표)를 용인의 향토 연구자들의 글에서도 재미있는 이야기가 흘러 넘쳤다. 학생들은 시집와서부터 한평생 용인장에서 포목점을 하신 분, 2대째 그릇가게를 하면 용인장을 지키신 분, 오랫동안 상인회를 운영하며 용인장의 모든 것을 아시는 분들의 이야기들을 오롯이 담았다.

'제2부 백암장 사람들과 백중문화제'에는 먼저, 백암순대의 두 전수자(박애자, 김미정)의 이야기를 대담형식으로 재미있게 재구성하여 그들의 이야기를 담아내었다. 2011년 제1회 백암 백중문화제를 준비해온 김주홍(이장협의회)과 박세환(백암면체육회)의 이야기는 백암이라는 지역을 문화 관광지로 재조명할 수 있게 해주는 관점을 제시해 준다. 이들 3명의 구술자들은 용인장과 마찬가지로 학생들이 직접 장에 가서 일일이 사람들을 만나면서 찾은 구술자들이다. 그래서인지 학생들은 더 구술자들에게 감사해했고 인터뷰에 진지했으며 구술자들은 학생들에게 더 잘해주었다. 김주홍 이장님을 만났을 때가 생각난다. 백암장 답사를 갔었을 때 우리 수업듣는 학생들 모두에게 장터에서 막걸리와 파전을 거하게 사주시며 우리의 작업에 대해 매우 고마워 하셨다. 그밖에 백암(사람)과 백중문화제를 사진으로 기록하고 있는 사진작가 김명수의 '삶의 이야기'(임영상), 백암장과 백중문화제(김장환), 그리고 백암장 활성화를 위한 콘텐츠 기획(최명환 · 김태선 외) 등 총 6편의 글을 실었다. 백암장 콘텐츠 기획 글은 학생들이 수업시간에 발표한 기획서들을 전통장 관련 연구를 해온 최명환 박사와 백암에 살고 있는 문화콘텐츠 전공 김태선 군이 공동으로 재구성한 것이다.

3) 전통문화와 사람들: 향교 · 서원과 용인사람들

서설_ 유교의 현대적 재해석과 향교·서원 활성화 방안[강진갑]

제1부_ 용인의 향교·서원 사람들 이야기
1. 용인의 선생님, 이기창 선생님과의 만남/ 이재헌
2. 양지향교, 양지(陽智) 볕에서 깨달음을 얻다/ 김태선·정지연·김영효
3. '평범한' 서원 할아버지의 '평범하지 않은' 이야기/ 이슬이·이지연·채민희
4. 늦게 핀 국화, 심곡서원 이종기 원장님/ 전태현·장동현·신재희

제2부_ 용인의 향교·서원 콘텐츠 기획
1. 『용인신문』의 기사를 통해 본 용인의 향교와 서원/ 최명환·임영상
2. 심곡서원의 지역문화자원 가치와 활성화 방안/ 윤유석
3. 전통과의 소통을 위해서－충렬서원과 양지향교의 콘텐츠 기획/ 김선정 외

[부록] 경기도의 향교와 서원(분포 현황)

2권이 우여곡절 끝에 2년 만에 출판되었기에 이번 기획은 좀 더 치밀하게 준비했다. 분량과 과정을 무리 없이 진행하려면 10명 이상의 학생들이 필요했다. 과정이 힘들기에 중도에 포기하는 학생들까지 감안한다면 15명 정도

의 학생들이 참여해야만 했다. 이번 팀은 처음부터 분위기가 좋았다. 기획 단계부터 착실히 준비하였다. 사전조사 시 스터디를 조직해서 연구서, 신문 기사, 블로그 등을 찾아 관련내용을 정리하여 향교와 서원에 대하여 기초 학습을 단단히 하였다. 용인지역 향교와 서원 5곳 모두를 연구 대상으로 삼았다. 학생들이 조를 나누어서 수업시간에 배운 대로 실행계획서를 만들고 인터뷰를 준비하였다. 구술자 선정이 역시 난황이었다. 쉽게 구술자를 선정한 조도 있지만 몇 번이나 찾아가서 간신히 동의를 얻어낸 조도 있었다. 그러나 워낙 기획 단계부터 준비가 철저하였고 수업시간 이외에도 학생들끼리 스터디를 조직해 서로가 피드백을 해주는 등 함께 어려움을 헤쳐나가는 모습이 매우 인상적이었다. 그래도 중간에 포기하는 학생들이 생겼다. 이 팀의 구술자 아들이 모 대학 교수인데 이분이 구술자와의 면담을 중간에서 허락하지 않았다. 서원의 향사에만 참석할 수 있었고 그 때 구술자와 잠깐 인터뷰를 할 수 있었다. 구술자는 학생들에게 더 많은 이야기를 해주고 싶어했고 다시 만날 것을 희망했으나 그 아들을 통해서만 구술자와 연락할 수 있는 상황에서 아들이 계속 구술 면담을 허락하지 않아 무산되었다. 향교와 서원이 4곳만 실린 이유이다.

구술자 이기창은 제1권 '모현의 선생님'으로 이미 구술면담을 한 경험이 있는 분이셨다. 학생들은 다른 분을 섭외하려했지만 여의치 않았다. 이미 구술을 하셨지만 그래도 향교에 관한 이야기를 구체적으로 들을 수 있어 구술자로 선정하여 구술면담을 진행하였다. 그밖에 1권에서의 미흡한 사안들이나 불명확한 부분들을 바로잡을 수 있는 기회가 되기도 했다. 이 연구를 통해서 용인지역의 향교와 서원이 매우 다양한 모습이었다. 한적한 전원 속의 서원이 있는가 하면 도심과 접해있어 교통도 편하고 공원같은 서원도 있었다. 이러한 각 서원의 특징을 살려 문화콘텐츠 기획도 하였다. 다음 장에서는 구술 면담에서 수집한 구술자료를 바탕으로 문화콘텐츠를 기획한 것이다. 이러한 기획은 마을의 자원을 산업과 연관지어 지역 경제 활성화를 도모할 수 있는 좋은 아이템이 될 것이다.

4) 용인 문화 이야기

6년 동안 용인사회문화연구를 위한 '구술사와 문화콘텐츠 기획' 수업을 하면서 다양하고 참신한 문화콘텐츠 기획을 해왔다. 여기서는 그중 용인장과 향교와 서원을 문화콘텐츠화하여 대중과 함께하고 소통할 수 있는 측면을 중시하여 문화 사업 가치를 창출해 보고자 한다. 이 기획서들은 학생들의 기획서를 필자가 편집한 것이다. 다소 보완할 점이 있지만 구술사로 문화콘텐츠 기획을 시도하였다는 측면에서 소개하겠다.

(1) 용인장 활성화를 위한 콘텐츠 기획

재래시장[2)]이 생존위기에 처해있다. 정부의 지원[3)]에도 불구하고 재래시장의 회생 기미는 보이지 않고 시장사람들의 불안과 절망은 커져가고 있다. 한국외국어대 문화콘텐츠 연계 전공자들은 지역문화 발전을 위해 용인지역사회문화 연구를 계속해오고 있던 차, 용인 역사와 사회, 문화의 중심이었던 재래시장인 용인중앙시장과 용인장[4)]에 대해 주목하게 되었다. 시장과 시장사람들에 대해 조사를 하면서 그 아픈 이야기들과 현실에 직면하게 되었고 이 문제를 해결할 여러 방법을 모색하려는 노력을 기울일 수밖에 없었다. 여기 이 글은 2011년 1년 동안 필자와 함께 7명(김정은, 류화진, 우초롱,

---

2) '재래시장'이라는 뜻이 가치 편향적이라하여 '전통시장'이라 이름을 바꾸었지만 이 글에서는 일반인들의 이해를 돕기 위해 '재래시장', '전통시장' 두 단어를 혼용하기로 하겠다.

3) 중소기업청 홈페이지(http://www.smba.go.kr) 통계자료에 따르면 2011년 전통시장 시설현대화사업 15개 시,도 383개의 시장에 총 사업비 약 2700억 원 지원하였다.

4) 조선시대부터 5일 10일 열려왔던 5일장으로 김량장동에 열리므로 '김량장'이라 부르기도 한다. 이 글에서는 김량장, 오일장 등으로 혼용하였다.

이웅기, 이정철, 정서윤, 정은아[5])의 학생들이 시장을 직접 발로 뛰면서 시장사람들을 만나고 관련 연구 자료나 기사들, 외국의 사례들을 토대로 서로 머리와 마음을 맞대고 만들어낸 기획들이다.

가) 용인중앙시장의 상황과 문제는 무엇일까?

① 현황

용인시 처인구 김량장동에 위치한 용인중앙시장은 대지면적 3만 8천여 m^2, 매장면적 7만 4천여m^2에 점포수 760개, 종사자 1,900여 명의 중대형규모의 시장이다. 또한 처인구 4개동 중앙에 위치하였고, 경부, 영동, 신갈~안산 간 고속도로와 17, 42, 43, 45번 4개 노선의 국도가 동서남북을 횡단 교차하는 교통의 요충지로 유동인구가 많고 상권이 발달된 곳이다. 실제로 용인중앙 시장이 위치한 곳은 번화한 상가의 중심지이며, 지역 상권과 연계를 가지고 있다. 또한 최근에는 용인 경전철 '에버라인'의 개통으로 인해 수지구, 기흥구는 물론 분당권에서도 접근성이 크게 향상되었다.

경전철 역 중 '김량장 역'과 '운동장 · 송담대 역'은 실제 오일장이 열리는 구간이므로, 많은 시민들이 장날만 되면 경전철을 타고 '장'을 즐기는 새로운 문화도 형성되었다. 이러한 지리적 장점을 보아 용인중앙시장과 용인장은 무한한 성장잠재력을 보유하고 있음을 알 수 있다.

그러나 5일에 한번 열리는 '용인장'과 상설시장인 '용인중앙시장'은 불편한 관계에 있다. 이는 용인장이 열리는 곳이 바로 용인중앙시장을 비롯한 그 주위 금학천변이기 때문이다. 용인장의 유명세로 5일마다 문화관광 측면에서 지역 인근의 많은 사람들이 찾아오고 있는 장점도 있지만, 세금과 점포 임대료를 내지 않는 오일장의 상품 가격을 상설시장인 용인중앙시장이 맞추기는 어렵다. 또한 오일장이 파한 자리의 청소 등 위생문제도 고스란히

5) 이 학생들은 이 책이 구술파트에 수록되어있는 용인장의 구술자들의 구술을 직접 채록하여 생애사를 쓴 저자들이다.

중앙시장 상인들의 몫으로 남고 있다.

표 1. 김량장 시장 특성 및 입지현황

<table>
<tr><td>업태의 구분</td><td>도매, 소매</td><td rowspan="2">지역 입지</td><td rowspan="2">● 용인시의 중앙부에 위치하고 있으며, 처인구청과 시외버스터미널 중간에 위치하고 있으며 편도2차선 도로에 접해있음
● 도시 계획상 일반상업지역내에 입지</td></tr>
<tr><td>주요 취급품목</td><td>야채, 수산, 정육, 순대, 떡, 의류, 잡화</td></tr>
<tr><td>상인조직 시태</td><td>시장 상인회 등록</td><td>경쟁 구조</td><td>반경 3km 내 대형유통매장 4개소 입점</td></tr>
<tr><td>상권의 특성</td><td colspan="3">업종별 점포종류는 의류점, 일반음식점, 전기전자점, 귀금속, 농수산물점, 숙박시설, 교육 및 의료시설, 미용실, 슈퍼, 기타식품 접객업소 등 다양한 업종으로 구성되어 있고, 의류점과 기타식품 접객업소가 주를 이루고 있으며, 재래시장 인근 금학천변을 따라 정기5일장이 열리고 있으며 주변 1km 근방에 농협하나로마트, 롯데마트, 지에스 슈퍼마켓 등 중형할인점이 입지하고 있음.
지역입지 여건으로 볼 때 이용고객의 접근성이 용이하고 주변인구수를 감안할 때 상권으로서 높은 잠재력을 지니고 있음</td></tr>
</table>

표 2. 매장 및 점포수, 종사자 현황

매장현황 (m^2)	계	74,826
	직 영	20,253
	임 대	54,773
	분 양	-
점 포 수 (개)	계	751
	직 영	204
	임 차	508
	노점등 (빈점포)	39 (13)
종 사 자 (명)	계	1,882
	직 영	239
	임 차	508
	상 용	1,100
	노점 등	35

그림 3. 용인경전철 노선도와 김량장

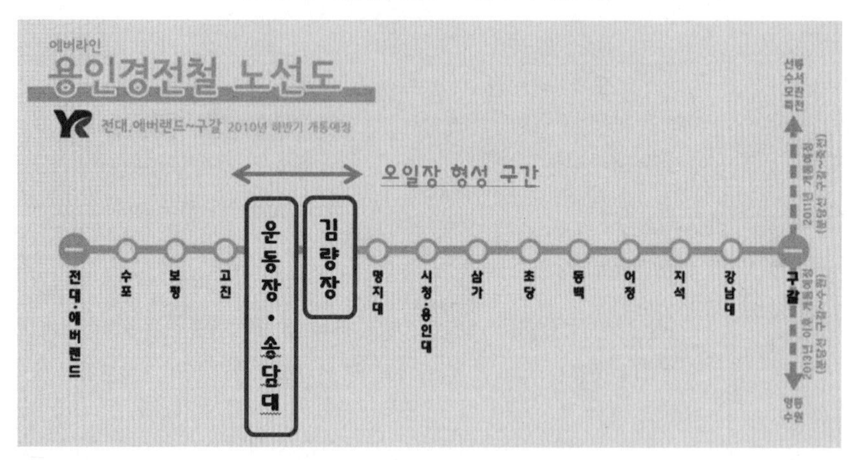

② 용인중앙시장의 현재 마케팅

2011년 필자와 함께 학생들은 용인중앙시장 상가번영회 정평훈 사무국장을 만나 용인중앙시장의 이모저모를 들을 수 있었다. 특히 시장의 발전을 위해 상인들의 서비스 마인드 개선을 위한 교육, 아케이트 지붕 및 주차장 건설 등 시장의 현대화를 위해 정부와 시민들의 지원을 받기위한 노력 등 상인들의 협력단체인 번영회의 다양한 활동과 노력이 매우 인상 깊었다. 다음은 정평훈 사무국장의 이야기에 자료들을 보완하여 용인중앙시장이 현재 추진하고 있는 마케팅의 종류를 기술한 것이다.

가. 공동마케팅 사업: 이벤트 축제 개최, 시장소식지 · 홍보전단지 제작 · 배포 등 홍보사업, 고객동선 확보를 위한 고객선 지키기 캠페인 및 도색작업 실시, 공동쿠폰 홍보 등 추진

나. 특가판매사업: 4월부터 11월까지 월 1회(매월 3째주 금요일) 연 8회 열리며 상인회가 총괄해 실시, 5월에 가정의 달 이벤트, 10월에 고객참여 이벤트 행사와 연계 실시하는 등 전통시장의 다양한 상품을 판매 · 홍보

다. 적립식 공동쿠폰제: 소비자가 5,000원 이상 상품을 구입하면 100원권 공동쿠폰 1매를 지급하고, 공동쿠폰 50매를 모으면 중앙시장 상인회에서 5천원 상품권으로 교환, 시장 내 400여 개 가맹점에서 현금처럼 사용할 수 있게 함.

라. 시장안내책자: 내외부 고객에게 점포별 특징과 위치를 안내하는 전통시장 안내책자를 5월 중 3,000부를 제작해 6월에 주민과 고객, 상인에게 보특화 · 우수점포를 소개하고 고객중심의 쇼핑편의를 제공해 시장 홍보효과를 높이고 매출향상에 기여.

마. 상품권 5%할인: 전통시장상품권으로 전통시장(상품권 취급가맹점)에서 쇼핑을 하면 5%의 할인효과를 누리고 무료 주차권도 받을 수 있는 제도

바. 중앙시장아카데미: 점포 유형별 맞춤형 교육, 선진시장 견학, 우수시장 박람회 참가, 정보화 교육 등 다양한 프로그램을 운영해 시장상인들의 경영 마인드 혁신을 도모

③ 분석

이상 용인중앙시장의 지리적 요건과 점포 상황, 그리고 오일장과의 관계 그리고 시대적 변화로 인한 문제들을 중심으로 SWOT분석을 해보았다.

용인 재래시장

Strengths	Weaknesses
① 편리한 교통. ② 재래시장만의 인간미 넘치는 문화 ③ 오랜 장사 경험. ④ 상인들과 상인회의 노력. ⑤ 현대화된 시설(지붕아케이드, 주차장)	① 환불, 교환이 불확실 ② 통제가 안 되는 대규모의 5일장. ③ 고령의 상인들의 서비스 마인드 부족. ④ 상품별 상점 위치 파악의 어려움 ⑤ 자금 및 홍보 부족. ⑥ 일부 상점의 비위생적인 상품 관리

Opportunities	Threats
① 정부의 재래시장 지원정책 ② 지역민, 다문화이주민, 젊은 세대들과의 소통 공간 부재 ③ 전통장인 용인 5일장의 유명세	① 대형할인마트의 저렴한 가격. ② 대형할인마트, 백화점의 편리한 시설. ③ 다양한 볼거리 부족. ④ 5일장 상인들과의 경쟁

나) 그래서 어떻게 하면 좋을까?

SWOT분석은 상황을 진단하여, 위협요소를 파악 분석하고 이에 대한 대비책을 강구하고 약점을 보강, 기회를 이용하여 강점을 주무기로 추진하여야 한다는 결론을 도출하게 한다. 용인중앙시장의 위협요소는 대형마트와 오일장의 가격 그리고 볼거리 부족이라는 문제이다. 가격적인 측면은 현재 유통구조와 오일장의 상황과 경쟁이 되지 않으므로 저가 마케팅을 추진하는 것은 결국 용인중앙시장의 생존을 불가능하게 함으로 옳지 않다고 판단된다. 오히려 약점인 환불, 교환을 확실하게 해주는 등의 친절한 서비스 개선, 비슷한 상품류 끼리의 상점 재배치와 위생 강화, 이벤트와 축제성의 홍보 등을 강화하여야 한다는 결론을 도출하였다.

현재 용인시의 구성원은 현대화를 겪으며 매우 다양해지고 있다. 먼저 수도권 지역의 대학의 증가로 용인시를 중심으로 인근에 11개의 대학(한국외대, 단국대, 명지대, 용인대, 송담대, 강남대 등)의 대학생들이 용인 지역에서 생활하고 있다. 또한 70년대 이후 크고 작은 중소기업들이 교통과 유통의 이유로 용인지역에 매우 많이 건설되었고, 이들 공장의 노동 수요에 따라 90년도 이후에는 다문화 이주민들이 매우 급증하고 있는 상황이다.

그러나 용인시에는 상설적인 지역주민들의 소통 공간[6]도 부재하고 인근 대학의 젊은 세대들과 용인지역 간의 소통할 수 있는 문화 공간도, 다문화 이주민들과의 서로의 삶과 문화를 나누는 공간도 없다. 이것을 기회로 용인중앙시장이 그리고 용인5일장이 이들 집단 간의 소통 공간으로 그 성격을 바꾸어 용인지역 발전의 중심 역할을 담당하는 것인 용인중앙시장이 생존할 수 있는 방안이라 고려된다. 즉 물건을 사고파는 경제적 행위를 중시하는 공간보다는 문화적 가치를 거래하고 향유하며 소통하는 사회 문화적 공간으로 변형되어야 한다.

---

[6] 지역주민들을 위한 문화센터와 스포츠 센터가 있지만 주로 강좌개설식으로 운영되고 있어, 삶과 문화를 나누는 측면의 교류 등의 소통은 어려운 편이다.

SWOT 분석 결과, 용인중앙시장 및 용인장의 발전을 위해 다음 5가지 개선 방향을 제안하고자 한다.

① 스토리 파크 마켓, 핸드맵, 온라인시장, 앱 만들기

■ 스토리 파크 마켓(Story Park Market)

용인전통시장과 오일장이 세대, 인종, 계층 간의 소통공간이 되려면 먼저 이야기가 있어야 한다. 용인중앙시장과 전통장이 가지고 있는 이야기가 있어야 사람들을 모을 수 있는 계기 즉 '거리'가 된다. 전통시장의 스토리텔링은 대략 5가지로 세워볼 수 있는데, 이는 '시장의 유래에 관한 이야기', '상인과 가게의 이야기', '단골의 이야기', '시장의 특성에 관한 이야기', '새로운 이야기의 창조'다.[7] 여기에 더해 우리 팀이 수행하였던 구술 작업을 통해 용인중앙시장 상인들의 삶을 드러내면서 그들의 가치관, 생활 등을 시장을 찾는 사람들과 공감 · 소통하면서 상품에 의미와 가치를 더하는 것이 중요하다. 따라서 "오늘 내가 산 이 그릇은 그냥 대형마트에서처럼 구입한 그냥 밥그릇이 아니라 한평생 이 가게를 통해 아이들을 대학까지 공부시킨 금창현 씨를 있게 한 그 그릇"인 것이다. 그 그릇을 쓰면서 판매자의 삶과 이야기를 향유할 수 있게 되는 것이다. 즉 적절한 스토리텔링이 가미된다면, 기존에 용인중앙시장을 방문하던 사람들에게는 본인들의 추억과 시장의 스토리가 합쳐져 더 좋은 기억으로 남을 여지가 될 수 있고, 처음 방문하는 방문객들에게는 시장의 유래나 특성에 관한 이야기를 통한 홍보나, 낯설게만 느껴졌던 시장의 정(情)을 같이 공감하는 계기가 될 수 있다.

---

7) 홍숙영, 『스토리텔링, 인간을 디자인하다』, 상상채널, 2011.

우리가 구술을 한 현대리빙샵의 예를 들어보자. 금창현 사장님의 구술에서 알 수 있었던 그의 가치관을 토대로 그 내용을 각 상점의 앞에 푯말을 세워 그 상점의 스토리를 표기하고 각 상점의 간판에 그 상점 상인의 캐리커처 캐릭터와 재미있는 말풍선을 넣어보자, 다른 방법도 얼마든지 가능하다. 이러한 디스플레이로 재래시장 전체를 하나의 스토리 파크형 마켓으로 만들어 소비자들에게 볼거리를 제공하여 즐거움을 줄 수 있다.

그림 4. 캐리커처와 스토리보드 예시

또한 스토리 푯말과 캐리커처와 말풍선을 이용한 간판이 '스토리가 있는 시장'이라는 특화된 개성을 만들어 준다. 스토리 푯말과 말풍선으로 그 동안 소비자들이 알지 못했던 상인들의 이야기를 알게 함으로써 소비자가 물건만 구매하고 끝나는 단순 소비자가 아니라 그 상점과 함께하는 주체로서의 마음을 갖게 하고, 한편 소비자들을 위해 양심적으로 장사를 해 왔던 상인들의 노력과 마음을 전달함으로 판매자와 소비자 간의 이해를 도모할 수 있게 하여 행복한 소비와 판매를 가능하게 해 준다.

■ 핸드 맵(Hank Map)

그림 5. 용인 김량장 핸드맵 앞면 · 뒷면 예시

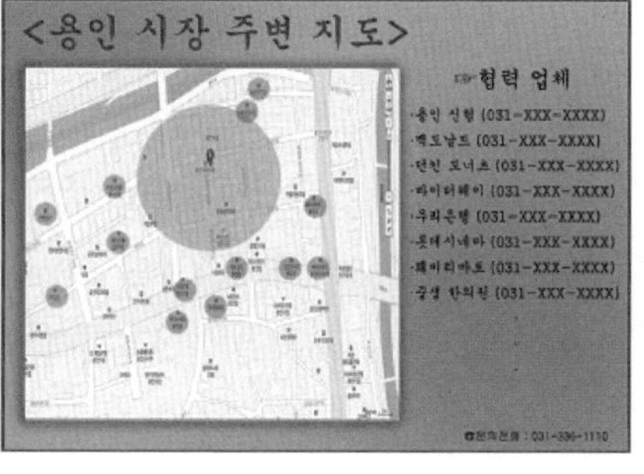

용인중앙시장은 규모가 크고 골목이 복잡하여 자주 방문하던 사람이 아니면 길이나 상점을 찾는 데 어려움이 크다. 비록 시장 내부에 안내판이 설치되어 있기는 하지만, 이 또한 상세하게 나와 있는 편은 아니다. 본 기획에서 시장 입구에 비치할 핸드맵은 앞면에는 용인중앙시장의 지도를 표시하고 시장 홍보 문구를 넣는다. 또 뒷면에는 용인중앙시장을 포함한 부근의 지도를 게시하여 근처 놀거리, 볼거리 등의 정보를 제공하고 근처에 있는 상점 등을 표시함으로써 소비자들이 더 편리하게 용인 시장을 이용할 수 있다. 이러한 핸드맵은 용인 시장 입구뿐만 아니라 핸드맵 뒤에 표시된 협력

상점들의 입구에도 비치하여 홍보효과도 누리며 상생할 수 있다.

■ 온라인시장(Online Maket)과 앱(App) 개발

이러한 스토리파크형 마켓과 핸드 맵을 온라인이나 모바일상에서도 구현하여 시간과 장소를 구애받지 않고 쉽게 이용할 수 있도록 구현한다. 온라인상에서도 실제 용인중앙시장 상점 거리와 구조를 그대로 구현하고 상품과 상점주와 이야기를 담은 문화콘텐츠를 개발하여 용인시장만이 갖고 있는 특색을 잘 살려야 한다. 예를 들어서 3D를 이용한 가상공간을 제작하여 상품을 경험해 본다거나 먹거리와 놀거리 등을 이용한 게임 코너를 개설하여 재미를 더하는 것도 중요하다. 게임머니 또한 실제 용인시장에서 사용할 수 있는 방안을 마련한다.

② 전시기획전

소통의 또 다른 차원으로 용인의 옛이야기들과 모습을 알리는 방안으로 상설 전시기획을 제안한다. 물론 이 공간은 용인 역사와 문화 사회를 다양하게 보여줄 수 있는 기획을 위한 전시 공간으로 겸해서 활용되어야 할 것이다.

용인시는 최근 몇 년 사이에 급변하여 과거의 형태를 알아 볼 수 없게 되었다. 역사를 돌아보고 그 변화를 공유하는 것도 같은 지역에 함께 사는 사람들의 정체성을 형성하는 데 매우 중요한 요소이다. 이러한 측면에서 과거 용인시와 시장의 모습들을 공유하는 것은 매우 중요하다 여겨진다. 이러한 류의 행사는 기존에는 문예회관, 행정타운의 전시실 등에서 진행되었다. 사진을 전시하거나 행사를 진행하는 데 있어 그러한 장소가 적절하기는 했지만 사람들이 일부러 시간을 내서 찾아가야만 했기 때문에, 역사와 문화를 공유하고자 하는 목적에는 그다지 부합하지 못하는 단점이 있었다. 그래서 용인시의 변화된 모습과 용인장과 관련한 주제로 사진전을 기획하여 경안천옆의 산책로를 사진 전시를 위한 문화 공간으로 창출한다면 용인시의 또

다른 명소가 탄생할 것이라 여겨진다.

그림 6. 오일장형성 구간 & 전시구간

〈그림 6〉을 참고해 보면, 진회색 직선으로 그어진 부분은 기존의 용인 재래시장이 오일장 형성 시 경안천변을 따라 길게 형성되는 모습을 볼 수 있다. 2차선의 좁은 골목길에 양옆으로 노점들이 약 1.5km에 다다르게 펼쳐지는데, 그와 동일한 형태의 자전거 도로 또한 바로 옆으로 조성되어 있다.

표 3. 전시방법 예시

디지털 모니터 붙박이식 설치		•장점: 주변환경을 해치지 않고, 공간을 가장 효율적으로 사용 할 수 있다. •단점: 비용이 많이 든다. 설치 방식에 따라 벽 훼손의 가능성이 있다.

위의 예시는 가장 간단한 방법의 전시만을 보여준 것이다. 그러나 현대의

전시는 좀더 다양한 차원과 측면에서 기획되어야 한다. 놀이와 보상을 전시에 가미해서 용인시장과 유기적인 방법으로 운영되어야 할 것이다.

구체적으로 그림으로 제시하지는 않았지만 구간을 나누거나 코너를 나누어 시대적 테마별 모습을 나누어 전시하여 구분별 스토리를 만들어 전시한다. 그냥 단순히 보여주는 것은 재미도 없을 뿐 아니라 의미도 없다. 각 코너 마다 이야기를 디지털화 하여 참여자가 클릭함으로 이야기가 전개되는 방식을 구현하거나 조선시대 용인장을 3D체험을 할 수 있는 등의 공간을 만들어 보는 것도 좋을 것이다.

또한 전시는 보여주는 것 뿐 아니라 참여할 수 있는 코너를 개설하여 용인시 관내 학교와 연계하여 체험학습의 장으로 운영하며 미션을 개설하여 완수한 참여자에게는 기념품이나 용인시장 할인권 혹은 상품권을 받을 수 있도록 기획한다.

이러한 공간을 기획할 시 유의할 점은 주변의 시설을 현대화함과 동시에 나무와 분수 등 쉼터를 배치하여 쉬면서 즐길 수 있도록 설계하여야 한다. 우천시를 대비한 지붕이나 실내 공간 마련도 고려하여야 한다. 또한 주변에 간이식 공연장도 함께 건설하면 더욱 바람직하다.

③ 상품 종류별 구역 정리와 한식 웰빙 거리

현재 용인중앙시장은 순대골목과 떡골목 이외에는 다양한 상품을 판매하는 상점이 여기저기 흩어져 혼재되어있다. 의류, 생활용품, 농산품, 과일 등 종류를 구분하여 구역별로 재정비할 필요가 있다.

여기에 덧붙여 현재 용인중앙시장에는 순대와 떡 이외에는 먹거리가 부족하다는 의견이 있어 이를 개선하고자, 지역민 누구나 편하게 용인중앙시장과 용인장에 와서 상시 즐길 수 있는 한식 웰빙 거리를 제안하고자 한다. 이 거리를 경안천변에 위치시킴으로 주변 경관을 이용하여 휴식과 건강을 위한 명소로 부각시키면 좋을 듯하다.

그림 7. 현재모습—현재 용인중앙시장의 입체도

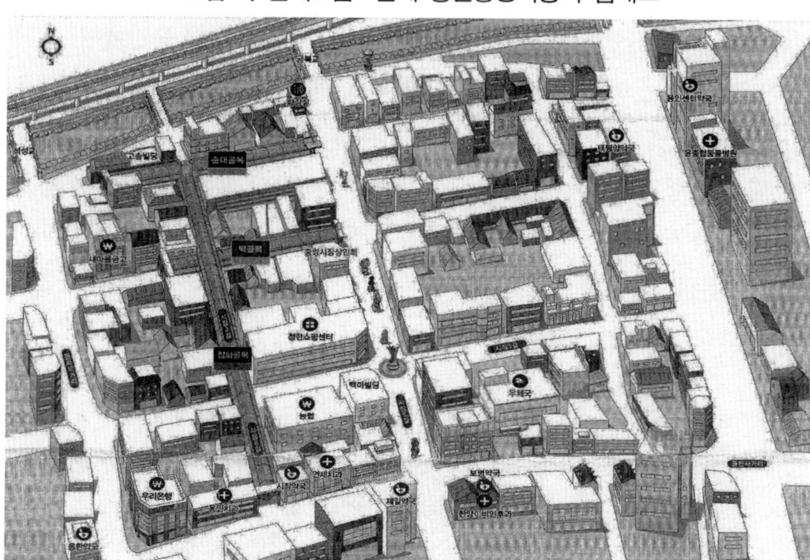

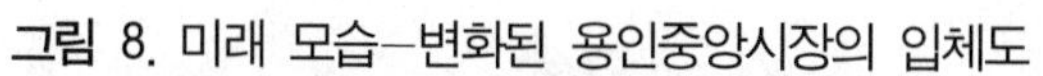
그림 8. 미래 모습—변화된 용인중앙시장의 입체도

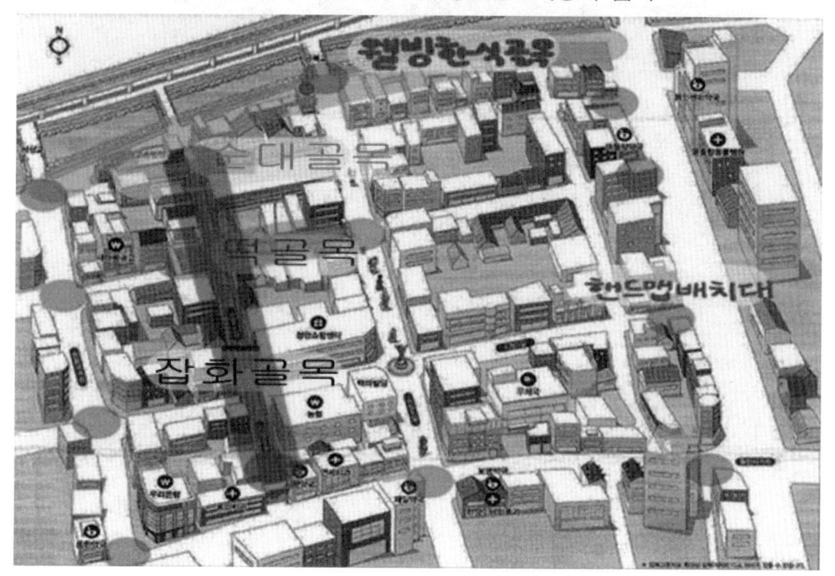

④ 소셜 커머스(Social Commerce)와 연계

현대의 홍보수단에 하나인 소셜커머스와 연계를 통해 웹 공간에 시장 내에 이야기가 있는 특색 있는 집을 소개 한다. 백화점과 할인마트와는 다른, 용인중앙시장만의 이야기를 통해서 정이 있는 공간 나눔에 공간 이미지를 부각 및 용인중앙시장과 주변 인근 상점이나 영화관 등 문화 공간에서 쓸 수 있는 상품권을 판매 한다. 그것을 통해서 특가상품 판매 및 상품권 판매율을 높이는 동시에 소셜커머스를 이용하는 젊은 층에게 지속적인 노출을 통한 광고효과 또한 기대할 수 있다.

그림 9. 소셜커머스와 연계 예시

⑤ 지역주민들, 다문화이주민, 대학생들과 소통공간으로 탈바꿈

우리나라 전통시장의 기능은 단순히 물건만을 파는 마켓의 형태가 아니었다. 그곳은 장사하는 사람들이나 물건을 사는 사람들 외에 '장날'을 즐기는 사람들의 문화 공간이었다. 나랏님뿐 아니라 지역의 정치, 문화, 크고 작은 일들에 대한 정보를 교류하고 평하는 등 여론을 만들어내기도 하였다. 투전판이나 엿치기 등 다양한 구경거리에 모두 혼이 빼앗겨 즐기는 엔터테인먼트(entertainmenr) 등 '커뮤니티(community)적 요소'가 강했다. 할머니들이나 아낙네들도 물건을 파는 목적이 아니라 사람을 만나고 대화하는 재미로 장이 열릴 때마다 외출하였고, 아이들도 특별한 목적을 가지고 장을 찾기보다는 장날의 떠들썩한 시장의 분위기를 즐기며 친구들과 놀기 위해 그곳을 찾았다.

용인중앙시장과 용인장은 이러한 우리의 전통적인 성격을 담보하는 커뮤니티형 공간으로 탈바꿈하는 것을 주목표로 해야 한다. 앞에서도 언급했지만 용인시에 거주하고 있는 주민들이 매우 다양해졌다. 대대로 용인에 거주한 토박이들만 살고 있는 것이 아니다. 관내 11개 대학의 7만여 대학생들과 90년대 이후 부쩍 늘어난 외국인 노동자들과 다문화 가정들, 이러한 현실에 맞춰 각기 다른 지격, 계층, 세대를 위한 공간을 꾸며 그들을 대상으로 한 마케팅을 개발하는 것이다.

거칠지만 예를 들어보면, '안녕하세요, 여러분의 한국입니다.'라는 식의 홍보성 기획 행사를 마련하여 외국인 이주자들이 전통시장에 모여 그들끼리 만나서 활동할 수 있는 교류의 장을 마련하고 더 나아가 한국인들과도 서슴없이 교류하는 커뮤니티를 제공하는 것이다. 그들은 대형마트나 온라인쇼핑몰에서는 만날 수도 경험할 수도 없는 친밀감이나 커뮤니케이션을 사기 위해 전통시장으로 모일 것이다.

또 다른 구상은 요즘 대학 등록금 인상으로 인해 사회적 약자로 인식 되어지는 대학생들을 대상으로 한 마케팅을 생각해볼 수 있을 것이다. '힘내

그림 10. 용인중앙시장 인근 대학교

세요! 대학생 여러분!'과 같은 기획을 통해, 대학생들이 일할 수 있는 공간을 제공하거나, 대학생들이 값싸게 식사를 해결할 수 있는 공간, 대학생들만의 어려움과 배움을 공유할 수 있는 커뮤니티를 제공해주는 것이다.

이와 같이 사회적 약자로 인식되는 계층을 위한 마케팅을 펼쳐 풀뿌리 인프라를 구축해 더 나아가 기존의 용인시민들과 공생하는 방법을 찾는 공간이 된다면 용인의 전통시장은 회생을 넘어 용인의 중심으로서 옛 명성을 되찾을 것이다.

이러한 변환 말고 또 하나의 과제가 있다. 바로 시장 스스로 이미지 변화를 도모해야 한다는 것이다. 전통시장하면 떠오르는 이미지, 즉 좋게 말하면 향토적 이미지이지만고 나쁘게 말하면 촌스럽고 구닥다리 이미지, 가난하다, 지저분하다는 이미지 등을 탈피할 필요가 있다. 앞서 이야기한 제안들을 실현하여 다양한 세대와 계층 인종 간의 소통의 장으로 문화, 웰빙, 휴식 그리고 재미가 있는 공간으로 탈바꿈한다면 용인중앙시장과 용인장의 미래는 기대할 만하다.

다) 그래서 무엇을 기대할 수 있을까?

한마디로 재래시장의 회생이다. 용인중앙시장은 용인에서 가장 큰 재래시장이며 용인장은 역사와 전통을 자랑하는 우리의 유산이다. 현재 시장을 지키던 많은 사람들이 떠나고 있으며 가업을 잇는 상인은 거의 없다. 용인장도 '장날'이 주는 문화적 특색이 사라진 지 오래이다. 앞의 제안으로 용인중앙시장이 탈바꿈한다면 재래시장이라는 우리의 전통을 지킬 수 있을 뿐 아니라 전국의 침체를 겪고 있는 많은 재래시장들의 모범사례가 되어 대한민국 지역 경제의 활성화를 도모할 수 있을 것이다.

또한 대기업의 대형마트가 그 규모를 축소해서 동네까지 침범하고 있는 이때 중소상인들을 보호하고 소비자들도 일방적인 구매의 소비자로서만 아니라 지역 문화 창출의 주체로서 활동함으로 지역민 간의 소통의 근간을 마련하므로 행복한 나, 건강한 사회를 만들 수 있을 것이다.

여기 한 학생이 쓴 변화된 용인중앙시장을 다녀온 가상 일기를 싣는다.

발전된 용인 시장 나들이 (가상 일기)

20XX년 8월 24일.

오늘 윤아, 초롱이, 웅기와 함께 용인 시장에 놀러 갔다. 방학 전 용인중앙시장에서 주최한 '힘내세요! 대학생여러분!'을 통해서 방학동안 학교 근처 한 공장에서 아르바이트한 돈으로 얼마 전 소셜커머스에서 용인중앙시장 상품권을 싸게 팔기에 잔뜩 샀기 때문이다. 이 상품권은 재래시장 안에서 뿐만 아니라 협력 상점에서도 사용할 수 있기 때문에 많이 사는 것이 이익이다.

우리는 외대 사거리에서 모여 20-1번 버스를 탔다. 30분 정도 가니 용인 재래시장에 도착했다. 도착하니 점심을 먹을 시간이어서 친구들과 웰빙 한식 골목에 들어가 밥을 먹었다. 저번에 쌈밥 집에 가봤기 때문에 이번에는 생선구이 집에 갔다. 역시 웰빙 골목에 있는 식당답게 건강식들 위주여서 살찔 걱정 없이 마음껏 먹었다. 웰빙 한식 골목은 건강식 위주로 팔아서 그런지 특히 젊은 여성들이나 어른들한테 인기가 좋았다. 생선구이 정식을 시키니 여러 가지 생선 구이들과 계절 나물 등의 밑반찬이 잔뜩 나왔다. 저렴한 가격에 비해 푸짐한 식탁을 보고 우리는 입이 떡 벌어졌다. 우리는 모두 고등어구이를 좋아해서 고등어구이가 제일 빨리 없어졌는데 인심 좋은 사장님께서 서비스로 한 마리를 더 구워 주셔서 너무 기뻤다. 역시 이런 것이 재래시장의 묘미랄까!

그렇게 친구들과 이야기 하면서 밥을 먹는데 창밖으로 보이는 경안천에서 아이들이 물장난을 치며 놀고 있었다. 여름이라 너무 더워서 아이들이 노는 모습이 즐겁고 시원해 보였다. 우리도 식사를 마치고 경안천에서 어린애들 마냥 신나게 물놀이를 했다. 덕분에 옷이 다 젖어버렸다. 원래는 밥 먹고 바로 영화관 가서 영화를 보려고 했지만 옷이 젖어 버려서 옷도 말릴 겸 시장 구경을 하기로 했다.

용인 재래시장의 가장 큰 특징은 스토리가 있는 시장이라는 것이다. 재미있는 캐릭터 간판과 이야기가 있는 푯말들이 마치 스토리 공원에 온 것처럼 이야기를 들려줘서 정말 재밌게 시장구경을 했다. 여름이라 햇살이 좋아 옷은 금방 말랐지만 우리는 시장의 이야기 푯말과 캐릭터들을 구경하고 소소한 물건들을 사느라 옷이 마른 줄도 모르고 시장을 돌아다녔다. 시장은 꽤 큰 편이었지만 입구에서 가져온 핸드맵이 있어 효율적으로 시장을 다 구경할 수 있었다. 그렇게 넋을 놓고 시장을 구경하다가 영화 시작 시간이 거의 다 되었다.

영화관에 도착한 우리는 인터넷에서 산 상품권으로 영화티켓을 구매하여 영화를 봤다. 팝콘과 음료도 상품권으로 살 수 있어서 정말 편리했다. 저녁이 되어 배가 고파져서 순대골목에 가기로 했다. 용인 시장에 있는 백암순대는 유명할 뿐만 아니라 우리가 평소에 사먹는 순대와는 다르기 때문에 역시 여기에 오면 순대를 먹어줘야 한다며 우리는 다시 핸드맵을 보며 순대거리로 갔다.

저녁시간이라 그런지 사람들이 많아 시장이 북적거렸다. 순대 집에 들어가 우리는 족발, 순대볶음, 곱창전골 등을 시켰다. 배가 고팠던 우리는 음식들이 나오자마자 허겁지겁 맛나게 먹기 시작했다. 옆자리에는 베트남인지 어딘지 알 수 없으나 이주민 노동자들 셋이서 순대국밥을 먹고 있었다. 외국인들이 우리 전통 음식을 먹고 있는 게 너무 신기하여 "맛이 어떠냐"고 물어보았더니 맛있다며 제일 좋아하는 음식이라고 했다. 그들은 한국말도 썩 잘했다. 젊은 사람들끼리여서 인지 소주도 한잔 걸쳐서인지 금방 친해져서 합석하기로 했다. 그중 필리핀에서 온 분은 대학에서 박사학위도 받은 사람이었다. 정말 놀랐다. 이주 노동자들은 다 어렵고 가난한 나라에서 학력도 지위도 없는 사람들인 줄만 알았는데…하여간 우리 테이블이 재미있고 즐거워 보였는지 주인아주머니께서 서비스라면서 순대를 더 주셔서 너무 좋았다. 역시 재래시장에 오면 덤이 있어 행복하다. 대형마트나 백화점에서는 꿈도 꿀수 없는 일이다.ㅎㅎ 그렇게 기분 좋게 저녁을 먹고 역시 상품권으로 계산을 하고 나왔다.

취직을 위해 스펙 쌓기와 전공 공부, 아르바이트로 지쳤던 나의 방학에 오랜만에 친구들이랑 웰빙과 휴식 그리고 뭔가를 배운 하루였다. 아… 다음 주에 개학이다. 다시 일상으로 복귀!!!

5) 향교·서원 활성화를 위한 콘텐츠 기획: 전통과의 소통을 위해서

구술사와 문화콘텐츠 기획 수업을 용인사회문화연구로 학생들과 함께 한지 벌써 3번째이다. 제일 먼저 마을에 중점을 두어 모현면의 생성과 그와 관련된 사람들에 대해 구술을 받고 문화콘텐츠화 하는 방안을 기획하였고, 두 번째는 전통장과 상설장인 백암장과 용인장을 중심으로 그와 관련된 사람들과 구술면담을 진행하고 활성화 하는 방안을 모색하였다. 계속해서 용인사회에 대한 관심으로 이번에는 전통문화에 중점을 두어 향교와 서원의 전교, 고문, 원장님과 구술면담을 하여 그 내용으로 우리의 전통 문화를 문화콘텐츠로 활성화하려는 기획을 시도하였다.

연구의 대상이 된 인근지역의 향교와 서원은 총 4곳으로 용인향교, 양지향교, 충렬서원, 심곡서원으로 향교가 2곳 서원이 2곳이었다. 이에 학생들을 4조로 편성하여 각기 해당 향교나 서원에 대하여 문헌 조사를 실시하였고, 이를 토대로 해당 향교와 서원의 관계자들을 만나 구술면담을 진행하였다. 본 기획은 학생들이 직접 향교와 서원을 탐방하고 전교, 고문, 부원장님과 구술 면담을 한 후 우리의 아름다운 전통 문화와 정신이 사라져가고 대중들에게 소외당하고 있는 현실을 안타깝게 여긴 마음부터 시작되었다. 구술면담 내용을 토대로 우리의 전통문화를 콘텐츠화 하여 '어떻게 하면 일반 대중과 소통시킬 수 있을까'깊어졌다. 여기 그러한 마음과 아이디어를 모아서 충렬서원의 고즈넉하고 전원적인 공간을 활용하여 전시문화예술공간으로 활용, 도심 속에 위치한 심곡서원의 지역적 특성을 감안한 어울림마당 기획, 전교님의 가르침이 살아있는 힐링 강연 영상물 제작, 예의 정신을 어린이에게 가르칠 수 있는 구연동화 기획, 이렇게 4가지 콘텐츠 기획 방안을 구상하였다. 그러나 본고에서는 타 글과의 중복을 피하고자 전시문화 예술공간으로 활용과 구연동화 기획 이렇게 2가지 기획을 제안하고자 한다. 학생들의 제안이라 다소 한계가 있고 부족하기는 하지만 아이디어 제시 차원에서 유용할 것으로 생각된다.

(1) 전시 문화 예술 공간으로 활용－'아뜰' 만들기[8)]

아뜰'은 아름다운 뜰의 줄임말로 '아트(art)' 예술과 정원을 뜻하는 순수 우리말인 '뜰'의 합성어이다. 아름다운 정원을 갖고 있는 충렬서원을 지역 주민들의 아름다운 문화예술의 장으로 만들고자 한다.

8) 이 기획은 한국외국어대학교 이슬이, 이지연, 채민희 학생들의 작업이다.

본 기획은 서원이 문화 전시 공간으로 거듭나기 위한 콘텐츠 및 운영방안 제안하는 것을 중점으로 충렬서원 운영 현황 분석 및 새로운 전시 콘텐츠의 필요성, 충렬서원을 활용한 전시 콘텐츠 기획 및 운영방안, 지역 문화센터와 연계한 서원의 물리적 공간 활성화 방안 등을 제시하고 더 나아가 용인시를 아우르는 복합문화공간으로서의 가능성 모색할 것이다.

① 대상

그림 11. 충렬서원 입구

지정번호 : 경기도 유형문화재 제9호
지정년월일 : 1972. 5. 4
시대 : 조선선조 9년 (1576)
소재지 : 용인시 처인구 모현면 능원리118-1
소유자 : 유림 (儒林)
규모 : 사당 13.45평, 강당 11.2평
재료 : 목조 와즙 (瓦葺)

② 기획배경 및 의도

가. 배경

ㄱ. 공간적 배경–새로운 전시 공간으로서의 서원

문화 예술을 향유한다는 것은 상류층만의 혹은 예술가들만의 이야기가 아닌지 오래전이다. 악기하나쯤은 다룰 줄 알고, 그림을 그리거나, 전시회, 음악회, 연극등의 공연을 감상하는 생활은 많은 사람들에게 이미 일상이 되어가고 있다. 대중이 문화예술을 생산하고 소비하는 시대가 된 것이다. 그러나 정부나 여러 기관들의 정책과 제도가 이러한 현실을 반영하여 다양한 지원을 하고 있지만 여전히 문화 예술을 소통할 수 있는 공간은 일반인에게는 너무 비싸기도 하고 그 수 또한 부족한 실정이다.

기존의 갤러리나 미술관 등의 전시공간이 편리성과 능률을 최우선시했다면, 최근에는 문화와 소통, 교류의 장으로의 기능이 중시되고 있는 추세이다. 따라서 기존의 정형화된 전시공간과 전시방법에서 과감히 탈피한 공원, 병원, 고궁 혹은 역사적인 장소들을 전시공간으로 활용하고 나아가 도시의 거리, 빌딩, 마을의 한 구획을 이용하는 새로운 시도들이 등장하고 있다. 이러한 추세에 힘입어 222개의 전국 각지에 있는 서원을 새로운 문화 공간으로 활용할 수 있으리라 여겨진다. 현재 경기도에만 해도 33개, 용인에는 5개의 서원이 있다.

자연광을 이용한 미술관이나 박물관이 증가하고 있는 최근의 전시 경향을 비추어볼 때 서원은 실내보다 풍요로운 공간 지각을 가지며, 자연광을 이용하여 연색성 등 빛의 미학적인 가치 획득이 가능함으로 현 시대의 요구에 부합하는 최적의 전시공간으로 사려된다.

ㄴ. 사회적 배경–허물어진 예술의 벽

과거 소수의 권력자, 전문가들에 의해 취급되고 향유되어오던 예술은 이제 대중이 생산하고 참여하고 체험할 수 있는 모든 공간으로 확대되었고,

그 형태와 양식, 매개체도 다양화 되었다. 현대의 미술은 과거와는 다른 방식으로 사회적 관계를 맺어가고 있는 것이다. 도시, 국가 간에 문화적 교류와 활발해져 가고 있으며, 이는 지역 경제를 활성화시키는 모체로서 적극적으로 정책화되기도 한다. 이러한 측면에서 서원을 문화예술공간으로 활용한다면 풍부한 환경을 제공할 뿐 아니라 해당 도시 경제 활성화를 기대할 수 있을 것으로 여겨진다.

나. 의도 및 목표

충렬서원은 자연과 어우러진 고즈넉함이 살아있는 매우 아름다운 곳이다. 이러한 장점을 살려 전 세대를 아우를 수 있는 예술 공간을 만듦으로 많은 사람들이 문화예술을 생산하고 소비하고 소통함으로 서원이 역사속의 장소가 아니라 우리 생활 속의 공간으로 자리매김하게 하려는 것이다. 이를 위해 다음과 같은 목표를 제시한다.

ㄱ. 지역주민들의 작품 전시 공간 및 체험활동 장 마련

유명작가나 전문가들의 작품만이 아닌 지역 주민들이 취미활동 등 직접 제작한 작품만을 전시하는 공간을 따로 마련하고 관람인들이 직접 체험할 수 있는 코너를 개설함으로 예술의 일반화를 지향하여 지역 주민들의 소통을 돕는다. 예술 작품을 자연광을 주로 이용한 야외에서 전시함으로 서원을 방문한 사람은 누구나 자연스럽게 작품을 감상할 수 있게 하여 이용 편이성을 높인다.

ㄴ. 충렬서원에서의 전시 공연

특별전 및 공모전을 통하여 충렬서원 야외에서 전시하고 동시에 야외 음악회 등을 기획하여 평소에 일반인들에게 개방되지 않는 충렬서원을 주기적으로 개방함으로써 예술과 자연이 어우러진 충렬서원의 모습을 공유할 수 있게 한다.

ㄷ. 웹사이트 구축

충렬서원에 대한 소개와 유교의 가르침뿐 아니라 전시 기획, 공연 일정 등 다양한 정보와 지역주민이 참여할 수 있는 코너들을 개설하여 온라인상에서도 함께 소통할 수 있는 장을 제공함으로 충렬서원의 이용도를 높인다.

ㄹ. 지역 서원관련 공모전 실시

사진 · 회화 등 공모전의 주제를 용인지역의 사람, 마을, 문화, 역사, 지리, 풍물, 환경 등 다양한 모습과 향교와 서원관련 주제를 선정하여 지역주민들이 지역에 대한 관심과 애정을 갖도록 한다.

③ 구체적 방안

가. 프로젝트 콘셉트

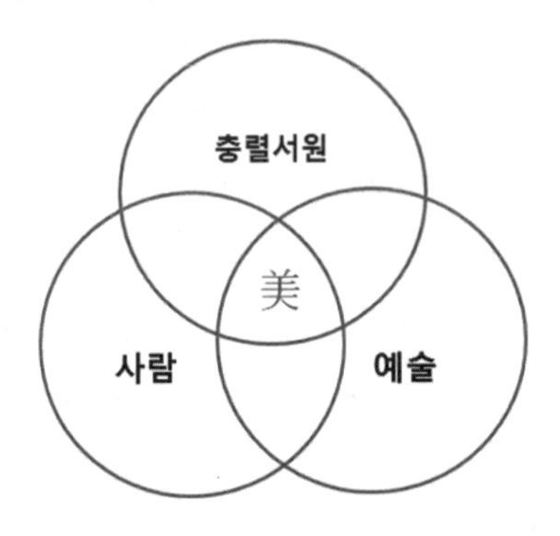

'아뜰'은 충렬서원, 예술, 사람의 아름다움을 알리고 많은 사람들과 이를 함께 공유 · 소통하고자 함.

ㄱ. 충렬서원의 건축양식 및 자연과 어우러진 아름다움 활용

전면에는 문수산, 뒤로는 불곡산, 좌측에는 문형산, 우측에는 법화산이 위치하여 수련한 주변 경관과 전통 양식으로 건축된 강당과 사당만으로 이루어진 서원건물의 조화는 소박한 아름다움의 정취를 느낄 수 있다.

그림 12. 충렬서원

ㄴ. 예술의 아름다움을 더함

모든 사람이 참여한 예술을 전시하고 공유하는 공간을 만들어 많은 사람들이 즐길 수 있는 곳이라는 인식을 확산시켜 충렬서원이라는 역사적 공간에 현대적 예술의 아름다움을 더한다.

ㄷ. 아름다움을 공유

지역 주민 스스로 지역의 아름다움을 찾는 과정을 실행하고 그 결과물을 전시하고 소통함으로 이웃들 간의 유대감을 강화할 수 있으며 딱딱하고 조용한 공간이 아닌 야외라는 친근한 장소를 통해 이러한 아름다움을 서로 소통하고 공유할 수 있는 공간으로 변모시킨다.

나. 구체적 방안

충렬서원의 아름다움을 강점으로 한 문화예술의 소통의 장으로서 전시공간의 활용, 공모전, 웹사이트 개발 3가지를 제안한다.

ㄱ. 전시 부문

a. 전시공간 활용

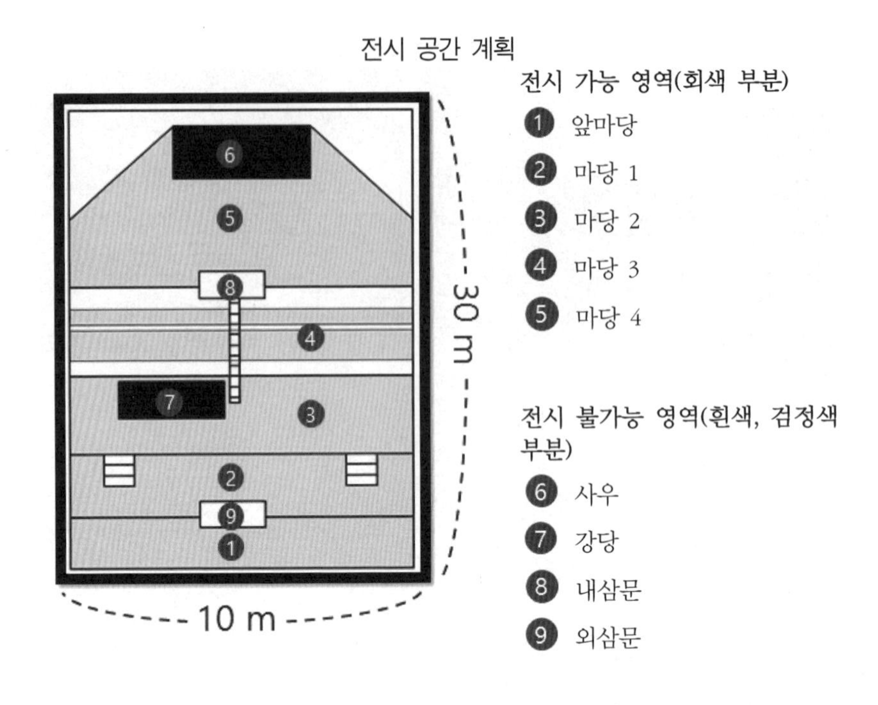

전시 가능 영역 중 내삼문 안에 있는 5번 마당 4에는 지역주민들만의 작품을 전시하는 공간으로 따로 설정하며, 그 밖의 영역은 특별전, 기획전, 공모전 등을 위한 전시공간으로 활용한다.

야외 전시는 조형물을 제외하고는 눈, 비 등의 기후 조건에 크게 제약을 받는 단점이 있기에 쉽게 이동이 가능한 작품이라든지, 처마 등을 설치하여 갑작스런 기후 변화에 대비한다.

b. 전시 수요 확보

용인시에는 이미 다양한 단체와 문화센터에서 지역 주민을 위한 문화예술 강좌가 실시되고 있다. 이를 기반으로 하여 전시에 필요한 수요를 공급한다. 〈표 2〉는 용인시에서 현재 실시되고 있는 다양한 예술강좌 현황이다.

표 4. 용인시 문화센터 예술 강좌 현황

문화센터	내용	강좌 개수
신세계백화점 경기점 문화센터	서예/동, 서양화/꽃꽂이/공예관련 강좌	28개
풀잎문화센터	화훼분과(꽃꽂이), 조형분과(리본, 비즈, 가죽 공예 등등), 미술분과(아동아트, 냅킨아트, POP아트 등등), 종이분과(선물포장)	22개
한국문화센터 용인지부	한복디자인, 칼라믹스, 종이공예 등등	10개
이마트 수지점 문화센터	공예, 취미, 미술, 서예 관련 강좌	55개

c. 서원 예절 안내 팻말 설치

서원이 전시 문화 공간으로 활용되어 지역 주민들의 발걸음이 잦아지게 되면서 서원을 이전보다 활기를 띄게 될 것이다. 그러나 서원은 '서원'이다. 서원은 우리의 전통과 정신, 얼이 살아 숨 쉬는 곳이기에 존중되고 보호되어야 한다. 이를 위해 서원을 방문하는 지역 주민들에게 충렬서원에 대한 소개와 서원을 방문할 때 갖추어야 하는 예절들은 해당 장소에 팻말을 설치하여 이해와 안내를 돕는다.

충렬서원에는 외삼문과 내삼문이 있다. 문이 세 개여서 삼문이라 하고 바깥에 있는 문을 외삼문이라 하며 안쪽에 있는 문을 내삼문이라 한다. 문이 세 개 있는 이유는 사람과 돌아가신 선현의 영이 사용하는 문을 구별하기 위해서 이고 사람은 항상 오른쪽으로 다녀야하기에 문을 세 개를 만든 것이다. 선현들의 영은 가운데 문으로 출입하고 사람들은 선현들의 가르침을 항상 옆에 두고 오른쪽 즉 바른길로 다녀야 한다는 깊은 뜻이 있다.

또한 사당에 들어가기 위해서는 좁은 계단을 올라가야 하는데 이는 선현들을 뵈러 갈 때 공손한 자세 즉 몸을 옆으로 돌려서 올라가게 하기 위해 계단을 만든 것으로 한 번에 한 계단씩 두발을 모으며 천천히 오르는 취족

승강법으로 올라가야만 한다. 선현들을 모신 사당에 들어가기 전 이러한 몸가짐 즉 '예'를 마음에 새김으로 자기 자신을 한 번 더 돌아봄으로 서원 방문의 깊은 의미를 더하게 되는 것이다.

1 외삼문, 내삼문 앞

- 서원의 입구와 사당 앞에 있는 외삼문과 내삼문

2 계단 앞

- 사당으로 통하는 계단

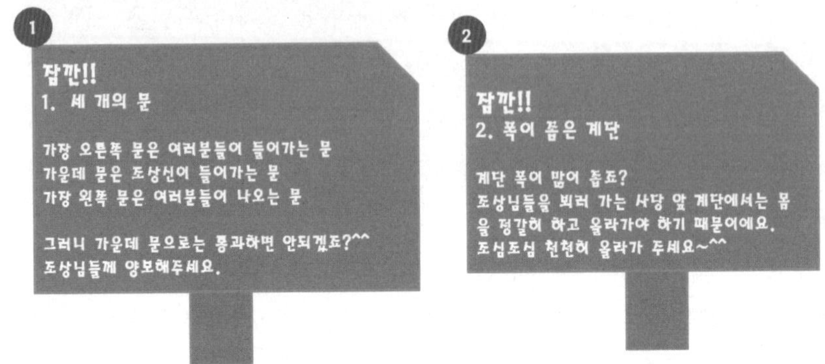

d. 차별화 방안

(a) 이젠 밖으로 나가자

이제 전시도 관람도 답답한 실내에서가 아니라 탁 트이고 공기와 전경이 좋은 자연과 호흡하는 야외로! 야외 전시라 전시관람이 산발적으로 이루어질 수 있는 우려가 있으나 충렬서원의 전시 공간의 규모로 볼 때 집중적 체계적 전시가 가능하다.

(b) 예술작품도 감상하고 서원도 방문하고 자연에서 힐링도 하고 일석삼조!

아름다운 자연에 둘러싸인 서원에서 예술작품을 관람하고 체험하고 공연도 감상한다면 육체적 정신적 힐링을 할 수 있는 최고의 기회가 될 것이다.

(c) 취미로 배우는 꽃꽂이를 자랑할 곳은 여기!

전문 예술가의 작품만이 전시되는 이 아니라 지역 주민들이 취미활동으로 하는 다양한 작품들을 전시할 수 있고, 관람인들이 직접 체험도 할 수 있게 함으로 문화예술을 소통할 수 있게 함으로 지역에 대한 관심과 자부심을 높이는 계기가 될 것이다.

ㄴ. 공모전 부문

a. 공통사항

- 공모부문은 회화, 사진 등 용인 지역 내에서 이루어지는 혹은 용인지역 주민들의 예술 활동을 기반으로 하는 작품으로 한다.
- 인적사항 및 제출 작품 사항을 기재한 후 파일(jpg형식)을 이메일로 접수한다.
- 작품 접수는 약 2주~4주간으로 정한다.
- 심사는 충렬서원 관계자 및 용인지역 예술관련 학과 교수, 한국 사진기자 협회 자문위원등 다양한 분야의 전문가들이어야 한다.
- 당선작은 접수 마감 후 3주 후에 홈페이지와 충렬서원 게시판을 통해 발표하며, 당선자에게 개별적으로 연락한다.
- 시상은 대상(1명), 최우수상(1명), 우수상(2명), 입선(5명) 정도로 하나, 상황에 따라 변동 가능하다.
- 입상자에게는 충렬서원 특별전시회에 전시할 수 있는 기회를 부여하고 소정의 상금을 지급한다.

b. 회화 부문

· 응모 규격은 공모전에 따라 다르며, 규격 외 작품은 실격처리 한다.
· 응모 작품은 국내외 미발표된 작품으로 미풍양속에 유해하지 않아야 한다.
· 저작권 침해 및 표절의 시비가 우려되는 작품은 심사에서 배제하며, 입상 후라도 취소될 수 있다.
· 모든 입상작은 주최 측의 전시 및 홍보 등에 작품사진을 사용하는 것을 동의한 것으로 간주한다.

c. 사진부문

· 디지털 카메라를 사용한 작품 파일을 접수한다.
· 출품 수는 1인당 3점 이내로 제한하며, 1점당 5천원의 출품료를 받는다.
· 입상작품의 판권은 충렬서원에 귀속되며, 합성사진은 출품할 수 없다.
· 주최 측은 초상권 문제에 대해 책임지지 않으며, 타 공모전 입상사진이나 합성사진은 입상이 취소될 수 있다.

ㄷ. 충렬서원 웹사이트 만들기

웹사이트의 주된 역할은 충렬서원의 역사를 소개하고 선현들의 정신과 우리의 전통적인 학문의 가치관을 소개함으로 잊혀져가고 있는 우리의 귀한 가치관을 다시 한 번 환기시킬 수 있도록 한다. 또한 문화예술 전시공간으로의 활용을 용이하게 하기 위해 전시공간 소개 및 예약 등 다양한 정보를 제공하고 이용방법을 안내한다. 그밖에 '아뜰' 공모전, 특별전 등을 홍보하는 역할을 한다.

충렬서원 웹사이트 스토리보드

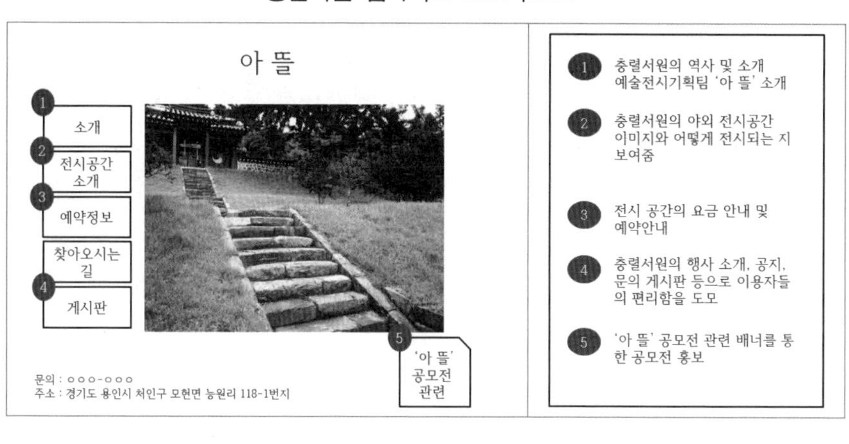

④ 추진계획

가. 전체추진 프로세스

표 5. 프로젝트 전체 추진계획표

1년 전		11개월 전		9개월 전
· 관련법률 검토 · 프로젝트 준비단계 · 스케줄 작성 · 인력 구성	→	· 예산 세우기 · 공간배치 구상 · 설문조사를 통한 전시장 수요조사 · 홈페이지 구축	→	· 시설, 장비와 필요 기자재 신청 및 계약 · 인력 모집
				↓
4개월 전		**5개월 전**		**7개월 전**
· 자원봉사자 교육 · 홍보용 포스터 인쇄 계약 · 시뮬레이션을 통한 공간 활용 구체화	←	· 자원봉사자 모집 · 스폰서 준비 및 권유	←	· 마케팅 계획 수립 · 주민 참여권유 및 방법 안내 · 각 예술단체에 홍보
↓				
3개월 전		**2개월 전**		**1개월 전**
· 온라인스폰서 조정 및 광고 게재 · 개장 준비 시작	→	· 시설 및 설비완료 · 변경사항 파악 · 모든 확정 재검토	→	· 최종 점검

나. 콘텐츠별 세부 추진 프로세스

ㄱ. 전시장

· 전시관 공간 활용 구상→동선 설정→예술단체 선정→공간구성 및 필요 장비 설치

ㄴ. 공모전

· 공모 주제 선정→심사인력선정→포스터 및 배너 제작→홍보→작품수령 →심사 및 평가→수상→전시

⑤ 기대효과

가. 제안특징 및 기대효과

ㄱ. 제안특징

a. 미술관 밖으로 나온 사회적 미디어의 역할

현대미술이 예술의 영역에만 갇혀있는 것이 아니라 일상 속에서 사람들이 생산하고 소비하고 소통하며 향유하는 대상으로 변모. 즉 '미술관 속에서 나와 사회 속에서 살아야 하는 사회적 미디어'로서 제 역할을 찾을 수 있게 하는 것이다.

b. 서원, 새로운 문화공간의 주체

그 동안 역사 속에 잠들어있던 서원이 문화예술을 생산하고 소비하는 주체로 자리매김 한다는 것은 지역성장에 중요한 사회적, 창조적 자본으로 변모한다는 것을 의미하고 이는 경제적, 문화적 파급효과를 기대할 수 있게 한다.

ㄴ. 기대효과

a. 새로운 도시 이미지 창출

독특한 환경과 교육적 자원을 갖은 서원을 문화공간으로 활용한다는 것은 현대사회를 전통과 접목시켜 우리의 전통과 귀한 가치를 중시하는 고차원적인 문화적 기품을 향유하는 차별화된 새로운 도시 이미지를 창출할 것이다.

b. 지역 예술인과 대중을 잇는 구심점 마련

지역의 예술가와 기획자, 관련단체 등이 만나 협업하고 대중과 소통할 수 있는 공간을 제공함으로 지역 문화 활동의 구심점이 되어 지역민간의 유대를 강화하고 지역에 대한 애착을 고취할 수 있는 근간이 될 것이다.

(2) 구연동화 제작－'손을 모아 넙죽!'[9]

① 기획 배경

가. 예절교육의 쇠퇴

오늘날 현대 사회의 산업화로 인하여 가족구성이 과거 대가족에서 핵가족으로의 변화가 보편화되어간다. 가족구성원 간의 관계가 변화함에 따라 가족 구성원의 기능이나 역할 또한 변화하고 있다. 그러나 이러한 가족 구조의 변화에 따라 가정에서 당연히 이루어져야 하는 예절 교육의 부재로 어린이 교육에 많은 문제점들이 노출되고 있다.

대가족 환경에서 아동은 성장과정에서 집안 어른들을 대하며 자연스럽게 예절과 올바른 가치관을 배운다. 반면에 핵가족화와 맞벌이부부로 인해 아이들의 가정교육 및 예절 교육을 제대로 이루어지지 못한다. 가장 중요한 성장기에 아이들은 일상에서 옳은 가치관과 행동을 배워할 가정에서 그 기회를 잃고 공교육에만 의존한 채로 방치되어있다.

---

[9] 이 기획은 한국외국어대학교 김태선, 정지연, 김영효 학생의 작업이다.

나. 현대사회의 개인화

우리는 과거 농경사회부터 모를 심거나 추수를 하고, 밭을 경작하는 등 마을의 중요한 일을 함께하는 공동체적 삶을 살아왔다. 그러나 근대화와 더불어 사회가 산업화되고 분화되면서 이러한 공동체적 삶은 사라졌다. 기계화와 아파트 문화는 이웃과 함께하는 생활보다는 개인 중심의 생활을 조장시켰고, 점점 인간미가 사라져가는 사회가 되어 이웃을 배려하고 예절을 지키는 것을 찾기 어렵게 만들었다. 소통의 부재로 사람들이 점점 더 고독해져가고 있다.

다. 양지향교가 가지는 가치- '예(禮)'

> " 옛날에는 위에서 아래로는 사랑을 하고, 아랫사람은 위의 어른을 존경을 했어. 이게 맞죠? 허허 … 그래 그렇게 이 사회제도가 순서 없이 무분별하게 너무 자유롭게 살어 … 그게 조금 불만스러운데, 이거를 우리네가 내세우고 그러면은 … 케케묵은 옛날 늙은이 소리여. 그게 … 참 답답해요."
>
> "향교만 지어서 뭐해, 공부만 해서도 안 돼. 사람이 되려면 예절을 알아야 공부를 한 보람이 있지. 향교에서 공부만 하는 게 아니라 예절교육도 시행해야 돼."
>
> –양지향교 송재문 고문님 말씀 중에서

양지향교에 대해 송재문 고문님은 '예(禮)'를 자주 언급하셨다. 요즘 자식이 부모에게 혹은 제자가 스승에게 잘못된 행동을 하는 모습을 볼 때마다 안타까움을 느낀다고 말씀하셨다. 물론 옛날과 같이 윗사람의 말을 무조건 수용하는 자세가 옳다는 것은 아니지만 아랫사람이 윗사람의 경험과 삶을 존중하고 배워야 하는 것이 자기 자신을 위해서도 바람직한 일이라고 언급하셨다.

라. 유아에게 동화책이 미치는 영향

최근 유아교육학에서는 유아문학인 동화와 동시 교육을 통해 유아가 직·간접적인 경험을 내재화하면서 유아 스스로 자신을 표현해 볼 수 있는 기회를 갖는 등의 활동은 유아 말하기 능력 향상뿐 아니라 인성형성에도 효과적이라는 연구가 발표되고 있다. 인간의 삶 속에서 가장 중요한 삶의 의미와 가치는 어린시기에 형성되며 또한 가장 강력한 영향을 미치는 문학경험으로서의 동화, 동시는 이러한 인격형성에 필수적 요소이다.

② 기획의도 및 목표

가. 기획의도

ㄱ. 향교에 대한 인식 변화

현재 향교에 대해 사람들은 무엇을 하는 곳인지를 잘 모르거나 다가가기 어려운 곳이라는 인식을 가지고 있다. 향교의 역사와 역할, 향교의 가치를 알아도 재미없고 지루한 곳이라는 인식이 대부분이다. 예절동화책 제작을 통해서 향교도 재미있고 중요한공간이라는 이미지를 어릴 때부터 심어주는 것이 중요하다.

아직 예절에 대해 제대로 알지 못하는 3~5세 아동에게 재미있고 쉬운 예절 교육 동화책을 만들어 예절의 중요성을 강조하고 예절교육의 중요성 강조하고자 한다. 아이들을 흥미를 끌기위해 주인공을 이 책의 독자인 아이들 또래로 설정해 마치 자신이 이 책의 주인공이 되어보는 감성을 갖게 함으로 재미있고 쉽게 예절을 배울 수 있도록 기획한다. 이를 통해 이 책을 읽는 어린이들이 예의바르고 올바르게 성장할 것을 기대한다.

나. 목표

이 책을 통해 많은 3~5세의 아동들이 향교에 대해 관심을 갖게 되고, 예절에 관심을 갖게 되어 다른 예절동화책도 많이 읽게 하는 것을 목표로 하고 있다. 그로 인해 예절을 몸소 실천해 예의바른 어린이로의 성장을 목표로 하고 있다.

③ 사례 조사

가. 그림 동화책

그림 동화책은 유아에게 친숙한 매체로 글과 그림이 함께 조화를 이루며 이야기를 엮어 가는 하나의 완성된 세계이다. 또한 그림동화책은 어린이의 흥미를 끌고 즐거움을 준다. 코메니우스에 의하면 그림동화책은 어린이들에게 사물의 모양을 새겨주는 데 도움을 주고, 책은 재미있는 것이라는 긍정적인 생각을 가지게 하며, 또한 읽기를 배우는 것을 도와주기에 반드시 성장기에 필요하다고 한다.

또한 채종옥, 나지은 등의 그림동화책에 대한 연구 결과로 그림책은 유아로 하여금 다른 방법으로는 획득할 수 없는 관점을 가지고 세상의 일부분을 볼 수 있게 하며, 삶의 경험을 대리로 참여할 수 있는 기회를 제공함으로 유아의 발달을 이끈다고 한다.

나. 구연 동화책

구연동화는 음성언어로써 들려주는 듣기 위주의 동화이다. 주로 어린이들에게 전래동화나 창작동화를 입으로 이야기해서 들려주는 동화, 또는 그러한 방법을 아우르는 말이다. 근대 이전의 촌락공동체 생활에서는 화롯가에 둘러앉은 어린이들에게 어른이 옛날이야기를 들려주었으나 그러한 생활형태가 사라져 버린 근대사회에서는 주로 학교·라디오·텔레비전 등을 통해서 구연동화가 이루어지고 있다. 이것은 어린이들을 상대로 실현되는 문예활동이므로 문학적 가치가 있어야 함은 물론, 교육적 내용과 오락적 흥미도 구비하여야 한다. (네이버 지식백과: 국어국문학자료사전, 1998, 한국사전연구사)

이러한 구전동화의 특성과 구술면담에서 구술성이 살아있는 송재문 고문님의 예절교육에 관한 콘텐츠를 접목시켜 어린이들에게 필요한 구연동화책을 제작하여 보급하면 향교에 대한 인식 변화와 보다 큰 예절 교육 효과를 기대할 수 있을 것이라 예상된다.

기존 구연 동화책 예시

엄마가 직접읽어주는 방법 예시

다. 예절동화

시중에는 어린이들의 예절이나 생활 습관에 대한 다양한 동화책들이 많지만 우리의 전통 문화와 정신, 고유의 가치관에 근거한 동화책은 찾기 어려웠다. 이러한 틈새 시장을 공략하여 기존의 예절 동화책과 차별화를 도모하여 보다 체계적이고 깊이가 있는 동화책을 제작하고자 한다.

기존 예절과 생활 교육에 관한 동화책 예시

④ 세부 내용

가. 목표 고객 설정

본 동화책의 주 고객층은 3~5세의 가치관이 확립하지 않은 아이들이다. 인간은 출생 직후 부모와의 관계를 시작으로 하여 성장함에 따라 보다 확대된 사회집단 속에서 타인과의 관계를 맺어 나간다. 이처럼 유아는 계속적으로 타인과 상호작용 하면서 인간관계에 대한 기술과 지식을 얻으며 사회적인 경험과 발달을 촉진시키게 된다. 이러한 과정에서 유아는 각자 자신의 다양한 욕구들을 주장함으로 인해 타인과의 관계에 있어 여러 가지 갈등을 경험하게 되며, 이 갈등상황을 어떻게 해결하느냐에 따라 유아는 안정된 적응상태에 이를 수도 있고 또는 부적응 상태에 이를 수도 있다. 따라서 이러한 갈등을 원만히 해결하고 바람직한 인간관계를 형성하기 위해서는 타인의 입장이 되어 타인의 마음을 이해하고 수용할 수 있는 능력이 필요하다.

3-5세 영유아는 아이 스스로가 아닌 부모나 가정선생님으로부터의 교육으로 가치관을 올바르게 확립해 할 시기의 유아이다. 영유아 교육과정은 보이지 않는 영유아교육의 시작단계에서부터 마지막 활동까지로 이어져 펼쳐지는 전체 과정으로 영유아 + 영유아교육 + 교육과정, 이렇게 되어있다. 또한

이에 대한 접근은 일반교육과정과는 명백히 다르다. 영유아교육의 핵심은 첫째 놀이(Play), 둘째 발견(Discovery), 셋째 창의성(Creativity)이다. 이러한 도식을 구연동화와 연관 지어 생각해 보면, 엄마 혹은 동화 구연 녹음테이프가 읽어주는 동화책을 보면서 들어보지 못했던 이야기에 대해 흥미가 생기며 교육을 받는다는 생각이 아닌 어떤 재미있는 놀이를 하고 있다는 인식을 자연스레 심어주는 것이 중요하다. 자신이 동화책에 나오는 주인공아이가 되어 여러 가지 상황에 대해 미리 옳고 그름을 판단하게 할 뿐만 아니라 나아가 미래에 그 아이가 닥칠 상황에 당황하지 않고 해결할 수 있는 능력을 길러준다.

나. 고객의 need

· 아동들이 이해하기 쉽게 내용 설명이 간단해야 한다.
· 아동들이 흥미를 가지고 읽을 수 있도록 재미있는 구성이 필요하다.
· 아동들이 책을 읽고 배울 수 있는 부분이 있어야 한다.

다. 동화책 내용

page 1. 표지

page 2. 도시에서 온 아이는 이사 온 시골집이 마음에 들지 않는다.
(엄마의 도움요청/아이 거절)

〈예 시〉

page 3. 시골길을 걸어가는 아이 어렴풋하게 향교가 보임,

page 4. 향교에 흥미를 가지는 아이

page 5. 기웃거리는 아이 할아버지와 만남 (아 뭐야 깜짝 놀랬잖아–어른들에게 이게 무슨 말이니 여기서 뭐해?)

page 6. 서원에 발 딛음 (우와 여기가 어디야? 신기하다)

page 7. 서원 안에서 맛있는 간식을 먹으며 할아버지와 대화

〈예 시〉

page 8. 집에 돌아온 아이에게 무엇을 하고 왔냐고 묻는 엄마에게 비밀이라고 말하는 아이

page 9. 이젠 매일매일 할아버지를 만나러 향교에 가는 아이

page 10. 할아버지를 다니면서 할아버지가 하는 행동을 따라하는 아이 (뒷짐을 지고 걷는 것. 할아버지 망건을 쓰는 등)

page 11. 제사를 지냄 할아버지가 향교를 설명해줌

page 12, 13. 절하는 방법

〈예 시〉

page 14. 자기 전 이불에서 오늘 있었던 일을 생각하며 누움.

page 15. 끝.

버릇이 없던 아이가 향교에서 할아버지를 만난다. 할아버지께 예절을 배우면서 점점 예의바른 아이가 되어간다는 내용.

라. 동화책 제품 규격 및 사양

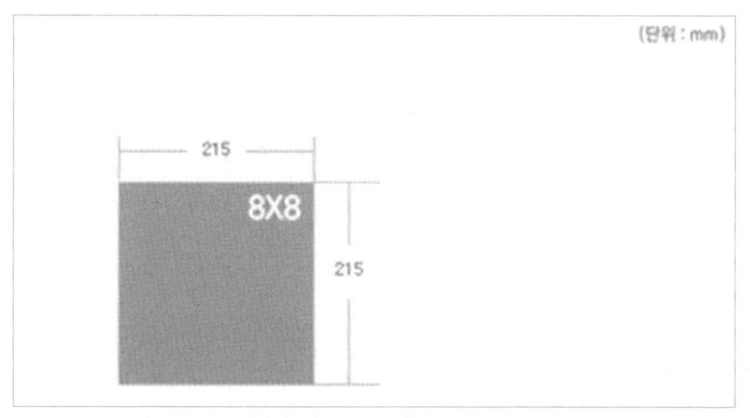

	두 손 모아 넙죽!
사이즈	**8×8** - 215 × 215(mm)
표지	소프트 커버
제본	중철 제본
용지	커버/내지 아트지 200g
페이지 구성	36p(에필로그 + 내지 + 프롤로그)

⑤ 콘텐츠 제작 과정

- 직접 그린 일러스트를 스캐닝해서 보정한 뒤 출력한다.
- 출력 시 컬러가 알맞게(원본과 같게) 나오는지 확인하고 컬러를 조절한 뒤 인쇄소에서 샘플인쇄(교정용 인쇄)를 한 부 맡긴다.
- 오타(한글 맞춤법 검사기) 체크, 페이지 구성, 컬러가 원하는 대로 알맞게 들어갔다면 본인쇄를 맡긴다.

- 인쇄는 총 100부로 제작할 것이며 '북랩'이라는 출판 사이트를 이용할 예정이다.[10)]

⑥ 마케팅

가. 도매 일원화

출판업계 중 한곳만 지정해 도매를 맡기는 것을 일원화라고 한다. 이 경우 약간의 우대를 해주지만 유명한 출판사조차 수금이 어려운 곳이 있으니 미리 잘 알아보아야 한다. 도매상으로 나가는 부수가 월 100권도 안된다면 굳이 여러 도매를 해 수금 금액을 작게 만들어 수금에 어려움을 만들 필요는 없다.

나. 최후, 최대의 벽 마케팅

책을 만드는 것은 비교적 쉽다. 하지만 하루에 100종 이상의 단행본이 나오는데 손익분기점을 넘는 책은 반의 반도 되지 않는 현실이다. 대형출판사에서는 잘나가는 책이 5%만 되면 꽤 괜찮다고 볼 수도 있겠지만 1인 출판으로 첫 책이 잘 되지 못할 경우는 그 뒤로는 점점 더 떨어질 것이며 실제로 70% 이상의 출판사가 한 권만 내고 개점 폐업상태에 들어간 상태이다.

전통적인 오프라인 영업자들은 오프라인 없이는 힘들 것이라고 하지만, 그렇다고 돈들이기 식인 광고마케팅은 수익을 내기가 더욱 힘들 것으로 예상된다. 온라인으로도 충분히 책에 대한 홍보를 할 수 있는 사례가 많이 있으므로 다양한 마케팅에 대한 스터디를 하고 적절한 홍보와 그에 따른 마케팅을 하는 것이 중요하다.

---

10) 북랩 출판 사이트는 사회적으로 유익한 콘텐츠를 가진 사람이라면 누구나 책을 출간할 수 있고 원하는 독자층에 도달할 수 있도록 도와주는 퍼블리싱 서포터즈다.

⑦ 기대효과

구연동화 CD부록을 통해 아직 글을 읽지 못하는 아이들에게도 재미있게 내용을 전달할 수 있게 제작함으로 핵가족화 되어가는 현대사회의 현실 속에서 부모 대신 책을 읽어 줄 대안물로 유용하게 사용할 수 있을 것이다. 또한 쉬운 예절교육으로 아이들의 눈높이에서 예절을 쉽게 배우고 따라해 보는 실습 등을 강조하여 아이들에게 일상생활에서의 예절을 내면화하게 함으로 어릴 때부터 세상과 소통하는 행복한 어린이로 자라게 한다.

4. 나에게 어떤 의미였나?

6년 동안 이 작업을 해오면서 용인이 얼마나 많은 이야기를 담고 있는지, 용인에서 살았던 혹은 여전히 살고 있는 사람들의 이야기가 우리를 얼마나 풍요롭게 하는지, 이러한 것들을 드러내는 작업이 천편일률적으로 사고하고 획일화된 사회에서 살아온 우리에게 얼마나 가치가 있는지, 그리고 이러한 이야기들을 콘테츠화 함으로 문화를 보다 더 가치 있게 향유하고 소통하는 게 어떤 의미인지를 생각해보게 되었다.

매해 새로운 학생들과 1년의 과정을 함께 공부하고 고생했다. 인터뷰를 하기 위해 기획부터 차근차근 준비하고 직접 인터뷰하고 정리하면서 학생들은 세상을 알았고 훈련이 무엇인지 경험했다. 책을 출판하기 위해 글을 쓰는 과정은 평균 30차례 교정을 거쳐야만 가능했다. 학생들은 이렇게 힘든 수업을 해 본 적이 없다고 하면서도 너무나도 열심히 따라주었고 그 열매도 달았다. 학생들 스스로 이 수업을 하기 전과 후 자신들이 변하고 발전한 모습에 뿌듯해했고 앞으로 무서울 게 없을 것 같다고 하기도 했다. 그래서 이 결과물은 온전히 우리 모두의 것이다. 함께해서 너무 감동이었다. 구술사라서 가능했다. 구술사의 매력이 바로 이런 것이다.

제 3 부

부 록

부록 1〉

구술사 연구 기관·단체 목록

정리: 김선정

네트워크 연락	구분	기관명	주소	대표전화	홈페이지
o	국가기관	국가기록원	경기도 성남시 수정구 대왕판교로 851번길 30번(시흥동 231)	031-750-2391	http://www.archives.go.kr
o	국가기관	국가기록원 대통령기록관	경기도 성남시 수정구 대왕판교로 398	031-750-2139	http://www.archives.go.kr
o	국가기관	국립문화재연구소 무형문화재연구실	대전광역시 유성구 문지로 82	042-860-9243	www.nrich.go.kr
o	국가기관	국립예술자료원	서울시 서초구 서초동 700, 예술의전당 한가람디자인미술관 내	02-524-9412	http://www.daarts.or.kr/gusool-artist
o	국가기관	국사편찬위원회	경기도 과천시 교육원길 84	010-4209-6631	www.history.go.kr
o	국가기관	독립기념관(한국독립운동사연구소)	충남 천안시 동남구 목천읍 남화리 230번지	041-560-0403	http://www.independence.or.kr
o	국가기관	민주화운동기념사업회	서울시 중구 미술관길9 배재정동빌딩 B동 2층 민주화운동기념사업회 사료관	02-3709-7546 fax 3709-7570	www.kdemocracy.or.kr webmaster@kdemo.or.kr
o	국가기관	국립외교원 외교사 연구센터	서울시 서초구 남부순환로 2572	02-3497-7716	
o	국가기관	한국학중앙연구원 현대한국구술자료관	경기도 성남시 분당구 하오고개길 110(운중동) 한국학중앙연구원	010-7407-7333	http://mkoha.aks.ac.kr
o	기관	전북대 무형문화연구소(민중생활사연구회)	전북 전주시 덕진구 덕진동 1가 664-14 20세기민중생활사연구소	063-270-4098 010-7445-8998	http://www.minjung20.org
o	기관	4.9인혁열사계승사업회	대구시 중구 남성로 89-4 한남약업사 2층	053-752-7549	
o	기관	4·9통일평화재단	서울시 종로구 수송동 58 두산파빌리온오피스텔 1130호	02-720-7511	
o	기관	5.18기념재단	광주광역시 서구 상무동 1268번지	070-7775-2389	http://www.518.org
o	기관	김대중도서관	서울시 마포구 동교동 178-9 김대중도서관	2123-6890 320-7725	

네트워크 연락	구분	기관명	주소	대표전화	홈페이지
o	기관	명지대학교 국제한국학연구소	서울시 서대문구 남가좌동 50-3 명지대학교 인문캠퍼스 행정동 5층 5502호	02)300-1864	http://coreana.or.kr
o	기관	민족문제연구소	서울시 동대문구 청량리동 38-29 금은빌딩 3층	02-2139-0440 010-6734-5060	http://www.minjok.or.kr
o	기관	민주주의사회연구소	부산시 중구 영주동 산10-16	051-790-7481, 010-4150-8322	http://www.minsayeon.org
o	기관	서울대학교 규장각 한국학연구원	서울시 관악구 관악로 599 103동 서울대학교 규장각 한국학연구원	02-880-2641	http://e-kyujanggak.snu.ac.kr
o	기관	서울대학교병원 의학역사문화원	서울시 종로구 연건동 28번지	02-2072-2635	
o	기관	성공회대학교 노동사연구소	서울시 구로구 항동 1-1 성공회대학교	2610-4138	
o	기관	성공회대학교 민주주의연구소	서울시 구로구 항동 1-1 성공회대학교 새천년기념관 2층	02-2610-4279	ihp@skhu.ac.kr http://www.demos-archives.or.kr
o	단체	여수지역사회연구소	전남 여수시 여서동 223번지 3층	061-651-1530	http://yosuicc.com
o	기관	전남대학교 5·18연구소	광주 북구 용봉동 300번지 전남대학교 평생교육원(용봉관) 1층	062-530-3916	http://altair.chonnam.ac.kr/~cnu518/board518/main/main.htm
o	기관	전주문화재단	전주시 완산구 서노송동 740-3 전주문화재단	063-283-9228	http://www.jjcf.or.kr
o	기관	제주4.3연구소	제주특별자치도 제주시 삼도2동 240-23 2층	064-756-4325	jeju43@hanmail.net http://www.jeju43.org
o	기관	청명문화재단	서울시 종로구 낙원동 58-1 종로오피스텔 511호	02-745-8325	http://www.chungmyung.org
o	기관	체육(스포츠) 구술사연구회	강원도 춘천시 강원대학교 스포츠과학부	016-770-3766	
o	기관	태평양전쟁희생자 유족회	서울시 용산구 한강로2가 390-1 영월빌딩 402호	02)795-3315~6	http://www.victims.co.kr
o	기관	한국 영상자료원 영화사연구소	서울시 마포구 상암동 DMC단지 1602	3153-2089	http://www.koreafilm.or.kr/main/institute/institute_info.asp
o	기관	한국구술사학회	서울시 관악구 신림동 서울대학교 사회학과 사무실	02-880-6401 010-7135-9668	http://www.koha2009.or.kr
o	기관	한국외국어대학교 기록학연구센터	서울특별시 동대문구 이문동 270 교수연구동(별관) 601호	02-2173-2969	http://archivist.cafe24.com/2008asc

네트워크연락	구분	기관명	주소	대표전화	홈페이지
o	기관	한국정신대연구소	서울 동대문구 청량리동 38-29 금은빌딩 3층	02-2672-3304	rcsd2659@chol.com http://www.truetruth.org
o	기관	한성대학교 전쟁과 평화연구소	서울 성북구 삼선동 3가 389	02-760-5870	www.warandpeace.or.kr
x	기관	한신대학교 학술원 신학연구소	경기도 오산시 양산동 한신대학교 학술원 신학연구소	02-2125-0160	http://dept.hs.ac.kr/academy
o	기관	현대사기록연구원	서울시 종로구 교남동 45-1 교남빌딩 201호	02-735-3577	http://www.hdarchives.kr
o	단체	두루연구공동체	대구시 북구 산격동 대우아파트 109동 709호	010-8272-0711	
o	기관	청주시문화재단	청주시 상당구 내덕2동 201-31	043-219-1011	http://www.cjculture.org
o	연구소	남도춤문화연구소		011-9768-7319	구술사업 추진 예정 연구소
o	연구소	서울대학교 미술대학 조형연구소		010-9035-3029	구술사업 추진 중 (서울대 미대 출신 예술가)
	연구소	한국구술사연구소	서울시 강남구 역삼동 642-16 성지하이츠2차 2112호	02-521-3471	http://www.oralhistory.kr
o	연구소	(사)한국춤문화 자료원		010-2365-0460	구술사업 추진 예정 연구소
	연구회	한국구술사연구회			http://www.oralhistory.or.kr

부록 2〉

구술(사) 관련 저서 목록

정리: 김지수

번호	저서명	저자	발행처	발행년도
1	(기록)화태에서 온 편지	김귀남 · 백봉례 · 윤도연 구술, 정혜경 엮음, 이승민 사진	선인	2015
2	가리방으로 기억하는 열두 살 소년의 4 · 3	제주4 · 3연구소 엮음, 김창후 정리	한울	2015
3	만벵듸의 눈물	제주4 · 3연구소 엮음, 허영선 정리	한울	2015
4	(통일어머니의)雪風行旅	정효순 구술, 안재성 정리	문화의힘	2015
5	쓴맛이 사는 맛: 시대의 어른 채현국, 삶이 깊어지는 이야기	채현국 구술, 정운현 기록	비아북	2015
6	숫자가 된 사람들: 형제복지원 피해생존자 구술기록집	형제복지원구술사프로젝트	오월의봄	2015
7	노무현의 시작: 1978년부터 1987년까지: 노무현재단 첫 구술기록집	사람사는세상 · 노무현재단	생각의길	2015
8	구술사 아카이브 구축 길라잡이 1 (기획과 수집)	한국구술사연구회	선인	2014
9	향교 · 서원과 용인사람들	임영상 · 정양화 외	선인	2014
10	중요무형문화재 전승자 구술채록 연구의 성과와 가능성	손선숙 · 연웅 · 이용식 · 함한희 · 황경순	국립무형유산원	2014
11	(2014년도)역대 국회의장단 구술기록 아카이브 구축사업 최종결과보고서	국회도서관 국회기록보존소 편	국회도서관 국회기록보존소	2014
12	5 · 18의 기억과 역사 6, 사회활동가2 편	구술: 김상윤 · 박석무 · 윤강옥 · 이강 · 이광우 · 이양현 · 정용화	5 · 18기념재단	2014
13	구로공단에서 G밸리로: 서울디지털산업단지 50년 50인의 사람들	안치용 · 박성명 · 김민지 · 김윤지 외 지음	한스컨텐츠	2014
14	구술사 연구: 방법과 실천	김귀옥	한울	2014
15	나는 참 늦복 터졌다: 아들과 어머니, 그리고 며느리가 함께 쓴 사람 사는 이야기	박덕성 구술, 이은영 글, 김용택 엮음	푸른숲	2014

번호	저서명	저자	발행처	발행년도
16	농부로 사는 즐거움: 농부 폴 베델에게 행복한 삶을 묻다	폴 베델 구술, 카트린 에콜 브와벵 정리, 김영신 옮김	갈라파고스	2014
17	두만강 유역의 조선족 구술생활사	박경용 · 이채문 · 여필순	경북대학교 SSK 다문화와 디아스포라연구단, 책과세계	2014
18	사할린 한인 디아스포라 구술생애사	박경용	경북대학교 SSK 다문화와 디아스포라연구단, 책과세계	2014
19	숨비질 베왕 남주지 아녀: 제주해녀 생애사 조사 보고서	제주전통문화연구소 조사 · 작성	제주특별자치도	2014
20	용인사람 용인이야기	김성규 · 김진하 · 류오희 · 송병철 · 신동석 · 윤성철 · 이범상 · 이병훈 · 이인배 · 임희곤 외 구술, 김종문 · 남기주 · 이상학 · 김준권 · 정양화 · 김지혜 · 정하준 · 서정표 · 진숙 · 김정희 외 면담	용인학연구소	2014
21	일본 오사카 지역 재일한인의 구술생활사	조현미 · 이채문 · 문정환	경북대학교 SSK 다문화와 디아스포라연구단, 책과세계	2014
22	중국 신흥정착지 칭다오(青島) 조선족 구술사	박경용 · 이채문 · 여필순 · 이현철	경북대학교 SSK 다문화와 디아스포라연구단, 책과세계	2014
23	중국 연변 조선족 어머니, 박옥련의 삶과 생활사	박경용 · 이채문 · 여필순	경북대학교 SSK 다문화와 디아스포라연구단, 책과세계	2014
24	중앙아시아 우즈베키스탄 고려인 구술생활사	이채문 · 서봉언	경북대학교 SSK 다문화와 디아스포라연구단, 책과세계	2014
25	한국 문화 · 문학과 구술사	동국대학교 문화학술원 한국문학연구소 편	동국대학교 출판부	2014
26	한국대통령 통치구술사료집 1, 최규하 대통령	연세대학교 국가관리연구원 편	선인	2014
27	(20세기 어머니)이석희의 삶과 근대이야기 2, 구술채록집	함한희 · 오세미나 · 박혜령 조사	국립민속박물관	2013

번호	저서명	저자	발행처	발행년도
28	(구례향토문화의 길잡이)문승이	문승이 구술, 홍영기 · 김은영 엮음	순천대학교 지리산권 문화연구원	2013
29	(김제농악(설장고) 보유자) 박동근: 전라북도 무형문화재 제7-3호	박동근 구술, 김무철 채록	전북도립국악원	2013
30	(산업화시대를 살아온)울산 근로자들의 생애사: 근로자로, 아버지로 살아온 인생	김석택 · 원영미 · 이경희 · 김영주 연구	울산발전연구원 부설 울산학연구센터	2013
31	(시조(완제) 보유자)오종수: 전라북도 무형문화재 제14호	오종수 구술, 김정태 채록	전북도립국악원	2013
32	(정읍농악(소고) 보유자)김종수: 전라북도 무형문화재 제7-2호	김종수 구술, 서경숙 채록	전북도립국악원	2013
33	(판소리(춘향가) 보유자)조소녀: 전라북도 무형문화재 제2호	조소녀 구술, 김정태 채록	전북도립국악원	2013
34	1953년부터 40년 서문시장에서 피복장사: 1935년생 손난수 구술생애사	이은주 기록	대구광역시 중구 도심재생 문화재단, 다운미디어	2013
35	50년 한자리를 지킨 동성로 터줏대감 인제약국, 김약사: 1933년생 김숙자 구술생애사	정혜숙 기록	대구광역시 중구 도심재생 문화재단, 다운미디어	2013
36	고향은 그리운데…: 1939년생 민성식 구술생애사	이균옥 기록	대구광역시 중구 도심재생 문화재단, 다운미디어	2013
37	'곡주사 할매집'의 '이모'로 남은 여인: 1935년생 정옥순	도심재생문화재단 편	대구광역시 중구 도심재생 문화재단	2013
38	국립국악원 구술총서- Oral history series by national Gugak center. 13	국립국악원	국립국악원	2013
39	그 때 그 골목, 그리고…: 산수유; 중구 '현대낚시점' 45년 인생: 1939년생 박성삼	도심재생문화재단 편	그 때 그 골목, 그리고	2013
40	빌레못굴, 그 끝없는 어둠 속에서	제주4 · 3연구소	한울	2013
41	그대 발 앞에 엎드린, 이 작은 소원을…: 1937년생 최진영 자술생애사	박서연 도움	대구광역시 중구 도심재생 문화재단, 다운미디어	2013

번호	저서명	저자	발행처	발행년도
42	김정식 구술집	김정식 구술, 전봉희 · 우동선 채록연구	마티	2013
43	나무에게 배운다: 비틀린 문명과 삶 교육을 비추는 니시오카 쓰네카즈의 깊은 지혜와 성찰	니시오카 쓰네카즈 구술, 시오노 요네마쓰 듣고 엮음, 최성현 옮김	상추쌈	2013
44	내 어린 시절, 기억 속 대구: 1940년생 최태호 자술생애사	도움: 임삼조	대구광역시 중구 도심재생 문화재단, 다운미디어	2013
45	내가 기억하는 북성로: 1938년생 배상도 자술생애사	도움: 임경희	대구광역시 중구 도심재생 문화재단, 다운미디어	2013
46	다시 하귀중학원을 기억하며− Remembering Hagwi school again	제주4 · 3연구소	한울	2013
47	대구 중구, 내 삶의 중심 또한 전부: 1943년생 김수남 자술생애사	박서연 도움	대구광역시 중구 도심재생 문화재단, 다운미디어	2013
48	대구 중구에 빠진, 행복의 강물: 1941년생 제행명 자술생애사	박서연 도움	대구광역시 중구 도심재생 문화재단, 다운미디어	2013
49	대구 중구에서 꽃 피운 삶: 1941년생 유재희 자술생애사	임삼조 도움:	대구광역시 중구 도심재생 문화재단, 다운미디어	2013
50	대구 중구에서의 60년 인생: 1931년생 박태규, 봉봉라사의 40년 인생: 1943년생 곽종한	도심재생문화재단 편	대구광역시 중구 도심재생 문화재단, 다운미디어	2013
51	대구 토박이 모녀의 기억: 1921년생 김덕의 / 1940년생 백온자 구술생애사	기록: 송호상	대구광역시 중구 도심재생 문화재단, 다운미디어	2013
52	독립운동과 징병, 식민 경험의 두 갈래 길	구익균 · 김종빈 구술, 이창걸, 박정애 면담 · 편집	국사편찬 위원회	2013
53	동양화를 그리는 약사: 1935년생 이정미 자술생애사	최병덕 도움	대구광역시 중구 도심재생 문화재단, 다운미디어	2013

번호	저서명	저자	발행처	발행년도
54	동인동, 대한 무술회 시대를 이야기하다: 1936년생 송인문 자술생애사	임경희 도움	대구광역시 중구 도심재생 문화재단, 다운미디어	2013
55	들리나요?: 열두소녀의 이야기: 일본군위안부 피해 구술기록집	국무총리 소속 대일항쟁기강제동원피해조사 및 국외강제동원희생자등지원위원회 조사2과	국무총리 소속 대일항쟁기강제동원피해조사및 국외강제동원 희생자등 지원위원회	2013
56	미안합니다, 고맙습니다: 기자 30년 장로 30년, 김경래 회고록	김경래 구술, 백시열 정리	홍성사	2013
57	반세기에 걸친 남산4동 건강 지킴이: 1934년생 이기봉 구술생애사	기록: 이강화	대구광역시 중구 도심재생 문화재단, 다운미디어	2013
58	북성로의 60년 '터줏대감', 봉사하는 83년의 삶: 1930년생 배상용	도심재생문화재단 편	대구광역시 중구 도심재생 문화재단, 다운미디어	2013
59	북한의 예술교육: 북한음악 구술 자료집	국립국악원	국립국악원	2013
60	서문시장 2지구 4층 568호 팔구상회: 1936년생 이세전 구술생애사	이은주 기록	대구광역시 중구 도심재생 문화재단, 다운미디어	2013
61	서문시장에서 3대를 이어온 건어물 장사: 1944년생 노용철 구술생애사	박승희 기록	대구광역시 중구 도심재생 문화재단, 다운미디어	2013
62	수창동 할머니, 그 삶의 기록: 1930년생 백영자	도심재생문화재단 편	대구광역시 중구 도심재생 문화재단, 다운미디어	2013
63	신앙이 허락한 아름다운 '천직(天職)': 1921년생 강석교	도심재생문화재단 편	대구광역시 중구 도심재생 문화재단, 다운미디어	2013

번호	저서명	저자	발행처	발행년도
64	아름다운 도시 대구, 정겨운 대구사람: 1936년생 하오명	도심재생문화재단 편	대구광역시 중구 도심재생 문화재단, 다운미디어	2013
65	안영배 구술집	안영배 구술, 배형민 · 우동선 · 최원준 채록연구	마티	2013
66	제2의 고향, 중구를 통해 본 나의 70년 인생: 1941년생 이윤환	도심재생문화재단 편	대구광역시 중구 도심재생 문화재단, 다운미디어	2013
67	초대 대구시장 딸로, 민족운동가의 며느리로 살아온 90년 인생사: 1923년생 허귀진	도심재생문화재단 편	대구광역시 중구 도심재생 문화재단, 다운미디어	2013
68	파도 위의 삶, 소금밭에서의 생: 인천시민 구술생애사	인천도시인문학센터 엮음	한울	2013
69	평생을 교육자로, 양심적 지식인으로 살기: 1925년생 박두포	도심재생문화재단 편	대구광역시 중구 도심재생 문화재단, 다운미디어	2013
70	한 우물 파기 50년, 월계서점: 1933년생 차석규	도심재생문화재단 편	대구광역시 중구 도심재생 문화재단, 다운미디어	2013
71	한국대통령 통치구술사료집 2, 전두환 대통령	연세대학교 국가관리연구원 편	선인	2013
72	한국대통령 통치구술사료집 3, 노태우 대통령	연세대학교 국가관리연구원 편	선인	2013
73	한국사진문화연구소 자료집 vol 6, 한국사진사 구술프로젝트: 숙명여자대학교 사진부 숙미회 50년을 지나고	한국사진문화연구소	가현문화재단	2013
74	한약과 함께 한 80년: 1932년생 박재규	도심재생문화재단 편	대구광역시 중구 도심재생 문화재단, 다운미디어	2013
75	한약과 함께 한 삶: 1934년생 김기인 자술생애사/ 평생 봉사하는 삶을 살다: 1935년생 김두진 자술생애사	도움: 최병덕 · 임삼조	대구광역시 중구 도심재생 문화재단, 다운미디어	2013

번호	저서명	저자	발행처	발행년도
76	환상: 삼성전자 노동자 박종태 이야기	박종태 구술, 김순천 정리	오월의봄	2013
77	(일본에서 일본인들에게 들려준 한삶과 한마음과 한얼의) 공공철학(公共哲學)이야기	김태창 구술, 야규 마코토 기록, 정지욱 옮김	모시는사람들	2012
78	(청 황실의 마지막 궁녀가 직접 들려주는)서태후와 궁녀들	진이, 선이링 지음, 룽얼 구술, 주수련 옮김	글항아리	2012
79	6.25 전란극복 구술사: 진도군 150개 마을 2천여 명 학살증언록 제2집	박문규, 정명혜	북하우스	2012
80	가사(歌詞) 보유자 김봉기: 전라북도지정 무형문화재 제34호	김봉기 구술, 박용재 채록	전북도립국악원	2012
81	격암유록: 남사고 예언서 上, 下	해동 구술, 석욱수 · 석미현 해역	좋은땅	2012
82	결혼이주여성의 삶과 적응	김태원	경인문화사	2012
83	경기도 여성근로자 복지 수요조사: 구술생애사 중심으로	책임연구원: 신경아, 공동연구원: 허민숙 · 김영주 · 허목화 · 성경	경기도여성비전센터	2012
84	구술생애사와 문화콘텐츠를 통해 본 고려인	임영상	신서원	2012
85	금과들소리 보유자 이정호: 전라북도 무형문화재 제32호	이정호 구술, 김무철 채록	전북도립국악원	2012
86	사할린 한인 공노원 구술생애사-Korean Kong Roh-won's life history in Russia's Sakhalin island: 사할린 한국어 교육의 선구자	박경하 편저	경진	2012
87	앞멍에랑 들어나 오라 뒷멍에랑 나고나 가라: 제주시 애월읍 수산마을 홍진규 할머니 생애 구술	홍진규 구술, 김순자 채록 · 전사 · 표준어대역	제주대학교 국어문화원	2012
88	여성주의 역사쓰기: 구술사 연구방법-Feminist oral history: deconstruction instituting knowledge	이재경 · 윤택림 · 이나영 외 지음	아르케	2012
89	우리가 만난 한국: 재한 조선족의 구술생애사	박우 · 김용선 외 편저	북코리아	2012
90	유유자적 100년: 백 년을 사는 다섯 가지 즐거운 마음가짐	자오무허 구술, 팡야후이 집필, 김영화 옮김	물병자리	2012
91	전라도 윗녘 사람들의 무(巫)풍속	이영금 · 이영배 지음, 최병호 구술	민속원	2012
92	접골사 구술생애사 연구	집필: 박경용 · 김필성	한국한의학연구원	2012

번호	저서명	저자	발행처	발행년도
93	판소리(춘향가) 예능보유자 최난수: 전라북도지정 무형문화재 제2호	최난수 구술, 서경숙 채록	전북도립국악원	2012
94	판소리(춘향가) 예능보유자 최승희: 전라북도지정 무형문화재 제2호	최승희 구술, 김정태 채록	전북도립국악원	2012
95	한국군 초기 역사를 듣다: 군사영어학교 출신 예비역 장성의 구술	김계원 · 김웅수 · 김종면, 황헌친 · 김병길 구술, 나종남 · 김은비 면담, 나종남 편집	국사편찬위원회	2012
96	(구술로 만나는)마당극 1~5	이영미	고려대학교 민속문화연구원	2011
97	강원 홍천 지역의 언어와 생활	김봉국	태학사	2011
98	경기 파주 지역의 언어와 생활	최명옥	태학사	2011
99	경남 산청 지역의 언어와 생활	김정대	태학사	2011
100	구술사로 읽는 한국전쟁: 서울 토박이와 민통선 사람들, 전쟁미망인과 월북가족, 그들이 말하는 아래로부터의 한국전쟁	한국구술사학회 편	휴머니스트	2011
101	농토를 떠나 공장으로: 1970년대 이촌향도와 노동자의 삶	김순회 · 박순애 · 송효순 · 이복례 · 신미자 · 배옥병 · 신태응 · 김준희, 면담 · 편집: 이영재 · 정호기 구술	국사편찬위원회	2011
102	또 하나의 고향, 우리들의 풍경	박선주 · 이덕경 · 이종철 · 김기상 · 고흥주 · 남재권 · 정상락 · 이준호 · 최금주 · 이남철 외 구술, 정근식 책임편집, 양라윤 · 김형주 · 임정섭 · 박근원, 전동근 면담 · 편집	국립소록도병원	2011
103	막달레나, 용감한 여성들의 꿈 집결지	이옥정 구술, 엄상미 글	그린비	2011
104	배재와 나: 구술채록 2010	송방용 · 장경순 · 김계원 · 유근배 · 이선희 공저	배재학당 역사박물관	2011
105	보정 한국음악사: 고대부터 고려시대까지	이혜구 구술, 석현주 정리	국립국악원	2011
106	부안농악(상쇠) 보유자 나금추: 전라북도지정 무형문화재 제7-1호	나금추 구술, 서경숙 채록	전북도립국악원	2011
107	산에서도 무섭고 아래서도 무섭고 그냥 살려고만	제주4 · 3평화재단, 제주4 · 3연구소 편	제주4 · 3연구소: 제주4 · 3평화재단	2011
108	서울 나는 이렇게 바꾸고 싶었다	서울특별시사편찬위원회 편저	서울특별시	2011

번호	저서명	저자	발행처	발행년도
109	솔벤 절벤 귀갖창 고장떡 톡 더끄곡: 제주시 한림읍 금악리 김기생 할머니 생애 구술	김기생 구술, 김미진 채록 · 전사 · 표준어대역	제주대학교 국어문화원	2011
110	스기야마 토미(杉山とみ) 1921년 7월 25일생	혼마 치카게 기록, 신호 번역	눈빛출판사	2011
111	예 말이요: 강진 세 아짐 이야기	박지나 엮음, 조호순, 최병단, 최정자 구술	동연	2011
112	이승만정부와 지방경찰의 역할	김창록, 박노철, 박점문, 이석원 구술, 김춘수, 김학재, 연정은, 이임하, 후지이 다케시 면담, 이임하 편집	국사편찬위원회	2011
113	전통의료 구술자료 집성. 1: 대구약령시 원로 한의약업인 6인의 의약업과 삶	박경용	경인문화사	2011
114	죽음 속의 삶: 재중 강원인의 구술 생애사	전신재 지음	소화	2011
115	중앙아시아 이주 한민족의 언어와 생활: 키르기스스탄 비슈케크	곽충구 지음	태학사	2011
116	중요무형문화재 전승자 구술채록: 기획연구 보고서	이재필, 최숙경, 이은정, 서헌강, 이경하 글	국사편찬위원회	2011
117	판소리(심청가) 보유자 이일주: 전라북도지정 무형문화재 제2호	이일주 구술, 김정태 채록	전북도립국악원	2011
118	판소리에 팔린 판례: 소녀 판례가 판소리 명창 성우향이 되기까지	성우향 구술, 노재명 대담 · 정리	국악음반박물관	2011
119	판소리장단(고법) 보유자 이성근: 전라북도지정 무형문화재 제9-1호	이성근 구술, 김무철 채록	전북도립국악원	2011
120	한국 광고회사의 형성: 구술사로 고쳐 쓴 광고의 역사	김병희, 윤태일	커뮤니케이션북스	2011
121	호남살풀이춤(동초수건춤) 보유자 최선 : 전라북도지정 무형문화재 제15호	최선 구술, 박용재 채록	전북도립국악원	2011
122	(구술로 엮은)광주 여성의 삶과 5 · 18	광주여성희망포럼, 광주 · 전남여성단체연합, 오월여성제추진위원회 엮음	심미안	2010
123	(백발의 '소년 빨치산')김영승	김영승 구술 · 감수, 박찬모, 한정훈 편저	순천대학교 지리산권 문화연구원	2010

번호	저서명	저자	발행처	발행년도
124	5 · 18의 기억과 역사 4, 공직자 편	정시채 · 김홍식 · 박인수 · 조삼상 · 서인섭 · 조성갑 · 김경수 · 손천만 · 최임열 · 김정수 공저	5 · 18기념재단	2010
125	갈치가 갈치 꼴랭이 끊어 먹었다 할 수밖에	제주4 · 3평화재단, 제주4 · 3연구소 편	제주4 · 3연구소: 제주4 · 3평화재단	2010
126	구술로 본 해외 한인 통일운동사의 재인식: 독일지역	김면 외	선인	2010
127	구술로 본 해외 한인 통일운동사의 재인식: 미국지역	김하영 외	선인	2010
128	구술로 본 해외 한인 통일운동사의 재인식: 일본지역	남근우 외	선인	2010
129	구술로 본 해외 한인 통일운동사의 재인식: 중국지역	우병국 외	선인	2010
130	구술사, 기억으로 쓰는 역사	윤택림 편역	아르케	2010
131	김일성과 박헌영 그리고 여운형 : 전 노동당 고위간부가 본 비밀회동	박병엽 구술, 유영구 · 정창현 엮음	선인	2010
132	내 이름은 이효리 : 결혼이민자 두 사람의 한국살이	강진구 · 노자은	경진	2010
133	돌각돌각 미녕 짜멍 우린 늙엇주: 제주시 애월읍 봉성마을 강자숙 할머니 생애 구술	강자숙 구술, 김순자 채록 · 전사 · 표준어대역	제주대학교 국어문화원	2010
134	사할린에서 싹 튼 아리랑 침뜸 : 민간의술을 찾아서 · 러시아 손병덕 편	손병덕 구술, 김정희 정리	허임기념사업회	2010
135	서울토박이의 사대문 안 기억	서울특별시시사편찬위원회 편저	서울특별시시사편찬위원회	2010
136	식민지 소년의 창공에의 꿈	서무갑 · 노중신 · 민영락 · 허종행 · 조청래 · 조진호 · 최병식 구술, 배영미 · 노기 카오리 · 김은식 면담 · 편집	국사편찬위원회	2010
137	아무리 어려워도 살자고 하면 사는 법	제주4 · 3평화재단, 제주4 · 3연구소 편	제주4 · 3연구소: 제주4 · 3평화재단	2010
138	아직도 내 귀엔 서간도 바람소리가: 독립투사 이상룡 선생의 손부 허은 여사 회고록	허은 구술, 변창애 기록	민연	2010
139	전쟁미망인, 한국현대사의 침묵을 깨다: 구술로 풀어 쓴 한국전쟁과 전후 사회	이임하	책과함께	2010
140	조선민주주의인민공화국의 탄생: 전 노동당 고위간부가 겪은 건국 비화	박병엽 구술, 유영구 · 정창현 엮음	선인	2010

번호	저서명	저자	발행처	발행년도
141	파란과 곡절 그리고 희망: 중국조선족 출신 결혼이민자의 일대기	이춘복	경진	2010
142	각신 이끄곡 서방은 갈곡: 제주시 용강동 권상수 할아버지 생애 구술	권상수 구술 김미진 채록 · 전사 · 표준어대역	제주대학교 국어문화원	2009
143	경북 청송 지역의 언어와 생활	김무식	태학사	2009
144	고위관료들, '북핵위기'를 말하다	김상훈 외 구술, 신욱희, 조동준 면담 · 편집	국사편찬위원회	2009
145	구술로 전하는 20세기 제천 이야기 1	세명대학교 지역문화연구소 편	정인출판사	2009
146	구술자료 만들기: 수집, 정리, 활용	국사편찬위원회 편	국사편찬위원회	2009
147	맘놓고 병좀 고치게 해주세요: 신의 장병두의 삶과 의술 이야기	장병두 구술, 박광수 엮음	정신세계사	2009
148	사랑하라, 끝까지 사랑하라: '가난한 자들의 어머니' 루트 파우 수녀의 삶과 사랑	루트 파우 구술, 미하엘 알부스 기록, 도현정 · 장혜원 옮김	지향	2009
149	아홉머리 넘어 북해도로: 홋카이도 강제동원 피해 구술자료집	일제강점하강제동원피해진상규명위원회 편	국무총리소속 일제강점하 강제동원피해 진상규명위원회	2009
150	안산자락, 고갯마을 북아현. 1-2	서울역사박물관 편	서울역사박물관	2009
151	정선아리랑: 소리꾼의 삶과 아리랑: 정선아리랑 구술 기초조사 자료집	진용선 구술조사 · 채록	정선군	2009
152	중앙아시아 이주 한민족의 언어와 생활: 우즈베키스탄 타슈켄트	곽충구	태학사	2009
153	추기경 김수환 이야기: 김수환 추기경 회고록	김수환 구술, 평화신문 엮음	평화방송 평화신문	2009
154	충남 논산 지역의 언어와 생활	한영목	태학사	2009
155	전쟁의 기억 냉전의 구술	김귀옥 외 저	선인	2008
156	(새로운 역사 쓰기를 위한) 구술사 연구방법론	윤택림 · 함한희	아르케	2006
157	구술사: 방법과 사례	한국구술사연구회	선인	2005
158	현황과 방법, 구술 · 구술자료 · 구술사	국사편찬위원회	국사편찬위원회	2004

부록 3〉

구술(사) 관련 학위논문 목록

정리: 김지수

번호	저자	논문명	대학	학위년도	비고
1	이승연	1950~60년대 대중문화 예술인의 정체성과 예술행위에 대한 해석: 예술인 구술생애사를 중심으로	연세대학교 대학원	2014	박사
2	이기호	배구지도자 김춘범의 생애사	강원대학교 교육대학원	2014	석사
3	정선영	여성주의자 딸이 쓰는 '나의 어머니' 구술 생애사 연구	성공회대학교 NGO대학원	2014	석사
4	임오경	지도자들의 구술사와 현상학적 분석으로 본 한국 여자핸드볼	한국체육대학교 대학원	2014	박사
5	김상립	한국 마취전문간호의 태동과 변천: Sister Margaret E., Kollmer의 구술을 중심으로	부산가톨릭대학교 대학원	2014	박사
6	성강현	6·25 전쟁 시기 북한 출신 반공포로의 천도교 활동: 두 사례자의 구술을 통하여	동의대학교 대학원	2013	석사
7	김성진	구술사 방법을 활용한 교수·학습 방안: 보령지역 6·25전쟁을 중심으로	공주대학교 교육대학원	2013	석사
8	최효정	구술생애사로 본 '남북부부'의 결혼생활	동국대학교 대학원	2013	석사
9	권용숙	냉전기 월남 영화인의 다중 주체성과 영화 만들기: 구술생애사와 영화 작품 분석	한국예술종합학교	2013	석사
10	김광미	여성구술기록의 콘텐츠 구축방안 연구	신라대학교 대학원	2013	석사
11	이선형	한국 결혼이주여성의 모성과 정체성: 구술생애사 분석을 중심으로	서울대학교 대학원	2013	박사
12	이소연	한국 무용구술기록의 현황 연구	이화여자대학교 대학원	2013	석사
13	이호신	주제전문사서의 직업정체성에 관한 내러티브 탐구: 법학전문사서를 중심으로	성균관대학교 대학원	2012	박사
14	이덕수	구술 자료를 통해 본 한국 화교의 역사적 경험과 화교교육	한국외국어대학교 교육대학원	2012	석사
15	나도은	기억의 구술을 통해 본 신도시주민들의 공간과 일상에 대한 관계맺기와 실천 연구: 경기도 고양시 송산동을 중심으로	성균관대학교 대학원	2012	석사
16	최해리	무용구술사를 통한 새로운 한국근현대무용사 쓰기의 가능성 모색: 국립예술자료원의 2008~2009년도 무용구술채록문을 중심으로	이화여자대학교 대학원	2012	박사

번호	저자	논문명	대학	학위 년도	비고
17	한정훈	빨치산 구술생애담 연구	전남대학교 대학원	2012	박사
18	김인규	'이, 그, 저'의 지시적 용법과 비지시적 용법: 경북 지역 구술 발화 자료를 중심으로	경북대학교 대학원	2012	석사
19	김상희	이화여대에서 제적 처분된 통일교 학생들에 대한 구술사 연구	선문대학교 신학전문대학원	2012	박사
20	곽원일	한국교회와 도시산업선교에 대한 구술사 연구: 1960, 70년대 여성 노동운동을 중심으로	한신대학교 대학원	2012	석사
21	이윤희	1950년대 후반 이후 충주사범학교 교육에 관한 구술사적 연구	청주교육대학교 교육대학원	2011	석사
22	임오경	구술사를 통해 본 스포츠 영화의 팩션: 영화 "우리 생애 최고의 순간"을 중심으로	한국체육대학교 대학원	2011	석사
23	구니토 아미	구술증언으로 본 재일탈북자의 일상생활	동국대학교 대학원	2011	석사
24	최정은	'사회적 기억'과 구술기록 기록화에 관한 연구: 구술기록 수집 및 기획 단계에서의 아키비스트 역할을 중심으로	한국외국어대학교 대학원	2011	석사
25	김지훈	실무자의 구술로 본 강원도체육회	강원대학교 교육대학원	2011	석사
26	정명자	전자산업 파견여성 노동경험 연구: 여성노동자 다큐 구술 자료를 중심으로	계명대학교 여성학대학원	2011	석사
27	허준	한국전쟁 경험이 교회의 역사 인식에 끼친 영향에 대한 구술사적 고찰	장로회신학대학교 대학원	2011	석사
28	장미정	환경운동가의 정체성 변화를 통해 본 환경교육운동가 형성과정: 환경교육운동가의 기억과 구술을 중심으로	서울대학교 대학원	2011	박사
29	최혜윤	1910년~1920년대에 태어난 후기노년기여성의 생애 경험담: 구술사료 분석을 중심으로	이화여자대학교 교육대학원	2010	석사
30	조현준	경북 방언의 격조사 연구: 방언 구술 담화 자료를 중심으로	대구가톨릭대학교 대학원	2010	석사
31	박영기	구술 자료를 활용한 역사 수업 방안: 제주 4·3 사건을 중심으로	경희대학교 교육대학원	2010	석사
32	한지혜	구술기록 온라인 서비스 방안	한국외국어대학교 대학원	2010	석사
33	이주영	구술기록을 통한 민간인 학살사건의 역사화: 경상북도 영덕군 창수면을 중심으로	경북대학교 대학원	2010	석사
34	정영록	구술기록의 디지털아카이빙에 관한 연구: 디지털 구술기록의 생산·관리 및 보존전략을 중심으로	한국외국어대학교 대학원	2010	석사
35	한동현	문화콘텐츠 개발을 위한 구술 자료의 자원화 방안 연구	한국외국어대학교 대학원	2010	박사

번호	저자	논문명	대학	학위년도	비고
36	김은영	보존과 활용을 위한 구술기록의 정리방안 연구: 국사편찬위원회 사례를 중심으로	명지대학교 기록정보과학전문대학원	2010	석사
37	윤대중	용무도의 개발과 발전과정	강원대학교 대학원	2010	박사
38	권성기	일제말기 초등교육에 관한 구술사 연구: 서울덕수초등학교를 중심으로	서울교육대학교 교육대학원	2010	석사
39	김혜진	한국 구술기록의 관리 효율화 방안 연구	중앙대학교 대학원	2010	석사
40	유수정	1930년대 식민지 초등학교 교육에 관한 구술사적 연구	서울교육대학교 교육대학원	2009	석사
41	장효주	1960년대 초등학생의 학교생활에 대한 구술사적 연구	청주교육대학교 교육대학원	2009	석사
42	문동원	구술기록의 Digital화에 따른 활용 및 서비스에 관한 연구	중부대학교 인문산업대학원	2009	석사
43	이화은	구술기록의 기술에 관한 연구	이화여자대학교 정책과학대학원	2009	석사
44	조용성	구술기록의 수집정책에 관한 연구: 과거사 진상규명 관련 위원회의 면담조사기록을 중심으로	한국외국어대학교 대학원	2009	석사
45	김민영	구술기록의 신뢰성 확보 방안 연구	신라대학교 대학원	2009	석사
46	신종태	구술사를 활용한 통일교사 연구	청심신학대학원대학교	2009	석사
47	김유경	구술생애사를 통해 본 서미 마을 여성의 삶과 민속	안동대학교 대학원	2009	석사
48	이금숙	구술을 통해 본 1950년대 유구 지역 직물업의 존재양상에 관한 연구	공주대학교 대학원	2009	석사
49	박경태	기지촌 출신 혼혈인의 '어머니 만들기'와 기억의 정치: 미군관련 혼혈인 구술생애사를 중심으로	동국대학교 대학원	2009	석사
50	김명권	유도인의 삶을 통해 본 한국 근현대사	강원대학교 대학원	2009	박사
51	강재형	초기 방송 아나운서에 대한 미시사적 구술사 연구	고려대학교 언론대학원	2009	석사
52	홍정은	총련계 재일조선인여성의 민족정치학과 '어머니 정체성': 일본 오사카부 이주 여성들의 구술사를 중심으로	이화여자대학교 대학원	2009	석사
53	김현승	해군 구술 기록의 수집 방안 연구	서울대학교 대학원	2009	석사
54	김선정	미국 중소도시 한인사회와 한인들의 삶: 인디애나폴리스 올드타이머를 중심으로	한국외국어대학교 대학원	2008	박사
55	김상희	구술사와 그 실제에 관한 연구: 통일교의 구술사 기술을 중심으로	선문대학교 신학전문대학원	2008	석사
56	김지수	대통령 구술기록 수집 방안: 김대중 대통령 구술 수집을 중심으로	명지대학교 기록과학대학원	2008	석사
57	박진섭	일제 말기 교사양성 교육에 대한 구술사 연구	공주교육대학교 교육대학원	2008	석사

번호	저자	논문명	대학	학위년도	비고
58	김정은	초등 여교사의 교직 사회화과정에 관한 구술사적 연구	서울교육대학교 교육대학원	2008	석사
59	공선희	한국 노인의 돌봄 자원과 돌봄 기대: 생애구술 분석을 중심으로	서울대학교 대학원	2008	박사
60	이선애	1930년대 중반 이후 식민지 초등학교 교육에 관한 구술사적 연구: 충북 괴산 지역을 중심으로	청주교육대학교 교육대학원	2007	석사
61	전미란	1950년대 초등교육에 대한 구술사적 연구	청주교육대학교 교육대학원	2007	석사
62	조영현	교육을 통한 계급재생산 구조에 관한 연구: 신중간제계층과 노동자계급의 입시 사례에 대한 구술생애사적 접근	성공회대학교 대학원	2007	석사
63	권명숙	구술기록의 수집 절차에 관한 연구 :민간인학살사건 다큐멘테이션을 중심으로	경북대학교 대학원	2007	석사
64	이주은	구술사를 활용한 역사학습 방안	한국교원대학교 대학원	2007	석사
65	노대진	국내 구술사료의 관리 실태와 서비스 방안	원광대학교 대학원	2007	석사
66	한정은	대중적 이용을 위한 구술기록의 수집과 활용 방안	한국외국어대학교 대학원	2007	석사
67	김미주	인터넷을 통한 구술자료 서비스 현황과 메뉴설계 방안	충남대학교 대학원	2007	석사
68	허영선	제주4·3 시기 아동학살 연구: 생존자들의 구술을 중심으로	제주대학교 대학원	2007	석사
69	강덕남	초등 사회과 현대사 학습에서의 구술사 프로젝트 활용 방안	한국교원대학교 교육대학원	2007	석사
70	양길순	구술로 본 김숙자 연구	중앙대학교 국악교육대학원	2006	석사
71	송용한	비정규노동자의 사회적 연결망과 사회자본 형성에 관한 재구성: 청소용역노동자의 구술생애사를 중심으로	성공회대학교 대학원	2006	석사
72	이원심	구술생애사를 통해 본 지역여성의 역사: 경북 영양군 한티리의 세 여성을 중심으로	계명대학교 여성학대학원	2005	석사
73	권미현	구술사료의 기록학적 관리방법 연구	명지대학교 기록과학대학원	2004	석사
74	선휘성	여순사건의 발생 배경과 피해 실태에 대한 인식: 증언과 구술자료를 중심으로	순천대학교 교육대학원	2004	석사
75	최기자	여성주의 역사쓰기를 위한 여성 '빨치산' 구술생애사 연구	한양대학교 대학원	2002	석사
76	이선형	일본군 '위안부' 생존자 증언의 방법론적 고찰: 증언의 텍스트화와 의미부여를 중심으로	서울대학교 대학원	2002	석사

부록 4)

구술사 : 기록에서 역사로[1]

정혜경

1. 머리말

사진과 영상, 음성기록 등 비문헌자료에 대한 학계의 관심은 역사학과 인류학, 사회학은 물론이고 기록학, 정치학, 민속학, 문학 등 관련 학문분야에서 점차 비중이 높아지고 있다. 그 가운데에서 가장 두드러진 분야는 구술기록과 구술사이다. 근래 국내 학계에서 구술사에 대한 관심은 매우 높아졌다. 기관과 단체의 구술기록수집 프로젝트 수행은 개인 연구자의 작업과 비교할 수 없을 정도로 방대한 성과를 쏟아내고 있다.

---

[1] 이 글은 『한일민족문제연구』 28집(2015.6)에 수록되었음.

2003년도에 한국문화예술위원회 아르코정보예술관(2003년 당시 한국문화예술진흥원)이 한국예술종합학교 한국예술연구소에 위탁하여 3년 예정으로 시작했던 '한국근현대 예술사 증언채록사업' 성과에 힘입어 2003년 이후 예술사분야는 구술사에서 비중 있는 학문 분야로 자리 잡았다. 2011년 한국근현대미술사학회 여름 정기학술대회를 '화가의 기억 · 문헌의 기록'이라는 주제로 주옥같은 구술사논문 5편이 발표된 것은 10년의 연륜이 있기에 가능했다고 생각된다. 한국문화예술위원회 예술자료원도 예술사구술채록연구원 양성과정이라는 과정을 개설하고 강좌와 기록수집 병행사업을 실시하기도 했다.

한국학중앙연구원은 '구술기록과 아카이브 구축, 연구결과물의 적극적 활용과 디지털 자료의 대중적 서비스'라는 종합적인 목표 아래 대규모 구술사 연구사업을 발주하고 구술아카이브를 구축했다. 한국학중앙연구원의 구술아카이브는 '구술기록과 아카이브 구축, 연구결과물의 적극적 활용과 디지털 자료의 대중적 서비스'라는 종합적인 목표 아래 수행한 4개 사업단의 면담결과물(음성 및 영상파일, 구술채록문, 부속 자료 등)을 담은 방대한 구술아카이브이다. 디지털 아카이브를 통해 공개하는 양도 방대하지만, 내용에서도 동영상을 포함해 기본목록, 상세목록 등을 갖추고 있고, 공개 방식도 이용자의 편의와 보안성을 유지하려는 노력을 기울이는 등 기록학의 기준에서도 돋보이는 아카이브이다. 이 아카이브는 한국구술사분야의 학문적 발전은 물론 대중적 문화 창달에 기여도가 지대할 것으로 생각된다.[2)]

이는 '구술을 통해 전해져야 할 경험과 기억이 망각의 어둠 속으로 빠르게 사멸해가는 현실'에 대한 시급성이 구술기록수집을 '지금 아니면 안 되는 일'로 자리매김하고, '우선순위는 자료수집'이라는 점에서 일정한 공감대를

---

2) 한국학중앙연구원 구술연구사업의 허브인 현대한국구술자료관은 디지털 아카이브 구축과 동시에 다양한 대중무료공개강좌를 운영해 구술사의 대중화에 앞장서고 있다.

형성한 현실이 거둔 성과이다.[3] 평소 구체적인 수집방법과 기록 관리에 관심을 기울여 온 필자로서는 환영할 만한 일이다.[4]

그동안 구술사와 구술사연구방법론에 대한 연구자들의 이해가 넓어졌고, 그만큼 한국 학계의 지형도 다양해졌다. 한국구술사연구회에 이어 구술사연구소(2008년)와 한국구술사학회(2009년)가 발족해 2010년부터 발간한 전문학술지 '구술사연구(반년간지)'가 대표적 사례이다. 이제는 '구술사가 태생적으로 특정 학문과 계층의 전유물이 될 수 없고, 여성사나 사회사, 정치사 등 독립적인 분야사는 아니지만 인문사회과학 분야에서 유용한 방법론이며 문헌사에 대비되는 방법론'이라는 공감대도 얻었다. 이러한 과정을 통해 학계는 '역사의 민주화', '민중의 역사'라는 도발적인 기대에서 일정한 경험을 거쳐 '전혀 민주적이지 않은 구술사'라는 화두에 주목하는 단계에 접어들었다.[5] 그러나 인문사회과학은 물론이고, 예술과 체육학계에까지 확산된 관심과 열정의 엄청난 속도에 비해 구술사 연구방법론에 대한 고민이 부족한 것도 사실이다.

이 글에서는 국내외 구술사연구현황을 소개하고, 수집과 관리의 현안 등 구술사연구와 관련한 현실적인 쟁점을 제기하며 구술사연구방법론에 대한 고민도 나누고자 한다.

---

3) 박현수, 「지금 아니면 안 되는 일: 민중생활사의 기록과 해석」, 『20세기 한국민중의 구술자서전1 어민편, 짠물, 단물』, 소화, 2005, 22 · 24쪽.

4) 정혜경, 「한국 근현대사 구술자료의 간행현황과 사료가치」, 『역사와 현실』 33, 한국역사연구회, 1999; 「한국의 구술자료 관리현황」, '한국 역사기록의 관리와 발전방안'(한국역사연구회 · 대전대학교 인문과학연구소 공동 주최 학술심포지엄), 2000년 10월; 「강제연행관련 구술자료수집의 현황과 활용방안」, '구술자료로 복원하는 강제연행의 역사' (일제강점하강제동원피해진상규명등에관한특별법제정추진위원회 주최 학술심포지엄 발표문), 2001년 12월; 『일제말기 조선인 강제연행의 역사-사료연구』, 경인문화사, 2003; 「구술사료의 관리방안」, 『한국예술종합학교 논문집』 6, 2003; 「기획에서 활용까지」, 『구술사 : 방법과 사례』, 선인출판사, 2005.

5) 도로테 비얼링, 「젠더 역사와 구술사」, 『일상사로 보는 한국근현대사』, 책과함께, 2006, 239~240쪽.

2. 구술사 연구의 현황과 쟁점

국내외 구술사 연구현황을 보면, 각국의 역사적 경험과 문화 풍토가 학문 토대와 맞물려 상호 영향을 미친다는 점을 알 수 있다. 구술사연구의 동향과 지역별 특징을 이해하는 데 시사점이기도 하다. 국내외 구술사 연구동향에 대해서는 연구현황을 소개한 글이 여러 편 발표되었다.[6] 이 글에서는 이를 참고로 선행연구와 중복을 피하고, 쟁점을 논의해보고자 한다.

먼저 국내 구술사연구 현황을 보면[7], 크게 구술기록(구술채록결과물)과

---

6) 구술사 연구현황은 다음의 연구에서 찾을 수 있다. 정혜경, 「한국근현대사 구술자료의 간행현황과 자료가치－지운 김철수를 중심으로」, 『역사와 현실』 33, 1999; 이용기, 「연구동향－구술사의 올바른 자리매김을 위한 제언」, 『역사비평』 2002년 봄호; 김봉중, 「미국의 구술사 연구」; 김용의, 「일본의 구술사 연구」; 김경학, 「인도의 구술사 연구」(이상 『전쟁과 사람들』, 한울, 2003 수록); 남신동, 「미국 구술사의 발달과 연구동향」, 『현황과 방법, 구술 · 구술자료 · 구술사』, 국사편찬위원회, 2004; 김귀옥, 「한국 구술사 연구 현황, 쟁점과 과제」, 『사회와 역사』 71, 2006; 이성숙, 「서구 여성구술사 현황과 쟁점」, 『여성과 역사』, 2006. 그 외 연구사 논문은 아니지만, 윤형숙, 「여성생애사 연구방법론」(『여성연구』 3, 1996)과 이희영, 「사회학 방법론으로서의 생애사 재구성」, (『한국사회학』 39-3, 2005), 윤택림 · 함한희, 『새로운 역사 쓰기를 위한 질적 구술사연구방법론』(아르케, 2006)에 한국과 서구의 연구사가 각각 간략히 소개되어 있다. 기억연구의 일환으로 한국 구술사연구의 동향을 분석한 전진성의 글도 최근 연구사를 포함하고 있다. 전진성, 「기억의 정치학을 넘어 기억의 문화사로」, 『역사비평』 76, 2006. 가장 최근의 연구사는 『구술사연구』 창간호에 실린 함한희의 글이다. 그간의 연구사를 종합적으로 평가하고 향후 전망을 제시했다. 함한희, 「구술사연구의 새로운 패러다임 모색」, (『구술사연구』 1, 2010).

7) 김귀옥은 「한국 구술사 연구 현황, 쟁점과 과제」에서 구술사 정의를 "구술을 매개로 하는 모든 종류의 구술연구를 망라하는 광의의 구술사보다는 구술생애사로 좁혀서" 윤택림의 정의에 따라 "한 개인이 태어나서 현재까지 살아오면서 한 경험을 불러내서 서술하는 것"으로 한정했다. 그러나 연구현황에서 정의와 구분은 큰 의미를 갖지 못한다. 김귀옥은 한국구술사 연구현황을 크게 시기별, 연구주체별로 구분했다. 시기별로는 1기(구속을 각오하며 수행한 구술사연구)와 2기(민주화의 새로운 역사를 열어나가는 구술사연구)로, 연구주체별로는 개인과 공동연구로 구분했다. 이러한 구분은 구술채록 결과물과 구술사 연구를 동일한 분석대상에 놓음으로서 구분을 모호하게 만들었다. 그 외 현재 구술사연구방법론이 여러 학문분야에 걸쳐 성과를 내고 있음에도 이 글에서는 균형감 있게 다루지 않고 특정 학문분야에 치우쳤다는 느낌도 지울 수 없다.

구술사연구로 대별할 수 있다. 먼저 구술채록결과물을 살펴보자.[8] 국내에서 『한국민중사』 발간 이후 그동안 금기영역이었던 북한과 현대사에 대한 관심이 폭증하면서 1988년에 역사비평사가 한국현대사 증언[9]을 수록하기 시작했다. 이를 계기로 발표되기 시작한 개인면담기록은 1991년에는 '나의 학문 나의 인생' 시리즈로 2000년대 초까지 이어졌다. 1989년부터 제주4.3연구소 등이 발간한 '이제사 말햄수다' 시리즈는 제주 4.3항쟁의 실상을 알리는 데 기여했다. 특히 2000년대에 들어서는 한국전쟁 전후 민간인 학살 진상규명 범국민위원회 등 '과거사 관련' 민간단체가 생산한 구술기록도 개인면담기록의 또 다른 축을 형성했다.[10]

'자료집'이나 '증언집'이라는 제목을 달고 출간된 구술채록결과물은 1980년대에 3종[11]에 불과했으나, 1993년에 일본군위안부할머니들에 대한 구술채록물(한국정신대연구회 · 한국정신대문제대책협의회, 『강제로 끌려간 조선인군위안부들 증언집1』, 한울)이 발간되면서 폭발적으로 늘었다. 민간 연구기관과 민간단체의 발간물은 주제와 대상이 더욱 확대되었다. 이전 시기

---

8) 구체 목록은 정혜경, 「구술사료 활용하기」, 『구술사: 방법과 사례』, 선인출판사, 2005 및 한국구술사연구회 누리집(www.oralhistory.or.kr) 참조

9) 한상구, 「한국현대사의 증언: 6.25와 빨치산－6.25전쟁 발발의 실상을 밝힌다」; 임영태, 「한국현대사의 증언: 6.25와 빨치산－강동정치학원과 지리산 유격대」

10) 최근에는 정부 기관인 각종 과거사 관련 위원회가 생산한 면담기록을 중요한 구술사연구, 또는 구술기록으로 평가하는 경향도 있다. 그러나 이에 대해 필자의 견해는 다르다. 동일한 '과거사'라 하더라도, 심층면담이라는 방식을 거친 작업이라 하더라도, 민간단체나 연구기관의 결과물은 구술기록이지만, 조사를 목적으로 한 정부기관의 결과물은 동일하게 평가할 수 없기 때문이다. 공적인 역할을 수행하는 조사자를 면담자로 한 심층면담기록은 생산목적 자체가 '조사'에서 자유로울 수 없다. 더구나 오랜 세월 금기시 되었던 주제에 대해 정부기관의 종사자에게 털어놓는 행위는 비록 형식이 '구술'이라 하더라도 구술기록의 요건을 갖추었다고 보기 어렵다. 오히려 구술사에서 그토록 대별하고자 하는 '공식 회상'에 가깝다고 볼 수 있다. 그러므로 조사기록, 또는 면담기록으로 자리매김하는 것이 적절하다.

11) 한국정신문화연구원, 『한국구비문학대계』(전 85책), 1980~1992; 한국정신문화연구원, 『한국독립운동사자료집』, 1983; 이현희, 『한국독립운동증언자료집』, 한국정신문화연구원, 1986.

의 채록 결과물이 개인 작업인데 비해, 2000년대에 들어서는 단체와 기관이 작업의 주체가 되었다는 점이 특징이다.

이러한 구술채록결과물은 1980년대 민중자서전 시리즈와 같이 국내 구술사 연구의 토대가 되었다. 민중자서전 시리즈류는 흔히 비학술적 작업이라 일컬어지기도 하는데, 시기적으로는 학술적 작업보다 앞선 1980년대 초로 거슬러 올라간다. 뿌리깊은나무 출판사가 간행한 민중자서전 시리즈는 『제암리 학살사건의 증인 전동례의 한평생: 두렁바위에 흐르는 눈물』이 '민중자서전1'로 탄생한 이후까지 총 20권이 출간되었다. 이와 유사한 작업 결과물은 2005년 '20세기 한국 민중의 구술자서전'에서 시작해 2006년부터 '한국민중구술열전'이라는 이름으로 발간되고 있는 시리즈이다. 2011년 상반기까지 46권이 발간되었다. 비록 픽션의 형식을 취하고 있지만 정순덕과 김응교, 이인모의 구술기록도 다양한 형식으로 공개가 되었다. 황석영의 '어둠의 자식들'에서 출발한 르포의 역사는 더 깊다. 근래에는 양측 종사자들의 경계를 넘어선 작업을 통해 더욱 다양한 방법과 주제의 성과가 발표되고 있다. 비학술적 작업의 성과와 학술적 성과가 자연스럽게 조화를 이루면서 거둔 결실이다. 물론 이러한 경향성은 한국에 국한된 것은 아니다.[12)]

한국구술사 연구의 역사를 보면, 학계에 구술사연구방법을 소개한 연구는 사회학자 최재현의 논문(1985년)에서 출발한다고 볼 수 있다. 「일상생활의 이론과 노동자의 의식세계」(『한국사회학』 1, 1985), 「일하는 자들의 삶의 이야기-사회학의 전기적 방법을 위하여」(『외국문학』 1985년 가을호, 열음사)는 유럽의 전기적 방법을 토대로 기존의 양화(量化)조사방법이 아닌 질적 연구방법을 소개한 글이다. 이 연구는 이른 시기에 이미 현재 구술사연구의 한 축을 형성하고 있는 일상사나 '작은 사람들의 이야기'에 주목했다는 점에서 의미가 있다.

12) 상세한 내용은 본서 수록 「구술아카이브구축의 마무리: 활용」 참조.

구술사연구라기보다 채록결과물의 범주에 포함되는 정치학자 이정식과 김학준이 펴낸『혁명가들의 항일 회상』(1988)은 '정치전기학' 확산에 큰 영향을 미친 연구 성과이다. 이정식이 항일독립운동가 4명에 대해 1966년부터 1967년간, 1969년부터 1970년간 각각 면담한 면담록이 토대가 된 이 책에 대해 "결코 독창적인 연구의 산물이 아니고, 엄밀한 의미에서 전기도 아니고, 하나의 자료집에 지나지 않는다"는 편저자들의 겸손한 자평에도 불구하고, 국내 학계에 미친 영향은 매우 컸다.[13] 엄밀한 의미에서 '연구도 아니고, 전기(傳記)도 아니고, 그렇다고 자료집이라고 보기도 어려운' 형식의 이 연구는 이후 구술채록결과물의 활용에서 다양한 인식의 틀을 열어주었기 때문이다.

이후 인류학에서 유철인의 구술생애사(「생애사와 신세타령: 자료와 텍스트의 문제」, 1990)가 발표되고, 김성례의 연구(「한국무속에 나타난 여성체험: 구술생애사의 서사분석」, 1991)가 뒤를 이으면서 인문사회과학 전반에서 구술사연구는 새로운 학문 조류로서 주목받게 되었다. 구술사연구는 1990년대 구술생애사의 진전 및 사회학자들의 참여관찰 · 심층면접방법을 활용한 연구[14]와 구술채록작업의 축적이라는 물적 기반에 힘입어 국내 학계에 뿌리를 내릴 수 있었다.

구술사는 이러한 도입기를 거쳐 인류학 · 문화인류학 · 역사인류학(박현수, 함한희, 윤형숙, 김은실, 양현아, 김경학, 윤택림, 지영임 외), 종교사회학(김성례 등), 민속학(천혜숙, 나승만 등의 구술생애담), 사회학(김영범, 정근식, 오유석, 김귀옥, 전순옥, 권귀숙, 이희영, 염미경 외), 교육학(김기석, 이향규, 류방난, 조정아, 남신동 외), 정치학(김학준, 김동춘 외), 역사학(박찬

---

[13] 편저자들의 서문에 의하면, 이 책은 한국정치전기학 총서 제1권에 해당한다. 이정식 면담, 김학준 편집해설,『혁명가들의 항일 회상』, 민음사, 1988, 9쪽.

[14] 대표적인 연구는 조은 · 조옥라,『도시빈민의 삶과 공간 : 사당동 재개발지역 현장연구』(서울대학교 출판부, 1991)이다.

승, 임영상, 도진순, 정혜경, 김선정, 허영란, 이용기, 이성숙 외), 문학(표인주, 김성수 외), 미술사와 음악, 무용, 건축, 영화, 체육사 등 예술 · 체육분야 전반(이인범, 김철효, 김주원, 한국근현대미술기록연구회 소속 연구자들, 김주연 외), 문헌정보학(이호신), 기록학(권미현), 문화콘텐츠(한동현) 등 학계 전반은 물론이고 노동현장의 목소리를 연구로 이어가는 성과(유경순, 정경원 외)로 확산되고 있다.

이들 연구는 특정한 학문분야의 경계를 넘어 구술사라는 연구방법론 아래 학제 간 연구로 이어지는 경향성이 강하다. 연구방법론에 대한 소개와 고민을 담은 연구도 일부 있으나 대부분 텍스트 분석이 중심이다. 연구 활성화를 위해서는 지침서나 도구서 발간이 선행되어야 하지만 국내 연구 환경은 달랐다.

구술사 도입 당시 최재현과 유철인, 김성례 등 초창기 연구자들이 기울인 연구방법론에 대한 고민은 '시급성'을 요구하는 구술기록채록에 밀려 한동안 자리를 양보해야 했다. 일정한 정도의 구술채록작업이 이루어지고 구술사연구방법론에 대한 외국 학계의 고민이 두터워지면서 국내 학계에서도 이 점에 관심을 기울이게 되었다. 연구주제가 여성, 노동자, 정치 · 사회적 소수자로 확대되면서, 역사학에서도 여성사나 노동사는 물론이고 일상사나 문화사를 풀어내는 연구방법론으로 구술사에 주목했다. 그 과정에서 외국 이론을 소화하기에 급급하던 상황에서 벗어나 구술사 본연의 연구 목적과 지향점에 바탕을 두고 한국의 문화풍토와 구술환경을 고려한 지침서들이 등장하기 시작했다.

여기에는 대학에 개설된 구술사 강좌가 큰 몫을 했다고 생각한다. 1994년부터 서울대 교육학과 김기석 교수가 구술사 강좌(대학원)를 개설한 이후 2000년대 초부터 몇몇 대학에 기록학 관련 대학원과정이 개설되면서 전문교재에 대한 필요성이 강하게 일어났다. 특히 기록학 관련 강좌에서 기록관리 측면의 구술기록 관리가 비중 있게 다루어지면서 서구 이론을 소개하거

나 구술사가들의 고전을 분석하는 것으로는 충분하지 않았기 때문이다.[15)]

김기석 교수가 개설한 서울대학교 대학원 과정의 구술사 강좌는 컬럼비아 대학 구술사연구소의 커리큘럼을 바탕으로 한다. 김기석 교수가 구술사 강좌를 대학원 과정으로 개설한 것은 매우 큰 의미를 갖는다. 구술사 강좌는 소장 연구자들에게 구술사에 관한 관심을 불러일으키고 연구자층을 풍부하게 하는 데 도움이 되기 때문이다. 실제로 이 강좌는 교육학과에 개설되었지만, 인문사회과학 분야의 여러 전공소속 대학원생들이 수강했고, 비학술적 종사자들이 참여하기도 했다.

이러한 배경 아래 개인의 작업이 단체의 작업과 균형을 이루는 2000년대 초부터 국내 연구자들의 지침서가 출간되기 시작했다. 현재 발간물로는 국사편찬위원회의 『현황과 방법, 구술 · 구술자료 · 구술사』(2004); 윤택림, 『문화와 역사연구를 위한 질적 연구방법론』(2004); 한국구술사연구회, 『구술사: 방법과 사례』(한국구술사연구총서1, 2005); 윤택림 · 함한희, 『새로운 역사 쓰기를 위한 질적 구술사연구방법론』(2006); 한국구술사연구회, 『구술사 아카이브구축 길라잡이 1 : 기획과 수집』(한국구술사연구총서 2, 2014)[16)] 등이 대표적이다.

이들 지침서는 대부분 구체적인 수집 방법 및 필요한 양식을 소개하고 있고, 필자들의 풍부한 구술기록수집 경험을 바탕으로 하고 있다. 특히 『구술사: 방법과 사례』는 기획에서 활용까지 구술기록의 생산과 관리의 전체 과

15) 일련의 번역 · 편역서(제임스 홉스, 유병용 옮김, 『증언사 입문』, 한울, 1995; 줄리아 크레인 · 마이클 앙그로시노 공저, 한경구 · 김성례 공역, 『문화인류학 현지조사 방법』, 일조각, 1996)가 출간되었지만 국내 환경에 맞는 지침으로 사용하기에는 충분하지 않았다.

16) 『새로운 역사 쓰기를 위한 질적 구술사연구방법론』은 『문화와 역사연구를 위한 질적 연구방법론』에 포함한 구술사 관련 내용을 특화한 책인데, 연구이론서에 가깝다. 또한 이 책의 저자인 윤택림은 구술사연구서인 『인류학자의 과거여행－한 빨갱이 마을의 역사를 찾아서』(역사비평사, 2003) 제1부에 구술사 관련이론을 상세히 수록했는데, 이 내용은 이후에 발간한 두 권의 책의 토대를 이루고 있다.

정을 대상으로 하고 있는데, 실제 주제별 수집의 사례를 제시하고 있으며, 기술(記述) · 분류 등 기록관리 분야까지 망라하여 실제 구술아카이브에서 활용 가능하도록 실용성을 높인 점이 특징이다. 이 책은 2015년에 『구술사 아카이브구축 길라잡이 1 : 기획과 수집』과 『구술사 아카이브구축 길라잡이 2 : 관리와 활용』으로 디지털아카이브와 문화콘텐츠 등 최근 아카이브 구축 및 활용방안을 종합적으로 담은 두 권의 책으로 전면 개정, 발간되었다.

구술사연구에서 특징은 제주4.3항쟁이나 6.25전쟁 등 주요 정치사건을 주제로 한 연구가 다수를 차지하고, 다수의 민중을 대상으로 한 구술생애사나 일본군위안부피해자 · 강제동원 등 일본제국주의 아래 전쟁 피해의 경험을 다루는 연구가 뒤를 잇는다. 이에 비해 정치전기학 등 명망가에 대한 연구 비중은 확장되지 않았다. 서구 구술사의 최근 연구경향과 영국 · 스웨덴 · 독일의 역사작업장운동[17]의 경험 등 역사대중화운동이 국내에 소개된 결과로 보인다. 국내 구술사연구가 갖는 주제의 특징은 일상사나 문화사 등 '작은 사람들의 이야기'와 역사대중화 확산에 기여하고 있다.

이상에서 소개한 국내 학계의 구술사연구 현황을 보면, 다양한 학문분야에 걸쳐 있음을 볼 수 있는데, 국외 연구현황과 비교해보면, 특히 역사학이 다른 학문분야에 비해 뒤 늦은 감이 있다. 1990년대와 2000년대에 국내에 소개된 국내외에서 취득한 사회학 · 인류학 · 문헌정보학 · 문화콘텐츠학 박사학위 논문(김성례, 윤택림, 김귀옥, 전순옥, 권귀숙, 이희영, 이호신, 한동현 등)에 비해, 역사학 분야에서 구술사 관련 박사학위 논문은 김선정(미국사)가 유일하다.[18]

역사학 외 다른 학문분야에서 산출된 연구 성과도 있지만 전체적으로 보면 국내 구술사연구는 여전히 출발 단계에 머물러 있다고 평가할 수 있다.

---

17) 이유재 · 이상록, 「프롤로그-국경 넘는 일상사」, 『일상사로 보는 한국근현대사』, 23쪽.

18) 구체적인 학위논문 목록은 본서 수록 부록 3 참조.

구술사연구가 척박한 첫째 이유는 문헌자료 중심의 연구 환경이다. 문헌자료는 여전히 풍부한 연구주제를 제공해주고 있다. 특히 최근 비공개시한을 넘긴 현대사 관련 자료들이 속속 공개되기 시작했고, 냉전시기 자료를 보관한 지역에서 문서고의 육중한 문이 열리면서 방대한 문헌자료가 축적되고 있다.

두 번째 이유는 구술기록을 문헌자료의 보완적 성격의 자료로 제한적으로 인식하고 구술사연구방법론을 독자적인 영역으로 인정하지 않으며, 학제 간 연구방법에 익숙하지 못한 연구풍토도 영향을 미쳤다고 생각한다. '구술채록을 했다는 것 자체만으로도 의미 있는 연구'라는 평가는 구술사연구의 발전에 역행하는 길이다. 특히 문헌사연구방법론에 의거한 구술사연구는 구술사를 독자적인 학문 영역으로 자리매김하는 데 저해 요인으로 작용하고 있다. 구술사연구방법과 무관한 구술사 연구의 사례는 어렵지 않게 볼 수 있다. 구술기록을 사료로 활용한다 해도 문헌사연구방법론으로 이루어지는 연구에 굳이 '구술사연구방법론에 의거한 논문'이라 주장할 필요는 없다. 이에 대해서는 다음 장에서 좀 더 언급해보고자 한다.

다음으로는, 미국과 일본을 중심으로 국외 구술사 연구현황을 살펴보자.

미국과 유럽의 구술기록 수집과 활용은 매우 적극적으로 진행되었는데, 각지의 역사 및 문화전통에 따라 편차를 보이고 있다. 미국은 구술사 연구의 양적인 면에서 앞선 나라이지만 구술사 이론과 방법론에 대한 논의는 유럽 국가(영국, 이탈리아, 프랑스)가 활발했다. 유럽과 미국의 구술사 연구 성과는 1978년에 잉글랜드에서 열린 제1차 세계 대회와 1980년대부터 발간된 학술지(International Journal of Oral History)를 계기로 소통하게 되었다.[19)]

이들 지역의 연구자들은 구술기록에 주목하기에 앞서 언어학이나 기호학

---

19) 윤택림 · 함한희, 『새로운 역사 쓰기를 위한 질적 구술사연구방법론』, 아르코, 2006, 20쪽.

을 통해 구술(口述)을 구조화시켰고, 구술문화에 대한 이해를 심화해나갔다. 전자가 인간에게 기의 및 기표가 갖는 의미와 구조문제에 초점을 두었다면, 후자는 구술문화 · 문자문화 · 전자문화 등과 인간사고체계의 변화를 논증하고 있다. 특히 후자에서는 문자성에 익숙한 현대인이 간과한 언어의 구술성을 밝혀내고 이를 바탕으로 구술문화를 분석하고 있다.[20)]

미국에서는 사회과학자들의 선구적 노력과 역사학계의 적극적인 대응에 의해 구술사가 확립될 수 있었다. 19세기까지 이어진 구술전통은 20세기에 이르러서 '구술사(Oral history)'라는 명칭으로 표현되고 이후 활발한 연구전통이 세워졌다. 유럽국가에 비해 상대적으로 짧은 역사를 가지고 있으며 다민족 · 인종 · 문화라는 미국 사회의 독특성으로 인해 역사서술 변화에 민감한 미국 역사학계는 유럽의 특정 역사이론에 대한 맹목적인 모방지로서, 미국 사회 내 변화에 따른 독자적인 역사이론 창출지로서 서양이론의 주요한 시험대였다. 20세기 초 혁신주의라는 개혁의 소용돌이 속에서 유럽에서 수입된 일종의 문서맹신주의에 회의를 느낀 미국 역사학자들은 좀 더 포괄적이고 다양한 접근에 근거한 역사서술의 필요성을 느끼게 되었다.[21)]

미국 사회과학자들은 1920년대 도시사회학연구에 다양한 기록(면접, 참여관찰, 문헌기록조사, 통계분석 등)을 활용하는 과정에서 구술기록이 장기지속적인 사회변화를 밝히는 데 도움이 된다는 점을 확인했다. 미국은 대공황시기를 거치면서 실업사태를 극복하기 위해 '창작사업'을 대대적으로 전개하였는데, 이 때 소수자를 대상으로 하는 방대한 구술기록이 수집되었다. 물론 이러한 대대적인 사료수집은 정보수집과 분석이라는 목적을 지니고 있었으나 구술사연구의 물적 기반을 제공하기에 충분했다. 1948년에 Nevins가 구술사(구술기록에 근거한 역사기술)라는 용어를 명시적으로 사용했고,

---

20) 구술문화에 대해서는 월터 J. 옹, 이기우 · 임명진 옮김, 『구술문화와 문자문화』(문예출판사, 1995) 참조.

21) 김봉중, 「미국의 구술사 연구」, 『전쟁과 사람들』, 240~241쪽.

컬럼비아대학 구술사연구소를 설립했다.[22] 1967년에 설립된 미국 구술사연합회(Oral History Association, OHA)는 학술지(Oral History Review) 발간과 구술사가 · 일반인을 위한 워크샵은 물론, 구술기록수집을 위한 매뉴얼 및 각종 양식 · 수집 정보 · 기록관리를 위한 기준과 정보 등을 제공하여 각지의 구술사가들과 사료관에 실질적인 도움을 주고 있다.

유럽이나 일본 등에서 일반적인 추세이기도 한 대중의 구술사에 대한 관심은 멀티미디어의 부상과 함께 미국에서도 쟁점으로 인식되고 있다. 이미 세계적인 흥행을 기록한 알렉스 헤일리(Alex Haley)의 '뿌리(Roots)' 시리즈는 1950년부터 이미 방송을 통해 '작은 사람들의 이야기'를 확산하는 데 역할을 한 터클(Louis Studs Terkel)의 선구적 작업에 의해 가능했다.

영국의 구술사 전통은 19세기 이래로 오랜 사회조사에 관한 전통, 노동자계급이 스스로 자전(自傳)을 쓰거나 일기를 쓰는 습관을 지니고 있었던 경험, 역사가들이 다른 학문분야에서 다양한 학문을 흡수하고 있으며, 영국에서는 성인교육이 정착되어 있다는 등의 배경을 가지고 있다.[23] 영국에서는 전후 노동당 정권이 들어서면서 사회적으로 노동운동과 노동사에 관한 관심이 높아졌다. 1960년대 사회사 연구와 노동운동의 결합된 형태로서 구술사 연구전통이 더욱 활발해졌다. 톰슨(E. P Thomson)의 『영국노동계급의 형성(*The Making of English Working Class*)』이 대표적인 연구라고 할 수 있다. 1973년에는 톰슨(Paul Thompson)을 중심으로 'Oral History Society'가 결성되어 정기간행물을 발행하고 있다. 특히 이 연구학회의 결성을 주도한 톰슨의 『과거의 목소리(*The Voice of the Past*)』(1978)는 구체적인 연구방법론을 포함하여 당대 구술사 연구를 집대성한 고전적 저작으로 평가된다.

---

22) 김기석 · 이향규, 「구술사: 무엇을, 왜, 어떻게 할 것인가」, 제12회 현대사연구소 집담회 발표문(1998. 7. 22. 미발간) 2쪽. 이 글은 서울대학교사범대학 한국교육사고 연구노트 제9호(창립5주년 기념 연구노트 집성 합본호, 1998)에 실렸다.

23) 松村高夫, 「イギリスニオケル オラル-ヒストリ」, 『歷史學硏究』 568, 1987 참조.

일본의 구술사연구는 메이지(明治)시대 이후 지식인들이 민중의 삶에 대한 관심을 기울이는 과정과 민속학(민족학)의 발전이라는 두 가지 토대에서 출발했다. 메이지 시대는 정치적 변화뿐만 아니라 큰 틀에서 일본 사회의 변혁을 가져왔다. 일반적으로 대부분의 국가가 근대국민국가와 산업사회로 접어들면서 나타나는 사회현상을 일본도 맞게 되었고, 그 과정에서 심화된 노사문제나 계층의 심화에 주목한 저작이 발표되기 시작했다. 이들 저작의 특징은 저자들의 심층조사 및 체험을 바탕으로 탄생했다는 점이다. 메이지 시기 노동문제연구가인 요코야마 겐노스케(橫山源之助)의 『일본의 하층사회』(1899), 다이쇼(大正)시대의 작가인 호소이 와키조(細井和喜藏)의 『女工哀史』(1925)가 대표적이다.[24] 물론 이들 작품은 구술사연구를 목적으로 한 수집작업과정을 거치지 않았고 르포의 성격이 강하다. 그러나 조사방법과 결과물이 구술사연구의 토대를 이루었다는 점에서 의미가 있다.

일본구술사연구의 또 다른 기둥은 민속학이다. 일본의 민속학은 서양의 제국주의 국가와 마찬가지로 근대국민국가를 확립하고, 일본이 제국주의 국가의 일원으로 발판을 다지는 데 역할을 담당했다. 이 점은 스틸로우가 명확히 지적하고 있다. 스틸로우는 초기 유럽 민속학 및 그것과 관련된 자매학문인 사회 인류학자들의 역할이 비문헌자료(구술, 음향 등) 수집에서 차지한 의미를 평가하면서 아울러 이들이 민족주의와 인종적 정체성 확립에 기여한 측면을 지적했다.[25]

---

24) 김용의, 「일본의 구술사 연구」, 『전쟁과 사람들』, 225쪽.

25) 초기 민속학자들은 시골농부들이 말하는 방식과 口述, 음악적 전통의 유산에서 깊이 뿌리내린 '인종적' 정체성을 모색했다. 1830년대 초기 농부들의 소리나 공연(performances)들에 대한 충분한 평가는 오랜 유산의 가치 있는 증거로서 그들 조직을 이끌기 위해 축적되었다. 현실적으로 이러한 소장물들은 현지조사의 부산물로 나타났는데, 동시대 국립도서관과 박물관들의 서구화 유형에 적절히 맞아 떨어졌다. 민족주의는 또한 영국, 프랑스, 독일 같은 기술적으로 좀 더 선진화된 유럽 지역에서 중앙집권화 노력을 위한 원동력으로 제공되었다. 그러나 같은 나라들의 학문적 호기심, 그리고 군사력과 식민지에 대한 야망의 합치는 역시 인류학자들이 정복지 원주민들 사이에서 수집을 시작하도록 자극했다. 제국주의 정부는 이 노력

유럽의 이러한 전통은 서구 학문의 세례를 받았던 일본에도 영향을 주었다. 일본민속학의 창시자로 알려진 야나기타 구니오(柳田國男)와 그의 제자들은 오키나와 · 홋카이도 · 사할린 · 조선 · '남양군도' · 타이완 등 일본의 '제국'에 대한 현지조사에서 일정한 성과를 거두었고, 이들의 결과물은 일본의 제국 통치에 유용하게 활용되었다.[26] 대부분의 민속학 · 인류학자들이 적극적으로 참여했지만, 특히 도리이 유조(鳥居龍藏, 1870~1953)는 두드러진 인물이다. 그는 제국 일본의 팽창에 발맞추어 랴오뚱 반도(遼東. 1895), 타이완(1896~1900), 지시마(千島, 1899), 중국 서남부(1902), 만주(1905~1940), 조선(1911~1916), 몽골(1906~1929), 시베리아(1921~1928)에 대한 조사를 통해 방대한 보고서를 남긴 것은 물론이고, 오키나와(1896, 1904)에 대한 조사 결과 등 대부분의 제국 일본 영역에 대한 지역조사보고서를 냈다.[27] 이들 지역조사보고서와 야나기타 구니오가 『민간전승론』(1934), 『향토생활 연구법』(1935) 등을 통해 제시한 민속학 연구방법론은 구술사 연구와도 많은 관련이 있다. 그의 초기 저작인 『後狩詞記』, 『遠野物語』 등은 오늘날에도 구술기록에 대한 인식 및 기술(記述) 문제와 관련하여 많은 논란이 되고 있다.[28]

의 산물들을 식민지와 복속국 민족들을 통제하는 데 사용했는데, 본국에서는 외국인 혐오증의 부수적인 위험을 내포하는 결과를 낳았다. 상세한 내용은 Frederick J. Stielow,(1986) *The Management of Oral History Sound Archives*, N.Y.: Greenwood Press. Chapter 2. 참조.

26) 이에 대해서는 국내에서도 민속학 분야에서 많은 연구 성과가 발표되었다. 특히 사진사연구자 이경민은 이들 일본 민속학자와 고고인류학자들이 조선 현지조사 결과물 가운데 하나인 사진기록물을 통해 식민지 지배에 어떠한 영향을 미쳤는가 하는 점을 주목했다. 이경민, 「사진 아카이브와 문화역량」, 『사진사연구』 9, 2001; 「식민지지배기술로서의 사진기록물－고적조사사업을 중심으로」, 한국국가기록연구원 제11회 월례연구발표회 발제문(2001); 『기생은 어떻게 만들어졌는가』, 아카이브북스, 2005; 이경민, 『제국의 렌즈』, 산책자, 2010.

27) 도리이 유조의 오키나와 현지조사결과물이 일본 당국의 오키나와 정책에 미친 영향에 대해서는 도미야마 이치로 지음, 임성모 옮김, 『전장의 기억』(이산, 2002) 제2부 6장에서 상세히 언급되어 있다.

28) 『도노모노가타리(遠野物語)』는 일본 동북 岩手현 遠野지역 출신인 사사키 기젠(佐佐木喜善)이라는 사람이 도노 지역에서 전승되던 이야기를 구술한 것을 야나기타

전전(戰前)의 조사과정을 거쳐 전후(戰後) 일본에서 구술사 연구가 본격적으로 주목받기 시작한 것은 1970년대에 들어와서이다.[29] 민속학자와 르포작가들의 조사에서 시작된 일본 구술사연구의 역사는 1980년대 미국과 유럽 구술사연구 동향에 자극받은 역사학자들이 주목하면서 더욱 활성화된 것으로 보인다. 1980년대 후반에 역사학연구회가 구술사와 역사학의 자리매김에 대해 고민을 기울였고,[30] 이러한 노력의 결과 2003년에 일본구술사학회(Japan Oral History Association)의 설립과 학술지 『일본구술사연구』 발간(2008년 11월 현재 총 4권 발간)으로 이어졌다.[31]

일본구술사연구의 특징은 민중사(노동자, 농민, 여성, 부락민, 재일조선인 등)와 함께 전쟁체험이 비중 있게 다루어진다는 점이다. 일본이 도발한 아시아태평양전쟁의 체험은 한국뿐만 아니라 일본에서도 구술사연구에서 중요한 비중을 차지했다. 전쟁 경험에 대한 발언이 금기시되었던 일본 사회에서 냉전체제의 강화는 서서히 자신들이 겪은 원자폭탄의 피해를 드러냄으로써 가해자에서 피해자로 나설 수 있는 기회를 주었다. 아울러 일본이 인근지역 민중들에게 입힌 전쟁범죄에 대한 연구 성과도 발표되어 일본 사회

가 문어체 문장으로 모두 119화를 정리한 것이다. '발로 뛰는 민속학'을 강조했던 미야모토 쓰네이치(宮本常一)는 『忘れられた日本人』 등을 통해, 조사방법론의 면에서 역사학자들의 구술사 연구에도 적지 않은 영향을 주었다. 김용의, 「일본의 구술사 연구」, 『전쟁과 사람들』, 223~224쪽.

29) 그 배경에는 우에노 히데노부(上野英信)를 비롯한 논픽션 작가들이 역사학계에 끼친 영향과 자극, 역사학계에서 민중사·底邊史·개인사 연구가 활성화된 점과 밀접한 관련이 있다. 김용의, 「일본의 구술사 연구」, 224~228쪽 참조.

30) 구술사는 1980년대 후반부터 역사학연구회의 학술지인 『歷史學研究』 특집으로 자주 지면을 장식했고, 1988년에는 두 권의 연구서(『事實と檢證のオーラル·ヒストリー』, 『オーラル·ヒストリーと體驗史』)도 출간했다. 특히 나카무라 마사노리(中村政則)는 구술사 이론을 역사학과 접목시키는 작업은 물론, 노동자와 농민, 전쟁피해자에 대한 구술사연구에서 두드러진 성과를 냈다. 中村政則, 「オーラル·ヒストリーと歷史學」, 『歷史學研究』 568, 1987; 「オーラル·ヒストリーの可能性(1)」, 『歷史と民俗』 22, 2006; 「日本オーラル·ヒストリーの可能性(2)」, 『歷史と民俗』 23, 2007 ;「極限狀況に置かれた者の語り」, 『オーラル·ヒストリー 研究』 3, 2007 등.

31) www.joha.jp

에 사회적 반향을 일으켰다.[32] 특히 2000년에 국내에서도 번역 출간된 노다 마사아키(野田正彰)의 『전쟁과 인간—군국주의 일본의 정신분석』은 다행증(多幸症)[33]이라는 1985년의 '쇼와(昭和) 60년' 퍼레이드 부작용을 겪는 일본 사회에 대한 처방의 하나로 시도한 중국전선 전쟁 경험자들의 구술과 회고록 등을 분석한 결과물이다.

3. 듣기와 쓰기 : 연구방법론의 쟁점

1) 무엇이 원사료(raw material)인가

말할 나위 없이 구술사연구를 위해 필요한 것은 구술기록이다. 구술기록은 음성기록과 구술현장을 담은 영상기록[34]이다. 그러나 현재 구술기록을 활용한 연구에서 많은 연구자들이 연구를 위해 우선적으로 찾는 것은 녹음·녹화 파일이 아닌 텍스트(녹취문이나 일정한 편집과 윤문을 거친 발간물)이다. 이러한 연구방법론이 구술사연구방법론인가 하는 점은 논의로 하더라도 선행되어야 할 점이 있다. 녹취문 성격의 이해와 자리매김이다. 가장 중요한 점은 '녹취문은 구술기록이 아니'라는 점이다.

구술기록을 '구술녹화, 구술녹음, 구술녹취자료'로 대별함으로써 녹취문을 음성 및 영상자료와 같은 반열에 올려놓은 주장도 있다.[35] 이 주장에 따

---

32) 혼다 가쓰이치(本多勝一)의 『중국기행』(朝日新聞社, 1972)은 일본이 중국의 민중들에게 했던 잔혹한 전쟁범죄를 파헤치는 구술증언이고, 요시미 요시아키(吉見義明)의 『從軍慰安婦』(明石書店, 1995)는 멸실된 문헌자료로 인해 덮어버릴 수 있는 일본군위안부 문제를 구술증언과 관련문헌을 망라한 자료집이다.

33) 多幸症(euphoria)은 근거 없이 병적 행복감에 젖는 정신적 기질적 정신장애. 자발성이 약해지고 충동성이 커지는 현상.

34) 구술내용이 중심이 된 영상물만 해당한다.

35) 최진아, 「구술영상의 특성과 수집방법」, 『현황과 방법, 구술·구술자료·구술사』(국사편찬위원회), 2004, 103쪽.

르면, 녹취문은 어느새 음성 · 영상기록과 나란히 원사료(raw material)가 되어 있다. 구술영상에 대한 의미부여를 강조하는 과정에서 나온 정의이기는 하지만, 활용도가 높다고, 원사료가 될 수는 없다. 명백한 오류이다.

녹취문(녹음채록문)은 무엇인가.

녹취문과 구술기록의 관계는 입과 입술이라고 할 정도로 밀접하다. 구술사료수집의 실행 과정에서 가장 시간과 노력이 많이 들어가는 작업이 녹취문 작성이다. 그렇다고 녹취문이 구술기록은 될 수 없다.

녹취문은 구술사 연구 성과물이다. 녹취문은 단지 구술기록을 그저 '하나도 빠짐없이 있는 그대로 생생하게 들리는 대로 풀어쓴 내용'이 아니다. 그렇게 될 수도 없다. 음향이 텍스트로 전환되는 과정에서 원형에 대한 훼손은 불가피하다. 첫째 이유는 텍스트화 과정의 특성 때문이다. 텍스트화 과정은 물리적 소리의 파동이 아닌 녹음된 소리의 의미를 이해하는 작업이다. 그러므로 아무리 유능한 녹취자라 해도, 아무리 여러 번 녹음 파일을 반복해서 검독을 하다 해도, 완벽한 재현은 물리적으로 불가능하다. 둘째, 녹취문은 면담자(녹취자)의 해석을 통해 생산된 결과물이다. 언어화되지 않는 기호들(몸짓, 표정, 분위기, 침묵)을 기록하고, 음가(音價)를 사용하기 위해 노력하며 구술자의 간투사(느낌씨)를 살릴 뿐만 아니라 당시 상황을 이해할 수 있도록 각주를 다는 작업은 전적으로 녹취록 작성자(면담자)의 역량에 달려 있다.[36] 아울러 면담자의 해석이 없다면, 녹취문은 완성될 수 없다. 그러므로 녹취문이 원사료라고 주장하기보다 면담자의 연구 성과물임을 주장하는 것이, 녹취문을 만든 면담자의 노고에 대한 적절한 평가이며, 활용자에 대한 정확한 정보제공의 길이다.

---

36) 녹취문 작성 방법에 대해서는 김기석 · 이향규, 「구술사: 무엇을, 왜, 어떻게 할 것인가」 제12회 현대사연구소 집담회 발표문 (1998. 7. 22. 미발표) ; 한국교육사고, 구술사 워크샵 자료집, 2003; 정혜경, 「기획에서 활용까지」, 『구술사 : 방법과 사례』, 선인출판사, 2005; 성공회대 노동사연구소 워크샵 배포 자료(미공개), 2006 등 참조.

현재 디지털시대를 맞아 구술기록수집에서 영상자료 생산은 빠지지 않는다. 영상자료에 대한 비중은 매우 높아졌고, 필수적이 되었다. 영상자료수집의 방법에 대한 고민은 일단 이 장에서는 논외로 하고, 여기서 제기하고자 하는 점은 음성과 영상자료가 완비된 상황에서 녹취문의 작성 방법과 역할을 재고할 필요는 없는가 하는 점이다.

현실적으로 연구자들의 녹취문 활용은 일반화되어 있다. 그런데 일단 연구에서 녹취문이 사료처럼 활용이 되면, 다른 연구에서는 이 연구의 성과물을 바탕으로 녹취문에 대한 재해석이 이루어지게 된다. 즉 본래 해석의 결과물인 녹취문이 또 한 번의 해석이라는 옷을 입게 되고, 이러한 과정을 거치는 사이에 녹취문은 여러 겹의 옷을 덧입어 원래의 모습에서 멀어진다.

연구자들이 녹취문에 대한 해석과 재해석을 반복하는 것은 여전히 구술기록을 활용한 문헌사적 연구방법론에 입각한 역사 쓰기를 '구술사'의 외피로 포장한 결과이다. 녹취문에 대한 해석과 재해석이 진행되는 과정 속에서 사료 생산 당시의 목적과 문제의식이 사라지고, 새로운 덧입히기가 진행되는 것은 몇몇 연구자의 입장에서 볼 때, 그다지 가슴 아픈 일이나 중요한 일 아닐 수 있다. 그러나 역사의 주체가 되어야 하는 '누군가'에게는 심각한 일이 될 수 있다. 나의 이야기가 나의 의도와 달리 연구자에 의해 제멋대로 해석되어지는 것을, 계속 참으라고 할 수는 없다. 개선점이 필요하다.

녹취문의 정확한 자리매김을 위한 대안을 녹취문 작성 방법에서 찾아보자. 필자의 경험을 전제로 소견을 피력해보면 다음과 같다.

첫째, 기록보존소나 기관이라면, 녹취문을 만들어야 한다. 열심히, 성실하게, 각주도 달고, 간투사도 빠짐없이 넣고.

둘째, 보존기관의 녹취문을 활용하여 연구하려는 연구자라면, 녹취문을 대하기에 앞서 관련 구술기록이 어떤 과정을 거쳐서 생산되고 무엇을 위한 사료인가 하는 점을 생각해보도록 한다. 또한 녹취문은 원사료가 아니라 면담자의 해석과정을 거친 2차 자료라는 점을 명심하자.

셋째, 구술에 대한 텍스트분석의 연구 결과물을 참고로 하여 재해석을 통해 연구하려는 연구자라면, 분석과정을 통해 녹취문이 원사료의 원형과 달라져간다는 점을 인지하자.

넷째, 학계에서는 녹취문을 단지 구술기록에 첨부되는 결과물이 아니라 또 하나의 연구 성과물로 인식해주는 풍토가 조성되어야 한다. 제대로 된 녹취문을 만드는 일은 연구논문을 생산해내는 정도의 노력과 전문성이 필요하다는 점도 인정받아야 한다. 구술사 전문 학회지에 연구(학술)논문 외에 '녹취문'만을 수록하는 지면을 제공하는 것도 좋은 방법이라 생각한다.

다섯째, 개인연구자라면, 녹취문 작성은 선택사항이 될 수 있다. 다만 녹화테이프가 있다는 전제 아래에서이다. 녹취문 작성이 선택사항이라면, 면담후기와 상세목록 구비는 필수이다. 60분 파일의 내용을 4~5줄로 기재한 기존의 상세목록은 효용성이 없다. 200자 원고지 20매에 달하는 정도는 되어야 기록관의 기록관리전문가(Archivist)들이 검색도구를 선정하는 데 어려움을 줄여주고, 이용자들이 연구주제를 정하거나 영상파일을 열람 신청하는 데 도움을 준다.[37]

2) 역사 만들기 : 듣기와 쓰기

개인의 경험은 구술기록수집이라는 과정을 거쳐 기록(구술기록, 녹음기록, 영상기록)이 되고, 이를 바탕으로 한 글쓰기에 의해 역사가 탄생한다. 자료생산은 구술자와 면담자의 공동 작업이지만 대부분의 글쓰기는 단독작업이다. 구술사 글쓰기에서 관건은 듣기와 쓰기이다.

학계는 구술자와 면담자의 충실한 작업을 통해 생산된 자료를, 자료 분석 및 해석과 역사 쓰기를 통해 공유하게 된다. 현재 이러한 과정을 거친 성과

---

37) 상세목록의 사례는 정혜경, 「기획에서 활용까지」, 『구술사: 방법과 사례』, 151~152쪽 및 정혜경, 「구술기록 수집방안 : 달걀 바구니 만들기」, 『구술사 아카이브 구축 길라잡이 1: 기획과 수집』(한국구술사연구회총서 2) 참조.

물은 빠른 속도로 늘어나고 분야도 넓어지고 있다. 그러나 이들 연구 성과는 무엇이 구술사인가 하는 근본적인 문제제기로 돌아가게 한다. 여전히 문헌사를 보완하는 사실 확인에 그치는 연구가 많기 때문이 아니다.

가장 중요한 문제는 구술기록은 문헌자료를 보완하는 자료라는 의미가 변하지 않고 있다는 점이다. 이러한 문제인식은 연구 성과의 축적에도 불구하고 구술사연구방법론에 대한 고민을 제한해 왔다. 오랫동안 구술사학계에서 '구술기록을 이용한 역사연구'는 '구술사의 사료인 구술기록을 제공한 개인보다 사건의 성격, 사건의 진행과정, 사건의 원인과 결과에 초점을 맞춘 연구'로 자리매김되어 왔다. 관련 논문 제목에서 흔히 볼 수 있었던 '구술기록 텍스트분석'이 이를 증명한다. 그러나 이러한 '구술기록을 이용한 역사연구'의 정의는 수정되어야 할 상황을 맞았다.

그 이유는 구술사에 대한 인식이 변화했기 때문이다. 서구의 구술사학계는 오랫동안 '경험이 기억으로 그리고 기억이 발화로 이어진다'는 공식을 굳건히 공유하고 있었다. 이 공식은 체험된 '사실'이 그대로 보존되어 기억의 심층에 묻힌 채 시간이 흐르다가 어떤 계기로 회복된다는 인식에 기반을 두고 있었다. 그러나 이 통설은 신경정신학 연구에 의해 부정되기 시작했다. 미국 심리학자 올리버 색스(Oliver Sacks)에 의하면, 한동안 체험된 '사실'이 그대로 보존되어 기억의 심층에 묻힌 채 시간이 흐르다가 어떤 계기로 회복된다는 주장은 오히려 바틀릿(Frederic Bartlett)이 주장했듯, '기억'이라는 실재는 없으며 현재 자기 위치에 비추어 '과거의 이야기'를 계속 언급하는 계속적인 '회상(remembering)'이라는 동적인 과정이 존재할 뿐이다. 그러므로 '기억'이란 늘 유동적이며 항상 수정되고 다시금 표상되기를 거듭하는 것이며, 원형을 보존하면서도 나중에 겪은 체험에 따라 그 위에 새로운 화면이 포개지는 일종의 거듭 쓴 양피지 사본(palimpsest)과 같은 것이라고 한다.[38)]

---

38) 테사 모리스 스즈키 지음, 임성모 번역, 『변경에서 바라본 근대』, 산처럼, 2006, 287쪽.

그 결과, 경험이 기억으로 그리고 기억이 발화로 이어진다는 공식도 유효성을 유지하기 어렵게 되었다. 더구나 개인의 회상에 그치지 않고 국민적 회상과 밀접한 관련성을 갖고 있는 주제인 경우, 구술자들의 경험은 '현재 자기 위치'를 가늠하는 사회적 관심에 따라 영향을 받는다. 또한 '발화'에 대한 사회적 요구도 영향을 미친다. 사회가 이들의 이야기에 귀 기울일 준비가 되어 있어야 구술이 가능하기 때문이다. 이 점이 이들의 경험을 분석하는데 중요한 요소이며 구술사연구방법론에 대해 고민해야 할 지점이다.

구술사연구방법론의 고려사항은 사료의 특성에 대한 이해이다. 구술사연구에서 분석 자료는 구술기록이고, 구술기록의 핵심은 구술성이다. 구술기록은 텍스트화 과정에서 구술성을 상실한다. 분석 과정에서 구술성이 상실되면서 구술기록은 문헌기록과 차별성을 잃게 된다. 그럼에도 국내에서는 여전히 텍스트 분석 방법에 근거한 연구가 '구술사' 연구 성과로 발표되고 있다. 구술기록 텍스트분석 관련 연구 성과가 적지 않게 생산되었지만, 문제인식 자체가 문헌기록을 지향한 결과가 아닌가 생각한다. 구술사연구방법론에서 연구자가 주목해야 하는 점은 '인간의 경험 → 회상 → 발화(구술)의 관계, 구술성을 이해하고 있는가'이다. 이를 통해 연구자는 '구술자가 어떤 목적으로 누구에게 자신의 경험을 회상하는가. 이들의 발화 시점과 회상 내용은 어떤 관계를 갖는가'에 접근할 수 있다. 구체적 연구 방법은 내러티브(narrative, 敍事, 언어적 재현 양식) 탐구이다.[39)]

---

39) 구술기록을 바탕으로 내러티브 분석방법에 입각한 연구로 이호신의 논문이 주목된다. 법률도서관에 근무하는 세 명의 연구 참여자를 3회씩 면담한 기록을 바탕으로 Denzin(1989)이 제시하는 생애사 내러티브 분석방법에 입각해 분석하고, 이를 다시 새로운 이야기로 재구성하고, 각각의 이야기가 갖는 의미는 해석하는 연속적인 과정으로 구성했다. 필자는 클랜디닌과 코넬리(Clandinin & Connelly, 2000)가 정립한 내러티브 탐구 방법론을 차용해 학술적인 글쓰기가 아닌 문학적인 글쓰기(화자가 이야기를 끌어가는 방식의 글쓰기)를 통해 이야기를 통한 소통의 교과를 극대화하고자 했다. 이호신, 「주제전문사서의 직업정체성에 관한 내러티브 탐구－법학전문사서를 중심으로」, 성균관대학교 대학원 문헌정보학과 박사학위논문, 2011.

이호신은 내러티브를 연구 대상(phenomena)이자 연구의 방법(method)으로 제시했다. 연구 대상으로서 내러티브는 '이야기를 하는 사람이나 듣는 사람의 삶에 영향을 미치는 이야기(a life story)'로서 '이야기(story)'와 구별되는 개념이다. 이야기(story)가 구체적인 상황에서 벌어지는 단일한 에피소드를 지칭하는 데 비해, '내러티브'는 상당한 시간에 걸쳐 있는 삶에 대한 사건을 뜻하는 의미[어떤 사람에게 일어난 어떤 일이나 사건에 대한 특정한 이야기와 그 사람의 인생 전반에 걸친 이야기]로 사용된다.[40)]

연구 방법으로서 내러티브는 '삶의 이야기를 살아가고(living a life story), 이야기를 말하고(telling a story) 이야기를 하는 과정에서 깨달음을 얻게 되고(reflection by self and collaboration) 그 이야기를 다시 고쳐서 말하고(retelling a life story) 삶의 이야기를 다시 살아가는(reliving a life story) 순환적 진보의 과정'을 의미한다. 그러므로 내러티브를 탐구하는 작업은 인간의 경험에 대한 이야기이자 동시에 그러한 경험을 해석하고 재해석하는 방법까지 포함한다. 아울러 내러티브 탐구를 통해 얻어진 이야기는 단순한 이야기가 아니라 이야기를 통해 이야기를 하는 사람과 듣는 사람의 삶을 바꾸는 과정까지 포함한다.[41)]

그러나 아쉽게도 국내 학계에서 '구술사 또는 구술사연구방법론을 표방한 연구'에서 여전히 핵심을 이루는 것은 문헌사 연구방법론이며, 구술기록의 특성을 이해한 '듣기'와 글쓰기에 주목하지 않는 경향이 있다. 특히 텍스트화한 녹취문을 문헌자료와 같은 방법으로 이해하고 분석하는 방법을 구술사연구방법으로 볼 수 있는가 하는 점은 고민해야 하는 문제이다. 녹취록은 구술자료가 아니라 구술성을 잃은 텍스트이다. 구술성을 간과한 텍스트 분석은 구술사가 될 수 없다. 문헌사이다. 연구자가 녹취문을 텍스트로서 받아들이고

---

40) 내러티브 개념에 대해서는 이호신, 위의 글, 18~19쪽 참조.

41) 재일동포 구술사연구방법론에 대한 상세한 내용은 정혜경, 「재일동포 1세 경험과 서사(敍事)」, 『재일코리안연구총서2－생활문화와 변용』(선인출판사, 2014) 참조.

구술기록의 생산 배경과 특성을 이해하지 못하고 분석할 때, 구술사연구방법론의 자리는 찾을 수 없다.

또한 구술사연구방법론은 연구자의 해석 의존도가 높다는 점에서 문헌사와 차이가 있다. 이는 역사 쓰기 과정 자체에서 나온 차이이며 구술사의 특성이다. 구술사는 사람이 사람을 만나서 들은 이야기(기록)를 역사로 만드는 과정이다. 생산과정에서 주관성이 개입되고, 녹취과정에서, 해석과정에서 또 다시 주관성이 개입한다. 해석자에 따라, 해석자의 연구 방향과 의도에 따라 해석의 옷이 덧입혀진다. 이러한 과정에서 구술자의 의도는 소외되거나 기층으로 가라앉을 수 있다. 문헌사에서 보이지 않는 인간의 흔적을 찾으려 노력하는 것이 구술사연구방법론이다. 연구의 과정은 '후손을 위해 기꺼이 자신의 기억을 공유하고자 하는 구술자를 모욕하지 않'으려는 노력[42]이 토대를 이루는 과정이기도 하다. 행여나 그 의도를 왜곡하지 않을까 하는 마음을 놓지 못하는 연구자세가 구술사연구방법론이다. 그러므로 연구자는 '왜 기존의 통설과 다른가' '그 사실은 왜 문헌사료와 차이를 보이는가' 하는 점이 아니라 '왜 그렇게 회상하게 되었는가' '왜 그렇게 구술하였는가' 하는 점에 비중을 둔다. '왜곡된 발화'를 찾아내려 노력하기보다 '회상된' 과정과 배경을 찾기 위해 노력한다. 여기에는 연구자, 즉 분석자의 자기 성찰이 바탕을 이루고 있어야 한다.

4. 맺음말 : 수집과 관리의 현안

경험과 회상을 기록으로 만드는 과정에 대해서는 국내 학계에서도 현재

---

42) Dale Treleven, "Oral History and the Archival Community: Common Concerns about Documenting Twentieth Centry Life", *International Journal of Oral History 10* (February 1989), p.53.

일정한 공감대가 형성되어 있다. 인류학과 사회학, 역사학에 따라 약간의 차이는 있으나 충실한 기록을 생산한다는 점에서는 차이가 없다. 달걀은 바구니를 준비한 자만이 많이 가져갈 수 있다는 상식이 구술기록수집 과정에도 적용되고 있다. 이를 위해 기획단계가 차지하는 중요성에 대한 공감대도 높아지고 있다.

그 바구니를 준비하는 과정에서 새로이 대두한 문제가 영상 문제이다. 구술기록수집에서 영상녹화가 필수적이 된 결과, 영상자료의 자리매김도 필수적이다. '말할 입과 들을 귀'만 있으면 된다고 생각하던 구술기록수집이 다양한 매체 환경의 변화에 따라 적극적으로 대응하게 되었다. 또한 영상문제는 자료의 활용문제와도 관련이 되므로 가벼이 생각할 수 없다. 여기에서 구체적인 현안을 심층적으로 논의하는 것은 글의 성격상 적절하지 않으므로 문제제기와 대안 제시로 갈음한다.

현재 국내에서 대규모로 수집을 주관하는 기관에서는 영상물 촬영을 필수적으로 하도록 하고, 화면의 그림 수준에 대해서까지 신경을 쓰는 경향성이 높아지고 있다. 이를 위해 영상장비를 제공하거나 화면의 방향과 수준을 요구하는 것은 물론이고, 별도의 영상 프로덕션을 투입하기까지 한다.

이 점에 대해서는 생각해야할 부분이 많이 있다. 물론 원칙은 좋은 화면과 충실한 내용을 동시에 얻어야 한다는 점이다. 이를 위해 전제가 되어야 하는 것은 인터뷰라는 환경이 인간에 의해 만들어지므로, 인간과 기계의 적절한 조화이다. 좋은 화면과 충실한 구술내용을 동시에 얻기란 쉬운 일이 아니다. 녹화의 비중을 중시하는 경우에는 녹화기기의 존재가 면담 진행 전체에 영향을 미칠 수 있기 때문이다. 구술기록수집은 다큐멘터리 작품 촬영과 다르다. 구술기록수집에서 주인공은 '구술' 이다. 그러므로 녹화로 인해 구술내용이 부실해진다면, 아울러 녹화작업이 구술현장에서 구술내용에 미치는 영향을 차단할 수 없다면, 당연히 선택해야 한다. 충실한 내용을 얻는 것을. 이 원칙이 정해진다면, 내용도 화면도 모두 얻을 수 있는 길은 보인다.[43]

아날로그 기록관리시대에 관리상 쟁점이 안전한 보존이었다면, 디지털 시대에는 검색환경이 중요 사항이다. 인문학자들은 바구니에 많은 달걀을 담아온 것만으로 오래 동안 보존이 가능하며, 좋은 요리가 나올 것으로 기대하지만 관련 학문(기록학)의 도움이 있어야 가능하다. 그러나 아쉽게도 기록학에서도 구술기록에 대한 관리방안에 대해서는 그다지 관심을 기울이지 못했다. 관리해야 할 기록물의 비중이 문헌, 그 가운데에서도 현대 공문서에 치우쳐 있었기 때문이다. 최근에 전자기록물의 활성화로 인해 현대 공문서 관리가 일정한 궤도에 오른 이후에 역사기록물(공문서와 사기록물 포함)과 비문헌기록물에 대한 관심이 일어나면서 구술기록을 주목하게 되었다. 구술기록의 수집기획에서 정리와 기술 및 활용까지 모든 단계는 이미 필자의 소고와 기록학 분야에서 탁월한 연구 성과를 발표한 권미현의 논고가 있으므로 부연하지 않는다.[44] 이 글에서는 디지털 환경에서 고려해야 할 점을 강조하는 정도로 그치고자 한다.

디지털시대에 적합한 기록관리방안은 매체의 특성에 토대를 둔다. 아날로그 시대에는 적정한 온도와 습도를 갖춘 보존서고가 필요했고, 매체별 등록·관리 기준에 의거했다. 그러나 디지털 환경에서는 분류·등록에 비중을 두기보다 우선 검색도구를 갖추어야 한다. 복본 제작을 거친 이후에 매체가 아닌 내용에 의거해 분류·등록을 마친 자료는 곧 바로 다음 단계를 기다린다. 검색도구가 바로 다음 단계인데, 메타데이터와 기술(description) 단계이

---

43) 그 길이 되는 방법, 즉 구술기록수집현장에서 녹화 촬영과 관련한 구체적인 촬영기법에 대해서는 홍순철, 「인터뷰 영상기록의 방법과 활용방안」, 『한국예술종합학교 논문집』 6, 2003; 정혜경, 「기획에서 활용까지」, 『구술사 : 방법과 사례』, 선인출판사, 2005, 106~111쪽; 조용성, 「구술기록수집방안 : 촬영기법」, 『구술사 아카이브 구축 길라잡이 1 : 기획과 수집』(한국구술사연구회총서 2) 참조.

44) 권미현, 「구술사료의 기록학적 관리방법 연구」, 명지대학교 기록과학대학원 기록관리학과 석사학위논문, 2003; 「구술사료의 기록학적 관리방법 연구」, 『기록학연구』 10, 2004; 권미현, 「구술사료의 관리방안」, 『구술사 : 방법과 사례』, 선인출판사, 2005; 「강제동원 구술기록의 관리와 활용」, 『기록학연구』 16, 2008 참조.

다. 기록학에서 구술기록의 검색도구를 고민하는 이유는 문헌과 비문헌을 통합적으로 담은 구술기록에 대해 문헌의 기술요소를 적용하는 것은 적절하지 않기 때문이다.

몇 년 전, 제기된 '한국에서 구술사의 체계적인 사용이 부족하고 구술사 훈련과정이 전무'하다는 지적(컬럼비아 대학 Charles K. Amstrong 교수)[45]이 해소될 기회가 있었으나 '한여름 밤의 꿈'이 되고 있다. 한 때, 국내에서도 구술사의 체계적인 훈련과 연구과정을 확립해야 한다는 고민을 현실로 반영해 각종 교육프로그램을 찾을 수 있었다. 교육프로그램은 2003년 2월 한국교육사고가 개최한 구술사워크샵과 2006년 1월 성공회대학교 노동사연구소의 구술사워크샵, 2009년 1월 한국구술사연구회의 워크숍 등 비정기 워크숍을 비롯해 2008년 1월에 개소한 한국구술사연구소(www.oralhistory.kr)가 운영 중인 구술채록사과정과 특강[46], 예술자료원이 매년 운영하던 예술사 구술채록연구원 양성과정, 현대한국구술자료관의 공개강좌 등 다양했으나 2014년 예술자료원의 교육 프로그램이 문을 닫으며 체계적인 구술사훈련과정이 전무할 위기에 봉착했다. 그나마 2015년에 현대한국구술자료관이 몇 년간 쉬웠던 교육프로그램[제3기 구술사 시민강좌]을 재개하면서 명맥을 잇게 되었음을 다행스럽게 생각한다.[47]

학술연구자와 기관업무담당자 및 비학술 종사자들의 연구와 소통의 장으로 역할을 하고 있는 한국구술사연구회의 워크숍(구술사—기획에서 활용까지)은 내용에서도 특장점을 보였다. 첫 번째는 대상이 학생과 연구자, 비학

---

45) 한국학기획연구사업단 Webzine vol.5. 2008.11.

46) 한국구술사연구소가 운영하는 프로그램(구술사강좌)이 있지만 비전공자를 대상으로 한 구술사훈련과정이라기보다는 교육과 연구가 접목된 전문 강좌의 성격을 띠고 있다.

47) 현대한국구술자료관이 개설한 구술사시민강좌 프로그램은 구술사의 이해는 물론 자료수집 기획→수집→관리→활용의 모든 과정을 망라해 일반인들이 구술사를 이해하고 직접 인터뷰에 나서는 데 도움이 되도록 구성되어 있다.

술 종사자, 기관업무담당자 등 다양하다는 점이 있다. 두 번째는 구체적인 구술기록의 관리방안, 프로젝트 수행 기법, 문화콘텐츠 등 활용방안에 대한 정보를 제공한다는 점에서 텍스트분석이나 구술사이론에 치중하는 워크숍과 차별성이 있었다. 이후 이러한 방향은 예술자료원과 현대한국구술자료관 주관 교육 프로그램에도 영향을 미쳤다.

특히 한국구술사연구회는 워크숍이 토대가 되어 탄생한 연구회라는 점에서 특기할 만하다. 2003년 3월 7일 '노동자의 힘' 강당에서 한국교육사고가 주최한 워크샵 참석자들 가운데 몇몇이 모여 시작한 월례세미나가 2005년 2월 국내 최초이자 유일한 구술사연구자들의 모임인 한국구술사연구회(www.oralhistory.or.kr) 발족으로 이어졌기 때문이다.[48)]

구술아카이브(oral history archives)는 일상사 등 관련분야 연구가 활발해지고 구술사의 대중화가 촉진되면 될수록 필요성이 증대된다. 구술아카이브가 단순한 자료보관기관의 역할을 넘어 기획부터 활용까지 모든 과정을 주관해 연구 활성화에 기여한다는 점을 감안할 때, 구술아카이브 구축은 구술사연구의 필수전제조건이다. 이러한 구술아카이브 구축 필요성에 대한 문제제기는 현대한국구술자료관 구축으로 첫걸음을 떼었다.

이제 필요한 것은 구체성을 담보한 고민과 제안이다. 구체성을 담은 제안을 위해서는 구술기록과 구술사 자체에 대한 고민이 선행되어야 하고, 관리 및 활용방안에 대해서도 심도 깊은 연구가 필요하다. 그 연구는 여러 기관과 단체의 구술아카이브 구축이 이어지면서 활성화될 것이다. 구술아카이브 구축을 통해 구술사연구 뿐만 아니라 기록관리 분야의 논의도 활발해질 것이라 기대한다.

---

48) 연구회는 2005년 발족과 동시에 『구술사: 방법과 사례』를 출간했다.

참고문헌

권미현, 「구술사료의 기록학적 관리방법 연구」, 『기록학 연구』 10, 2004.

권미현, 「구술사료의 관리방안」, 『구술사: 방법과 사례』, 선인출판사, 2005.

권미현, 「강제동원 구술자료의 관리와 활용」, 『기록학 연구』 16, 2008.

김귀옥, 「한국 구술사 연구 현황, 쟁점과 과제」, 『사회와 역사』 71, 2006.

김기석 · 이향규, 「구술사: 무엇을, 왜, 어떻게 할 것인가」, 서울대학교사범대학 한국교육사고 연구노트 제9호, 1998.

김봉중, 「미국의 구술사 연구」, 『전쟁과 사람들』, 한울, 2003.

김용의, 「일본의 구술사 연구」, 『전쟁과 사람들』, 한울, 2003.

김지수, 「대통령 구술기록 수집 방안-김대중 대통령 구술 수집을 중심으로」, 명지대 기록관리학과 석사학위논문, 2007.

남신동, 「역사의 민주화와 구술사 연구의 윤리적 쟁점」, 『한국예술종합학교 논문집』 6, 2003.

남신동, 「미국 구술사의 발달과 연구동향」, 『현황과 방법, 구술 · 구술자료 · 구술사』, 국사편찬위원회, 2004.

도로테 비얼링, 「젠더 역사와 구술사」, 『일상사로 보는 한국근현대사』, 책과함께, 2006.

도미야마 이치로 지음, 임성모 옮김, 『전장의 기억』, 이산, 2002.

박찬경, 「조동환 조해준의 뜻밖의 마술사」, 『뜻밖의 개인사』, 새만화책, 2008.

박현수, 「지금 아니면 안 되는 일 : 민중생활사의 기록과 해석」, 『20세기 한국민중의 구술자서전1 어민편, 짠물, 단물』, 소화, 2005.

성공회대 노동사연구소 워크샵 배포 자료(미공개), 2006.

아트 슈필겔만, 권희섭, 권희종 번역, 『한 생존자의 이야기-쥐』, 아름드리미디어, 1994.

윤택림 · 함한희, 『새로운 역사 쓰기를 위한 질적 구술사연구방법론』, 아르케, 2006.

윤형숙, 「여성생애사 연구방법론」, 『여성연구』 3, 1996.

이경민, 「사진 아카이브와 문화역량」, 『사진사연구』 9, 2001.

이경민, 「식민지지배기술로서의 사진기록물－고적조사사업을 중심으로」, 한국국가기록연구원 제11회 월례연구발표회 발제문(2001).

이경민, 『기생은 어떻게 만들어졌는가』, 아카이브북스, 2005.

이경민, 『제국의 렌즈』, 산책자, 2010.

이성숙, 「서구 여성구술사 현황과 쟁점」, 『여성과 역사』 5, 2006.

20세기 민중생활사연구단, 『한국민중구술열전』 1~46, 눈빛, 2006~2014.

이용기, 「연구동향－구술사의 올바른 자리매김을 위한 제언」, 『역사비평』 2002년 봄호.

이유재 · 이상록, 「프롤로그－국경 넘는 일상사」, 『일상사로 보는 한국근현대사』, 책과함께, 2006.

이정식 면담, 김학준 편집해설, 『혁명가들의 항일 회상』, 민음사, 1988.

이호신, 「주제전문사서의 직업정체성에 관한 내러티브 탐구－법학전문사서를 중심으로」, 성균관대학교 대학원 문헌정보학과 박사학위논문, 2011.

이희영, 「사회학 방법론으로서의 생애사 재구성」, 『한국사회학』 39-3, 2005.

정혜경, 「한국 근현대사 구술자료의 간행현황과 사료가치」, 『역사와 현실』 33, 한국역사연구회, 1999.

정혜경, 「한국의 구술자료 관리현황」, '한국 역사기록의 관리와 발전방안'(한국역사연구회 · 대전대학교 인문과학연구소 공동 주최 학술심포지엄), 2000년 10월.

정혜경, 「강제연행관련 구술자료수집의 현황과 활용방안」, '구술자료로 복원하는 강제연행의 역사' (일제강점하강제동원피해진상규명등에관한특별법제정추진위원회 주최 학술심포지엄 발표문), 2001년 12월.

정혜경, 「구술사료의 관리방안」, 『한국예술종합학교 논문집』 6, 2003.

정혜경, 『일제말기 조선인 강제연행의 역사－사료연구』, 경인문화사, 2003.

정혜경, 「기획에서 활용까지」, 『구술사: 방법과 사례』, 선인출판사, 2005.

정혜경, 「구술사료 활용하기」, 『구술사: 방법과 사례』, 선인출판사, 2005.

정혜경, 「재일동포 1세 경험과 서사(敍事)」, 『재일코리안연구총서2-생활문화와 변용』, 선인출판사, 2014.

조동환 · 조해준, 『놀라운 아버지 1937~1974』, 새만화책, 2008.

조용성, 「구술기록의 수집정책에 관한 연구-과거사 진상규명 관련 위원회의 면담조사기록을 중심으로」, 한국외국어대학교 정보 · 기록관리학과 석사학위 논문, 2009.

조일환 · 조동환 · 조희연 · 조해준, 『뜻밖의 개인사-한 아버지의 삶』, 새만화책, 2008.

한국교육사고, 『구술사 워크샵 자료집』, 프린트본, 2003.

한국구술사연구회, 『구술사: 방법과 사례』, 선인출판사, 2005.

한국구술사연구회, 『구술사 워크숍 자료집-기획에서 활용까지』, 프린트본, 2009.

한국구술사연구회, 『구술사 아카이브구축 길라잡이 1 : 기획과 수집』(한국구술사 연구총서 2), 선인출판사, 2015.

한국근현대미술사학회, 『여름 정기학술대회 자료집-화가의 기억 · 문헌의 기록』(2011.6.18).

한국학기획연구사업단 Webzine vol.5, 2008.11.

현대한국구술자료관, 『2011공동학술회의 자료집』(2011.10.7).

홍순철, 「인터뷰 영상기록의 방법과 활용방안」, 『한국예술종합학교 논문집』 6, 2003.

中村政則, 「オーラル · ヒストリーと歷史學」, 『歷史學硏究』 568, 1987.

中村政則, 「オーラル · ヒストリーの可能性(1)」, 『歴史と民俗』 22, 2006.

中村政則, 「オーラル · ヒストリーの可能性(2)」, 『歴史と民俗』 23, 2007.

中村政則, 「極限狀況に置かれた者の語り」, 『日本オーラル · ヒストリー 硏究』 3, 2007.

松村高夫, 「イギリスニオケル オラル-ヒストリ」, 『歷史學硏究』 568, 1987.

Dale Treleven, "Oral History and the Archival Community: Common Concerns about Documenting Twentieth Century Life", *International Journal of Oral History 10* (February 1989).

Frederick J. Stielow, *The Management of Oral History Sound Archives*, N.Y.: Greenwood Press, 1986.

www.joha.jp

www.oralhistory.or.kr

www.oralhistory.kr

찾아보기

숫자 · 영문

ㄱ

ㅇ

ㅈ

ㅊ

ㅋ

ㅌ